上海·杨浦区

2019年国家领导人考察上海杨浦滨江，充分肯定了杨浦滨江逐渐从以工厂仓库为主的生产岸线转型为以公园绿地为主的生活岸线、生态岸线、景观岸线，昔日的工业锈带变成了生活秀带。领导指出，文化是城市的灵魂。城市历史文化遗存是前人智慧的积淀，是城市内涵、品质、特色的重要标志。要妥善处理好保护和发展的关系，注重延续城市历史文脉，像对待“老人”一样尊重和善待城市中的老建筑，保留城市历史文化记忆，让人们记得住历史、记得住乡愁，坚定文化自信，增强家国情怀。作为“人民城市”重要理念的首发地，杨浦区将着力打造“宜业、宜居、宜乐、宜游”的“生活秀带”，呈现共建、共治、共享的示范成果。

杨浦区文化旅游资源丰富，全区拥有文物保护单位、文物保护点82处，其中国家文物保护单位2处、市级文物保护单位8处、区级文物保护单位7处，区文物保护点65处。各类博物馆、陈列馆、展示馆14家。国家A级旅游景区3家，其中4A级2家、3A级1家。杨浦区拥有“三个百年”深厚历史底蕴，其中：百年大学，区域内有复旦、同济等10余所高校。既可以看到校园历史建筑，也可以走进高校的陈列馆、博物馆，一睹特色学科所展现出的知识瑰宝；百年工业，上海首家电厂、水厂、煤气厂等都诞生在杨树浦路沿线；百年市政，“大上海计划”留下了旧上海市政大楼图书馆、博物馆、体育馆等一批文保建筑，高檐重楼、中西合璧。

杨浦滨江岸线被联合国教科文组织认定为目前世界极大的滨江工业遗存带，是上海乃至中国近代工业的重要载体。杨浦滨江南段5.5千米已实现三道贯通，包含跑步、漫步、骑行，文物保护建筑、优秀历史建筑修缮开放，扫码听故事、中英文对照、VR全景游等“建筑可阅读”全覆盖，街艺表演、人人集市热闹非凡。作为人民城市理念的首发地，按照“人民城市人民建、人民城市为人民”的重要理念，深入推动国家文物保护利用示范区创建，优化文化与科技融合，切实推进“旅游+”产业发展，未来杨浦滨江将被打造成为都市旅游治理现代化示范样本，市区联手共同建设人民城市理念引领下“世界会客厅”全域旅游特色示范区域。

五角场作为上海城市副中心和市级商业中心，是“城市的大学、大学的城市”与江湾历史风貌区的交会融合之地，市民在休闲中购物、美食、看书、观影，欣赏“艺术商圈”和“街头艺人”演出，演变出丰富多彩的休闲之旅和夜生活。杨浦区创智天地大学路成功入选首批上海市全域旅游特色示范区域。

（参见161页）

上海佘山国家旅游度假区

上海佘山国家旅游度假区拥有上海陆地自然山林资源，是一个以山见长、以水为辅、中西合璧、古今交融的自然人文旅游区。

在“回归自然、休闲度假”的定位下，经20多年的开发建设，已经初步形成了具有高、中档旅游服务设施和高品位旅游接待能力的休闲度假胜地。辖区内有佘山国家森林公园（4A级）、月湖雕塑公园（4A级）、欢乐谷（4A级）、辰山植物园（4A级）、世茂精灵之城主题乐园、广富林文化遗址、广富林郊野公园等景点以及佘山世茂洲际酒店（深坑酒店）、佘山茂御臻品之选酒店（五星级）、东方佘山索菲特大酒店（五星级）、佘山森林宾馆（三星级）、大众国际会议中心等一批能够满足不同客户群住宿及会务需要的高、中档酒店。区域内佘山天主教堂、佘山天文台、地震台、护珠塔、二陆草堂、三高士文化纪念园等珍贵的历史遗存，更添其文化底蕴。

近年来，佘山度假区还一直致力于品牌节庆活动的开发和培育，佘山元旦登高、兰笋文化节、辰山草地音乐节、天马论驾、佘山盛夏狂欢节、佘山航空嘉年华等四季精品活动进一步提升了度假区的知名度。

广富林文化遗址

上海佘山世茂洲际酒店

佘山天主教堂

（参见164页）

武隆

龙水峡地缝

武隆旅游发展起步于 1994 年 5 月 1 日，以芙蓉洞正式对外开放为标志。20 多年来，武隆区始终把旅游产业作为主导产业和富民产业，发挥旅游资源富集的优势，坚持把做大盘强旅游产业作为区域经济发展的重大战略任务来抓，旅游业从无到有、由小变大，武隆区现已开发了芙蓉洞、芙蓉江、天生三桥、仙女山大草原、龙水峡地缝景区、仙女山国家旅游度假区等，推出了“印象武隆”文化实景演出项目，取得了“世界自然遗产、国家 5A 级旅游景区、国家旅游度假区”三块金字招牌。被联合国授予“可持续发展城市范例奖”，获得了“国家旅游改革创新先行区”、国家“绿水青山就是金山银山”实践创新基地等多项殊荣。

芙蓉江

近年来，全区上下深入贯彻党的十九大精神，紧扣“两点”定位、“两地”“两高”目标、发挥“三个作用”和营造良好政治生态的重要指示要求，围绕全市“山水之城·美丽之地”目标定位和“行千里·致广大”价值定位，按照“深耕仙女山，错位拓展白马山，以点带面发展乡村旅游”思路，遵循“宜融则融、能融尽融”的原则，强力实施一批文旅重点项目建设，高质量推动文化旅游供给侧结构性改革，构建布局合理、功能齐备、多业共融、集聚集约，产城景深度融合的全域旅游发展大格局，打造武隆文化旅游产业升级版。

天生三桥

（参见 284 页）

重庆·渝中区

全域旅游·美丽渝中

两江流光（张坤琨 摄）

重庆人民大礼堂（张坤琨 摄）

渝中区自被列为国家全域旅游示范区创建单位以来，区委、区政府高度重视，把发展全域旅游作为战略任务，坚持党政统筹、部门联动，引导市场主体、行业组织、社区居民积极参与，形成了“全民兴旅”的浓厚氛围和强大合力，走出了一条“以文为魂、文商旅城融合、城景一体、主客共享”的都市型全域旅游发展之路，旅游业成为全区支柱产业和富民产业，对经济社会高质量发展带动作用明显。全区有国家A级旅游景区13处（其中4A级景区9处），星级饭店18家，高品质酒店6家，旅行社205家，不可移动文物149处（其中全国重点文物保护单位19处），国家文化产业示范基地2处、全国爱国主义教育基地4处、全国研学旅游示范基地1处，数量位居全市前列。

国泰艺术中心（张坤琨 摄）

2019年接待游客人数6744万人次、增长5.8%，旅游收入463.5亿元、增长20.9%，旅游产业增加值109.5亿元、占区域GDP8.4%。

渝中区立足“区域有限、创新无限”，将全域20余平方千米作为一个大景区精耕深耕，将“游客满意、居民得实惠”作为创建工作的出发点和落脚点，推动城市管理、社会治理、城市服务等工作全方位按景区标准提质升级，在全域景区模式推动老城转型蝶变、破解老城空间发展制约、创新利用存量空间改造旅游服务设施、延伸旅游要素全产业链条、推动成渝双城经济圈建设、带动内陆区彰显国际风范方面都具有示范意义，呈现出主客共享优化旅游服务、以文为魂丰富旅游内涵、产业融合提升旅游能级等亮点。

长江索道（张坤琨 摄）

山城巷（张坤琨 摄）

（参见282页）

全域旅游　活力万盛

万盛经济技术开发区位于重庆南部、渝黔交界，面积 566 平方千米，是重庆主城都市区重要支点城市，是渝南黔北地区的经济技术开发区。万盛是一座移民城市、一座转型城市、一座工业城市、一座旅游城市、一座运动城市。

黑山谷

万盛旅游自 20 世纪 90 年代初起步，经历了景点旅游、景点旅游 + 度假区旅游、全域旅游三个阶段，经过近 30 年不懈探索，旅游已经成为万盛资源型城市高质量转型发展的支柱产业和战略方向。万盛生态旅游、体育旅游、乡村旅游、城市旅游四大产品类型齐备，拥有 22 个景区景点：黑山谷——创建了生态养生景区地方标准的 5A 级景区；万盛石林——中国古老的石林，以奇石俊峰闻名天下；梦幻奥陶纪——全球独树一帜的原创悬崖景区；重庆巅峰乐园——国内首家集陆上运动、水中运动、空中运动三维一体的

梦幻奥陶纪

万盛石林

理念打造的高端运动主题乐园，万盛还拥有国家湿地公园青山湖、国家森林公园九锅箐、亲子乐园丛林菌谷、水上世界板辽金沙滩、醉美乡愁尚古村落、生态渔村凉风梦乡村、文化发源地万盛老街、购物天堂国能奥特莱斯等不同类型景区。

万盛全域一元公交、A 级厕所、景区直达专线、公共自行车、旅游交通广播、旅游免费 Wi-Fi 等旅游配套设施完善；星级饭店、精品民宿等接待设施完备；鱼子岗土黄鳝、八零一田螺、麒麟坝蹄花等特色美食丰富；茶叶、夜郎贡米、堡堂面、猕猴桃等特色农产品享誉全国。

万盛一直在向前奔跑，未来的万盛，将会是一座幸福之城、一座活力之城、一座近悦远来的世界旅游目的地城市。

山水之城，美丽之地！

全域旅游，活力万盛！

千里健身绿道

（参见 286 页）

崇州

崇州

“海内存知己，天涯若比邻”，这是唐朝诗人王勃《送杜少府之任蜀州》一诗中唱出的千古名句。蜀州即今天的崇州，已有4300多年的历史，是中国优秀旅游城市、中国人居环境范例城市、国家生态示范区、四川省全域旅游示范区、四川省乡村旅游示范市、四川省旅游强县。

唐人街

西江夜景

道明竹里

崇州市位于四川省成都平原西部，距成都市中心城区25千米，离双流国际机场30千米。千百年来以其动人美景和蜀州韵味，成就了崇州在四川不可替代的旅游名片。境内旅游资源有被誉为“大熊猫爱情走廊”的鸡冠山国家森林公园、全国重点文物保护单位罨画池博物馆、与三星堆遗址时代相同的紫竹双河古城遗址以及国家4A级旅游景区街子古镇、元通古镇、天府国际慢城和一批极具川西特色的3A级林盘景区竹艺村、严家弯湾、乌尤驿等。崇州市全域“十河贯境”“五水润城”，“四山一水五分田”的布局，滋养了王勃、杜甫、陆游等文人墨客的璀璨诗篇；孕育出雪山、森林、湿地、田园、古镇、林盘等多样风情，是一座如诗如画、如梦如幻的文化之城、生态之城、活力之城。

元通古镇

旅游咨询电话

028-82272257

天府国际慢城

（参见292页）

七彩西昌·阳光水城

西昌市位于四川省西南部，是全国极大彝族聚居区——凉山彝州自治州的首府、大香格里拉旅游环线的璀璨明珠。

西昌是能够玩火的城市，拥有世界文化瑰宝彝族火把狂欢节、奴隶社会博物馆、大型飞播林区、大型暗物质实验基地、大型城市湿地，是全国仅有的两个县级国家森林城市之一。明清古城至今保存完好，是南方古丝路重镇、中国十大醉美古城、驰名中外的航天城。

西昌市扎实推进“全域旅游”发展战略，先后荣获首批国家旅游度假区、首批国家生态旅游示范区、国家湿地公园、全国休闲农业与乡村旅游示范市、全国旅游综合实力百强、中国全面小康指数百强等国家品牌 76 项。拥有国家旅游度假区 1 个、国家生态旅游示范区 1 个、国家 4A 级景区 3 个、国家 3A 级景区 8 个、乡村旅游景点 18 个；宾馆酒店 1780 家列全省之冠，民宿客栈 600 余家列全省之冠。

近年来，西昌市大力实施“全域旅游、首位产业”发展战略，生动践行“绿水青山就是金山银山”发展理念，探索出民族地区文旅融合推动全域旅游发展新模式，在西昌这片热土上绘就出了以全域旅游促进民族地区社会经济高质量发展的发展蓝图。

如今，国家全域旅游示范区创建已经进入冲刺阶段，西昌将以决战决胜的信念，扎实推进“全域旅游”发展战略，夯实旅游“首位产业”地位。以项目建设为支撑，完善基础设施配套，筑牢文化旅游产业转型跨越的根基；以文旅融合为方向，健全文旅产品体系，丰富“七彩西昌阳光水城”的城市品牌内涵。集全市之力、聚全市之智，把西昌建设成为民族地区以全域旅游推动城市高质量发展的典范。

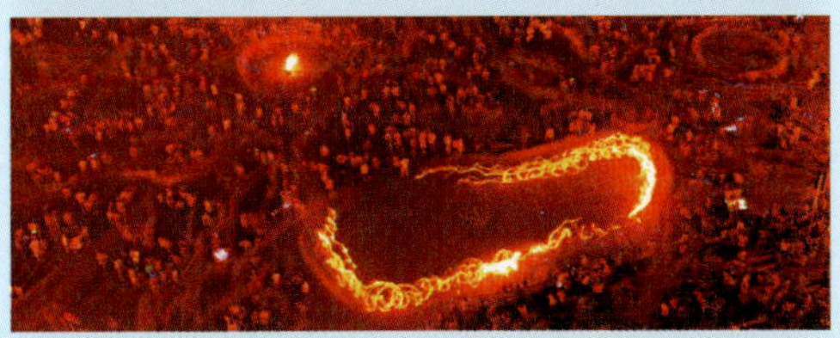

首批天府旅游名县
全国县域经济百强县
国家旅游度假区
中国优秀旅游城市
国家湿地公园
国家生态旅游示范区
国家湿地旅游示范基地
国家重点风景名胜区
中国航天城
全国休闲农业和乡村旅游示范市
国家森林城市
国家卫生城市
中国十佳魅力城市
全国文旅发展潜力城市

（参见 299 页）

彭州市

彭州湔江河谷

彭州市位于成都平原西北部，距成都主城区25千米，位于四川省成德绵经济圈和成都半小时经济圈内，自然格局“六山一水三分坝”，高山、河谷、丘陵、平原地貌兼具，面积1421平方千米，人口81万。

心语星宿——泡泡酒店

彭州资源禀赋得天独厚，拥有大熊猫国家公园、龙门山国家地质公园等5个国家资源品牌，以及3个国家4A级旅游景区、2个省级旅游度假区。在这里，你可以领略U形河谷、高山云海、峡谷飞瀑、修竹林海等秀丽风光，感受飞来峰、溶洞群等自然奇观，探寻大熊猫、川金丝猴、珙桐、高山杜鹃等神奇物种。

彭州外览山水之优，内得人文之胜。在3000多年前西周时期即有彭人在此生息繁衍，之后立业兴国，建都瞿上。古蜀文化、宗教文化、牡丹文化、陶瓷文化赋予了彭州独特魅力，拥有非物质文化遗产73项和全国极大的金银器窖藏，是中国曲艺名城和川剧艺术之乡。

龙门山水孕育古蜀之源，湔江河谷辉映牡丹之城。彭州以打造“城在山水畔、人在公园间”的立体山水画卷为发展目标，依托龙门山湔江河谷生态旅游区全力打造世界山地生态旅游品牌。提出“以民宿点亮乡村，用艺术对话世界”的民宿集群发展构想，通过“小”民宿发展乡村“大”产业，着力打造18.7平方千米的“龙门山·柒村”民宿产业园，带动龙门山民宿产业走向高端发展。计划在5年内建设100家精品民宿，形成“东有莫干山，西有龙门山”的新格局。目前，已引进浮云牧场、耳隐、大乐之野等高端民宿23家，建成无所事事、蟠龙小院、若溪乡情等精品民宿8家，创立全国首家民宿学院，颁发了全国首张民宿产业集体商服用地不动产登记证书。

2020年，彭州市共有13个总投资124亿元的文旅产业重大项目，相信明天的彭州会有更多的美好发生，天府金彭欢迎你！

熊猫森林——龙门山民宿

（参见291页）

四川·安岳

赏千年石刻 闻百年柠香

安岳古称“普州”，北周建德四年（575）设州置县，宋代即与“三苏故里”眉山齐名称“东普西眉”。安岳区位优越，坐落于成渝经济区腹心地带，也是成渝两地直线相连的中心之点，是名副其实的“成渝之心”。安岳面积 2700 平方千米，辖 46 个乡镇（街道），总人口 158 万，是四川人口大县。这里土质肥沃、资源丰富、气候宜人、自然生态环境优越，沱江、涪江分水岭从西北向东南贯穿全境，天蓝、地绿、水净，是宜居宜旅的生态之城，安岳也由此获得了“中国绿色名县”“西部生态环境友好县”“四川省旅游强县”等殊荣。

长河源风光

紫竹观音

来到安岳，走进那“花开四季”的柠海。安岳拥有 300 多平方千米柠檬果园，收获着中国 80% 的柠檬产量，同时出口至全球 30 多个国家和地区，是“世界五大柠檬产区”之一，是名副其实的“中国柠檬之乡”。

来到安岳，品鉴那“古多精美”的石刻。10 万余尊唐宋摩崖造像（包含 10 个全国重点文物保护单位）或体态丰满、雍容华贵，或精细华美、璎珞盖身，题材丰富，技艺精绝，蔚为壮观，世间罕见，蜚声国内外，安岳也因此被命名为“中国民间文化艺术之乡（石刻）”。

来到安岳，追忆那“钟灵毓秀”的古韵。这一方沃土，滋养了韩国国母普州太后许黄玉、普州刺史程咬金、苦吟诗人贾岛、北宋理学鼻祖陈抟、南宋大数学家秦九韶、川中名士陈泽霈等大批志士名人，让这里星光熠熠，璀璨神州大地。

来到安岳，徜徉在那“如诗如梦”的田园。在宝森柠檬小镇，泛舟湖心、夜赏灯会，享受生态健康的欢快时光；在悦缘花谷，悠然漫步，在层层叠叠的醉人花海中，感受姹紫嫣红的世间美好；在青莲谷，感受微微荷风、菡萏清香，沉醉在那“接天莲叶无穷碧”的诗意世界……

来到安岳，品尝那“色香味绝”的佳肴。柠檬宴、伤心凉粉、安岳坛子肉、安岳米卷、安岳吴名烧鸡……丰富多彩的玉食珍馐，让来客感受千变万化的舌尖体验。

近年来，在“绿水青山就是金山银山”发展理念指引下，围绕省委“一干多支、五区协同”发展战略和“四向拓展、全域开放”总体谋划、市委建设“成渝门户枢纽、临空新兴城市”发展定位，安岳加快推进旅游供给侧结构性改革，大力实施全域旅游战略，推进“文旅 +”融合发展，依托安岳石刻、柠檬等特色文化资源，创响“中国柠檬之乡”“中国石刻艺术之乡”两张名片，做优名人文化、宗教文化、美食文化等特色文化旅游资源，争创天府旅游名县，全力打造巴蜀文化旅游走廊重要节点、成渝中部特色旅游目的地，努力创建成为全国旅游强县。

安岳卧佛

华严洞石刻

（参见 296 页）

内江·市中区

内江市市中区古称“汉安”，距今已有 2000 多年郡县历史。厚重的历史底蕴，孕育了浓郁多彩的特色文化，令诗仙李白游历于此，也不禁留下“青山横北郭，白水绕东城”的千古佳句。书画文化、糖业文化、状元文化、巴蜀古驿道等传统文化源远流长，涌现了世界国画大师张大千、著名国画大师晏济元、大将军喻培伦、巴蜀鬼才魏明伦等一批杰出的中华英才；拥有三元塔、张大千、钟鼓楼三张独特的文化 IP；翔龙山摩崖造像、圣水寺、三元塔、曾家大院、钟鼓楼等一批国家、省级历史文化瑰宝；甜城蜜饯、黄氏吹糖人等一批非物质文化遗产；黄鹤湖国家水利风景区、尚腾新村全国运动休闲小镇、黄鹤湖国家垂钓基地等一系列国家品牌，成功创建黄鹤湖旅游区、乐贤半岛旅游区 2 个国家 4A 级旅游景区。依托丰富文旅资源，创建有黄鹤湖国家 4A 级旅游景区农文旅体验游、乐贤半岛国家 4A 级旅游景区休闲度假游、寿溪河生态乡村游三条特色旅游线路。市中区区位优势明显，现已全面融入成渝“半小时经济圈”，以高速发展的新姿态拥抱新时代！

近年来，通过举办央视美丽乡村快乐行、星光大道冠军选手大型公益演唱会、中国情歌会、全国钓鱼高手 PK 赛、四川省第九届乡村文化旅游节分会场、兰亭国际书画艺术节等大型活动以及葡萄采摘节、醉美油菜花节、桑葚采摘节等本土特色节会活动，实现了月月有活动，季季有节会，镇镇有亮点，聚集了较高的旅游人气。“大千故里，甜城之心”的文旅品牌享誉全国，被评为中国民间文化艺术之乡、全省乡村旅游示范区、全省夏布画绣之乡。“尚腾新村”收获了“四川省乡村旅游精品村”的美誉，“川南大草原”荣获“金熊猫”表彰，夏布绣系列产品获得“2018 四川优秀旅游工艺品”光荣称号，内江记忆书签（椭圆）获得 2019 中国特色旅游商品大赛四川赛区银奖。

近三年，全区接待游客人数、旅游总收入实现“三连涨”，年均增长 20% 以上，2019 年接待游客人数 890 万人次，旅游总收入达 74 亿元。如今，市中区将文旅产业作为县域经济高质量发展的重要支撑和全区战略性支柱产业来培育和发展，加快建设休闲度假旅游样板区，积极推进文旅融合发展，以创建天府旅游名县和全域旅游示范区为总体目标，切实推动文化影响力、旅游吸引力、文化旅游供给力、文化产业竞争力显著提升，绘就市中区文旅美丽新画卷。

（参见 293 页）

新昌县

2019 年，新昌县接待游客人数 1816 万人次、旅游总收入 159 亿元，入围全省首批大花园典型示范建设单位，荣获“醉美中国文化旅游县”称号，被命名为第三批“绿水青山就是金山银山”实践创新基地，成为全省第二个既是生态文明建设示范县又是“两山”实践创新基地的县。

一、全域化打造，高起点谋划布局。编制《新昌县全域旅游发展行动计划（2019—2022）》等多个规划，统筹盘活资源，通过东、中、西联动，打造全景新昌。东片，围绕天姥山打造寻梦唐诗之旅。中片，围绕大佛寺等打造休闲养生之旅。西片，围绕穿岩十九峰打造丹霞风情之旅。

二、全产业融合，高质量推进发展。文旅融合。挖掘唐诗之路等特色历史文化，加快浙东唐诗之路精华地打造，以实景印证诗景。工旅融合。依托高端制造、生命健康两大主导产业，打造工业旅游示范基地。农旅融合。发展田园采摘等体验经济，把农产品变成旅游商品，加大古村落和非遗保护，凝聚乡愁。商旅融合。打造“天姥唐诗宴”等品牌，成为“诗画浙江·百县千碗”工程示范县。

三、全过程保障，高品质优化环境。优化发展环境。每年安排专项资金 1.5 亿元，优化管理体制，形成文旅局等单位为中心的促发展格局。优城乡环境。通过旧城改造布局市民公园等文旅项目。镜岭镇荣获联合国极高环境荣誉“地球卫士奖”，创建 A 级景区镇、村 175 个。上榜 2020 中国县域全生态百优榜。优配套环境。建立全域旅游大数据中心，推出“十二时辰”游玩地图，打造演艺村等夜经济文旅产品，建成杭绍台高速、高铁等项目。

（参见 193 页）

浙江·松阳

国家 4A 级旅游景区——双童山景区

松阳地处浙西南，自古就是田园牧歌式的桃源胜地，至今保有中国传统村落 75 个，总数居全国前列，被誉为“古典中国的县域样本”“最后的江南秘境”。

国家 4A 级旅游景区——浙南箬寮原始林景区

在乡村振兴和大花园建设的大背景下，松阳始终把全域旅游作为战略支柱产业，紧扣富民强县和大花园醉美核心区定位，构建了以松阳古城和传统村落为核心的全域点位布局、以八条艺术创作路线和松阴溪绿道为主体的全域线位布局、以全县域乡村博物馆和全县域民俗文化活动为内容的全域文化布局，形成了全域谋划、全域推进的系统发展格局。着力做好“五个全”打造“五个百工程”，即“规划在先全域成景、项目为王全做精品、文化引领全面激活、产业融合全链发力、凝聚力量全民参与”，打造了茶旅融合百亿产业、复活百座古村、建成百千米绿道、每年举办百场节会、落地百个艺术家工作室，形成人人发力、时时可游、处处是景、行行融合的良好局面。

国家 4A 级旅游景区——大木山茶园景区

国家 4A 级旅游景区——松阴溪景区

中国传统村落——吊坛

通过几年的努力，松阳成为全国传统村落保护利用试验区、全国传统村落保护发展示范县和“拯救老屋行动”整县推进试点县，成为浙江省的旅游调研联系县，联合国首个乡村发展示范县。先后获评“全国旅游创新发展示范地”“全国至佳养生休闲旅游名县”“中国茶旅融合竞争力十强县”和“浙江省首批全域旅游示范县”“浙江文化和旅游产业融合发展十佳县”等荣誉称号，2020 年 8 月，顺利通过国家全域旅游示范区省级初审。松阳的全域旅游工作得到了国家有关部门的批示肯定，特别是文化引领乡村复兴、以传统村落保护发展和拯救老屋行动推动乡村旅游发展、农文旅深度融合、民宿经济、绿道建设等取得的成果和经验，为全域旅游发展提供了典型案例，树立了标杆。

（参见 199 页）

开化县

根宫佛国

开化水

“处处是风景，处处可旅游，人人都参与，人人都受益”，推进开化旅游从“景点旅游”到“全域旅游”。开化位于钱江源头，地处浙、皖、赣三省七县交界，距离周边千岛湖、黄山、三清山、婺源等国家 5A 级旅游景区仅 1 小时左右车程，是浙皖赣 5A 黄金旅游圈的中心地带。

这里环境优美、生态良好，是全国 9 个生态良好地区之一，是国家首批生态旅游示范区，资源极其丰富，全县共有自然景观 158 处，人文景观 70 余处，拥有 1 个 5A 级、2 个 4A 级、8 个 3A 级景区以及 130 个浙江省 A 级景区村。

全县森林覆盖率 80.9%，生物丰度、植被覆盖、大气质量、水体质量均居全国前 10 位；连续五年，出境水 I、II 类水占比保持在 95% 以上标准；PM2.5 浓度控制在 30 微克 / 立方米以内，空气质量指数（AQI）优良率稳定在 95% 以上，成为全国首个“中国天然氧吧”；县城负氧离子浓度 3770 个 / 立方厘米，钱江源国家森林公园、古田山国家自然保护区负氧离子浓度高达 40 万个 / 立方厘米，是全球负氧离子浓度极高的五个地区之一，被誉为“华东绿肺”。

九溪龙门

钱江源

古田山

（参见 194 页）

舟山市·嵊泗县

嵊泗县又称嵊泗列岛，隶属于浙江省舟山市，位于杭州湾以东、长江口东南，即北纬30° 24′ ~ 31° 04′、东经121° 30′ ~ 123° 25′，是浙江省东部、舟山群岛北部的一个海岛县，全县有大小岛屿404个，其中百人以上常住人岛屿13个，陆域面积86平方千米，海域面积8738平方千米，分别占总面积的0.97%和99.03%，故有“一分岛礁九九海”之说。

嵊泗属亚热带海洋性季风气候，四季分明，冬无严寒，夏无酷暑，光照充足，温差较小。春季多海雾，夏季多气旋，秋季较干燥，冬季有霜冻。

嵊泗是国家列岛风景名胜区，具有海瀚、礁美、滩佳、石奇、洞幽、崖险等特点，海域辽阔，岛礁棋布，岬角礁岩众多，金色沙滩连绵亘长，遍布列岛，碧兰海水，清秀山色，林木茂密，自然风光独特。岛内人文景观众多，渔乡风情浓郁，加之宜人的气候资源，实为旅游休闲度假理想场所。岛内共有景点50余处，其中一级景点9处。划分为泗礁（包括黄龙等周边岛屿）、花绿（花鸟、绿华）、嵊山枸杞、洋山四个景区。

嵊泗列岛历史悠久。远在新石器时代，岛上已有先民居住，在春秋战国时，这里已有舟楫飞舞，已是人鱼交欢的海上热土和海洋发祥地之一。嵊泗有文字记载的历史已有1000余年。嵊泗列岛位于我国的“东大门”，历来是兵家必争之地，也因此留下了许多人文古迹，有极大的观赏价值。

（参见197页）

武安市

武安位于河北省南部、太行山东麓，晋、冀、豫三省交界地带，总面积 1806 平方千米、人口 85 万，辖 22 个乡镇、502 个行政村、1 个省级工业园区、2 个邯郸市级工业园区，著名的地方戏曲之乡、古代冶炼之乡、中国小米之乡，有“冀南宝地”“太行明珠”之称，县域经济基本竞争力位居全国“百强”。

武安历史悠久，距今约 8000 年的“磁山文化”发源于此，是中华民族文明发祥地之一。武安春秋属晋、战国归赵，赫赫有名的苏秦、李牧、白起都曾被封为“武安君”。西汉初置县，有 2200 多年的建县史，1988 年撤县建市。武安文化底蕴深厚，武安平调落子、傩戏、赛戏被收入中国非物质文化遗产名录，有非物质文化遗产保护项目 79 项，文物古迹 2020 处，其中全国重点文物保护单位 7 处，省级 42 处。

武安山水秀丽，旅游资源丰富。拥有 9 家 A 级景区，1 家全国休闲农业与乡村旅游示范点，4 家星级饭店，其中财富国际酒店是五星级饭店。拥有 26 家旅行社及分社和 10 家邯郸市级旅游商品生产企业，食、住、行、游、购、娱，旅游各大要素得到全面发展。

近年来，武安市依托丰富的自然资源和人文景观，以打造国家旅游度假区为目标，培育出京娘湖、东太行、七步沟、朝阳沟、东山文化博艺园等一批精品景区，打造了红色革命圣地游、绿色太行风情游、古色中华文明游、金色休闲乡村游等多条旅游线路，形成了“春踏青、夏避暑、秋观叶、冬赏雪”的四季有景发展格局。建成了旅游大道、平安大道、白云大道、武当大道、盘龙大道五条旅游道路，构筑了“高速联络线连通域外、旅游快速线直达景区、内部小环线串联景点”的高效便捷旅游路网。先后被评为国家地质公园、国家森林公园、国家矿山公园、国家水利风景区、国家自然保护区、文化先进县、全国文物工作先进县、中国优秀旅游城市、国家全域旅游示范区创建单位。

未来，武安市将围绕全域旅游发展理念，加快建设一批生态旅游、康养旅游、乡村旅游、文旅融合、民宿产业集群项目，实现文旅产业高质量发展。武安人民古道热肠，热忱欢迎各界友人前来投资兴业、游览观光。

（参见 117 页）

河北·遵化

遵化市区图

京东福地，传奇遵化。自 2016 年 11 月被列入“第二批国家全域旅游示范区”创建名单以来，遵化市委、市政府强力推动全域旅游发展，实现了“小景区”向“大旅游”、从“各美其美”到“美美与共”、从一元主导到全域发力的跨越。

如今，全域旅游的美丽图景已在遵化大地渐次铺陈，22 处景区景点连片成景、连景成画，旅游已成为遵化市重要的支柱产业和转型发展的战略突破口。2020 年 7 月，遵化市被河北省文化和旅游厅认定为“省级全域旅游示范区”。

遵化市洪山口长城

遵化地处燕山南麓，旅游资源得天独厚，先后成为中国优秀旅游城市、京东休闲旅游示范区。这里山川秀美、湖塘广布、文化厚重、古迹繁多、毗邻京津，被誉为“畿东首城”。

青砖黄瓦、古树红墙，走进世界文化遗产、国家 5A 级旅游景区清东陵，犹如踏入一幅大气恢宏的水墨画卷。为让清东陵更加凸显皇家韵味，遵化精心打造了“祭祀大典”实景表演，再现当年皇家祭祀的宏大场面，使游客更加真切地感受皇家文化的魅力，大大提升了景区“回头率”。

立足遵化产业基础和资源优势，该市以“旅游 +”为抓手，深化旅游供给侧结构性改革，构建彰显特色、互促共进、跨越提升的文旅产业发展大格局。

遵化市清东陵景区

在山水田园间呼吸清新空气，在特色民俗中尽情敞开心扉，在休闲娱乐中体味岁月静好……“旅游 +”的深入拓展，使遵化旅游产业的参与性、体验性、娱乐性更胜往昔，成为游客追逐体验“诗和远方”的归宿。2019 年，遵化市接待游客人数 935 万人次，同比增长 15.15%，综合收入 90.2 亿元，同比增长 12.1%。

一枝独秀不是春，百花齐放春满园。遵化这座文化古城、生态绿城、旅游名城，正在聚焦优势转化，厚植发展后劲，奏响全域旅游发展新篇章，散发出无穷的活力与魅力！

遵化市上关湖景区

（参见 113 页）

迁西县

诗意山水，风光无限；画境栗乡，花香果甜

迁西有“燕山绿色明珠，京津冀后花园”的美誉，是长城国家文化公园重要地段。先后获得中国板栗之乡、全国休闲农业与乡村旅游示范县、全国森林旅游示范县、国家生态示范区、醉美中国旅游县等十多项荣誉称号。

以创建国家全域旅游示范区为契机，迁西大力实施“旅游兴县”战略，着力打好“生态、文旅”优势牌，探索全域美丽、全面创新、全景提升、全业融合的“四全”发展模式，走出一条独具山区特色的“生态型”全域旅游示范区创建之路。

全域美丽，山乡化茧成蝶。全县森林覆盖率达到 63.5%，清理网箱养鱼，矿区、河道、农村环境卫生的综合整治，擦亮全域旅游生态底色。

全面创新，探索发展路径。在迁西“旅游发展大于天”是全域创建共识，体制机制、利益机制、融资模式、管理方式的创新，优化全域旅游发展环境，尤其是利益机制创新被写入了《河北旅游发展蓝皮书》创新发展范例。

全景提升，绘就生态画卷。迁西在打造快旅慢游交通网的基础上，以“灵山、秀水、长城、栗香”为特色，构建起“一核、两脉、三带、五区”全域旅游大格局，景忠山、青山关、凤凰山、喜峰雄关大刀园、中国板栗博物馆、潘家口国家水利风景名胜区等景区遍地开花。如今，处处是风景、全县是景区。

全业融合，实现主客共享。发挥“旅游 +”和“+ 旅游”功能，迁西以全域旅游助推乡村振兴，走出了一条产业融合发展之路。以旅游 + 农业、旅游 + 工业、旅游 + 体育为代表的全业融合，效果显著。2019 年，全县接待游客人数 792 万人次，实现旅游综合收入 71.3 亿元。

（参见 114 页）

大理 苍山不墨千秋画 洱海无弦万古琴

洱海

大理市位于祖国西部，是云南省大理白族自治州州府所在地，面积 1815 平方千米，人口 63.81 万，先后获得“世界地质公园”“国家风景名胜区”“中国优秀旅游城市”“第二批国家旅游业改革创新先行区”等多项荣誉。

从唐宋以来，大理就是古代南方丝绸之路的重要驿站，今天的大理，是国家一带一路中面向南亚、东南亚的综合交通枢纽。大理自然生态环境优越，年均气温 14.9℃，年降水量 1051 毫米。下关风清送凉、上关温润百花常开、苍山常年积雪不化、洱海明月倒影如诗，故有“风花雪月”之美誉。

崇圣寺三塔

近年来，大理市深入贯彻落实国家对大理工作的重要指示批示精神，牢固树立“绿水青山就是金山银山”的发展理念，坚持“生态文明为本、历史文化为魂”的发展思路，全力创建国家全域旅游示范区。

大理市在创建过程中，通过健全机制体制、加强政策保障、提升公共服务、完善供给体系、强化秩序安全、保护资源环境、扩大品牌营销等创新示范手段，多措并举，营造了安全文明、舒适便捷、和谐文明的旅游环境；拓展空间、提升质量，坚持开放共享，充分发挥传统旅游资源和交通区位优势，用全域旅游的成果，辐射带动形成了区域协调发展的新格局；因地制宜、整合资源，创新主客共享模式，加强资源活化利用，吸引“新大理人”落地生根发展文化产业，构建了全域旅游新特色。

天龙八部影视城

到大理，一个人来，可以邂逅烂漫、寻找诗和远方；两个人来，可以许下山盟海誓、见证海枯石烂；一家人来，可以感受“漫步苍洱、体味乡愁”，感受“风花雪月、自在大理”的全域旅游新意境。

双廊艺术小镇

（参见 318 页）

丽江市古城区

全方位融合高质量发展 共建共享宜居宜业宜游城市

丽江市古城区地处滇、川、藏交通要冲，是南方丝绸之路和“茶马古道”重镇。古城区拥有丽江古城、纳西东巴古籍文献、“三江并流”三项世界遗产以及“音乐活化石”——纳西古乐。先后荣获中国历史文化名城、中国优秀旅游城市、国家园林城市、国家卫生城市、全国休闲农业和乡村旅游示范区等称号。2019 年，全区接待游客人数 3515 万人次，旅游总收入 805 亿元；旅游直接从业人员约 4 万人，间接从业人员近 10 万人，占常住人口的 63.1%。主要做法如下：

一、实施遗产保护战略。在全国率先对古城古镇类世界文化遗产进行行政立法，科学制定《丽江古城保护条例》，荣获“联合国教科文组织亚太地区遗产保护优秀奖”。建立非物质文化遗产名录体系、传承人谱系。《东巴经》手抄本、《黑白战争》连环画分别被国家博物馆、国家图书馆永久收藏；每年投入 1000 万元专项资金用于民族文化保护、传承和展示，文化遗产保护与旅游产业共同发展的经验被联合国教科文组织誉为“丽江模式”。

二、实施“全景古城”战略。将丽江古城、束河古镇景区纳入城市空间规划布局，景区与中心城区自然过渡，“处处是景点、户户见雪山”。擦

亮“大美丽江·和美古城”全域旅游品牌。影视剧《木府风云》在 90 多个国家和地区热播，《一滴水经过丽江》入选国家义务教育教材，《丽江欢迎你》登上美国纽约时代广场，古城区荣获“首批全国文化旅游胜地”。

三、实施商旅并举战略。现有国家 5A 级旅游景区 1 个，国家 4A 级旅游景区 3 个，束河古镇成功创建省级旅游度假区。带动酒店客栈、酒吧餐饮、商贸物流、文创产品、民族手工艺品等发展，成为民宿产业高质量发展的标杆地区之一，以旅游业为龙头的第三产业占地区生产总值的 74.1%。有国际知名品牌及高端酒店 11 家、五星级酒店 3 家、4 星级酒店 14 家，星级酒店（民宿）床位 12 万张。打造“夜游、夜赏、夜品、夜购”系列活动，建成徐霞客纪念馆等 17 处新文化景点，连续举办国际品牌赛事、高峰论坛，实现旅游与文化、研学、体育、康养等产业的深度融合。

四、实施市场监管全覆盖。建立综合调度指挥中心、退货监理中心、联合巡逻队、司法调解中心，各涉旅部门，旅游执法履职监督办公室的“1+5+N+1”的全新综合监管模式。完善市场准入退出管理机制，30 天无理由退货机制在全省推广。在全省率先构建政府、商户、游客“三位一体”诚信评价体系，覆盖 7 类业态、6915 户经营户。成功创建国家旅游标准化示范城市。铁腕整治旅游市场秩序取得显著成效，严格落实旅游投诉“5 分钟响应、24 小时办结”工作机制。

（参见 314 页）

梅河口

梅河口因河得名，以河为美。这座秀美的城市地处吉林东南，是连接长吉都市圈的关键节点城市，吉林省高质量发展先行示范区。如今梅河口又喜获“美丽中国极受欢迎康养旅游目的地”“美丽中国全域旅游精品目的地”两项荣誉。

一座城，就像一个景区。城市客厅景区宛如飘带穿城而过，又好比城市客厅包罗万象，有莲叶田田，有九曲长桥，有瀑布叠水让人赏心悦目，也有运动场可供挥汗如雨。海龙湖被称作东北“小西湖”，漫步湖边，白沙滩、禹门岛、梅溪湿地、牵手广场、十里铺商街每一处都让人难忘。人民公园火车头广场陈列着建设型蒸汽机车，诉说着梅河口与铁路的难忘岁月……

旅游升级、景城一体，梅河口展开了一幅波澜壮阔的旅游画卷。啤酒小镇、翰林睿荷温泉度假酒店、爨街、丽水青田侨乡进口商品城等大型旅游项目相继落地，梅河口啤酒节、朝鲜族民俗文化旅游节、梅河口国际男篮锦标赛、国家乒乓球锦标赛、一袋牛奶的暴走等活动缤纷登场，梅河口旅游展现出了时尚和活力，魅力无限！

（参见 147 页）

长白山池北区

长白山东北亚植物园

长白山保护开发区池北区位于吉林省东南部，辖区面积 1162 平方千米，常住人口近 5 万人，现有 1 个国家 5A 级旅游景区、1 个国家 4A 级旅游景区、1 个国家湿地公园。

长白山素有“千年积雪万年松，直上人间首座峰”的美誉。拥有 1586 种野生动物、2639 种野生植物、明显的森林垂直景观带和壮美独特的火山流水地貌景观、世界三大优质的矿泉水水源地之一，人与自然和谐共生的生态保护与发展都在这座自然原始的长白山充分彰显。

近年来，长白山池北区全面贯彻“保护生态和发展生态旅游相得益彰，这条路要扎实走下去”的指示，按照关于对长白山实行“统一规划、统一保护、统一开发、统一管理”的决策部署，牢牢把握创建国家首批全域旅游示范区、国家首批绿色旅游示范基地等重大机遇，坚持将生态文明理念贯穿于旅游发展的各领域和全过程，形成了美丽山水与特色城区齐头并进、自然环境与人文景观互融共促的新局面，正在阔步迈进世界生态全域旅游目的地。

长白山碱水河国家湿地公园

长白山池北区将继续坚持以“五大发展”理念为统领，严守生态保护底线，精心守护好长白山垂直带谱分布、多元系统完整的绿色生态，扎实走好绿色转型发展和特色化的国际化发展道路，将长白山建设成为吉林省的保护样板、发展头雁、旅游旗帜和管理标杆，向打造世界全域生态旅游目的地目标不断迈进。

河洛文化园

环长白山自行车赛

（参见 151 页）

安图县

安图县作为全域旅游示范区创建单位，素有“长白山第一县”之美誉，是长白山旅游经济圈重要交通集合点。如果说长白山是极为亮丽的一张名片，那么安图就是极为璀璨的一颗明珠，在吉林省旅游业发展中占据着不可替代的位置。

安图地处长白山腹地，山水风光秀丽，民俗风情浓郁，人文历史丰厚，厚植着“万年古人，千年古城，百年古县”的人文底蕴。走进长白山，天池碧水，清澈圣洁；康养温泉，天然富集；长白飞瀑，跌宕奔腾；峡谷奇峰，险峻峥嵘，尽阅其博大雄浑的风格和洪荒原始的意境。漫游山下，赏艳香醉人百花谷、游红色抗联大关东文化园、览民俗风情红旗村、观长白山历史文化园，尽享多彩景区的秀美风光和人文风情。

多年来，安图县依托得天独厚的旅游资源，按照“域是一个景、景是一座城、景区城市化、城市景区化、城旅一体化”的发展思路，实施“多点布局、联动发展”战略，创新做好了“文旅结合、产城融合”这篇文章，形成了“图安安图、安图图安”的文化理念，依托国家5A级旅游景区长白山，先后打造出国家4A级旅游景区

7个，国家3A级旅游景区3个，国家2A级旅游景区5个，国家工业旅游示范点1个，3A级以上乡村旅游经营单位5家，为安图的经济社会发展带来了极大助力。

“走遍五湖，遇见安图”，安图已经成为“春踏青、夏避暑、秋采摘、冬养生”的生态旅游胜地，开启了“城市栖息地”的新时代。这块充满着积淀与梦想的热土，这座跃动着生机与活力的小城，迎接着海内外游客的到来。

（参见150页）

武 威

武威，地处甘肃省中部、河西走廊东端，东接兰州，南靠西宁，北邻银川和内蒙古，西通新疆，地处亚欧大陆桥的咽喉位置，是西部重要的交通隘口城市和区域中心城市。武威，是中国旅游标志之都，国家历史文化名城、中国优秀旅游城市、中国葡萄酒城。

中国旅游标志“马踏飞燕”出土地——武威雷台

武威，拥有4000余年的文明史及2000多年不间断的城市文明。作为“五凉古都”“西夏辅郡”，武威以其厚重的历史和多元灿烂的人文底蕴著称于世，被赋予“河西都会”的美誉，曾一度是中国西北地区政治、军事、经济、文化的中心。

“陇右学宫之冠”——武威文庙

千百年来，丝路绵延的武威大地留下了太多的华彩篇章，也封存了太多史不绝书的古老印记。中国旅游标志“马踏飞燕”出土地——武威雷台、“陇右学宫之冠”——武威文庙、中国石窟鼻祖——天梯山石窟、西藏正式回归中国行政版图历史见证地——凉州会盟纪念馆等不朽图腾风采依旧，而上承建安、下启隋唐的“五凉文化”，“凉州七里十万家”的盛唐气象，历代文人墨客所留的千古绝句《凉州词》，印证“陇右文风盛行”的明清世风，跃动着古典韵美的西凉乐舞，歌颂着古往今来忠孝贤良的凉州贤孝，传承着豪迈雄风的攻鼓子等人文瑰宝也在世人的瞩目中永久流传。

中国石窟鼻祖——天梯山石窟

走进武威，既是人文与历史的雄浑交织，也是心灵与感官的震撼之旅。从雪山到冰川、从森林到草原、从湖泊到河流、从戈壁到沙漠……在这片广袤而丰饶的土地，上演过太多金戈铁马的岁月传说，也保存着无数浑然天成的自然奇观。

天祝冰沟河生态旅游景区——天池

穿越历史沧桑，饱览山河壮丽，触摸现代文明，感受妙趣横生。武威，这座崇文尚德、包容创新的现代化宜居宜业宜游城市、文化旅游名市、西北研学旅游目的地、西部自驾游胜地热忱邀请国内外游客前来旅游观光！

天马行空 · 自在武威——武威欢迎你！

（参见331页）

黄陂区

木兰草原

木兰草原——骑马观花

黄陂历史悠久、自然风光优美、人文景观丰富、文化底蕴深厚，辖区面积2261平方千米，人口116万，是武汉市面积大、人口多、生态好的新城区，被誉为武汉之“根”、文化之“源”和武汉之“肺”、武汉之“窗”、武汉之“星”。拥有木兰山、木兰天池、木兰草原、木兰云雾山、木兰清凉寨、锦里沟、大余湾、姚家山、木兰湖、木兰古门、农耕年华、汉口北、木兰玫瑰园和木兰胜天等近20多个木兰系列景区。其中，建有国家5A级景区1家，国家4A级景区5家，国家3A级景区7家，休闲专业村58个，休闲山庄168家，星级农家乐752余家，其中五星级休闲农庄11家，位列全省第一。有2个街1个乡4个村被省、市评为旅游名镇、名村。已初步形成了集“食、住、行、游、购、娱”于一体的较为完善的旅游服务体系。

旅游业已成为黄陂重要的支柱产业和兴农富民的重要产业，黄陂也因此实现了由传统农业大区向旅游强区、名区的蝶变。2017年全区旅游接待游客人数达2000多万人次，实现旅游综合收入102亿元，全区近五年旅游指标增速连续超过20%。有15万农民吃上了旅游饭，直接从业人员达到10万左右，间接就业达30万左右，涉及旅游产业的街乡农民人均纯收入高于全区农民人均纯收入的32%，景区周边50多个村从过去的贫困村一跃成为全区富裕、美丽的山村。先后获得“全国旅游系统先进集体”“全国旅游标准化示范区”“全国休闲农业与乡村旅游示范区”“中国极具活力的老区生态旅游示范区”，以及“中国醉美生态文化旅游名区”“美丽中国梦想旅行地”“湖北旅游强区”“2014年度中国醉美休闲小城”“美丽中国十佳度假区”等荣誉称号，2015年木兰文化生态旅游区入选2015旅游业“醉美中国旅游目的地景区”“全国旅游价格信得过景区”“2015旅游业醉美中国榜”“2016年厕所革命十大典型景区”“首批国家全域旅游示范区”等荣誉。目前，黄陂正在创建“全国旅游强区”“全国智慧旅游示范区”“国家旅游度假区”“全国森林旅游示范市县”“2016中国年度至佳投资休闲目的地”“2017中国全域旅游创建典范城市”。标志着黄陂旅游进入了一个新的历史发展时期。

木兰山

木兰天池

云雾山

（参见241页）

多彩湿地　画里大丰

大丰位于江苏沿海中部，总人口72万，总面积3059平方千米，作为世界自然遗产黄海湿地的重要组成部分、盐城对外开放的重要门户窗口，大丰正面临长三角一体化和高铁时代来临的重大机遇，旅游经济迎来新一轮黄金发展期。

近年来，大丰深入践行“两海两绿”新路径，围绕全产业链、全要素，培育壮大旅游经济，拥有中国优秀旅游城市、全国旅游标准化示范城市、首批省级全域旅游示范区称号。目前，全区有国家5A级旅游景区1个、国家4A级旅游景区6个，全国乡村旅游重点村1个，江苏省五星级乡村旅游区2个，四星级乡村旅游区4个，省、市级旅游度假区各1个，江苏省特色景观旅游名镇、名村各2个，高等级景区数量、质量位居江苏各县区前列。

高起点规划。坚持规划引领，聘请国内外知名规划设计公司，整合生态、人文资源，高标准打造有内涵、有特色的旅游项目。建成苏北首批国家5A级旅游景区——中华麋鹿园、中国郁金香花海——荷兰花海、国内规模极大的知青文化主题景区——知青农场、国内首个以海洋为主题的情景式互动体验馆——大丰港海洋世界、赏梅胜地——梅花湾、《水浒传》成书原址——施耐庵故里。与著名导演王潮歌携手打造的“《只有爱·戏剧幻城》”项目全球公演，力争建成长三角地区极具影响力的沉浸式演艺项目、代表江苏品牌的标杆式文旅项目。

市场化推进。坚持项目为王，吸引国有企业、民营企业、金融机构等各类资本建设旅游项目，成功举办麋鹿生态旅游季、郁金香文化月、梅花文化节、鹿王争霸等系列活动，积极参与上海旅游节花车大巡游，运用微信、抖音、短视频等各类新媒体加大宣传推介，“大丰好玩呢”旅游品牌声名远播。

“旅游+”带动。推进“旅游+农业、旅游+文化、旅游+城市、旅游+体育、旅游+工业”融合发展，助推旅游业供给侧改革，促进百姓致富、产业发展。旅游业对大丰区国民经济的贡献度大幅提升。

全域化发展。推进全区旅游一体化，把大丰作为整体景区打造，促进各板块优势互补、线路互通、市场互动、客源互送，实现空间、行业、消费、时间等要素的全域化。全面提升大丰旅游的影响力和竞争力，实现由景点、景区旅游向度假、全域旅游的跨越。

（参见178页）

信阳·浉河区

浉河区位于河南省南部，地处秦岭—淮河地理分界线，因浉河穿城而过而得名。这里年平均气温 15.1℃，森林覆盖率达 69.1%，空气优良天数 249 天以上，拥有国家重点生态功能区、国家卫生城市、中国优秀旅游城市、国家园林城市等众多“金”名片。

浉河区气候温润，生态良好，景色宜人，素有“江南北国、北国江南”之称。区内有国家 4A 级旅游景区 4 个，区南鸡公山有“云中公园”之美誉，是全国四大避暑胜地之一；西郊南湾湖，湖水澄碧，洲岛棋布；区东南灵龙湖，山水相间，百舸争流。

浉河区是中国十大名茶信阳毛尖的原产地和主产区，也是红茶新贵“信阳红”的发源地。全区茶园面积 60 万亩，拥有全国纬度高、面积大、景色美的连片绿茶景区，信阳毛尖制作技艺入选国家非物质文化遗产。

国家 4A 级旅游景区灵龙湖生态文化旅游区着力打造信阳风情美食街、汽车营地、汽车电影院、儿童主题乐园、青少年科普基地、灵龙寺、五行茶汤温泉酒店等精品旅游项目，是集美食品鉴、民俗体验、汽车露营、农耕采摘、禅茶养生、休闲度假、温泉疗养、乐龄养老于一身的综合性旅游景区。

在国家 3A 级旅游景区文新茶村可赏万亩茶园、体验茶叶采摘、品信阳毛尖，享受茶乡生活的无限乐趣，领略信阳茶文化的独特魅力，是茶叶、民宿、生态、乡村与历史交会而成的现代茶文化为主题的新型旅游景区。

走进浉河，仰首是蓝天、俯身有碧水、推窗见绿萌，处处是花园，置身茶乡，一湖碧水、十美乡村、百里茶廊、千峰竞秀、万顷茶海，独特山水景观，让人仿佛置身于画卷之中。

（参见 239 页）

阿拉善左旗

别以为阿拉善左旗只有英雄会。

有多少人认识阿拉善左旗是因为英雄会？以越野e族的会员量基数大概可以估算，至少有近2000万，有人来一看堵车，走了，有人来蹭个热度打个卡，继续前行，从阿拉善左旗还算畅通的七个自驾出口，有点逃离似地驶出阿拉善左旗，去往心中的诗与远方。

阿拉善左旗的美实在过于内秀，除了英雄会有点名震四方的意思外，其他的美景都颇有藏在“深山”人不识的范儿。我说在英雄会场周边有70多家牧家游，有30多家民宿，有人惊呆了，在哪里？我怎么一个也看不到。那我就“呵呵”了。你以为走趟穿沙公路就算见识了沙漠？作为全球独有的沙漠世界地质公园主园区之一的腾格里园区，没点内涵怎么能入得了联合国教科文的眼？感受过腾格里沙漠的人曾说过一句话：腾格里沙漠是长在水里的。为什么这样说？那我问问你，腾格里沙漠400多个湖泊你见过几个？天鹅湖凭什么叫天鹅湖？月亮湖的三奇怎么找？为什么会有超格图呼热这个地方？南怀瑾先生看过月亮湖的一张照片后这样感慨：“阿拉善蕴藏着使人类意识觉醒的巨大能量场。”我就问问，你见过吗？

除了沙漠还有什么景？恐龙化石中有一种

叫“吉兰泰龙”，顾名思义，肯定是在吉兰泰发现的，吉兰泰在哪？当然是阿拉善左旗，吉兰泰除了大面积的恐龙化石保护区还有什么？一个具有1000多年开采历史的盐湖而已。阿拉善的奇石为什么出名，因为它的独特。大戈壁多了去了为什么阿拉善的大戈壁就出了中国四大名石的3/4？保存完好的火山灰是什么颜色？哪条峡谷里能共存花岗岩和丹霞两种地貌？高28米的神根峰在哪儿？不去阿拉善左旗的北部，你还想去哪儿找答案。这些地方在哪？就在中国醉美高速G7边上，美景实在内秀，你不去深入了解，就只能和它完美地擦肩而过了。

你以为阿拉善左旗只有大漠戈壁，那同时作为年400毫米等降水量线、季风区与非季风区的界线的贺兰山去哪儿凉快？贺兰山国家森林公园有植物600多种，动物近200种。临近考试，为什么周边的考生都要去攀登状元峰？真正的书山有路告诉你。六月初三为什么大批人马要共赴巴彦笋布尔峰？连续来三年，你绝对会顿悟。

你所见即是我，好与坏我都不反驳，以后纵你阅风景无数，也始终无任何一个地方恰似我，希望你心中的诗和远方，值得你，错过我！希望在来阿拉善左旗之前，我成为你的向往，在来之后，成为你永远的乡愁！

（参见133页）

锦绣瑶山似仙境生态崛起沐春光

——连南瑶族自治县创建国家全域旅游示范区工作纪实

连南瑶族自治县地处广东省西北部，县域面积1306平方千米，总人口17.6万人，其中以瑶族为主的少数民族人口占56%。境内生态环境优良，全县森林覆盖率高达80.88%，是国家重点生态功能区、广东省生态发展核心区。

2016年11月，连南入选国家全域旅游示范区创建单位。县委、县政府领导高度重视，要求紧扣文旅融合主题，创新打造民族地区全域旅游连南模式。2016年12月，县委、县政府召开创建动员大会；2018年1月，确定了“生态与文化立县·全面高质量发展”新时代目标；全面落实《关于印发广东省促进全域旅游发展实施方案的通知》（粤府办〔2018〕27号）和《中共广东省委广东省人民政府关于推动我省民族地区加快高质量发展的意见》（粤发〔2019〕18号）文件精神，全力谱写全域旅游“瑶（瑶族排瑶）、秀（绿水青山）、文（文化浓郁）、逸（休闲和乐）”大文章。目前，建成国家4A级旅游景区2个、国家3A级旅游景区1个、国家石漠公园1处、国家湿地公园1处、中国历史文化名村1个、中国传统村落5个、中国少数民族特色村寨6个。2019年，全县接待国内外游客人数452.8万人次，同比增长46.4%；实现文化旅游综合收入19.2亿元，同比增长60.8%；占全县GDP比重35.9%，文化旅游已成为全县支柱产业。

一、坚持机制创新，推进旅游治理全域覆盖

成立以县委主要领导任组长、县政府主要领导任常务副组长的创建工作领导小组和10个专责小组，组建全域旅游创建办，定期召开会议研判工作。健全“部门+旅游”联动机制，明确职责，细化任务分解。完善绩效考核机制，将全域旅游创建纳入考核指标体系，定期督促检查。创新旅游综合监管机制，成立旅游警察大队、旅游巡回法庭、市场监督管理分局等执法机构，一站式解决旅游执法问题；创新旅游纠纷调节机制，推行“党组织+瑶老+先生公”乡村治理模式，矛盾纠纷调解成功率达99%。

二、坚持规划引领，推进旅游政策全域保障

编制《连南瑶族自治县全域旅游总体规划》等系列涵盖县镇村的旅游发展规划体系。出台全域旅游系列支持文件，从财政、金融、土地、人才等方面给予重点扶持。强化资金整合保障，财政预算单设旅游发展专项资金1000万元以上，统筹各部门涉旅资金6.58亿元。建成连南人才驿站，引进涉旅高级人才20多人，三年内将全县旅游从业人员轮训一遍以上。

三、坚持文旅融合，推进旅游产业全域联动

立足生态与文化资源禀赋，大力推动“文化+”“旅游+”融合发展，成功打造世界著名瑶寨——千年瑶寨，全国瑶族文物众多、系统、齐全的专业博物馆——广东瑶族博物馆，世界首部瑶族风情实景音乐诗剧——《瑶颂·瑶族舞曲》实景演出，投资建设鹿鸣特色小镇、金坑森林康

（参见256，257页）

世界经典乐曲《瑶族舞曲》的故乡 · 世界排瑶聚居地 · 中国民间文化艺术之乡
中国宜居宜业典范城市 · 中国醉美县域 · 全国森林旅游示范县 · 全国民族团结进步示范区

养小镇、瑶排梯田国家湿地公园、万山朝王国家石漠公园等项目，安排旅游重点建设项目 17 项，总投资近 28.3 亿元。深入实施文化惠民工程，入评广东省瑶族文化生态保护实验区。每年定期举办瑶族文化艺术节、稻田鱼文化节、半程马拉松等 8 个特色节庆和 6 项体育赛事活动，先后获评“中国品牌节庆示范基地”“国家示范性渔业文化节庆”等荣誉，瑶家长桌宴、牛皮酥、牛蹄等瑶族特色美食广受好评。

四、坚持指标导向，推进旅游服务全域提升

投入 4000 多万元，完善 4A 级景区配套建设和全域旅游标识系统，建立公路服务区和旅游集散中心，开通旅游专线公交，建成辐射全县的旅游咨询三级服务体系。清连高速、二广高速全线贯通，顺利融入珠三角“三小时经济圈”；新建牛栏洞至千年瑶寨、X397 南岗至油岭等旅游公路，县域景区实现互通互联；争取广清永高铁、环南岭旅游公路等重大交通项目向连南倾斜，构建全域旅游大交通格局。推进“厕所革命”，全县新建改建旅游厕所 18 座，农村卫生户厕普及率达 98.20%。打造智慧旅游信息管理平台，建成连南全域旅游大数据中心。全县现有宾馆、酒店 39 家，床位 3400 多张，其中四星级标准酒店 4 家。

五、坚持生态优先，推进旅游环境全域优化

践行“绿水青山就是金山银山”理念，创建国家生态文明建设示范县进入国家公示、专家评审阶段。广东首个国家石漠公园“万山朝王国家石漠公园”获批建设。瑶排梯田成功入选国家湿地公园，为保护梯田复合生态系统和传承连南瑶族特色农耕文化提供典型示范。全面融入民族元素，投入 5 亿元全面推进县城建成区升级和公路沿线村庄特色化改造。高质量完成农村人居环境整治，创建美丽乡村共 351 个，人民生活幸福指数大幅提升。

六、坚持特色引路，推进旅游品牌全域营销

与中央电视台、《中国旅游报》、新媒体平台等合作，开展多元化宣传营销，第九届瑶族文化艺术节网络点击量超过 1.3 亿；打造大型实景演出《瑶颂 · 瑶族舞曲》、现代瑶族舞剧《瑶山那抹红》等原创民族歌舞艺术精品；创作《我在连南等你》等一批瑶族原创歌曲，开辟电影音乐宣传新途径。定期举办网红文化暨连南全域旅游创新论坛，创新“小甘、小美，我来了”网红直播旅游方式，助推打造粤北风情旅游打卡目的地。

七、坚持富民兴村，推进旅游成果全民共享

启动“全域旅游在行动”计划，带动村民脱贫奔小康，推动乡村振兴发展。发展全域旅游总部经济，扶持瑶绣坊、瑶艺堂、名瑶工艺坊等企业，挖掘开发瑶族瑶绣、长鼓、银饰等瑶族非遗技艺。投资 2.24 亿元，建成稻鱼茶省级现代农业产业园，联农益农达 9200 多户。目前，全县共有涉旅农业企业 22 家，专业合作社 319 家，创办家庭农场 87 家，带动近 1.6 万人就业创业。县域内形成了“人人都是全域旅游的参与者、建设者、实践者、服务者”的别样风采。

百里瑶山山水秀，十月歌堂鼓舞欢。连南将围绕特色资源驱动型旅游路径，进一步解放思想，攻坚克难，努力建成“天下闻名瑶城、人文旅游目的地、高质量发展示范区”。

佛冈县

佛冈县位于广东省中部、清远市东南部，地处环粤港澳大湾区头部圈层，在广州 1 小时经济圈范围内，全域旅游发展要素齐备，区位交通优势明显，于 2020 年 6 月被认定为第二批广东省全域旅游示范区。

在全域旅游发展过程中，佛冈县积极贯彻“城市即旅游”的全域旅游理念，把全域旅游工作列为全县三大中心工作之一，通过将全域旅游创建工作和全国县级文明城市创建工作相结合的“双创”模式，把整个县域当成一个景区来打造，并以温泉旅游为突破，有效拓展温泉产业链，创新推动产业平台升级，走出了一条“资源驱动产业升级”之路，全域旅游正在成为推动佛冈县社

会经济增长的新引擎。目前，全县共有聚龙湾、森波拉 2 家国家 4A 级旅游景区，熹乐谷、田野绿世界 2 家国家 3A 级旅游景区，以及观音山王山寺、金龟泉、鹤鸣洲、上岳古村落等 10 余个省内外知名度较高的景区（点），每年接待游客人数在 600 万人次以上，旅游综合总收入达 40 多亿元。

两山静卧、泉涌不息。佛冈，这块大湾区北部生态文旅资源优越的地区，正手握“绿水青山”之笔，铺绘全域旅游发展的恢宏画卷，围绕“粤港澳大湾区北部旅游目的地”的发展定位，以生态为底、以交通为网、以文化为核，力争打造成国家全域旅游示范区，继续福佑南粤大地。

（参见 254 页）

花间阡陌 山水归程

百里杜鹃

百里杜鹃管理区位于贵州省西北部，毕节市中部，总面积 700 余平方千米，人口 15 万，辖 7 个乡 1 个管理区 1 个街道办事处。享有“地球彩带、杜鹃王国、养身福地、清凉世界”之美誉。荣获国家 5A 级旅游景区、国家生态旅游示范区、世界杜鹃花国家森林公园、国家风景名胜区、全国低碳旅游实验区、亚洲・大中华区十大自然原生态旅游景区等 20 余项殊荣，是中国春观花、夏避暑、秋休闲、冬康养的生态旅游胜地。自 2007 年成立至今，通过 13 年不断探索和实践，走出了一条既管景区又管社会事务的新发展理念之路。

百里杜鹃景观盛。极具代表性的核心花区绵延 125.8 平方千米，占世界杜鹃花 5 个亚属中的全部共 60 多种，是迄今为止已查明的世界上面积大、种类多、保存完好的原始杜鹃林。

百里杜鹃避暑爽。冬无严寒、夏无酷暑，夏季平均气温 19℃，森林覆盖率 68.2%，空气负氧离子含量每立方厘米两万余个，有“养生福地、清凉世界”之美誉。是得天独厚的天然大氧吧，是生活休闲的好居所、避暑度假的好去处。

百里杜鹃民俗魅。区内生活着汉、彝、苗、白、满、布依等众多民族，多民族聚居、世代繁衍生息。在这块古老神秘的土地上传承着丰富多彩、浓郁厚重的特色民族文化，如彝族火把节、祭花节、彝族年、苗族花坡节、满族颁金节等传统节日。

百里杜鹃游之捷。位于“贵州经济金三角”贵阳、遵义、毕节的腹地。距离贵阳高铁北站 106 千米，距毕节高铁站 42 千米，距黔西高铁站 32 千米；距贵阳龙洞堡机场 122 千米，距遵义新舟机场 153 千米，距毕节飞雄机场 40 千米，杭瑞高速、黔大高速、成贵高铁穿境而过，交通尤为便捷。

百里杜鹃服务优。近年来，新建、改扩建旅游公路 400 余千米，新建和改扩建停车场 29 处，车位 1.5 万个。现有各类民宿客栈酒店 509 家，共 10000 多张床位，餐位 28000 多个，配套建设自行车绿道 30 余千米，优质旅游公路率达 99% 以上，开通旅游直通车、观光车、客运班车等；建立了智慧旅游系统，不断完善假日旅游调度、公共服务、应急管理、宣传营销等多种功能，建设花海文化城旅游集散中心和 7 个游客服务中心，确保为游客提供优质的服务。

百里杜鹃将坚决贯彻落实党工委、管委会提出的“二二四三三”战略，在破解旅游发展的时间瓶颈和空间方面，强化“花期之外、花区之外”“两个大局”的统筹；在树牢“绿水青山就是金山银山”理念方面，强化发展和生态“两条底线”的坚守；在旅游发展导向、区域发展布局、重点产业选择、经济增长路径方面，深入实施“三化引领、三足鼎立、三业并重、三力提升”“四三战略”；在经济社会发展目标方面，努力实现“打造旅游发展新高地、构建区域发展新格局、开创转型发展新局面”“三新目标”，推动贯彻新发展理念示范区的美丽蓝图一步一步在花都大地上展现出来。

（参见 304 页）

绩溪

绩溪县地处皖南国际文化旅游示范区核心区、国家徽州文化生态保护实验区，紧紧围绕“美丽中国先行区、绿色发展样板区、高端产业集聚地和文旅康养目的地”目标定位，全力推动旅游发展全域化、旅游供给品质化、旅游治理规范化、旅游效益极大化。

锦绣龙川（唐祖怀 摄）

龙川胡氏宗祠

坚持高标定位，全景式规划布局。把文化旅游作为主导产业，把全县域作为一个大景区来谋划布局，以旅游的理念构图设计，用景区的标准建设城乡，形成“一廊、一路、一中心、两翼、百村”全域旅游发展布局。

坚持融合发展，全产业延伸链条。大力实施“旅游+”行动，做好产业融合文章，拉长产业链，提升价值链，打通了绿水青山向金山银山转换的通道，加快推进资源优势向发展优势转化，不断提升文化旅游核心吸引力，实现了经济效益、社会效益“双丰收”，促进了全县经济社会绿色发展、可持续发展。

徽剧（潘华业 摄）

徽墨制作

坚持共建共享，全方位加速赋能。推进实施“+旅游”行动，全县强化旅游思维，在推进生态文明、城乡建设、基础设施等各项工作中融入更多的旅游功能、旅游元素，实施百个景区村庄、百村家风家训引领等工作，推动各项举措赋能全域旅游发展。

坚持机制创新，全要素强化保障。始终把国家全域旅游示范区建设摆在全局工作的重要位置，健全完善机制，推动任务落实，进一步厚植产业发展的新优势，拓展区域合作新空间，已成为长三角地区游客的重要目的地。

天路骑行

（参见 204 页）

武宁县

武宁，地处江西西北部，位于南昌、武汉、长沙三个省会城市 1 ~ 3 小时经济圈内，南有九岭山脉，北有幕阜山脉，坐拥国家风景名胜区庐山西海 3/4 水域。“八山一水半分田”的独特地貌造就了武宁丰富的旅游资源。

武宁历史悠久、人文荟萃。在商代为艾侯领地，有古艾之称。历史上名人辈出，著名的有辛亥革命元老李烈钧、红军军团参谋长李屏仁等。历代诗人名士如柳浑、苏轼、黄庭坚、周濂溪、盛文郁等都曾在这里为官、游览、隐居，留下一处处富有传奇色彩的人文景观。民间有广为流传的打鼓歌、采茶戏、花鼓灯、戏社火、傩舞、蛇舞等，其中打鼓歌已被列入国家非物质文化遗产名录。

“江南山水窟，江西风月窝”，800 年前，道教南宗五祖白玉蟾就在《涌翠亭记》中为武宁山水做了形象、生动的广告。近年来，武宁以创建“国家全域旅游示范区”为抓手，坚持“山水联动景城一体”发展模式，精心打造“山岳武宁、水上武宁、夜色武宁、乡村武宁、康养武宁、空中武宁”六条风景线。重磅打造以县城为核心的国家 4A 级旅游景区西海湾，“武宁之眼”“长水桥中桥”等滨湖夜景如梦似幻。精心打造 220 国道“幕阜风情”和 305 省道“九岭风光”美丽示范风景线。以“林改首村”长水、北湾半岛为代表的“乡村武宁”风景线和万亩野樱花、阳光照耀 29 度假区等美景连续亮相央视《新闻联播》《朝闻天下》。现已建成国家 4A 级旅游景区 3 个、国家 3A 级旅游景区 7 个，省 3A 级以上乡村旅游点 14 个，省级旅游风情小镇 2 个，整个武宁全域成为一个大景区。

“春赏浩瀚花海、夏游万顷碧波、秋登九岭幕阜、冬泡原汤温泉”，武宁四季乐游旅游产品精彩纷呈。大型实景水秀《遇见武宁》常态化演出，高标准打造鳌鱼文创园，将国家非遗“打鼓歌”、省级非遗“采茶戏”植入景区，加入全省剧场联盟，引入国内外高水平院团常态化演出。每年举办环鄱阳湖国际自行车大赛、半程马拉松等体育赛事，开发直升机、滑翔伞、动力三角翼等低空旅游产品，与山岳、湖岛观光错位互补形成独特的“水陆空”立体式产品体系。常态化举办木吉他国际艺术节、花朝节、杨梅节、美食节，“文化 + 旅游”“体育 + 旅游”做旺了人气、带活了产业。

走遍千山万水，独爱武宁山水。武宁正以势不可当的魅力，吸引着五湖四海的游人前来领略仁山智水的雄奇瑰丽，感悟天地造化之神奇灵秀！

（参见 214 页）

留坝

LIUBA TOURISM

全域留坝　四季旅游

留坝地处秦岭南麓腹地，居陕西西南、汉中北部。全县1970平方千米，4.7万人，县境内重峦叠嶂，物华天宝，森林覆盖率达91.23%，素有“绿色宝库”“天然氧吧”之美誉。历史文化厚重，“明修栈道、暗度陈仓”“萧何月下追韩信”等历史典故发生于此，褒斜、连云、陈仓等栈道遗迹星罗棋布，被誉为“中国栈道之乡”。

近年来，留坝坚持生态文明思想，围绕国家全域旅游示范县和张良庙紫柏山5A级景区创建，结合“旅居在汉中”区域品牌布局，坚定不移地实施旅游“一业突破”战略，以观光旅游、休闲度假、养生养老为发展方向，倾力打造以“慢生活、深体验”为主题的“大秦岭山地度假旅游目的地”。先后成功创建张良庙紫柏山和栈道水世界两个国家4A级旅游景区，坚持文旅、体旅、农旅、康旅融合发展思路，陆续开发了紫柏山滑雪场、县城老街、金水湾花海、秦岭醉美小镇、醉美山村公路、青少年足球研训基地、老电影博物馆、木工学堂、红色文化体验基地等一批覆盖全域、贯穿四季、全业融合的旅游产品，形成了以观光旅游、休闲度假、养生养老、精品赛事、研学旅游、红色文化为主的旅游产品体系，构建了“全域留坝、四季旅游”新格局。

留坝，留下吧！

（参见326页）

岚县

县城全貌

岚县位于山西省西北部，吕梁山北端，汾河上游，辖12个乡镇，136个行政村，总面积1508.9平方千米，人口18.5万，平均海拔1410米，年平均气温6.8℃。地势开阔平缓，境内自然资源、水资源、矿产资源比较丰富，分布着岚河、蔚汾河、岚漪河三大干流，有省级风景名胜区白龙山风景区、饮马池高山草甸、茅龙山生态公园、龙凤生态公园、皇姑梁生态公园。有全国独有的土豆花风景名胜区（省政府命名的特色花海基地）。

白龙山的传说

岚县历史悠久，遗存丰富，考古表明，新石器时代，境内即有人类生息，建县历史有2000多年，全县共有不可移动文物365处，其中古迹遗址295处，近现代代表性史迹建筑32处，省级重点文物保护单位3处，市级1处，县级88处。革命战争时期，岚县是晋绥边区的中心，有岚城八路军一二〇师司令部旧址等13处红色遗址。主要的人文景观有白龙庙、北魏秀容古城、隋城遗址、龙天寺、闹沐浴摩崖石刻、一二〇师司令部、卫生部、枪械所、缝纫处旧址、东村刘少奇和董必武路居、北村贺龙路居、北村晋绥军区司令部旧址、晋西北军政高级干部会议旧址。

青山绿水

岚县文化资源整体上保留了黄河流域黄土高原农耕文明古老厚重的基本特质。传统文化在现代语境下有了新的阐释，显示鲜明的现代特色。主要特色文化资源有：岚县面塑、岚县八音、岚县剪纸、上明龙灯、岚县民歌、岚县米酒、岚县土豆宴等一大批非物质文化遗产。

岚城八路军120师司令部旧址

（参见126页）

魅力瑶山 天下都安

这里民风淳朴、古老而神奇，这里山奇、峰雄、石美、水秀，独特的喀斯特地貌、丰富的地下河资源，是“世界天窗之都·洞穴潜水天堂”，它就是布努瑶族创世祖先密洛陀的故乡——广西都安。

这里地理势优、交通便利，境内有G75兰海高速公路、贺州至巴马高速公路、国道210线和贵阳至南宁高速铁路、水南二级路纵横交会，是西南出海的重要门户，是红水河腹地，旅游资源丰富，拥有都安澄江国家水利风景区、都安澄江国家湿地公园、都安地下河国家地质公园三个国家旅游品牌，享有“中国野生山葡萄红酒基地”“中国竹藤草芒编织工艺之乡”和“中国都安黑山羊之乡”的称号。全县面积4095平方千米，总人口72.6万人，瑶族人口占23%，是滇桂黔石漠化连片地区之一，素有“九分石头一分土”的“石山王国”之称。雄奇的红水河、美丽的天窗群、绚丽多彩的民族文化和长寿文化交融的密洛陀瑶族文化旅游资源，吸引着世界各地的人们前来观光旅游。

近年来，都安紧紧围绕“绿水青山就是金山银山”的发展理念，大力实施“旅游旺县”发展战略，将文化旅游产业作为全县新时期精准脱贫战略性支柱产业来抓，积极融入巴马长寿养生国际旅游区建设，先后投资50多亿元建设旅游基础设施和公共服务设施，成功打造了3个国字号公园、3个国家4A级旅游景区、2个广西生态旅游示范区、10个星级乡村旅游区（农家乐），打造了三岛湾河谷酒店和密洛陀度假酒店等一批特色旅游住宿品牌；瑶品汇、瑶珍羊馆等一批特色餐饮品牌，以及瑶山牛肉、野生山葡萄酒、宏慧黄酒、神瑶蜂蜜、竹藤草芒工艺品和花密样瑶族服饰等一批特色商品。

形成了“潜暗河、观天窗、走湿地、漂河流、逛瑶山、品红酒”六大旅游品牌，“世界天窗之都，洞穴潜水天堂”“魅力瑶山·来者都安”和“一条会开花的河”等旅游名片享誉世界。

（参见272页）

抚仙湖

抚仙湖国家旅游度假区位于云南省玉溪市澄江县，地处滇中腹地，位于滇中1小时经济圈核心区内，是三湖生态城市群、昆玉红旅游文化产业经济带的关键节点，是承接昆明政治、经济、文化和对外开放交流的重要门户，被誉为昆明的大花园、云南的会客厅和云南醉美县城。

抚仙湖国家旅游度假区自然资源独具优势，生态环境良好，历史文化底蕴浑厚，旅游资源丰富，幽蓝深邃的万顷碧水，幽缈的海底蕴藏，天下独绝的抗浪鱼，实属灵山秀水中一缕飘忽灵动的“仙气”。因湖水清澈见底、晶莹剔透，抚仙湖被古人称为“琉璃万顷”。

抚仙湖坐拥三张世界名片：第一张名片是世界深蓝湖区。辖区内的抚仙湖是我国极大的深水型淡水湖泊和重要的战略备用水资源，被美誉为“玉溪的眼睛、云南的名片、全国的财富”。湖岸线总长100.8千米，平均水深95.2米，极深处158.9米，平均透明度为5～6米，蓄水量达206.2亿立方米，相当于13个滇池、7个洱海、4个太湖、6.4个巢湖，占云南省九大高原湖泊总蓄水量的68.2%，相当于为全国13亿人每人储备了15.8吨优质淡水资源。第二张名片是地球生命起源。澄江化石地是亚洲独有、中国首个化石类世界自然遗产，这里发现了5.3亿年前的

美在抚仙湖

抚仙湖——水云间

澄江动物化石群，共涵盖16个门类、200余个物种，是迄今为止地球上发现的分布集中、保存完整、种类丰富的“寒武纪生命大爆发”例证。这里发现了极为古老的脊索动物——云南虫，被专家认为是所有脊椎动物包括人类的祖先，所以澄江被誉为地球生命的摇篮。第三张名片是古滇文化印迹。澄江历史文化悠久，是古滇国发源地之一，拥有金莲山墓葬群、学山遗址、新街下石山遗址等多处文化古迹，清晰反映了新石器时代、春秋战国时期、秦汉时期古滇文化的发展和演变脉络，境内有云南省第二大文庙、极大的云南龙化石、国家非物质文化遗产戏剧活化石关索戏、神秘的抚仙湖湖底古城等多种特殊的历史人文资源景观。

目前，抚仙湖国家旅游度假区有世界自然遗产1个，A级景区5个（其中4A级景区1个，3A级景区4个），国家旅游生态示范区1个，全国传统古村落1个，云南省旅游小镇2个，省级特色旅游村5个（其中省级民族特色旅游村1个），全国休闲农业与乡村旅游示范点1个，省级休闲农业与乡村旅游示范企业1个。度假区所在澄江县先后荣获全国休闲农业与乡村旅游示范县、国家卫生县城、中国（云南）极具投资价值文化旅游县和省级园林城市称号。

仙湖色似碧醍醐，万顷烟波际绿芜，只少楼台相掩映，天然图画胜西湖！抚仙湖欢迎你的到来！

（参见311，312页）

永定区

龙岩市永定区地处福建省西南部，这里有清新的自然生态、旖旎的山水风光、厚重的客家文化，以及多彩的红色文化、侨台文化、农耕文化，这里乡乡为景、村村是画，成为国内外游客观光休闲度假目的地。自 2016 年被确定为全国首批全域旅游示范区创建单位以来，永定区积极拥抱大众旅游消费新时代，抢抓旅游业新一轮发展黄金期，坚持把全域旅游创建作为转变发展方式、提升区域整体发展水平的“一号工程”“头号产业”来抓，紧紧围绕打造世界客家文化旅游目的地目标，全民动员、全员参与，大力实施“文旅兴区”战略，坚持走转型提升之路、文旅融合之路、全域旅游之路，推动旅游全域化发展，构建形成“一核两翼、东楼西湖、全域发展”的旅游“生态链”。全区共有国家 5A 级、4A 级旅游景区各 1 处，3A 级景区 11 处，国家水利风景区、国家森林公园各 1 个，有国家重点文物保护单位 3 处，省级重点文物保护单位 32 处。几年来，永定区相继获得了中国旅游百强县、全国土楼客家文化旅游知名品牌示范区、中国传统建筑文化旅游目的地、全国传统文化教育示范基地、影响世界的中国文化旅游名县名景、美丽中国十佳旅游县、全国十佳文化生态景区、构建美丽中国先锋单位、全国 5A 景区网络口碑十强、中国全域旅游魅力指数排行榜区县级第十名、中国候鸟旅居小城、福建省优秀旅游县、省级生态旅游示范区等荣誉称号。永定全域旅游引领转型发展、促进融合发展，实现了富民惠民。

（参见 210 页）

开化·根宫佛国

“北故宫、南根宫”。开化根宫佛国文化旅游区是衢州地区首家国家 5A 级旅游景区，位于开化县城西郊，占地面积 3.03 平方千米。这里交通便捷，地处三省七县交界，是黄山、三清山、千岛湖等十余个国家 5A 级旅游景区的金三角中心，是浙皖闽赣四省旅游集散中心。

旅游区有根佛文化和华夏根文化两大主题景区，资源体量巨大，类型丰富，涵盖地方景观、水域风光、遗址遗迹、建筑设施、人文活动、气候景观六大主类，48 个基本类型，30 余个景点。陈列大型根雕艺术系列作品一万余件（套），盆景艺术作品三千余件，以及根艺文献资料、根艺名家名作、工艺流程和醉根文化等，堪称一部根艺美术的国学大典，世界根雕艺术之都！

开化根宫佛国先后获评国家文化产业示范基地、国家生态文明教育基地、中国雕塑院根雕创作实践基地、第 76 届威尼斯电影节聚焦中国·醉美外景地、中国首选旅游目的地等荣誉，是一处休闲度假和研学实践的特色文化旅游胜地。

（参见 195 页）

宁波 松兰山旅游度假区

松兰山海滨

千帆齐发

宁波松兰山滨海旅游度假区是国家4A级旅游景区、省级旅游度假区，位于浙江省宁波市象山县，总面积约31.22平方千米，度假区山海交融，岬湾众多，沙滩连绵，负氧离子含量每立方厘米高达14700个，被誉为“天然氧吧”。

滨海游步道

度假区现有各类酒店及农家乐30余家，开放经营性沙滩2个，在建有喜来登、希尔顿五星级饭店2家，以及2022年第19届亚运会帆船帆板比赛场馆亚帆中心、东海铭城、白沙湾度假村等一批重大功能性项目，拥有度假酒店、海鲜美食、婚恋摄影、汽车露营、温泉养生、海上运动、旅游演艺等业态产品。是华东地区陆岸仅有的一处以大海为主题，融休闲、娱乐、运动、避暑、度假、会议等为一体的综合性滨海旅游度假胜地，被誉为“东方不老岛”上的一颗明珠。

下一步，松兰山将以打造国家旅游度假区为目标，进一步推进基础设施建设、完善度假业态、加强市场营销、提升管理水平，努力创建国家旅游度假区。

沙滩瑜伽

月泉湾温泉馆

（参见186页）

半汤温泉养生度假区

“山合水阔，南华北幽”，半汤温泉养生度假区位于安徽巢湖经济开发区境内，总规划面积约43.4平方千米，于2018年1月成功获评国家旅游度假区，成为安徽省首家国家旅游度假区。

半汤温泉养生度假区以四大古温泉之一“半汤温泉”为依托，以一二三产融合的互联网+三农“三瓜公社”模式为脉络，结合完善的度假配套设施打造了“温泉时光”“原野之旅”“三瓜生活”等系列主题产品，成为主客共享、生活化的旅游养生度假新场景。

据《隋书·地理志》载：襄安县（治今无为县襄安镇，由古居巢分割而成）有半阳山，山有汤地，两口流量较大的温泉，相距不足千米，一为冷泉，一为热泉，两泉汇合处，冷热各半，因“冷”“热”二泉汇合而得名“半汤”。区内温泉资源丰富，大小泉眼星罗棋布，是泡温泉的绝佳之地。尤其深业御泉庄整体建筑风格以徽派为主题，是一处集温泉养生、休闲度假、商务会议、娱乐健身于一身的好场所。其“徽派”建筑风格的温泉私家别墅，与周边自然生态环境完美融

合，构成了一幅恬静悠然的画面，在这里可以尽情享受温泉带来的美好安逸时光。

三瓜公社由南瓜电商村、西瓜美食村、冬瓜民俗村三个特色各异的村庄组成。三个村落各有主题，特色鲜明，更是获得诸多荣誉，如国家第一批全国乡村旅游重点村和安徽省特色小镇等。游客在三瓜公社可以体验到食、住、行、游、购、娱一站式服务。静下心享受慢节奏的悠闲生活，真正实现“望得见山，看得见水，记得住乡愁”的原乡感悟。

郁金香高地景区于2014年12月25日获批为国家4A级旅游景区，被人民网、国际旅游学会授予“极具潜力旅游度假目的地”及“极具文化创意旅游路线”称号，景区因其优质的生态环境、秀美的田园风光、神秘的有巢文化和优越的区位条件，成为人类发展历程中失落的原野，是城市人群渴望亲近的自然。

半汤温泉养生度假区将满足旅游休闲消费需求与生态环境保护完美结合，是环巢湖国家旅游休闲度假区的璀璨明珠，被誉为“九福之地，度假天堂”。

（参见201页）

鲁朗国际旅游小镇

鲁朗，藏语意为“龙王谷”，位于林芝市巴宜区东部，总面积 2516.9 平方千米，平均海拔 3385 米，318 国道横穿小镇，东达波密，西至林芝八一镇，距米林机场约 120 千米。藏东南丰润的雨水与温暖的阳光，为这里带来了繁茂的植被与怡人的气候，年平均气温 12℃，森林覆盖面积超过 80%。鲁朗核心区拥有色季拉国家森林公园、南迦巴瓦峰、鲁朗林海、田园风光等独具魅力的自然景观和五寨民俗村等独具工布藏族特色的人文资源。

鲁朗国际旅游小镇是广东省重点援建项目，也是西藏自治区重点旅游开发项目，历经粤、藏两省区八年精心规划建设运营，总投资超 40 亿元。以“藏族文化、自然生态、圣洁宁静、现代时尚”为核心理念设计，把鲁朗小镇打造成为“国内外知名的旅游小镇、藏东南旅游集散中心。鲁朗国际旅游小镇的建设在运营推动林芝旅游产业升级、带动当地贫困人口就业、改善鲁朗公共基础设施建设、精准扶贫注入新鲜血液、规范当地产业发展等方面发挥着十分重要的作用，2019 年鲁朗小镇共接待游客人数 82.85 万人次，实现旅游收入 7852.41 万元。

鲁朗目前已获得“国家全域旅游示范区”、西藏首家国家旅游度假区、全国运动休闲特色小镇，以及中国乡村旅游创客示范基地、全国影视指定拍摄景地、2018 阿拉丁神灯十大工程奖、建筑设计入围 2017 世界建筑节 WAF 大奖等荣誉，还获得西藏自治区生态旅游示范区、自治区双创基地、醉美户外小镇等称号。

（参见 320 页）

盐城大纵湖

江苏省盐城大纵湖旅游度假区地处江苏省盐城市西南边陲，位于盐城、泰州两市接合部，下辖 6 个行政村居，总面积 38.47 平方千米，总人口 1.6 万人。大纵湖由古潟湖演变而来，南北宽 5.5 千米，东西长 6 千米，是古射阳湖分解后残存相当大的湖泊，素有金荡银滩、鱼米之乡的美誉，还因湖区所盛产的“清水大闸蟹”而闻名天下。大纵湖旅游度假区内包括国家 4A 级旅游景区、国家水利风景区、国家湿地公园、绿丘营地、影视城、东晋水城等多个景点。

东晋水城

大纵湖旅游景区为国家 4A 级旅游景区，这里物华天宝，人杰地灵。景区内包含芦荡迷宫、水月观音、影视城（梦想城）、外湖生态风光等多个景点，芦荡迷宫 2004 年被收入上海大世界基尼斯纪录。建安七子、明代开国谋臣朱升、明末清初大书法家宋曹、郑板桥等文人墨客也在此驻足，留下深厚的文化积淀。

大纵湖湿地公园于 2020 年 3 月获批国家湿地公园，公园主要分为保育区、恢复重建区、合理利用区。保育区主要用于大纵湖水量调蓄与水

芦荡迷宫

烟雾缭绕，宛若仙境的芦荡迷宫

质保护、水岸保护、生物多样性、鸟类栖息地保护等；恢复重建区用于退渔还湖后的地形重塑、水系连通、植被重建及栖息地营造等；合理利用区主要开展湿地科普宣教以及湿地生态游赏，寓教于游，并结合里下河地区特色的渔耕文化、红色文化开展文化体验活动。

东晋水城占地面积 999 亩，建筑面积 10 万多平方米，以宋式、民国建筑为骨架，以千年大纵湖清冽水质为依托，以新国风商业为内容，以新中式园林酒店为载体，以里下河“闲适自在”生活为本源，描绘出一幅“船在水中游，人在岛中居”的现世版水中“清明上河图”。

千年以来，东晋水城经历了北宋南迁，渔盐发展，水城繁荣，后遭黄淮之水淹没；清代复建，民国士绅返乡，重塑辉煌的流金岁月；再到“九九艳阳天”的红色革命年代，中华人民共和国成立后黄淮整治，大纵湖绿水生态修复，最后“东晋水城”沉睡归来，续写时代华章，可谓几经浮沉，传奇不断。这里有 5000 年来里下河先民的淳朴民风，有宋代的繁华兴盛，有民国的志士情怀，有革命年代的纯真理想和现代的自在生活。你可以真正用身心感受到“水城梦华，一念千年”的里下河荣辱浮沉和现代芳华。

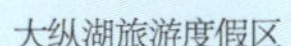

大纵湖旅游度假区

东晋水城

大纵湖旅游景区

（参见 179 页）

阿依河

生态大门

阿依河景区地处重庆市彭水苗族土家族自治县，苗家人把能带来幸福、安康的女子称为“娇阿依”，阿依河因此得名。

景区融山、水、林、泉、峡为一体，集雄、奇、险、秀、幽于一身，分为3个观光游览区（峡谷观光区、步游观光区、竹筏观光区）、2个休闲度假区（接待中心民族风情休闲度假区、牛角寨民族风情休闲度假区）、2个体验区（漂流体验区、户外体验区）、1个激情漂流区、1个特色商品服务区、1个溶洞探险区。对外开放的游览项目有八个：峡谷听音、竹筏放歌、碧潭戏水、浪遏飞舟、情定苗寨、天梯、青龙洞、青龙谷。徒步穿行，可观奇花异草、古藤老树；

竹筏放歌

激情漂流

荡舟江上，可享激流险滩、惊涛碧浪；夜宿山寨，可品苗家美味、体验民族风情，是休闲观光、民俗体验、户外攀岩及水上运动的首选之地。

青龙谷——青龙潭

阿依河景区先后荣获“全国民族文化旅游新兴十大品牌”“中国之美十大自驾黄金线路”“中国旅游品牌总评榜·年度极具魅力景区品牌”“影响重庆旅游发展贡献奖·十大景区”“巴渝新十二景”“平安示范景区”“全国十佳生态旅游示范景区”“全国十佳文化生态景区”“研学教育营地”等殊荣，被评为“清凉胜地”“消费者值得信赖品牌景区”“诚信景区”“我喜爱的重庆景区”“醉美重庆·年度极受欢迎景区”等殊荣。2020年1月7日被确定为国家5A级旅游景区。

（参见287页）

镇远古城

镇远古城位于贵州省黔东南苗族侗族自治州东部，位于㵲阳河畔，四周皆山。河水蜿蜒，以“S”形穿城而过，北岸为旧府城，南岸为旧卫城，远观颇似太极图。两城池皆为明代所建，现尚存部分城墙和城门。城内外古建筑、传统民居、历史码头数量颇多。镇远古城交通方便、区位优越，湘黔铁路、株六复线、320国道、沪昆高速公路穿境而过，距铜仁机场、湖南芷江机场和贵阳机场分别为90千米、170千米和27千米，素有“滇楚锁钥、黔东门户”之称。镇远历史悠久，自秦昭襄王三十年（前277）设县开始至今已有近2300年的历史，其元代、清代为道、府所在地达700多年之久。2020年1月7日，被确定为国家5A级旅游景区。

镇远古城占地3.1平方千米，古城有八大会馆、四洞、八祠、九庙、十二码头与府卫古城桓、吴王洞、四官殿、古全井、古戏楼等名胜古迹近200多处。是一个完全由名胜古迹集成的“传统文化迷宫”。它也是一个多元化融合的古城，汉族与侗族等20多个少数民族和睦相处，中原文化、荆楚文化、巴蜀文化、吴越文化、闽粤文化、土著文化与城外文化的融会，使镇远成为多民族、多宗教、多社会的博物馆，被专家称为“世界文化保护圈”。

（参见307页）

佛冈县

佛卧山冈，温泉之城。佛冈，位于广东省中部，距广州仅1小时车程，是粤北往来珠三角和粤港澳大湾区的重要通道，自古便有“扼塞广韶，橐钥三州”之称。在这个面积仅1295平方千米的山区小城，森林覆盖率达70%，山环水绕的景色随处可见。汤塘“氡”温泉流动着自然的馈赠，上岳古村落低诉着700年的前尘往事，古老的民俗传承着简单质朴的祈愿……这是一方神灵庇佑的祈福圣地，也是一座物华天宝的文化新城。

观音山，粤中至高高峰（海拔1288米），广东八大名山之一，因其形如观音躺卧，被称为“全世界极大的天然卧观音”。观音山终年云雾缭绕，佛教古刹王山寺依山而建，周围山势蜿蜒、流水清幽，晨钟暮鼓敲醒万物，梵音香火，始终萦绕在这方祈福圣地。

温泉，大自然赠予佛冈的另一种珍贵资源。汤塘温泉是广东省极早有文字记载的温泉，也是全国独有的出水温度达87℃高温的珍稀“氡”温泉。优越的区位条件，独特的资源禀赋，吸引着全国各地的文旅项目纷纷进驻。目前，佛冈县已建成聚龙湾、森波拉2家国家4A级旅游景区，熹乐谷、田野绿世界2家国家3A级旅游景区，同时拥有鹤鸣洲、金龟泉、篁胜温泉等大规模高档综合型温泉度假项目，汤塘温泉小镇初具规模，黄花湖旅游度假区也正在规划建设。

文化是根，也是一个地方的灵魂，赋予佛冈特色的民俗文化，则是农民生活中的智慧结晶。高岗豆腐节、汤塘舞被狮，这两项佛冈特有的民俗节庆活动，承载着勤劳朴实的村民对生活的感恩、对未来的期许，这些奇特的风俗演绎着广府文化和客家文化交融并蓄的别样风情，被列入了广东省非物质文化遗产名录，形成了佛冈发展全域旅游的文化核心吸引力。

走进广东佛冈，于繁华深处，寻一方净土，与美好不期而遇。在这片神灵庇佑的“绿水青山”之地，自然山水与人类智慧碰撞，描绘出一幅蓬勃的生命图景，成就了一个精彩独特的养生胜地。

（参见254页）

广东·新丰

2020 年秋，被誉为“粤港澳大湾区生态客厅”的广东省新丰县凭借独特的自然生态、优越的气候环境和休闲旅游优势，被授予“新丰·中国岭南避暑胜地”称号，成为广东省内首个获评“国字号”岭南避暑胜地称号的县。

新丰县地处广东省中部偏北，生态资源丰富优质，森林覆盖率达 81.15%，空气质量优良率达 96%，是国家重点生态建设示范区。

（一）气候独特，避暑新丰

新丰素有“九山半水半分田”之称，群山环绕的地理地貌环境造就舒适宜人的自然气候，冬无严寒，春季回暖早，夏无酷热且无热夜，秋高气爽，雨量充沛，空气湿润，微风和煦是该县的气候特征。据气象资料统计，新丰年平均气温 20.3℃（1960—2020），全年旅游舒适期近 10 个月。

（二）生态优美，山水新丰

新丰县山岳资源丰富，有大小山峰 1108 座，千米以上 67 座。其中，省级自然保护区云髻山海拔 1438.8 米，是环珠三角高峰，拥有岭南地区大面积原始红枫林；水资源优良，有河流 381 条，水质达国家Ⅱ类以上，其中新丰江在新丰县境内长 77.4 千米，优质的水源惠及广州、深圳、香港等大湾区数千万民众；鲁古河国家湿地公园，水流丰沛，沿河两岸景色秀丽、奇花遍野，有新丰县“世外桃源”的美誉。

（三）丰富温泉，温暖新丰

新丰的地热水资源丰富，温泉资源量大品优，有高温、南方稀有的含氡温泉，以云天海（国家 4A 级旅游景区）和江源温泉（国家 3A 级旅游景区）为代表，温泉资源量大品优，其中含氡温泉均是自然流体的地表温泉资源，属中温矿源，常年水温 39℃~44℃，无色无嗅，含有丰富的多种矿物质、微量元素，医疗保健价值高。

（四）山地越野，动感新丰

新丰县依托独特的山地、森林越野资源优势，近年来成功举办了“‘中国·新丰’丛林摩托车障碍赛”“第 16 届全国学生定向锦标赛”“越野新丰·首届山地自行车国际挑战赛”“2019 广东越野俱乐部联赛（新丰站）汽车越野场地赛”；精彩的越野赛事，让新丰活力四射，形成独特的越野赛事 IP。

春日的新丰，竹影夹岸、艳桃灼灼；夏日的新丰，荷香李红、溪流潺潺；秋季的新丰，流云霞鹭、橘黄岚翠；冬季的新丰，枫叶火艳、泉温怡人。“中国岭南避暑胜地”广东新丰欢迎你！

（参见 250 页）

努力建设黄河流域生态保护和高质量发展先行区 推进青铜峡黄河大峡谷国家 5A 级旅游景区创建

黄河上游最后一道峡谷——十里长峡

国内首创黄河文化仿古建筑群——大禹文化园

青铜峡黄河大峡谷旅游区地处世界灌溉工程遗产——宁夏引黄古灌区的核心地带，集山、水、文、景于一身，是中国黄河精品旅游景区。自创建国家 5A 级旅游景区工作启动以来，旅游区立足资源优势，编制旅游规划，狠抓服务管理，开展宣传营销。通过整改提升项目的实施，旅游区基础建设和配套设施设备齐全，经营管理和服务质量明显提升，文物古迹得到充分保护利用，黄河文化旅游产品挖掘丰富多样，旅游区面貌焕然一新。

为加快推进旅游区 5A 创建工作，先后投入资金 16.7 亿元，不断完善基础设施和服务设施，对创建工作任务进行细化分解，从游客中心、接待服务、旅游交通、游览线路、旅游安全、配套设施等多个方面进行提档升级，扎实推进“厕所革命”和智慧景区建设。旅游区深入挖掘黄河文化蕴含的时代价值，规范景区服务管理体系，制定服务规范和行为准则。组织员工进行创建培训，强化业务能力和服务水平，讲好黄河故事，旅游区服务质量和游客满意度得到显著提升。同时，旅游区还积极创新宣传形式，通过借势媒体吸眼球、办节促宣创品牌、加强合作拓市场、参会推介扩影响等方式进行全方面、多角度、立体式宣传，“十里长峡 · 黄河之魂”品牌影响力日益增强。

中国现存规模至大的古塔群——百零八塔

世界灌溉工程遗产——宁夏引黄古灌区工程

宁夏 · 青铜峡黄河大峡谷旅游区

（参见 342 页）

嘉善，我梦中的江南水乡

（一）积极开创“文化嘉善”新局面。

1998 年嘉善县被命名为“全国文化先进县”；2008 年“嘉善田歌”入选第二批全国“非遗”名录，嘉善被命名为民间文化艺术之乡。2019 年首批通过《浙江省基本公共文化服务标准（2015-2020）》认定。2019 年 6 月县文化惠民项目图书馆、博物馆启用，成为嘉善文化建设新地标，被国家公共文化服务体系示范区创新研究中心（嘉兴）授予“图书馆、文化馆、博物馆三馆融合发展创新实践基地”。

（二）全力打造“全域花园”新高地。

2019 年 1 月嘉善被省政府公布为首批“浙江省全域旅游示范县”，入选 2019 中国县域旅游竞争力百强县市名单。先后荣获“2019 浙江文化和旅游产业融合发展十佳县区”“2019 中国有影响力的全域旅游示范区”等称号，2020 年成功入选浙江省级文化和旅游消费试点城市和全省首批文旅产业融合试验区培育名单。目前共有国家 A 级旅游景区 12 家（其中 5A 级 1 家：西塘古镇景区，4A 级 3 家：碧云花海·十里水乡、歌斐颂巧克力小镇景区、云澜湾温泉景区），省 4A 级旅游景区镇 2 家，省 A 级景区村庄 42 家（其中 3A 级 6 家）。星级旅游饭店 9 家。等级民宿 16 家（其中白金宿 1 家，金宿 3 家）。拥有旅行社 15 家。拥有 2 家省级旅游风情小镇、1 家省级旅游类特色小镇、1 家省级旅游度假区、1 家省级工业旅游示范基地、1 家省级中医药养生旅游示范基地。

（三）奋力提升“健康嘉善”新活力。

全县体育事业稳健发展。2019 年举办“锦绣姚庄·大美西塘”嘉善首届半程马拉松。全国女排赛事作为嘉善县品牌赛事，已举办 9 届中国女排超级联赛、三届全国女排冠军赛、二届全运会预赛，并三次被评为女排联赛“至佳赛区”。创立本土品牌赛事——JBA 篮球俱乐部联赛，以俱乐部形式组队，引入了企业赞助模式。目前，联赛已举办十届，每年参赛俱乐部达到近 30 家。

（参见 189 页）

激活记忆 跨界融合 打造文旅融合“青州模式”

青州古城景区

青州市地处鲁中山区和鲁北平原洽接地带，为古“九州”之一，生态良好、山川秀丽、文化底蕴深厚、区位条件便利，是洗心养肺、休闲度假的首选胜地，拥有首批国家全域旅游示范区、国家历史文化名城、全国文化先进县、中国民间文化艺术之乡、中国收藏文化名城、中国诗歌之城、全国书香城市等50多项国家荣誉。

近年来，青州市把文化作为发展旅游的好资源，坚持“用文化引领和发展旅游，用旅游传播和弘扬文化”，着力让历史遗存活化，使散落的文化和旅游资源实现了从“休眠”到“唤醒”的转型发展，打造了“激活记忆跨界融合”的文旅融合“青州模式”。

云门山景区

出台政策推动文旅融合发展，设立1000万元文化旅游发展专项资金，对文旅融合的重点项目和企业进行重点扶持、重点奖励，以顶层设计引领了文旅融合的发展方向。成立青州文化研究院，建立自由创作、定期交流、成果采用、以奖

泰和山（黄花溪）景区

代补的激励机制，加强对青州历史名人、古诗文、民俗文化、状元文化等方面的研究；建成欧阳修纪念馆、李成纪念馆等历史文化名人展馆和60余个专题博物馆，建设青州非遗博物馆、青州非遗传习坊，组织民间艺人和非遗传承人常年在景区进行40余个项目的展演，名人资源、传统文化资源与旅游资源实现深度融合。打造“溯源文旅融合寻梦文化青州”1+N文化旅游演艺项目，打造“夜游青州”品牌，建设夜间文旅消费集聚区，建设文旅服务功能融合的城市书房，加强文创产品开发，文旅融合业态不断丰富。

仰天山国家森林公园

九龙峪欢乐世界

（参见232页）

江津：人文山水有故事，文化旅游结伴行

重庆市江津区毗邻四川省合江县和贵州省习水县，是重庆辐射川南黔北的重要门户，是国家公共文化服务体系示范区、中国楹联文化城市、中华诗词城市、中国长寿之乡。近年来，江津区文化旅游委持续推介“四面山水 人文江津”文化旅游形象，强化名人、爱情、古镇、长寿、楹联、抗战“六张文化名片”，抓好文化旅游事业的融合创新发展，走出一条文旅融合的高质量发展之路。

双晒活动助力文旅发展

2019 年，重庆市以“晒风景 · 晒文化”为主题推出大型文旅推介活动，江津区围绕“大江之津 · 大爱之城”主题，通过对小家之爱、故土之爱、家国之爱的追寻，不仅展现以聂荣臻元帅为代表的江津人千百年家国情怀的传承和升华，还串联起江津山水所孕育的四面山等景区景点。2020 年“双晒”第二季，江津以“耍不够的江津”为主题，推出“东西南北中”五条精品旅游线路，全面彰显文旅融合新活力。提升基础配套，扶持发展沿线特色餐饮店、精品酒店民宿，结合地方特色，规划打造旅游集市、游客集散中心、旅游驿站等建设，完善线上线下旅游指南，激活旅游消费。

重点项目推动文旅融合

一是城市建设彰显文化魅力。从 2018 年开始，江津持续打造“诗联文化长廊”，目前已建成 1.3 千米，镌刻有中华传统诗词作品 42 首，楹联作品近 100 副，成为滨江路上一道亮丽的景观，生动展现了“中华诗词城市”江津独特的诗联文化。目前正在打造爱情文化长廊和元帅广场临江亭。二是文物修缮服务旅游发展。四面山会龙庄 2018 年完成修缮对外开园，2020 年 10 月成功创建国家 4A 级旅游景区。国家重点文物保护单位、国家 3A 级旅游景区石门大佛寺摩崖造像修缮工程持续开展。三是文旅项目提升城市品位。加快推进江津文化艺术中心、重庆影视城、白沙锦鹤江城文创街区、3539 文创园、城区奎星广场文化街区等景区的建设。

地域特色融入文化旅游

江津结合非遗传承、乡风名俗等，创新开展一镇一品文旅活动，形成年年有主题，季季有突出，月月有精彩，周周有活动的文旅活动体系。充分利用文旅资源举办中山古镇千米长宴、七夕东方爱情节、白沙影视工业电影周、蔡家吃新节等文旅活动，深受游客青睐。其中，中山古镇千米长宴已持续举办 15 届，2019 年接待游客人数 2 万人次。每年，江津区举办文旅活动超过 30 场，接待游客人数超过 800 万人次。

重庆江津，是一座开放包容的城市，是一座文旅融合的城市。四面山水，人文江津，欢迎你的到来！

（参见 283 页）

西安市·雁塔区

西安市雁塔区历史文化积淀厚重而深远，古今文化交相辉映，是西安市极具代表性的历史文化旅游区。雁塔区通过对资源的深度挖掘和系统梳理，提炼文化旅游特色优势，夯实文旅融合基础。

大雁塔是西安的象征，更是雁塔区的象征。大雁塔在大慈恩寺内，建于唐永徽三年（652），是玄奘西天取经回来翻译经书之地，大雁塔塔身七层，高 64.5 米，历经 1000 多年仍巍然屹立，是中国唐朝佛教建筑艺术杰作。

青龙寺，初名灵感寺，唐景云二年（711）改名青龙寺。北宋元祐元年（1086）后寺院渐次废毁。青龙寺是日本佛教密宗的祖庭。

大兴善寺，位于长安城东靖善坊内（今西安市小寨兴善寺西街），始建于晋武帝泰始二年（226），原名“遵善寺”，已有 1700 余年历史，是西安现存历史极为悠久的佛寺之一。隋文帝开皇年间扩建西安城为大兴城，寺占城内靖善坊一坊之地，取城名“大兴”二字，取坊名“善”字，赐名大兴善寺至今。

陕西历史博物馆，是国家现代化大型博物馆，是一组雄伟壮观的仿唐建筑群，它汇集了陕西文化精华，展现了中华文明的发展过程。被誉为“古都明珠·华夏宝库”。

雁塔区将深入挖掘辖区文化资源潜力，充分激活文化内涵，持续推进文商旅融合发展。近年来，“雁塔国际樱花节”“青博会”“毕业旅行季”等节事活动已成为雁塔的旅游品牌大 IP。雁塔区 2019 年被新华网评选为“2019 文化旅游优选区县”，被《中国旅游报》和世界旅游城市联合会共同评为“中国魅力文化旅游名区”；同时“雁塔区国际樱花节”被新华网评为“2019 点赞影响品牌节庆会”。

（参见 323 页）

南靖土楼

福建土楼的标志性建筑——田螺坑土楼群（沈志坚 摄）

福建土楼，故里南靖。南靖县位于福建省南部，漳州市西北部，毗邻厦门特区，距漳州市区仅 38 千米。

“福建看土楼，南靖极精彩。”南靖土楼景区是世界文化遗产地、国家 5A 级旅游景区、全国文明单位。每年来到南靖土楼观光游览的游客人数达百万人次。南靖县域境内现存各类土楼 15000 多座，其中大型土楼 1300 多座，汇集了极高（和贵楼）、极大（顺裕楼）、极小（翠林楼）、极奇（和贵楼）、极精美（怀远楼）、极古老（裕昌楼）、极壮观（田螺坑土楼群）、极密集（河坑土楼群）的土楼，堪称“土楼王国”。

福建土楼（南靖）景区先后荣获“遗产保护杰出成就奖”“中国至佳文化生态旅游品牌景区”“国际王牌旅游景区”“国际王牌旅游目的地”“中国闽南生态文化保护区”“中国醉美的民居建筑”“国家 5A 级旅游景区”“国家文明风景旅游区”等荣誉称号。

精美的双环圆土楼——怀远楼（张捷 摄）

目前，福建土楼（南靖）景区已形成田螺坑旅游片区、云水谣旅游片区和河坑土楼民俗文化村 3 条经典旅游路线，其中福建土楼的标志性建筑——田螺坑土楼群、双北斗七星建筑群——河坑土楼群、精美的双环圆土楼——怀远楼、建在沼泽地上的土楼——和贵楼这“两群两楼”于 2008 年 7 月 7 日被联合国教科文组织列入《世界遗产名录》，成为中国第 36 处世界遗产。2010 年 10 月，南靖土楼森林公园被评为国家森林公园，2011 年 8 月，被评为国家 5A 级旅游景区，2014 年 12 月，福建土楼（南靖）景区被评为国家水利风景区，2015 年 2 月被评为全国文明单位。

沼泽浮楼——和贵楼（张志坚 摄）

双北斗七星建筑群——河坑土楼群（张志坚 摄）

（参见 209 页）

唐山南湖旅游景区

唐山南湖旅游景区位于唐山城区中央，核心区5.8平方千米，由百年工业遗产保护地“开滦国家矿山公园”、中国首条标准轨距铁路“唐胥铁路”、开滦煤矿采煤沉降修复区“南湖旅游景区”串联而成，2010年被确定为国家4A级旅游景区。2016唐山世界园艺博览会在南湖成功举办。

它是新时代旅游高质量发展的新航标，再现了一个古老城市转型发展的历史，代表着旅游景区未来发展的方向，在河北省乃至全国具有引领和示范作用；是新时代文旅融合发展的新尝试，拥有工业、历史、现代、地域民俗等丰富的旅游资源，使各项产业主动融入景区，成为工业、体育、新型城镇化、地域民俗＋旅游融合发展的成功范例。它是京津冀旅游协同发展的新亮点、新地标；地处京津冀旅游协同发展核心圈，每年有260万京津游客来这里休闲度假、观光旅游，是京津冀旅游协同发展的重要承载地。

按照唐山市委、市政府的战略部署，以形成“湖城互融共生”总体格局为目标，以南湖城市设计为蓝本，结合国家5A级旅游景区创建，加速实施新兴文旅、经营业态拓展、景观提升、基础设施完善等百余项重点项目，加快文化旅游产业融合发展，全力描绘“湖光山色、城景共融”的南湖画卷，将南湖打造成为“城市会客厅”。

森林与海洋的曼舞，孕育了广袤富庶的冀东煤田；人与自然的和谐共生，造就了美丽生态的唐山南湖。依托良好的工业文明和生态文明底色，唐山南湖旅游景区将发展成为全国生态旅游高质量发展的典范，谱写出精彩的资源型城市转型嬗变璀璨华章。

（参见112页）

兰州水运集团

夜游黄河是兰州水运集团有限公司倾力打造的黄河旅游品牌，将丝路文化与黄河文化相融合，用一场华丽的夜游之旅向游客诉说着古老黄河几千年的悠长文化。随着兰州旅游的快速发展，黄河两岸亮化不断升级，夜晚两岸休闲娱乐日渐丰富，使兰州旅游、黄河旅游焕发出耀眼的光辉。夜游黄河作为展现兰州黄河两岸夜景极为优质的旅游方式，经过兰州水运集团几年的深度打磨，现已完成由“来兰选游”到“来兰必游”的转变，已成为兰州旅游的一道亮丽名片，用“夜游黄河 +”的方式，促进兰州美食、住宿等夜休闲经济整体发展，为兰州经济发展注入源源不断的活力。

“夜游黄河”作为兰州的网红 IP，推出了“水上电音节”“水上民谣夜”“水上汉唐会”等一大批特色活动，承办了西北师范大学等高校的水上毕业晚会，吸引了国内企业开展各种水上会议，如“华为手机发布会”“宝马新车发布

会”“vivo 手机发布会”等，丰富的“夜游黄河”旅游品牌内涵，为黄河旅游、兰州旅游注入了源源不断的时尚活力。

游船运营航线：盐场堡码头—中山桥（往返），兰州港码头—黄河母亲（往返），白塔山码头—黄河母亲—音乐喷泉（往返），白塔山码头—音乐厅（往返）。

（参见 332 页）

普陀区

普陀旅游因佛而生、以海而兴。域内集中了全省 70% 的海岛品牌旅游资源，是舟山群岛中旅游资源优势极为集中和丰富的区域。山海景观绮丽，文化底蕴深厚，海洋水产丰富，“好空气”资源长青，更叠加波音时代、高铁时代、自贸时代，以先行之势大建“海上花园城”。2016年被列入首批国家全域旅游示范区创建名单，新一轮旅游变革升级战应势而谋、强势而为、乘势而上，“产城融合、景城共生、主客共享”理念凝聚全民力量，全域旅游在普陀得到生动探索与实践。目前，拥有国家 A 级旅游景区 9 家，国家风景名胜区、省级风景名胜区、国家海洋公园、全国工农业旅游示范点、全国休闲农业与乡村旅游示范点、全国休闲渔业示范基地、国家海钓培训基地、省级度假区、省级旅游风情小镇、省级公共文化服务体系示范项目各 1 个；省级生态旅游区、工业旅游示范基地、文化旅游示范基地、老年养生示范基地、果蔬旅游采摘基地、省级非遗旅游景区（民俗文化旅游村）、省美丽乡村特色精品村、省农家乐特色示范村若干；省级 A 级景区村庄 30 个；在建旅游类省级特色小镇 2 个。接待服务设施具备一定规模，特色工艺品、纪念品、农副产品三大类旅游商品共 100 多种，《观世音》《印象普陀》等室内室外大戏强势推出，海、陆、空三维立体交通网络全面构建。“十三五”以来，旅游总收入年均增幅 23.9%，领跑全市。2018 年接待游客人数 3802 万人次，旅游收入突破 496 亿元，增幅超过 20%，旅游综合收入对全区 GDP 贡献逐年增加，旅游业增加值占地区生产总值（GDP）比重达到 13%，旅游对财政收入和社会就业贡献率分别为 16.84% 和 16.3%。

绿色城市

桃花岛桃花寨

东港全景

（参见 196 页）

温 岭

温岭，中国大陆新千年、新世纪第一缕曙光首照地，地处浙江东南沿海，长三角地区南翼，山海兼秀，资源丰富，是国家公共文化服务体系示范区、中国优秀旅游城市、中国十佳海洋旅游目的地、浙江省全域疗休养发展十佳县。

长屿硐天

温岭长屿硐天，世界地质公园、国家重点风景名胜区、国家4A级旅游景区，被誉为“天下名硐”，景区内有亚洲独有的天然岩洞音乐厅和国内首个洞穴式石文化博物馆。

方山

温岭方山，位于雁荡山世界地质公园东园区，南非“桌山”姐妹山，被誉为“空中花园”，以白垩纪古火山地貌为基础，集危崖绝壁、奇峰深谷、飞瀑溪涧、田园风光于一身，景观奇美。

大奏鼓

千年曙光园

温岭石塘，被誉为“东海好望角”。那里石屋、石街、石级依山就势而建，有碧海沙滩、秀丽岛屿，永志纪念的千年曙光碑，浙东南醉美海岸线的滨海绿道，蓬勃兴起的石屋民宿，网红景点七彩小箬、观景平台、文旅图书馆以及渔家乐等旅游项目丰富。

温岭还拥有国宝级文物青铜夔纹蟠龙盘，新河闸桥群、大溪东瓯古城遗址、金清大桥和江厦潮汐试验电站4处全国重点文物保护单位，大奏鼓和石塘七夕习俗（小人节）2项国家非物质文化遗产。戴复古、王居安、谢铎、赵大佑等历史名人，王伯敏、郭修琳等艺苑大家，柯召、闻邦椿、蔡道基等科技人才辈出。

曙光首照地 · 东海好望角——温岭欢迎你！

洞下沙滩

（参见198页）

榆阳区

榆阳是榆林市政治、经济、文化的中心。它既是一座汉蒙文化千年交融，京畿江南风韵犹存的古城，也是一座资源富集、得天独厚，投资发展潜力无限的新区。早在 1986 年它就被命名为“中国历史文化名城”。榆阳历史悠久，文化灿烂，万里长城横亘东西，游牧文明、中原文明千古融汇，早在新石器时代就有人类繁衍生息，春秋时始置上郡，距今已有 2000 余年历史。在跌宕起伏的历史长河中，孕育出五千年的仰韶文化、三千年的边塞文化、近百年的革命文化，书写了榆阳荡气回肠的边塞史诗，也形成了新榆阳兼容并蓄的文化品格和流光溢彩的人文底蕴。雄浑壮美的镇北台威震八方，匠心独具的六楼骑街古色古香，闻名遐迩的榆阳八景魅力无穷，穿城而过的榆溪河流美不胜收，他们共同形成了一幅长城边塞、大漠绿洲的壮美画卷。巧夺天工的榆林泥塑，委婉动听的榆林小曲，粗犷豪放的陕北秧歌，荡气回肠的陕北民歌，惟妙惟肖的榆林剪纸，更历练出榆阳人开放包容、淳朴好客、求真尚义的精神品质。中华人民共和国成立以来，在长期的南治土、北治沙生态建设和陕北能化基地大开发中，榆阳又开辟了农业文化、生态文化、工业文化、城市文化的崭新空间，可以说，榆阳是一座既富有历史沧桑感、厚重感，又充满现代活力和包容性、成长性的人文大区。

榆阳现已创建国家 A 级旅游景区 9 家（分别为国家 4A 级旅游景区镇川黑龙潭、国家 3A 级旅游景区鱼河府城隍庙、国家 3A 级旅游景区季鸾公园、国家 3A 级旅游景区圣都乐园、国家 3A 级旅游景区补浪河女子民兵治沙连、国家 3A 级旅游景区陕北民歌博物馆、国家 3A 级旅游景区青云山景区、国家 3A 级旅游景区榆林军旅文化园、国家 2A 级旅游景区镇川罗兀城）；省级乡村旅游示范村 5 家（分别为古塔镇赵家峁村、鱼河峁镇黄崖窑村、红石桥乡王连圪堵村、金鸡滩镇白舍牛滩村、镇川镇陈家坡村）；省级旅游名镇 1 家（鱼河镇）；市级旅游名镇 1 家（镇川镇）；市级乡村旅游示范村 3 家（小壕兔乡刀兔村、麻黄梁镇双锁山村、孟家湾乡三道河则村。）

览塞上胜景，品古城风韵！大美榆阳——诚挚地邀请八方游客，走进榆阳、了解榆阳、投资榆阳、共赢榆阳！

（参见 327 页）

神奇神木　神秘神往

神木物华天宝，人杰地灵，黄河侧着身子向南奔流，长城斜着腰身向西飞过，绵延的山峦和富饶的资源在这里神奇融合，绘就了众多传奇。

这里有厚重的文化传奇。在秃尾河畔，雄踞着一座古城，石峁遗址，由皇城台、内城、外城三部分组成。石峁遗址先后入选“世界十大田野考古发现”和“21 世纪世界重大考古发现”，并被确定为“五千年中华文明实证”。

蜿蜒起伏的明长城斜穿过神木，高家堡古镇是保存极为完好的堡寨，高家堡是神木的军事、文化和商贸重镇。2014 年被评为“中国历史文化名镇”，2015 年被评为“中国十佳醉美乡村旅游目的地”。

这里有美丽的自然传奇。红碱淖位于毛乌素沙漠边缘，是中国北方稀有的沙漠淡水湖、国家自然保护区和国家 4A 级旅游景区。蓝天、碧水、青草、黄沙、鱼鸟，共同构筑成红碱淖的如诗画卷，昭君出塞回眸洒泪的故事，又为它增添了一丝凄美、神秘的色彩。

窟野河流过神木城区，西边傲然挺立的是险峻的二郎山，南北约 1 千米的山脊上，因地就势、错落有致地建有 100 多座殿、庙、亭、阁，令人叹为观止。二郎山是秦、晋、蒙区域的宗教名山，历史悠久、三教合一、宗教影响甚大，各地前来朝拜的信徒络绎不绝。

神木南部是黄土高原丘陵沟壑区，黄河从晋陕大峡谷流过，与它相伴的是一望无际的枣林；峡谷里，是鬼斧神工的石头世界，它们是风霜雨雪与时间共同雕琢出的岩石画卷，浑然天成、巧夺天工；高原上，粗犷的信天游诉说着人们的喜怒哀乐，火辣辣的酒曲吟唱着神木人的幸福生活。

神木将建成宜居、宜游、宜业的西北知名旅游目的地，神奇神木，神秘神往！忠勇、创新、包容、共享的神木欢迎你！

（参见 328 页）

陕西·绥德县

石魂广场

绥德地处榆林市东南部，历史悠久，人文荟萃，素有“秦汉名邦”“天下名州”“西北旱码头”等美誉，被命名为全国文化先进县，中国民间文化艺术民歌之乡、秧歌之乡、唢呐之乡、石雕之乡、剪纸之乡。近年来，绥德坚持“文化引领、旅游带动”战略，以文化项目建设为承载，以资源、作品、人才为抓手，以举办文化活动为突破口，精心打造红色文化、秦汉文化、黄土文化和生态文化“四张名片”，提升文化软实力，扩大文化影响力，不断加快文化旅游融合发展，推动县域经济转型升级。按照“打基础、抓核心、强服务”的工作思路，以公共文化服务体系建设为重点，以文化服务为着力点，累计投资2亿多元，强力推进公共文化服务场所建设，建立了覆盖县、镇、村公共文化服务体系。先后实施了名州文化旅游街区、石魂广场、陕北文化艺术创作基地、扶苏文化苑等项目，启动实施了“一馆六址”红色旅游景点为核心的红色革命教育基地建设，编排大型音舞诗画《我的三十里铺》，复排陕北秧歌剧《米脂婆姨绥德汉》，建成疏属山文化旅游景区、文化广场景区、创新现代农业园区、绿源生态休闲园区和郭家沟影视基地5个国家3A级旅游景区。“我在绥德过大年”“三·二八商贸旅游文化节”“金秋绥德旅游周”“中国·绥德国际石雕文化艺术节”等节庆旅游品牌逐渐形成，并在西北地区乃至全国产生了一定的知名度与影响力。被授予“陕西省旅游扶贫示范县”“西北地区十大旅游潜力县”“中国极具投资潜力旅游名县”等荣誉称号，陕西省首个县域全产业公用品牌“绥德范·臻陕北”于2018年4月正式启用，绥德农产品、手工艺品、特色美食和文化旅游等，从此有了“绥德范·臻陕北”这张共同名片，文化旅游产业得到长足发展。

《米脂婆姨绥德汉》剧照

美在绥德

疏属山景区

（参见329页）

西安楼观生态文化旅游度假区

西安曲江楼观道文化景区管理有限公司是西安曲江文化旅游股份有限公司的全资子公司（4A级历史文化景区管理公司），公司全面运营管理赵公明文化景区、终南山古楼观历史文化景区、延生观景区、化女泉景区4个文化景区集群。

终南山古楼观历史文化景区占地面积约700亩、总体规划上借用了《易经》中的阴阳理念，以宗圣宫遗址区为核心，重点开发以“楼观天下、道德圣地”为内容的中国传统文化体验胜地，是融文物博览、旅游观光、道文化体验互动、餐饮娱乐等为一体，同时以自然生态为景观环境、以道文化为基本文化氛围的旅游景区。

赵公明文化景区以华夏正财神赵公明故里和赵姓历史文化传承为核心，总占地面积约531亩，规划布局以四水归堂为概念，以三进展示厅为核心建筑院落，形成了以中华传统财富文化为核心的传统商道文化展示园区。

延生观景区，是在唐代玉真观遗址之上修建而成。项目总占地面积114亩，总体规划“一条轴线、三大主体区域”格局，地势上依秦岭北麓坡地而建，南高北低。

化女泉景区是在原化女泉遗迹之上修建的，占地面积104亩。它是以老子点化徐甲的故事为基础，融合了女性文化、品泉文化、茶文化等内容的泉文化展示地以及茶文化体验地。

西安曲江楼观道文化景区管理有限公司充分挖掘景区资源，以秦岭自然山水为依托，将山水旅游、文化体验、养生休闲、民俗观光、认耕采摘、田园观光等功能项目高度衔接、融合，形成了以道文化展示、研学体验和国学教育为核心的文化旅游观光集群。

（参见324页）

莲花山

海垦莲花山文化旅游景区位于儋州市蓝洋温泉莲花山国家森林公园中的配套功能区内，规划面积 8800 亩，一期占地 4500 亩。距儋州市区 11 千米，距海花岛仅半个小时车程。毗邻松涛水库，连接洋万高速，距海口 1.5 小时、距三亚 2 小时车程。

莲花山在海南享有盛名，祈福莲花山早有历史，相传苏东坡也多次来莲花山祈福游览。福文化是中华民族的本土文化，是中华民俗文化的核心。

莲花山福文化有五大主题园区："百福百寿"文化园、"五福临门" 文化园、"博览群书" 文化园、"十全十美" 文化园、"孝行天下" 文化园，其中贯穿几十个互动性娱乐项目，如七彩旱滑、水怪表演、森林过山车、丛林飞龙、玻璃吊桥、玻璃水滑、高空秋千、高空攀岩、高空滑索、步步惊心及网红桥等。

景区有四个世界之极：一是世界上极大的硅化木展示区，387 根 2.3 亿年前的硅化木占地 200 亩的展示区，展示的面积极大，被列入世界纪录大全。二是世界上极大的户外《金刚经》雕刻，上千平方米的巨幅雕刻，十分壮观，是见者有福的祈福圣地。三是世界上氡含量极高的热氡泉，蓝洋氡泉天下驰名，具有养生保健功能，莲花山氡泉森林是罕见的养生资源。四是矿坑剧场，六万多平方米的世界上极大的矿坑剧场，被列入世界纪录大全，这里有火山爆发、有水上表演、有行淀式和沉淀式的光影秀，"世界那么大，夜游莲花山"，矿坑剧场连同整个景区构成一个欢乐的海洋。

整个景区内有七道福门，第一道门是长寿门，第二道门是爱情门，第三道门是欢乐门，第四道门是状元门，第五道门是悟道门，第六道门是慈孝门，第七道门是招财门。

苏东坡先生早在 700 年前就来到莲花山，东坡登顶、祈福莲花山是传统的历史习俗，女娲补天、莲花池和东坡育莲也是值得一看的景点；莲花仙子和莲花童子是景区的吉祥物，在莲花山景区可以感受满满的福文化，祈福迎福让你流连忘返，让你心有所依！

（参见 280 页）

徐州市云龙区

两汉文化看徐州，徐州历史看云龙。
户部山画堂春色，回龙窝历久弥新。
楚王陵汉韵流芳，戏马台千古绝唱。
张伯英笔走龙蛇，李可染妙手丹青。
大龙湖风光旖旎，故黄河涛声依旧。
……

云龙区，位于江苏省徐州市东南部，因风景秀丽的云龙山而得名，是徐州市政治、经济、文化、商务中心。区内自然资源丰富、文化底蕴厚重，青山峦叠、碧水如镜，人文荟萃、钟灵毓秀，承载着古韵彭城的千年人文脉络。云龙正以自己独特的方式，彰显博大精深的汉文化魅力，已成为新时代徐州“诗与远方”的“金字招牌”。

以“汉墓、汉兵马俑、汉画像石”为代表的“汉代三绝”闻名于世，是全国范围内极具汉文化特色的国家4A级旅游景区，出土的金缕玉衣、汉兵马俑、汉代玉器在全世界绝无仅有。被誉为“千古繁华地、徐州不夜城”的户部山，沉淀着徐州2000多年的历史文脉，300多年的商业传承，以明清风格为主的古建筑群文化遗址向世人展现了一幅钟灵毓秀的民俗风情画卷，成为展示徐州城市记忆的核心。被称为徐州著名胜迹的西楚霸王项羽戏马台，为西楚霸王项羽操练兵马时所建，展示了“刀枪入库、马放南山”的历史盛景，展现出徐州豪迈的风土人情。云龙山层峦叠翠，蜿蜒如龙；黄河故道穿城而过，绵延百里；大龙湖波光粼粼，风物秀美。

绿水青山就是金山银山。新时代的云龙，正以创建国家全域旅游示范区为目标，统筹谋划、调配资源，推动文旅高质量发展。老城提质、新城提品，城市双修、主城蝶变，努力打造宜居、宜业、宜游的中心城市中心区，一幅“楚风汉韵、山水云龙”的美妙画卷徐徐展开……

坚定文化自信，建设社会主义文化强国！云龙正在进行时。

（参见172页）

秀美融水·风情苗乡

国家 4A 级旅游景区—梦鸣苗寨

融水苗族自治县位于广西北部，成立于 1952 年，是全国成立早、广西独有的苗族自治县。全县总面积 4638 平方千米，县辖 20 个乡镇、207 个行政村（社区），居住着苗、瑶、侗、壮、汉等 13 个民族，总人口 52 万多人，少数民族人口占 75.27%，其中主体民族苗族人口 21.86 万人。

国家 4A 级旅游景区—双龙沟

融水山水秀丽，生态环境优美，民族风情浓郁，旅游资源十分丰富，境内有元宝山国家森林公园（元宝山国家自然保护区）和九万山国家自然保护区，森林覆盖率达 81%，素有“杉木王国”“毛竹之乡”之称。享有“百节之乡”“中国芦笙·斗马文化之乡”的美誉。“融水苗族系列坡会群”被列入国家首批非物质文化遗产名录，先后荣获“中国百节民俗之乡”“广西优秀旅游县”“全国绿化模范县”“中国至佳绿色生态旅游目的地”“中国至佳民俗风情旅游目的地”“广西特色旅游名县”“中国醉美生态文化旅游名县”等多项荣誉称号。

元宝山国家森林公园

全县有 12 家国家 A 级旅游景区，其中，国家 4A 级旅游景区 5 个，国家 3A 级旅游景区 7 个，广西生态旅游示范区 2 个，三星级汽车旅游营地 2 个，五星级乡村旅游区 1 个，四星级乡村旅游区 3 个。

国家 4A 级旅游景区—老君洞

融水苗族大型芦笙踩堂舞

广西融水苗族斗马

（参见 259 页）

泗县

泗县襟连沿海，背靠中原，与江苏徐州、宿迁接壤，地处长三角一体化发展、中部加速崛起、淮河生态经济带三大国家战略叠加区，是安徽的东北门户。全县总面积 1856 平方千米，总人口 96.2 万人，辖 15 个乡镇、1 个省级经济开发区（泗县当涂现代产业园）。区位优越，交通便捷，343、104 国道和 303、329 省道穿境而过，泗许高速、徐明高速全线贯通，宿淮铁路客货开通运营。合新高铁、通用机场等项目进展顺利。

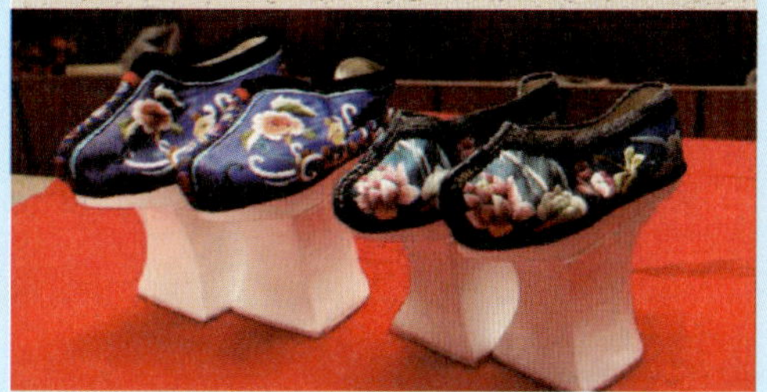

早在夏朝泗县即始建制，历史悠久，人文荟萃，原为泗州府所在地，古称虹乡、泗州。在全国、全省有着独特的世界文化遗产隋唐大运河活态遗址、国家首批非物质文化遗产泗州戏、中国山芋之乡、中国金丝绞瓜之乡、石龙湖国家湿地公园、中国药物布鞋、皖东北革命根据地“七大名片”。

近年来，在泗县县委、县政府的坚强领导下，泗县文化旅游业取得了快速发展。2019 年泗县全年接待国内外旅客人数 540 万人次，旅游总收入 36.75 亿元，各项旅游经济指标增幅超过 17%。2017 年，泗县荣获“中国极具影响力文化旅游名县”称号；2019 年，荣获“文旅融合发展优秀城市”称号。

泗县现有世界文化遗产 1 处、国家湿地公园 1 处、国家红色旅游资源 1 处、国家 3A 级旅游景区 3 个、省级水利风景区 1 个，省级优秀旅游乡镇 4 个、省级乡村旅游示范村 6 个、旅行社 13 家、省市优秀旅游商品企业 10 余家、星级农家乐 5 家、上规模的住宿接待酒店 20 余家。

（参见 203 页）

四川·仪陇县

仪陇县位于川北低山与川中丘陵过渡地带，是“红军之父、三军总司令、人民委员长”朱德同志和全心全意为人民服务的光辉典范张思德同志的故乡，是川陕革命根据地的重要组成部分。老一辈无产阶级革命家李先念、徐向前、许世友、王树声等曾在此浴血奋战，4 万多名仪陇儿女投身革命事业，5700 多人为中华人民共和国诞生献出了宝贵的生命，红色基因长存德乡大地。

仪陇坚持把发展文旅产业作为推动县域经济发展的新引擎，依托丰富的文化资源和独特的生态自然资源，大力发展文旅经济。目前，县域内有 5A 级景区 1 个，4A 级景区 1 个，3A 级景区 3 个，2A 级景区 1 个。万亩柑橘产业园、千亩荷田、千亩脆红李、千亩桃花等基地运势而生，“桃花节”“挖藕节”“客家坝坝宴”等地方特色的乡村旅游民俗文化活动吸引了一大批外地游客。

国家 5A 级旅游景区朱德故里位于四川省南充市仪陇县马鞍镇，是全国 100 个红色旅游经典景区、全国 30 条红色旅游精品线路之一。

朱德故里 5A 级景区秀色怡人，植被覆盖率高达 90.2%，状若五星的琳琅山、形同党徽的锤镰石、貌似官帽的轿顶山、气势恢宏的点将台等让人称奇、流连忘返，奇特的自然景观、古朴的原生村落、和谐的田园风光，展现出一幅“苍松翠柏故乡景，桃红李白大地春”诗意般的仙境。德园旅游景区、朱德铜像纪念园、金城德字园、金粟书岩、张思德纪念馆、张思德干部学院、丁氏庄园等更是吸引着无数游客竞相前往参观游览。此外，还有素有“小三峡”之称的柏杨湖、佛光普照的立山寨、仙雾环绕的魏家山、文韵深厚的离堆公园，共同点缀了仪陇醉美丘陵县的宏伟画卷。

仪陇历史悠久、钟灵毓秀，是一座令居者自豪的文化名城。

仪陇区位优越、城亮村美，是一座令闻者向往的美丽之城。

仪陇业态丰富、琳琅满目，是一座令来者留恋的现代新城。

（参见 294 页）

甘洛县

甘洛，地处大凉山北部，小相岭东麓，素有“凉山北大门”之称。境内雨量适中，风清气爽，气候宜人；层峦叠嶂，沟壑纵横；自然风光雄奇壮美，名胜古迹声名远播，民族风情绚丽多彩，具有自然人文并茂生辉的旅游资源禀赋。

大渡河大峡谷，西起大瓦山，东抵寿屏山主脉，南起甘洛县乌史大桥乡，北抵老贡山主峰。峡谷谷深2600米，谷宽极窄处30余米，是世界极深峡谷。峡谷岩层几乎水平重叠，记录了数亿年来地质演化的历史，被誉为巨厚的“地质天书”。

大唐清溪关置于茶马古道（亦称灵关古道）清溪峡段，现名深沟，位于县境西北坪坝乡境内的高山峡谷地带，是唐贞元十一年（799年）川西节度使韦皋设置的重要关隘。

牛角海位于石棉县与甘洛县交界处的蓼坪乡清水村境内，景致更加明丽，恰似镶嵌在小相岭上的一块明镜。远处的古冰川遗迹，山体裸露，怪石嶙峋。高山草甸牦牛群聚而游，一幅恬静的田野诗画！

海棠古镇，地处甘洛县西北，因城郭形似海棠叶而得名。唐代前称达士驿，明代在此设千户所。曾为灵关古道上的重镇，因曾一度庙宇众多，被称为成都出南门外的首座庙林古城。

彝族传说中的神山“吉日波”，位于县境东南的石海乡与阿尔乡交界处，侧观其形状酷似金字塔，彝语意为“闪光的地方”或“秤星”，彝文经典《勒俄特衣》中记载，吉日坡是彝民族繁衍的原初，由此成为彝人心中的神山。

一幅魅力无穷的“大美甘洛”画卷正徐徐展开，绽放出独特的自然生态之美、多彩的人文之韵。

（参见300页）

山水田园·秀美洛宁

河南省洛阳市的洛宁县，天开图画、山川锦绣，全县之域宛然一个巨大的景区，总面积2306平方千米，正如宋代女词人李清照的词里所描绘的那样：水光山色与人亲，说不尽，无穷好。

洛宁的旅游资源，既有优良的自然山水、乡村田园，也有厚重的人文历史，旅游资源门类齐全、丰富多彩。

在自然山水方面，洛宁地形地貌呈“凹”字形，人称“七山二塬一分川”。秦岭进入河南的三条余脉，有两条横亘在洛宁两侧。即南部的熊耳山、北部的崤山。千里洛河穿境中流。浪漫的洛河，苍莽的群山，山清水秀、风光旖旎，蕴藏着一幅幅动人的山水画卷，使得洛宁自然生态旅游资源得天独厚、特色显著。

在乡村田园方面，洛宁的南部、西部、北部，都有着美丽的田园风光，乡村四季的万千气象，广阔天地的丰富物产，无不令人陶醉，村落人家、农家小吃、风土人情等都具有浓郁的豫西风韵。洛宁自古以来就是“北国竹乡”，全世界纬度极高的原生态淡竹林已经有4000年的历史，小桥流水，农舍小院，很有情调。洛宁槐树面积达40余万亩，川涧、丘陵、塬区到处都有成片成片的槐树林。槐花盛开时节，漫山遍野就是花的海洋，四野飘香。

在人文历史方面，洛宁历史文化积淀厚重，是黄河文明的重要组成部分。华夏文明之根，在于中原文化。中原文化之根在于河洛文化，河洛

文化的标志是“河图洛书”，而洛宁就是出洛书的地方。“洛出书处”已被载入国家非物质文化遗产名录。洛宁的遗址古迹、古代建筑星罗棋布，史书记载的名人、逸事、典故很多。境内有“洛出书处”“仓颉造字”“伶伦制管”等众多根源性文化遗存，是华夏民族的文明之源、文字之源和音律之源。

近年来，洛宁各项事业发展很快，获得了“国家园林县城”“全国绿化模范县”“国家卫生县城”“全国绿色能源示范县”“中国书法之乡”等荣誉。以开发建设国家4A级旅游景区神灵寨为龙头，发展乡村旅游景区景点20多处，处处是美景。

洛宁这个特大景区，外部的东、西、南、北出入交通条件连年改善，高速公路贯穿全境。县域内的公路串联起了星罗棋布的各个景区景点和旅游休闲基地站点，形成了深山区越野线路、浅山区田园线路、县城区园林线路三层级环线，给各类游客带来极大便利。

“忠厚勤正、创新共赢”，秀美洛宁欢迎你!

（参见234页）

郏县

郏县位于河南省中部偏西，辖15个乡镇（街道），人口65万，377个行政村（社区），总面积737平方千米。

郏县，周设邑、秦置县，历史悠久，文化底蕴厚重。“一县、一都、两遗、四地、四宝、六乡、六绝”是郏县的亮丽名片。“一县”，即千年古县。“一都”，即中国铸铁锅之都。“两遗”，即两个国家非物质文化遗产项目——郏县大铜器、姚庄金镶玉。“四地”，即全国知青文化发祥地、中国唐钧基地、“山儿西”烟基地、中国诗歌创作基地。“四宝”，即有4个国家重点文物保护单位——三苏园（三苏祠和墓）、郏县文庙、郏县山陕会馆、临沣寨。“六乡”，即中国长寿之乡、中国书法之乡、中国诗歌之乡、中国郏县红牛之乡、中国大铜器文化之乡、中国美食之乡。“六绝”，即六种绝味美食——牛肉、烧鸡、饸饹面、茶水、炖三宝、豆腐菜。

郏县现有国家4A级旅游景区1个、国家3A级旅游景区3个；河南省乡村旅游特色村13个、星级乡村旅游经营单位7家、休闲观光园区3个、特色生态旅游示范镇3个，县级乡村旅游经营单位10家。另有中国历史文化名镇（村）6个，河南省历史文化名镇（村）6个；中国传统村落19个，省级传统村落75个、占全县行政村总数的1/5。

郏县区位优势明显，交通便捷。紧临郑许一体化、郑洛“双引擎”高质量发展互补带和辐射区。郑万高铁在郏县设站，距省会郑州仅有40分钟车程。三洋铁路在郏县设置3个站，目前已开通2个。郑栾高速、平郏快速通道、洛界公路、郑南公路西线、正在建设的焦桐线在县城交汇。距新郑国际机场、郑州航空港及郑州、洛阳、许昌、平顶山等城市均在1小时交通圈内。

近年来，郏县依托丰富的文化旅游资源优势，大力推进“文旅富县”战略，以首批创建省级全域旅游示范区工作为抓手，依托国土绿化、人居环境整治、生态水系治理等行动，统筹城乡发展，不断完善提升城市功能和乡村旅游基础设施，建立健全服务体系，先后策划了文化游、工业游、生态游、农业游、民俗游、红色游等多条旅游线路，持续举办公祭“三苏”、年货大集、新春灯会、郏县红牛节、美食节、诗词大会等系列节会活动，进一步丰富文化内涵，展示特色乡村旅游魅力，游客数量逐年大幅增长，全县旅游业实现持续健康发展。如今，勤劳智慧、热情好客的郏县人民，正团结一心向着文化与旅游融合发展、强县与富民同步提升的奋斗目标阔步前进。

郏县人民诚邀海内外宾客前来观光旅游。

（参见237页）

隆德县

隆德县位于宁南边陲，六盘西麓，是享誉西北的丝路古城和书画之乡。历史悠久，人文资源丰厚。早在新石器时期，已有先民繁衍生息于此。汉唐时驿站相望，行客相接，是古丝绸之路东段北道的重要通道。良好的生态，丰富的资源，秀美的景观，使其成为我国黄土高原上久负盛名的“高原绿岛”和“天然动植物园”。

六盘山红军长征景区位于隆德县东侧，是国家4A级旅游景区。景区由纪念馆、纪念碑、纪念广场、纪念亭、吟诗台和正在建设的红军长征途中发生的10余个主要事件的微缩景观组成。

隆德县现代农业休闲观光暨自驾游营地位于隆德县神林乡辛坪村，有花卉展示、果蔬栽培、食用菌菇培育、乡村休闲旅游、循环经济发展、自驾游基地六大产业。

六盘人家红崖村老巷子民俗村位于城关镇红崖村，距县城1千米，东靠清凉世界，景区以老巷子民俗街区为主线，在保留原住民生活、生产的场景风貌的基础上，整合优化村落资源，被游客誉为“六盘山首村”。

六盘天池又称北联池、雷泽、朝那湫、北乱池、北联灵湫等，是葫芦河的发源地之一，人文始祖伏羲孕生的地方，被誉为古“隆德八景”之一。

伏羲神崖位于六盘天池景区北1000米处，远看山的形状像一只展开双翅的红色蝙蝠，所以也有人叫“蝙蝠崖”。

清凉世界景区位于隆德县城南7.5千米处，景区野生动植物种类繁多，共有植物788种，动物207种，是一个天然的野生动植物园。

石窑寺景区位于隆德县城西南2.5千米的南凤山腰。南凤山形宛如凤凰临风展翅，故名之，又称龙凤山。脉系直通陇山，峰顶现存汉代烽火台一座。

隆德六盘山文化城位于隆德县城人民路，以经营民间文化产品及古玩交易、文化展示、旅游为主要功能，是隆德县一处综合性文化产业基地和生产经营平台。

隆德县也先后荣膺“中国现代民间绘画画乡”“全国文化先进县”“中国书法之乡”等殊荣，成为宁南地区一颗耀眼夺目的文化明珠。

（参见347页）

唐山国际旅游岛

菩提岛

静待花开　赴一场海岛之约。

在这里，春听百鸟争鸣，夏闻百花芬芳，秋览菩提秋韵，冬赏银装素裹；在这里，看湛蓝的天空，读静默的大海，赏旖旎的星空，度浪漫的夜晚；在这里，凭海临风，看潮起潮落，面朝大海，享春暖花开……这里就是一年四季皆美景的唐山国际旅游岛。

唐山国际旅游岛位于河北省唐山市东南部渤海之滨，由菩提岛、月岛、祥云岛及北侧陆域组成，规划面积 125.64 平方千米，为京、津、唐、秦四市所环抱，距北京市 230 千米，距天津市 140 千米，形成了唐山市重要三节点，交通四通八达。

唐山国际旅游岛坐拥得天独厚的海岛、温泉、沙滩、深海淤泥、生态及文化资源组合，自然资源独特，文化底蕴深厚，生态环境宜人，是健康养生的疗养胜地、为国家海岛开发利用示范基地。2018 年，唐山国际旅游岛被评为河北省首家省级旅游度假区，是京津冀区域内独有的综合性海岛旅游休闲度假区。

月岛温泉酒店

月岛沙滩

（参见 111 页）

贵州·贞丰县

贞丰县位于贵州省西南部，距省会贵阳 254 千米、州府兴义 112 千米、云南昆明 488 千米、广西南宁 340 千米，县内有惠兴高速公路、关兴高等级公路以及 G354、S210、S309 等国省干道，有北盘江水运高等级通道及白层港口，有全省率先获批并即将启动建设的双玉峰（双乳峰）通用航空机场，有已纳入国家和省“十三五”规划、并即将启动建设的贵阳经贞丰至兴义客专铁路。

贞丰是中国西部旅游线上一颗璀璨的明珠，是游人“踏花归去马蹄香”的天然乐园。被世人誉为“地质绝品·天下奇观”的双玉峰（双乳峰）蜚声海内外；碧水丹枫三岔河让人鉴赏“湖是一张画，画是一湾湖”的水墨写意；莽莽苍苍的龙头大山令人神往；千姿百态的北盘江大峡谷，有着长江三峡般的秀丽险峻和大自然鬼斧神工的雄奇壮美。精致玲珑引人入胜的贞丰，拥有多项国家桂冠：“中国避暑休闲百佳县”、全国“汽车自驾运动营地”、中国运动休闲特色小镇、三岔河国际露营基地等。海内外游人迷恋它的浪漫，惊叹它的神奇，流连忘返。

在这片物产丰富的土地上，富含黄金、煤炭、金属镁、萤石矿等 20 多种矿产资源，蕴藏的黄金储量成就了“中国金县”的美名。勤劳智慧的人们在曾经荒凉的顶坛石旮旯，依托栽种花椒，致富一方，创造了中国西南地区石漠化治理的“顶坛模式”，赢得了“中国花椒之乡”的美誉。这里是“中国糯食之乡”，漫步贞丰、回味无穷，青山绿水间、街镇巷道里，“春享桃李芬芳，夏品椒果辣香，秋摘砂仁板栗，冬赏枫红姜黄，月月五色米饭，季季粽子飘香”。

贞丰是布依族、苗族等少数民族世代聚居之地，“二月二”“三月三”“六月六”等传统节庆，演绎着多彩的民族文化、绚丽的民族风情。在国家非物质文化遗产名录上，贞丰的“布依铜鼓十二则”“布依勒尤”“布依服饰”大放异彩，“古法造纸”“古法制陶”更是展示了民族工艺的历史传承和神奇魅力。县内还拥有 6000 年以上的红岩岩画群、大量的新石器时代石器，是探秘百越文化的首选之地。

贞丰地处云贵高原向广西低山丘陵过渡地带，境内气候温和，夏无酷暑，冬无严寒，雨量充沛，属典型的喀斯特地区和亚热带季风湿润气候，被誉为“喀斯特公园县”，是人类居住的理想之地。

（参见 305 页）

黔东南州

在多彩的贵州，有一个名叫黔东南的地方，这里有“民族文化和生态环境”两个宝贝，是名副其实的“森林之州、歌舞海洋、百节之乡、非遗之冠、银饰之都”，是体验苗族文化内涵、感悟侗家风情的中国窗口。

西江千户苗寨

在山花烂漫、草长莺飞的春天，与极为古老的东方情人节——姊妹节，来一场醉美的邂逅，尽享色彩缤纷、芳香可口的姊妹饭，与苗族姑娘共舞一曲热情奔放的苗族反排木鼓舞，与苗族汉子共玩一次“勇敢者的游戏”舞龙嘘花。聆听苗族古歌，感受苗族先民百折不挠、坚韧不拔的气概；聆听旋律婉转悠扬的苗族飞歌和苗族多声部情歌；领略反排木鼓舞、水鼓舞的激越豪迈，热情奔放；感受芦笙舞、铜鼓舞、水鼓舞、板凳舞的朗朗节拍、活泼灵动；到丹寨龙泉山看杜鹃花千姿百态、万紫千红。

在百草丰茂、万木葱茏的夏天，在一年一度的“独木龙舟节”，在江河之上一睹古老而神秘的苗侗文化气息。观赏世界自然遗产地、“地球上醉美的盆景”施秉云台山烟雾缭绕，奇山异石若隐若现；坐上急流里的皮艇感受杉木河与高过河的清凉；走进中国历史文化名城镇远，感受中国古代三大“悬空古建筑”之一的青龙洞，感悟儒释道三教合一、同生共长的和谐之美；走进岑巩，尽情体验黔东南大峡谷的神奇，探访马家寨的秘密。

肇兴侗寨（胡光华　摄）

在五谷丰登、瓜果飘香的秋天，走进苗侗人家，苗族吃新节、侗家尝新节，会让你在对歌、斗牛等民俗活动中共同分享春种秋收的狂欢，与苗族汉子在板凳舞的旋律中纵酒狂歌，与侗家姑娘在柔肠百结、荡气回肠的侗族大歌里共同享受丰收满仓的喜悦。我们走进“千年侗乡”肇兴，踏上百年鼓楼花桥、看变幻的日暮晚霞，抚摸历史雕琢而成的明清建筑；观赏蔚为壮观的加榜百里梯田，它是苗侗先民自力更生、改造自然，人与自然和谐共生的不朽史诗。

在白雪皑皑、银装素裹的冬天，加入到盛大的苗年、侗年、萨玛节，尽享节日的欢愉，让你在芦笙成林、银饰成海中得到前所未有的视听震撼；走进被誉为“苗疆圣水”的剑河温泉，在水汽氤氲的汤泉里，聆听苗族女神仰阿莎的美丽爱情故事；走进从江瑶浴高华长寿之乡，感受特色沐浴文化和古老的养生保健方式。

镇远古城（骆绍勇　摄）

（参见 306 页）

福建·大田县

大田，别称“岩城”，位于福建省中部，戴云山脉西侧，全县土地面积 2294 平方千米，辖 12 个镇、6 个乡、266 个行政村和 8 个居委会，总人口 43 万人，境内层峦叠嶂、山峻水秀，森林覆盖率达 74%，海拔千米以上的山峰 175 座，是闽江、九龙江、晋江三大水系支流的发源地。

大田是中央苏区县，拥有“中国高山茶之乡”“中国油茶之乡”“中国洛神花之乡”“中国高山硒谷”“中国森林旅游美景推广地”“中国睡眠康养示范基地”等诸多闪亮名片；孝道、土堡、戏曲等地方文化兼容并蓄，是《二十四孝》编撰者郭居敬出生地、千年肉身菩萨“章公祖师”故里，板灯龙被列入第一批国家非物质文化遗产。

大田土堡群被列入全国重点文物保护单位，“杂剧作场戏”、郭居敬《二十四孝》诗选及怜目唱本、“大田红釉制作技艺”被列入省级非物质文化遗产；还有大田美人茶、大骨头肉、永仙鸡、九层粿、烤兔、腊鸭、熏鸭、山茶油、野生红菇、米粉、官边红酒、“意犹未尽”商务茶点等丰富特产和美食；春可采茶、夏可避暑、秋可观堡、冬可泡泉，淳朴的大田人民热忱欢迎你！

（参见 208 页）

喀左县

统筹资源探索新模式 全域旅游展现新活力

喀左县，全称喀喇沁左翼蒙古族自治县，位于辽宁省朝阳市南部，素有“塞外水城 金鼎之地 暴龙之乡 紫陶之都”的美誉。先后荣获国家卫生县城、园林县城、创新型县、农业可持续发展实验示范县、绿色发展先行先试示范县、全国综治至高奖“长安杯”等荣誉称号。喀左县以“打造全景喀左 发展全域旅游”为思路，统筹各类资源，不断探索新模式，形成了“景城融合、全民共建、构筑美丽幸福家园”的旅游发展模式。目前，全县拥有国家A级旅游景区14个、特色旅游乡镇13个，旅游示范村18个。

理念求新，超前实施全域旅游。2014年，喀左县就在全省率先提出了“全景喀左、全域旅游”的发展思路，将发展全域旅游作为县域战略性支柱产业来抓。整合各类资金强化基础设施和公共服务供给，出台强有力的优惠政策支持企业发展，国有景区全部实施企业托管运营。

典型示范，打造全域旅游微缩版。将县城规划区作为景区规划建设，依托城区丰富的水资源和历史人文景观，结合老城改造、新城开发和水系治理等工作，打造了龙源旅游区，是全省首家以城市景观为核心的开放式国家4A级旅游景区。

引领带动，积极助力精准扶贫。喀左县将发展文化旅游产业作为精准扶贫的主要抓手，旅游景区建设运营过程中优先规划扶贫项目、流转贫困村土地，设立专岗优先聘用贫困户就业。建立了旅游部门与扶贫、商务、就业等部门的联系机制，定期围绕精准扶贫谋划旅游项目、推广旅游商品、培训各类旅游服务人才。

“交通＋旅游”，把道路变成醉美的风景。抢抓高铁开通契机，依托高铁站和县城主城区，布局县乡村交通网络，实现了以高铁、高速公路为大通道，以国省道为主骨架，以县、乡、村道为脉络的大交通格局，路网把各景区串联起来，形成一条条丰富多彩的旅游线路。

开拓进取，旅游产业从无到有。作为传统农业县域、经济欠发达地区，喀左县积极调整产业结构，确立了“旅游＋产业”融合发展的思路。通过推动“旅游＋农业”“旅游＋工业”“旅游＋医养”“旅游＋体育”“旅游＋电商”“旅游＋文化”等产业的融合，将旅游产业真正培育成了“大产业”，既实现了旅游产业的不断发展壮大和质量提升，又带动了县域经济的高质量发展。

喀左县始终以创新为主线，实现了“全民参与 全民共建 全民共享”。缤纷多彩的塞外水城，已经成为闪耀在辽西大地上的一颗璀璨明珠，不断迸发新的活力，在全域旅游的新时代绽放出更加璀璨夺目的光芒！

（参见143页）

桐乡市

康馨文化园

“古有梧桐，凤凰来栖。”桐乡因古时遍栽梧桐树，寓意“梧桐之乡”而得名。桐乡地势平坦，一马平川，河网密布，四季分明，环境优美，是典型的江南水乡，素有“鱼米之乡、丝绸之府、百花地面、文化之邦”的美誉。

桐乡历史悠久，文化底蕴深厚。罗家角遗址距今已有7000多年的历史，马家浜文化、良渚文化、运河文化交相辉映，滋养了乌镇、濮院、崇福、石门等千年古镇。在这片沃土上，孕育了张履祥、吕留良、太虚、茅盾、丰子恺、钱君匋、徐肖冰、木心等一大批名人巨匠。

桐乡是全国首个旅游综合改革试点县、中国优秀旅游城市和浙江省全域旅游示范市。全市共有国家A级旅游景区26家、A级景区村庄95家、省级以上旅游示范基地16家，星级饭店和品牌民宿18家。作为国家5A级旅游景区，乌镇先后荣获“中国十大历史文化名镇”“中国十大魅力名镇”“中国十大醉美的村镇”等称号，是全国旅游综合效益好的景区之一。

百翠山居

乌镇景区

以乌镇为核心的一业一网不断展现桐乡文旅的魅力，来到桐乡，迎接你的有红色文化游、运河古镇游、醉美乡村游、时尚购物游、研学旅游等特色旅游线路，乌镇戏剧节、凤凰湖音乐节等文旅活动，红烧大羊肉、春韭炒金蝉、阿能面、羊肉面、定胜糕等特色美食与小吃，以及“风雅桐乡”文旅品牌、“桐香十碗”美食品牌。桐乡，为远道而来的朋友们提供更多特色鲜明的文旅产品与文旅体验。

古老的智慧和新时代对接，这座千年江南之城历经岁月洗礼，正在向世人展现“耳目一新、刮目相看”的别样风采！

乌镇互联网国际会展中心

凤凰湖

（参见188页）

皇城相府

皇城相府

皇城相府生态文化旅游区总面积 15 平方千米，由皇城相府景区、蟒河景区、相府庄园景区、九女仙湖景区、郭峪古城景区、海会书院景区、三星级饭店相府宾馆、四星级饭店相府贵宾楼、五星级饭店相府庄园酒店、太岳干部学院、100 多家民宿客栈、蟒河山泉水厂组成，是一个文化积淀惊人、自然风光迷人、生态休闲养人、新型民居引人、食住行游购娱功能齐全的综合性旅游区。

蟒河

核心景区皇城相府是清文渊阁大学士兼吏部尚书加三级、《康熙字典》总阅官、康熙皇帝经筵讲官、一代名相陈廷敬的故居，总面积 10 万平方米。御书楼金碧辉煌，中道庄巍峨壮观，斗筑居府院连绵，河山楼雄伟险峻，藏兵洞层叠奇妙，是一处罕见的明清两代城堡式官宅民居建筑群，被专家誉为“中国北方著名文化巨族之宅”。

相府庄园景区占地 1000 多亩，是一个集景观养生、休闲度假、生态抚育及会议中心于一身的大型现代高科技农业园区。园中有热带风情植物、奇花异果、空中花园、农耕体验园，现代农业高科技的优秀成果在这里展示得淋漓尽致。

相府庄园

新时代，新征程，新使命，新旅游。皇城相府文化旅游有限公司将以人民对旅游美好生活的向往为目标，不断增强景区功能，持续推进智慧化建设，全面提升旅游品质，努力打造国内外一流的优秀旅游目的地，奋力迈向我国优质旅游发展新时代！

九女仙湖

郭峪古城

海会书院

（参见 122 页）

诸葛古镇

诸葛古镇文化景区，由陕旅集团精心打造，是陕西省委、省政府确定的十大重点文化旅游项目之一，融古迹参观、民居展示、实景演出、民俗餐饮、儿童娱乐、亲水休闲等多种业态为一体。景区总占地面积 300 余亩，总投资额约 2.5 亿元，诸葛古镇主体建筑面积约 2.5 万平方米，周边交通便利。

诸葛古镇位于陕西省汉中市勉县，南依汉江、北邻武侯祠、东连马超墓、西接阳平关，地理位置优越，文化资源丰厚。是陕西省委、省政府确定的十大重点文化项目之一，汉中三国文化的重要展示体验区，也是陕旅集团打造的“两汉三国文化旅游区”的龙头项目。是融古迹参观、民居展示、实景演出、民俗餐饮、儿童娱乐、亲水休闲等多种业态为一体的文化旅游景区。

诸葛古镇景区由诸葛古镇、武侯祠、马超墓、《出师表》实景演出、汉江亲水休闲区、青舍精品客栈、诸葛水城、汉江漂流八大板块组成。诸葛古镇以诸葛亮的八卦阵为布局理念，以一条水街、一条旱街为主要行动线，象征八卦的阴阳。以诸葛亮的生平为线索，通过七种建筑风格、二十余组雕塑景观、三大博物馆、一场大型实景演出，全景展现了诸葛亮忠贯云霄的一生，将三国汉文化全新演绎。

诸葛古镇秉承文化为魂、欢乐为骨、“一祠一镇一体化”的发展思路，将“慢游、休闲”的核心理念渗透到运营中的每一个环节，真正做到“休闲慢游、深度体验、互动丰富”的创新型旅游目的地，着力打造陕西省乃至全国的三国文化主题标杆景区。

（参见 325 页）

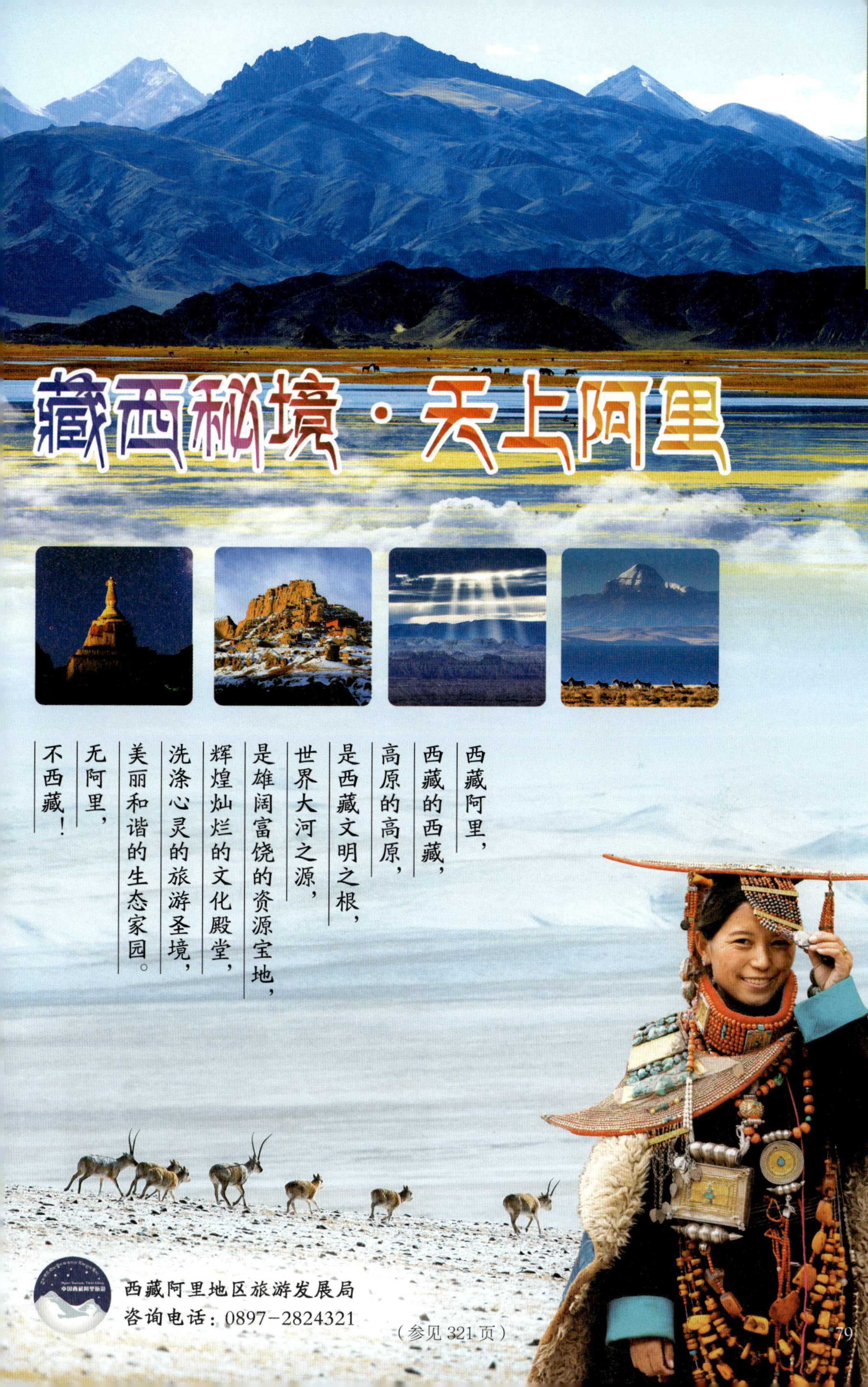
藏西秘境·天上阿里
西藏阿里，
西藏的西藏，
高原的高原，
是西藏文明之根，
世界大河之源，
是雄阔富饶的资源宝地，
辉煌灿烂的文化殿堂，
洗涤心灵的旅游圣境，
美丽和谐的生态家园。
无阿里，
不西藏！
西藏阿里地区旅游发展局
咨询电话：0897-2824321

（参见321页）

百色市

百色起义纪念馆

百色是红色福地，是生态保护的绿地，更是投资兴业的一块宝地。近年来，百色市致力把百色建设成为“区域性休闲旅游健康养生中心”，因地制宜发展大健康产业，实现百姓富、生态美、人安康的有机统一。

靖西旧州景区

百色的主要特点，可以用“老、少、边、山、寿”五个字来概括。“老”一是指百色具有悠久的历史，据考证，早在80多万年前，百色就有了人类活动的足迹。二是指革命老区，百色起义，众所周知。“少”是指百色是一个少数民族聚居区，居住着壮族、瑶族、苗族、彝族、侗族、仡佬族等少数民族，田阳县是壮族的发源地，壮文化的影响十分深远。“边”是指边境地区，百色的靖西、那坡两县（市）与越南交界接壤，陆地边境线总长360.5千米，是广西陆地边境线的1/3。“山”是百色属于典型的喀斯特地形地貌，壮观的景色令人震撼。“寿”是指百色是长寿养生胜地，乐业县、凌云县分别被授予“世界长寿之乡”和“中国长寿之乡”的称号。

德保红叶森林公园——天堂谷

百色是“中国优秀旅游城市”，是中央确定的全国12个重点红色旅游区之一。目前，全市对外开放景区景点多达50多处，其中国家5A级旅游景区1个（百色起义纪念公园景区），国家4A级旅游景区18个，国家3A级旅游景区18个。有着邓小平足迹之旅、长寿养生体验之旅、奇山秀水休闲度假之旅、中越边关探秘之旅、少数民族风情之旅等多条主题旅游路线产品，这些旅游资源既可满足我们休闲观光旅游，又可提升成为养生文化旅游品牌。

平果通天河景区

百色正以全新的姿态，张开怀抱热忱欢迎四方宾朋前来旅游、考察、投资、发展。

（参见267—271页）

崇左市

崇左位于广西西南部，全市辖七个县（市、区），总面积 1.73 万平方千米，总人口 250 万，壮族人口占全市总人口的 89.43%，是全国壮族人口比例极高的地级市，素有“中国糖都”“中国锰都”“中国红木之都”的美称。2018 年以优异成绩荣膺“2018 年《魅力中国城》十佳魅力城市”榜首。

崇左是中国的南大门，沿边、近海、邻首府、连东盟，“打开门就是越南，走两步就进东盟”，有 4 个县（市）与越南接壤，边境线长 533 千米，是广西陆地边境线极长的地级市，是中国通往东盟陆路通道上极重要的节点城市。2019 年 8 月，中国（广西）自由贸易试验区崇左片区落户凭祥市。

奇特的山水、灿烂的民族文化、多样的生物、神秘的边关风情构成了崇左市独特的旅游；滔滔奔腾的左江水孕育着两岸如诗如画的风景；自然保护区里有世界独有的珍稀动物白头叶猴，多样生物和谐相处；气势磅礴、飞流直下的德天跨国瀑布；神秘的世界文化遗产花山岩画记录了一个古代民族的文明；巍然屹立的中国古代九大名关之一的友谊关见证了边关的风云变幻；矗立左江边的世界八大斜塔之一的左江斜塔凝结了壮族先民超人的智慧；延绵起伏的大小连城铸就了一个民族不屈的气节。优越的区位，便利的交通……所有这一切，无不在诉说着一个古老的民族灿烂辉煌的历史，造就了神奇美丽、魅力十足的南国边关风情旅游。

（参见 274 页）

巴山大峡谷

桃溪人家

巴山大峡谷景区位于四川省达州市宣汉县东北，是国家 4A 级旅游景区，大巴山国家地质公园，省级自然保护区，天然褶皱造型博物馆，崖柏保护地，四川十大红叶旅游目的地，古巴人文化的富集地，国家非物质文化遗产土家薅草锣鼓衍生地。景区规划面积达到 575.13 平方千米，森林覆盖率 80% 以上，负氧离子丰富。景区海拔从极低处的 452 米到极高处罗盘顶的 2480 米，高差达到 2000 米，形成一山有四季，十里不同天的景象。大自然的鬼斧神工把山、水、洞融为一体，浓墨重彩地将 500 多平方千米的巨型画卷展示于天地间，有“不是三峡，胜似三峡”的美誉。

景区由桃溪谷休闲体验区、罗盘顶养生养心区、巴人谷民俗休闲区、溪口湖生态观光区四大板块组成，分别体现亿年、千年、百年、当下四种特色。景区现有野生动物品种繁多，更是植物资源“宝库”。

景区内奇峰怪石、褶皱断层、急流飞瀑、峡谷幽云目不暇接，亿万年的流水塑造了丽质天成的岩溶山水。景区内自然景点有：大象洞、桃溪谷、画架沟、茶仙坝、悬崖栈道、杜鹃公园等；人文景观有：灵官庙、状元楼、巴人山寨等；经营项目有：《梦回巴国》演艺、巴部落亲子乐园、巴人山寨露营地、泉水漂流、狩猎场、滑雪场等。

巴山蜀水任我行，天高地阔峡客情。巴山大峡谷欢迎你！

罗盘顶——玻璃栈道

山路不只十八弯

（参见 295 页）

浙江·泰顺

走走泰顺，一切都顺。泰顺位于浙江省南端，地处浙闽交界，面积 1761 平方千米，人口 37 万，泰顺县是国家生态县、中国廊桥之乡、中国名茶之乡、中国黄腹角雉之乡、中国民间文化艺术之乡及革命老根据地县。泰顺还被誉为“浙南净土”“中国十大极纯净美丽风景线”“自助旅游天堂”“浙江十大欢乐健康旅游城市”。

泰顺山清水秀，森林覆盖率达 76.68%，旅游资源非常丰富。国家自然保护区乌岩岭有“天然生物种源基因库”和“绿色生态博物馆”之美誉；泰顺廊桥具有中国桥梁“活化石”之美称，境内有 30 多座廊桥，其中有 15 座廊桥被列为国家重点文物保护单位，18 座廊桥列入省级文物保护单位，是全国现存廊桥极为集中、极为丰富的区域，成为我国拥有“国宝级”廊桥极多的县，被命名为“中国廊桥之乡”；氡泉景区是温州四大王牌景区，氡泉素有“天下名氡”之美誉；泰顺还是一片红色土地，第二次国内革命战争时期，红军挺进师在泰顺九峰一带转战三年，留下诸多历史遗迹，组成了国家红色旅游经典景区；享有“百岛之湖”美誉的飞云湖景区位于飞云江中游，瀑雄、峰奇、湖秀、溪美，是一处避暑、休养、度假、观光的胜地；此外还有以潭石、幽林、飞瀑、唐宋遗风为特色的古村落等具有原始特色的南浦溪风景区、保存完整的古驿道古村落……

泰顺是乡风纯朴、文化底蕴厚重的地方，药发木偶、提线木偶、碇步龙、泰顺畲歌和木拱廊桥营造技艺先后被列入国家非物质文化遗产名录，“中国木拱桥传统营造技艺”被联合国教科文组织列入首批急需保护的非物质文化遗产名录；被誉为“天下闻名福宴”的泰顺元宵节·百家宴是浙江省元宵节传统节日标志地；还有三月三畲族风情节，使得泰顺成为人文旅游胜地。泰顺还是《采茶舞曲》的诞生地，泰顺“三杯香”荣获中国驰名商标；打造中国第五大国石的泰顺石，其雕刻作品在全国多次获得过金奖，也有被博物馆收藏。

（参见 187 页）

定西市

定西蕴含独特的冰雪和温泉旅游资源，境内有很多自然的“冰天雪地”奇观，有一汪氤氲的陇上神泉，有连绵起伏的梯田雪原，有东岩伏冰的酷暑奇观。华家岭雾凇、渭河源冰雪奇观、天井峡冰雪幽境更是形态各异，美不胜收。

定西市委、市政府积极响应“推动 3 亿人上冰雪”号召，深入挖掘定西独特的冰雪旅游资源禀赋，把冰雪旅游列为定西文化旅游的三张名片之一，连续两届举办定西冬春旅游冰雪体验季活动，推出了临洮岳麓山东岩伏冰、渭源渭河源冰瀑和“冰雪嘉年华”、徒步贵清山、遮阳山冰雪景观等一系列独具特色、创意新颖的冰雪体验项目，定西冰雪旅游实现了从资源到产品的转变，且呈“井喷式”发展的态势。

定西将依托冰雪和温泉旅游地域特色优势，探索以冰雪观光体验、温泉康养休闲为主体，滑雪度假、旅游演艺为补充的定西特色冰雪和温泉旅游发展模式，重点打造渭源渭河源、天井峡和通渭温泉度假村等一批冰雪温泉旅游项目，持续举办定西冬春冰雪温泉旅游季活动，推出“冰雪＋温泉康养、冰雪＋乡村旅游、冰雪＋非遗演艺、冰雪＋美食享受”等系列冬春旅游产品，切实打响“渭水冰河、西部雪谷”“赏通渭书画、浴陇上神泉”冰雪温泉旅游品牌。

（参见 333 页）

英德市

英德，古称英州，位于广东中北部、北江中游，南距广州 138 千米，北距韶关 68 千米，地处珠三角经济圈与内地接合部，是广东省国土面积极大的县级行政区。英德区位优越，交通便捷，京广高铁、京广铁路和乐广、汕昆、京港澳及在建的广连等多条高速公路贯穿英德，境内北江、连江和滃江三江汇流，北江航道直通珠三角和港澳地区。英德拥有国家森林公园和石门台国家自然保护区，森林覆盖率达 68.75%。英德是“中国红茶之乡”，现有茶园 13 万亩，英德红茶 2019 年被授予“世界高香红茶”称号；英德是“中国英石之乡”，盛产四大园林名石之一的英石。同时，英德还是“中国女足之乡”“中国桑蚕之乡”“中国麻竹笋之乡”。

英德历史悠久，名人荟萃，是广东省历史文化名城，素有“岭南古邑”之称，有着 2200 多年的行政建制史，米芾、苏东坡、张九龄、杨万里等众多历史名人在英德留下了大量名诗美文和珍贵的诗词石刻，为岭南地区珠江文化源头之一。英德文化遗产众多，民俗文化丰富多彩，有全国重点文物保护单位 1 处、省级重点文物保护单位 10 处，国家非物质文化遗产 1 项、省级非物质文化遗产 4 项。

英德旅游资源丰富，集山、水、石、洞、泉于一身，融奇、特、险、幽、秀为一体，山川秀美，拥有广东游程超长、景点繁多，被誉为“南天著名峰林风光”的英西峰林走廊，是广东省旅游强市。目前，英德对外开放的景区景点达 20 多家，有国家 4A 级旅游景区 5 家，国家 3A 级旅游景区 4 家，四星级酒店 2 家，旅行社 14 家；中国传统村落 5 个，全国优选旅游项目 2 个，全国特色小镇 1 个，全国乡村旅游重点村 1 个，世界优秀旅游目的地组织、国际文化旅游融合创新发展研究院在英德设立文旅融合发展与乡村振兴观测站。2019 年，全市共接待游客 1465.3 万人次，旅游总收入 87.4 亿元，分别同比增长 10.2% 和 12.5%。英德连续五年被评为“广东省县域旅游竞争力十强”，是全国以及港澳地区游客首选的休闲旅游目的地。

根据国家、省全域旅游工作部署，英德被列入广东省第二批“省级全域旅游示范区”创建单位名单，力争通过三年创建，到 2021 年，实现英德旅游高质量发展，建设高水平、高质量的全域旅游示范区，打造成为全国休闲旅游目的地。

（参见 253 页）

东方红

生态旅游

东方红湿地旅游景区位于长白山系老爷岭余脉，完达山脉东缘，乌苏里江中、下游西岸，东方红湿地保护区外缘。东方红湿地旅游景区包含国家湿地自然保护区、南岔湖国家湿地公园、石海公园三处优秀的旅游景点。2015 年被评定为国家 4A 级旅游景区，2016 年，被评为“黑龙江十大醉美湿地”。2017 年被评定为“黑龙江十大极具人气湿地”。距离东方红林业局局址 20 千米。

东方红湿地 2009 年被批准为国家湿地自然保护区。2010 年，被评为“黑龙江 100 个值得去的地方”，2013 年入选国际重要湿地。保护区总面积约 466 平方千米，其中湿地面积达约 194 平方千米，是天然湿地生态系统和以生物多样性为主的综合性自然保护区。区内生存着脊椎动物 342 种，其中鱼类 68 种，两栖类 7 种，爬行类 7 种，鸟类 216 种；另有昆虫 421 种，土壤动物 59 种。国家一级保护动物 7 种，国家二级保护动物 36 种。

东方红湿地类型包括河流湿地、泛洪湿地、湖泊湿地、草本沼泽湿地、森林湿地和灌丛沼泽湿地所有三江平原的湿地类型，是我国同等湿地自然保护区中保持极为完好的原始湿地之一。景区是融生态观光、休闲度假、养生为一体的综合型景区，拥有水草丰沛的壮丽湿地，如梦似幻的白桦林，唯美生态的乌苏里江，挺拔高耸的望江塔，曲折幽静的森林氧吧，绿色天然的山珍野味，已形成独具特色的“春踏青、夏观景、秋品果、冬赏雪”的精品旅游线路。原生态的湿地风光令人陶醉！

美丽中国
文化旅游胜地

BEAUTIFUL CHINA CULTURE AND TOURISM RESORT

（资料截至2020年年底）

美丽中国编辑部　编

中国旅游出版社

美丽中国编辑部

编　辑：张　旭　陈　冰　王　军　王　丛

撰　稿：张颖嗣

摄　影：董　清　陈　杰　郑　翔　吴多明　殷锡翔

范学锋　李　刚　卢　进　王达军　陈晓冰

冷新宇　马培华　马福江

设　计：中文天地

前言

preface

党的十八大以来，我国开始迎接大众旅游新时代。旅游全面进入国民大众的日常消费，旅游活动场景走出了狭义的旅游景区，走向整个目的地空间。文化成为旅游发展新动能，市场主体成为创业创新主要力量。系统推进文化和旅游融合发展，全面推进旅游业高质量发展，成为新时期旅游的基本国策。特别是 2018 年后文化和旅游融合发展驶入快车道。旅游稳步成为国民经济和社会发展的主战场，进入了国家外交的中心和文化交流最为活跃的舞台。

文化和旅游的结合，让我们感到“诗和远方”终于走到了一起，自此，我国的旅游事业稳步开启了文化和旅游融合高质量发展的新时代。

2020 年，我们欣喜地看到全国各地争创全域旅游示范区，以旅游业为优势主导产业，实现区域资源有机整合、产业深度融合发展和全社会共同参与，通过旅游业带动乃至于统领经济社会全面发展。我们也看到全国各地争创国家级旅游度假区，打造我国旅游休闲度假产业的新名片，成为旅游行业继国家 5A 级旅游景区之后又一金字招牌。我们更看到越来越多往日的贫困地区通过开发当地丰富的旅游资源，兴办旅游经济实体，使旅游业形成区域支柱产业，实现贫困地区居民和地方财政双脱贫致富。

在文化和旅游蓬勃发展的今天，美丽中国编辑部编辑出版《美丽中国文化旅游胜地》一书，旨在为我国优秀的文化旅游目的地提供展示平台，向旅游者介绍优质的文化旅游目的地。本书文前彩页部分将推荐的旅游目的地分为五个类别，分别是：全域旅游精品目的地、国家旅游名片、文旅融合典范、魅力文旅目的地、主题特色文旅目的地。采用分门别类的方式来展示不同旅游地的特色亮点。在正文部分，本书按照行政区划顺序展示我国各个地区的旅游目的地。其中包括全域旅游示范区，国家 A 级旅游景区，国家级、省级旅游度假区，以及特色旅游景区、景点。

本书的出版得到了全国各地文旅厅、旅游局、旅游景区、旅游企业的大力支持，他们为本书提供了精美的图片和精彩详细的旅游介绍文字。

过去，一说起旅游胜地就会想到名山大川、江河湖泊、海洋海岛、森林草原、沙漠戈壁等自然资源。过去，一提到文化，就会局限于历史文化、文物古迹，以及交响乐、芭蕾舞、民歌、美术、电影等高雅文化。过去发展旅游做好山山水水的自然资源和历史文物的人文资源就可以了，但现在必须要关注整个目的地的生活方式和当代文化。从大自然到博物馆，人的连接才是最好的旅行，文化和旅游的结合让我们重新发现旅行的美好。

在全域旅游精品目的地——武隆，你不仅能够畅游芙蓉洞、芙蓉江、天生三桥、仙女山大草原、龙水峡地缝景区、仙女山国家旅游度假区等自然美景，而且能够欣赏“印象武隆”文化实景演出，享受精彩的文化盛宴。

在国家旅游名片——鲁朗国际旅游小镇，你不仅能够领略色季拉国家森林公园、南迦巴瓦峰、鲁朗林海、田园风光等独具魅力的自然景观，更可体验五寨民俗村等独具工布藏族特色的人文资源。

在文旅融合典范——西安市雁塔区，你不仅能在陕西历史博物馆里体验到历史文化积淀的厚重而深远，还能在“雁塔国际樱花节”“青博会”“毕业旅行季”等节事活动中体验这里现代文化发展的朝气蓬勃。

文化是旅游的灵魂，旅游是文化的载体，文化旅游的结合不仅可以让我们体会到旅游的快乐，还可以让我们感受到地区文化的魅力，让我们在旅游中学习文化，学习文化中享受旅游。

愿每一位旅游者都能在《美丽中国文化旅游胜地》这本书中找到自己向往的诗和远方。

城市介绍

介绍本省、直辖市或自治区的主要旅游特色，推荐有代表性的文化旅游胜地。

文化旅游胜地概况

介绍当地主要特色和历史人文、风景名胜

旅游锦囊

提示当地游览时的注意事项，推荐游程，介绍当地的美食、特产等。

102 美丽中国文化旅游胜地 · BEAUTIFUL CHINA CULTURE AND TOURISM RESORT

雁栖湖 YANQIHU

雁栖湖位于燕山脚下长城之边，每年春、秋两季常有成群的大雁来湖中栖息，故而得名。2001 年雁栖湖被评定为国家 4A 级旅游景区；2014 年亚太经合组织 APEC 领导人非正式会议在此召开。2017 年 5 月“一带一路”国际合作高峰论坛，在此共商合作大计，共建合作平台，共享合作成果，雁栖湖再次成为举世瞩目的焦点。

雁栖湖由东、西两个湖区组成，水面宽阔，库容 3800 万立方米，水面 230 公顷，最大水深 25 米。雁栖湖地势平坦、水域宽阔，非常适合开展各类水上、陆地娱乐项目，是京郊著名的旅游风景区和水上乐园。雁栖湖现有龙舟、画舫、快艇、自驾快艇、电瓶船、大黄鸭船等水上观光游览船只，另外还有激流勇进、水上飞降、娱乐跑车、碰碰车、动漫小火车、旋转木马等十多项陆地娱乐项目，能够满足不同群体的娱乐需求。

推荐景点 Scenic Areas

雁栖岛（Yanqi Island）

总面积约 65 万平方米，总建筑面积 18 万平方米，建设内容主要包括北京雁栖湖国际会议中心、北京雁栖酒店、雁栖塔及十二栋国宾别墅等；雁栖岛总体布局、景观设计和建筑外观充分体现了中国皇家园林及传统建筑风格，同时也借鉴和利用现代建筑文化的语言、特点和表现手法（新中式），充分利用地块现有的自然景观条件，以尊重自然的姿态来表达建筑的可持续性，使皇家园林与自然景观达到充分融合。

湖区风情大道（Lake District customs Avenue）

作为怀柔连接国际会都的主要干道，雁栖风情大道是怀柔为迎接 APEC 会议重点打造的一条商业配套服务街区，该大道连接了下庄特色精品商街、燕城水运长街、栖彩小镇、巴西风情园和河防口古村落，全长 11.8 千米。其中，燕城水运长街铺上了石板路，两旁的建筑也呈现了各式风格。古街两边的商铺，目前已引进全国各地 60 家特色小吃，其中包括北京卤煮、四川小吃等。古街的北巷，则着力打造以咖啡、烧烤、啤酒为主题的街道。

北京 · BEIJING 103

古北水镇 BEIJING WTOWN

古北水镇位于北京市密云区古北口镇，坐落在司马台长城脚下。古北口自古以雄险著称，有着优越的军事地理位置，《密云县志》上描述古北口“京师北控边塞，顺天所属以松亭、古北口、居庸三关为总要，而古北为尤冲”。古北口以其独特的军事文化吸引了无数文人雅士，苏辙、刘敞、纳兰性德等文辞大家在此留下了许多名文佳句，更有康熙、乾隆皇帝多次赞颂，以“地扼襟喉趋溯漠，天留锁钥枕雄关”来称颂它地势的险峻与重要。

而今，古北水镇依托司马台遗留的历史文化进行深度发掘，将 9 平方千米的度假区整体规划为“六区三谷”，分别为老营区、民国街区、水街风情区、卧龙堡民俗文化区、汤河古寨区、民宿餐饮区与后川禅谷、伊甸谷、云峰翠谷。古北水镇是融观光游览、休闲度假、商务会展、创意文化等旅游业态为一体，服务与设施一流、参与性和体验性极高的综合性特色休闲国际旅游度假目的地。度假区内拥有 43 万平方米精美的明清及民国风格的山地合院建筑，包含 4 个精品酒店、5 个主题酒店、23 家民宿客栈，共 1378 间客房，10 多个文化展示体验区、特色商铺和餐厅及完善的配套服务设施。

旅游锦囊 Travel Tips

交通

由东直门乘坐 980 路，在密云西大桥站下车，换乘密 51 路抵达古北水镇。

推荐活动

古北水镇夜景堪称北京一绝，2016 年全新重磅打造长城脚下的夜游“八大名玩”：登长城，提灯夜游司马台；品长城，城下湖畔精致晚餐；望长城，摇橹长城下；赏长城，星空温泉絮语；聆长城，浪漫水舞秀；宿长城，夜宿长城脚下；戏长城，戏水长城脚下；醉长城，山顶品酒观星。这个基于北方水文化建造而成的小镇，正在成为北京夜游时尚新地标，吸引越来越多年轻人及国际友人前来度假休闲，这里也是摄影家和美食爱好者的天堂。

古北水镇（Beijng WTown）

文化旅游胜地

主要景点介绍包括景点位置、主要看点。

湘湖

湘湖国家旅游度假区位于杭州市萧山区城西，度假区面积35平方千米，其中水域面积6.1平方千米，与西湖接近，蓄水量达2310万立方米。

目前，度假区拥有湘湖跨湖桥景区、杭州极地海洋公园、杭州乐园、东方文化园4家国家4A级旅游景区，以及开元森泊度假乐园、逍遥庄园、第一世界大酒店、跨湖楼、湘湖驿站、湘湖渔村、娃哈哈度假酒店、慢生活街等众多餐饮、住宿业态，形成了以湘湖为核心，涵盖跨湖桥遗址博物馆、浙江省现代陶瓷艺术博物馆、烂苹果乐园、山里人家等50余个景点的优质产品资源。2015年创建成为首批国家旅游度假区。成功举办了两届世界休闲博览会、首届国际半程马拉松赛等国际性大型会展与活动，成为杭州旅游又一张“金名片”。

湘湖是浙江文明之源头。有8000年的跨湖桥文化、2500年的越文化、900年的水利文化，是萧山历史文脉所在。这里发掘的跨湖桥文化遗址，出土了8000年前的独木舟；湘湖城山之巅的越王城遗址，是春秋末期越王勾践屯兵抗吴的重要军事城堡；是唐代大诗人贺知章的故里，李白、陆游、文天祥、刘基等历代名人在此留有不朽诗文。

湘湖是诗画江南之仙境。“湖清霜镜晓，涛白雪山来”，是唐代大诗人李白描绘湘湖秀丽风光的名句。湘湖的景四季皆宜，春季赏花，夏季观荷，秋季露营，冬季赏雪。

目录

Contents

特别推荐

特殊版面

全域旅游精品目的地

国家旅游名片

文旅融合典范

魅力文旅目的地

极受欢迎的文化旅游胜地

极佳主题特色文旅目的地

极受欢迎的康养旅游目的地

极受欢迎的冰雪旅游目的地

美丽中国休闲旅游目的地

北京
BEIJING

北京，这座古老又现代的首都，每一个角落都值得你驻足流连。不必说那能感受到厚重历史的故宫、天坛，也不必说体现国际化都市风范的商务中心、奥林匹克中心，更有让你产生豪迈之情的八达岭、慕田峪长城。

如果你想来北京旅游，可又不想去拥挤的景区、热闹的城市中心，不妨在北京的郊区来一场两三天的度假。

雁栖湖、古北水镇国际旅游度假区依山傍水、风景秀丽、景色宜人，置身其中让人仿佛处在桃花源中，流连忘返……

雁栖湖 YANQIHU

雁栖湖位于燕山脚下长城之边，每年春、秋两季常有成群的大雁来湖中栖息，故而得名。2001年雁栖湖被评定为国家4A级旅游景区；2014年亚太经合组织APEC领导人非正式会议在此召开。2017年5月“一带一路”国际合作高峰论坛，在此共商合作大计，共建合作平台，共享合作成果，雁栖湖再次成为举世瞩目的焦点。

雁栖湖由东、西两个湖区组成，水面宽阔，库容3800万立方米，水面230公顷，最大水深25米。雁栖湖地势平坦、水域宽阔，非常适合开展各类水上、陆地娱乐项目，是京郊著名的旅游风景区和水上乐园。雁栖湖现有龙舟、画舫、快艇、自驾快艇、电瓶船、大黄鸭船等水上观光游览船只，另外还有激流勇进、水上飞降、娱乐跑车、碰碰车、动漫小火车、旋转木马等十多项陆地娱乐项目，能够满足不同群体的娱乐需求。

推荐景点 Scenic Areas

雁栖岛（Yanqi Island）

总面积约65万平方米，总建筑面积18万平方米，建设内容主要包括北京雁栖湖国际会议中心、北京雁栖酒店、雁栖塔及十二栋国宾别墅等；雁栖岛总体布局、景观设计和建筑外观充分体现了中国皇家园林及传统建筑风格，同时也借鉴和利用现代建筑文化的语言、特点和表现手法（新中式），充分利用地块现有的自然景观条件，以尊重自然的姿态来表达建筑的可持续性，使皇家园林与自然景观达到充分融合。

湖区风情大道（Lake District customs Avenue）

作为怀柔连接国际会都的主要干道，雁栖风情大道是怀柔为迎接APEC会议重点打造的一条商业配套服务街区，该大道连接了下庄特色精品商街、燕城水运长街、栖彩小镇、巴西风情园和河防口古村落，全长11.8千米。其中，燕城水运长街铺上了石板路，两旁的建筑也呈现了各式风格。古街两边的商铺，目前已引进全国各地60家特色小吃，其中包括北京卤煮、四川小吃等。古街的北巷，则着力打造以咖啡、烧烤、啤酒为主题的街道。

古北水镇 BEIJING WTOWN

古北水镇位于北京市密云区古北口镇，坐落在司马台长城脚下。古北口自古以雄险著称，有着优越的军事地理位置,《密云县志》上描述古北口“京师北控边塞，顺天所属以松亭、古北口、居庸三关为总要，而古北为尤冲”。古北口以其独特的军事文化吸引了无数文人雅士，苏辙、刘敞、纳兰性德等文辞大家在此留下了许多名文佳句，更有康熙、乾隆皇帝多次赞颂，以“地扼襟喉趋溯漠，天留锁钥枕雄关”来称颂它地势的险峻与重要。

而今，古北水镇依托司马台遗留的历史文化进行深度发掘，将9平方千米的度假区整体规划为“六区三谷”，分别为老营区、民国街区、水街风情区、卧龙堡民俗文化区、汤河古寨区、民宿餐饮区与后川禅谷、伊甸谷、云峰翠谷。古北水镇是融观光游览、休闲度假、商务会展、创意文化等旅游业态为一体，服务与设施一流、参与性和体验性极高的综合性特色休闲国际旅游度假目的地。度假区内拥有43万平方米精美的明清及民国风格的山地合院建筑，包含4个精品酒店、5个主题酒店、23家民宿客栈，共1378间客房，10多个文化展示体验区、特色商铺和餐厅及完善的配套服务设施。

古北水镇（Beijng WTown）

旅游锦囊 Travel Tips

交通

由东直门乘坐980路，在密云西大桥站下车，换乘密51路抵达古北水镇。

推荐活动

古北水镇夜景堪称北京一绝，2016年全新重磅打造长城脚下的夜游“八大名玩”：登长城，提灯夜游司马台；品长城，城下湖畔精致晚餐；望长城，摇橹长城下；赏长城，星空温泉絮语；聆长城，浪漫水舞秀；宿长城，夜宿长城脚下；戏长城，戏水长城脚下；醉长城，山顶品酒观星。这个基于北方水文化建造而成的小镇，正在成为北京夜游时尚新地标，吸引越来越多年轻人及国际友人前来度假休闲，这里也是摄影家和美食爱好者的天堂。

推荐景点 Scenic Areas

司马台长城（Simatai Great Wall）

中国唯一一处保留明代原貌的长城，整个长城城墙依险峻山势而筑。以奇、特、险著称于世，保存有完整的 20 座敌楼，尤其望京楼筑于海拔千米的陡峭峰顶，景观绝佳，可遥望到北京城。被联合国教科文组织确定为“原始长城”。英国的《泰晤士报》2012 年曾将司马台长城定为“全球不容错过的 25 处风景之首”。

圆通塔（Yuantong tower）

圆通塔寺由观音院和圆通塔两大建筑群组成，其中观音院又由山门、天王殿、大士殿和毗卢遮那佛殿等殿堂群构成，可为来此旅游禅修的宾客和居士提供住斋房、吃斋饭、抄佛经、品佛茶的场景式体验。

永顺染坊（Yongshun dyeing house）

“永顺染，草木色，手工缬，天然彩。”观赏原汁原味的生态印染。老师手把手教你 DIY 属于自己的印染作品。

震远镖局（Zhenyuan Biaoju）

收人钱财，与人保灾。武侠电影中一句轻描淡写，道不尽镖师一生艰苦辛劳。议事厅中议标价，梅花桩上练武功。推镖车，展拳脚，带你走进镖师们的真实生活。

望京楼水舞秀（Wangjing tower water dance show）

望京楼水舞秀位于古北水镇望京街中段望京楼前。由国内顶级的水舞秀公司北京中科水景科技有限公司联合曾参与奥运舞蹈编创的主创团队倾情打造，利用最新开发的“虚拟现实”水舞控制系统，将水舞动作与音乐节奏控制完全吻合。在星光璀璨的夜空下，应和着悠扬的乐曲，背靠着俊美的长城，感受水的柔、水的美、水的魔法。是夜游古北水镇不可或缺的重要一景。

推荐住宿 ACCOMMODATION

水镇大酒店（Shuizhen Hotel）

水镇大酒店依山傍水，以欧洲城堡的理念为源，结合长城烽火台的景观概念，形成有当代粗犷、大气的建筑宫殿，在景区步道游客可一览酒店全貌，使酒店成为水镇景区的一道景观。

天津

TIANJIN

天津东临渤海，蔚蓝的大海为人们带来丰富、浪漫的海洋旅游资源。在滨海新区，有贝壳堤、大沽口炮台、天津滨海航母主题公园、海昌极地海洋世界等一批海洋主题景区，融观光、武备展示、主题演出、会务会展、拓展训练、国防教育、娱乐休闲、影视拍摄为一体，是滨海休闲度假的好去处。

“羁鸟恋旧林，池鱼思故渊。开荒南野际，守拙归园田……”五柳先生超然豁达的田园生活不知羡煞了多少世俗中人。城市喧嚣总希望能有一处青山绿水慰藉一下疲惫的心灵。光合谷旅游度假区是天津近郊最具原生态的旅游度假区。把这处特别的度假地推荐给寻找诗意田园生活的你。

光合谷旅游度假区 PHOTOSYNTHETIC VALLEY

位于天津市静海区团泊新城东区，距市中心城区仅 16 千米，占地面积约 3.5 平方千米，用地划分为青年文化区、温泉度假区、湿地公园区和设施农业区，通过精致规划旗下的 3 平方千米生态用地，建设有儿童游乐场、恐龙园、动物园、生态餐厅、草坪婚礼、休闲水吧、垂钓馆、勇士营、房车营地、原始部落及青年文化广场，是天津近郊最具原生态的旅游度假区。园区于 2013 年 10 月 1 日正式对外营业，仅一年的时间就被确定为国家 4A 级旅游景区。

旅游锦囊 Travel Tips

交通

从天津市区出发—荣乌联络线（沿荣乌联络线行驶 6.1 千米）朝荣成 / 深圳 /G18/G25 方向—稍向右转进入荣乌高速公路（沿荣乌高速公路行驶 5.9 千米）—津王公路出口离开上匝道（沿匝道行驶 1.1 千米，朝小王庄镇方向）。

推荐景点 Scenic Areas

湿地公园（Wetland Park）

湿地公园占地约 73 万平方米，共划分为两大区域，包括湿地中心服务区和生态涵养区，彼此紧密联系，构成多种地貌。其中湿地中心服务区包含科普展览、特色餐饮和游客服务等功能。

游船戏水（Pleasure boat swimming）

烟波浩渺的湿地，积聚自然生灵之气。波光荡漾间，生态之美，畅享一方清新怡然，鹤鸣雁影时，观鸟戏水，汲取这一角水鸟安居之所的生命光华，感受大自然最本质的呼唤，让羁绊的情感纵情驰骋。在大自然里沉淀过往，回归纯粹，惬意感悟心灵的完美假期。

设施农业区（Facility agricultural area）

设施农业区占地面积约 1.3 平方千米，用于有机蔬菜的标准化种植与生产，并配备开心农场、参观采摘等项目，可进行观光、采摘、体验、游憩和小型蔬菜工作坊等活动，

与颐臻尚食、Q 宠牧场、光合城堡等形成区域动静相宜的互补。有机蔬菜种植生产基地

建设有 200 余个新型钢架日光温室，全部配备卷帘机、滴灌、地热供暖等设施，采用有机生态改良土壤型栽培，执行有机蔬菜的生产标准。

青年文化区（Youth Cultural Area）

青年文化区分为青年文化广场、动物园、真人 CS 战场、生态餐厅、儿童游乐场和垂钓馆等部分。

动物园以户外为主，与趣味性相结合，以“观赏教育”为主题，改变过去观赏单一的游园模式。总占地面积 4.5 万平方米，主要规划分为亲子互动区、广场表演区、动物观赏区、综合服务区等，内有观赏动物和亲子小动物共 33 种 560 只，包括熊猫、金丝猴、梅花鹿、矮马、兔、荷兰猪、龙猫等小动物。

CS 拓展训练基地集运动、休闲、娱乐、生态于一体，可开展各种户外拓展、健身体验式的活动。总占地面积 1.1 万平方米，包括接待区、室内场馆区、野外对战区、儿童游乐区、素质拓展区等专业训练内容。

此外，光合谷生态文化产业园为文化活动配备了一流的硬件环境。8 万平方米的青年文化广场可同时容纳 1.5 万人观看演出表演，广场中间 1000 平方米舞台满足各种活动、演出需求。

生态餐厅立足于中国传统养生文化基础，倡导健康均衡的饮食，利用园区自产有机蔬菜为游客奉献健康自然的美食。建筑面积 5200 平方米，可容纳 500 人同时用餐。餐厅外立面为英式风格，主体酷似温室，具有光线通透性，室内种植有龙鳞榈、澳洲蒲葵等 70 多种植物，和谐美观而又生机勃勃。

儿童游乐场以一个魔幻故事为主线贯穿整个区域，多彩主题广场给孩子们无限想象的空间。

垂钓馆依湖而建，池内饲养各种精养特色鱼类等专供游客垂钓，并配有手杆、鱼饵、垂钓椅等相关垂钓设备。

天津光合谷（天沐）温泉度假酒店（Tianjin Photosynthetic Valley Tianmu Hot Spring Resort）

天津光合谷（天沐）温泉度假酒店地处光合谷生态文化产业园内，四周水岸环绕，距天津市区约 30 分钟车程，毗邻松江高尔夫球场。

酒店以“真山、真水、真温泉”为特色打造 70 多个室内外泡池，如五行养生汤等，配合独创的“九步六法”温泉浴法。

3 平方千米的园区内，湿地公园、亲子动物园、垂钓馆、CS 真人训练基地、有机蔬菜大棚和生态餐厅等与酒店毗邻而建。

浸泡温泉后可来生态餐厅享用蔬菜大棚新采摘下来的果蔬，或邀三五好友在 CS 基地来一场真人彩弹 CS，或是享受一下园林 SPA。

超过 2000 平方米的宴会厅、会议室，可承接商务宴请、政务会见、喜庆婚宴等。

翻开“甄味府”的菜单，珍珠煨辽参煲等菜品映入眼帘，更有专属养生顾问根据时节与国人体质打造的健康膳品。

天津滨海新区 TIANJIN BINHAI NEW AREA

滨海新区位于天津东部沿海，面积2270平方千米，海岸线153千米，常住人口248.21万。地处环渤海经济带和京津冀城市群的交会点，距首都北京120千米，内陆腹地广阔，辐射西北、华北、东北12个省市区，是亚欧大陆桥最近的东部起点；拥有世界吞吐量第五的综合性港口，通达全球400多个港湾，是东、中亚内陆国家重要的出海口；拥有北方最大的航空货运机场，连接国内外30多个世界名城；四通八达的立体交通和信息通信网络，使之成为连接国内外、联系南北方、沟通东西部的重要枢纽。

旅游锦囊 Travel Tips

推荐活动

北塘出海游：北塘渔港历史悠久，是天津市最大的群众渔港。滨海新区特色旅游项目——北塘“出海当一日渔民”可为游客提供看大海、品海鲜、体验渔家风情的观光游览，也是近年来享誉华北的特色旅游项目。游客乘渔船出海，看渔家撒网捕鱼，品海鲜，欣赏大海风情，与大自然做亲密接触，使游客体验到“渔家乐、乐陶陶，我驾渔船海上漂”的自由闲适与天高海阔。所捕鱼虾蟹现做现吃，面对汪洋大海品尝渔猎海鲜，心旷神怡在此时得到最完美的诠释。该项目自1998年兴起以来，吸引了大批游客。

地址：滨海新区北塘东海路南与南海路相连。

天津海昌极地海洋世界（Tianjin Haichang Polar Ocean World）

推荐景点 Scenic Areas

国家海洋博物馆（National Marine Museum）

经过多年时间，这座“海洋上的故宫”终于要和大家见面。这将会是一场视觉盛宴，可以了解“远古海洋”“今日海洋”“中华海洋文明”等的发展，有非常完整的唐代独木舟、非常精美的大型海百合化石，以及明代的千里海疆图和清代的海陆布防图等，这些非常珍贵的文物，很多属于绝版，可以说都是镇馆之宝……特色推荐：馆藏千年沉船“黑石号”出水文物，国内馆藏品质最高、种类最全的珊瑚标本，保存完整、体量较大的古生物化石，鲲鲸“海海”标本等。

天津滨海航母主题公园（Tianjin Binhai Carrier Theme Park）

天津滨海航母主题公园（以下简称“滨海航母”）地处滨海新区旅游区核心区域，为国家 4A 级旅游景区，总规划面积 22 万平方米，是以“基辅”号航母这一独特旅游资源为主体，融航母观光、武备展示、主题演出、会务会展、拓展训练、国防教育、娱乐休闲、影视拍摄八大板块为一体的大型军事主题公园。

天津海昌极地海洋世界（Tianjin Haichang Polar Ocean World）

园内，白鲸、海豚、北极熊、企鹅、北极狐、北极狼、海象、海狮等大型南北极地、海洋动物在此安居，三万余条海洋鱼类与生物汇聚一堂。公园围绕白鲸、海豚、水母等特色主题动物，开展活泼趣味的极地生物展示、精彩绝伦的海洋动物演绎，成为京津冀地区独具特色的开放式海洋主题公园，让游客自由穿梭在蓝色氧吧中体验清肺之旅，幸福畅游在极地海洋中感受和谐之行！

天津欢乐水魔方（Tianjin Aqua Magic）

全亚洲首台眼镜王蛇滑道、魔幻漂流河、魔幻水城堡为游客带来前所未见的超凡感官体验。全国最大的万人疯狂海啸造浪池，惊险的自动双回环滑道、刺激的尖峰时速滑道等，形成了最富激情、最具时尚动感的巨型水上狂欢乐园。

特色游乐设施：眼镜王蛇、翻江倒海、时空穿梭、疯狂海啸、魔幻水城堡、魔幻漂流河、尖峰时速等。

河北
HEBEI

在河北，遍布着许多休闲度假的绝美胜地，也许只是你未曾发现它们的美好而已。

河北是全国唯一兼有海滨、平原、湖泊、丘陵、山地、高原的省份，堪称“中国地形地貌缩影”。种类齐全的地形地貌和四季分明的气候特征，造就了河北独特的自然风光。海岸线总长 487 千米，北戴河海滨暑期平均气温只有 24.5℃，是驰名中外的避暑胜地，昌黎黄金海岸被称为“大海与沙漠的吻痕”，是中国最美的海岸之一；雄安新区白洋淀是华北最大的淡水湖泊，是著名的“华北明珠”；张家口崇礼是 2022 年冬奥会滑雪项目的主赛场，每到冬季白雪皑皑，白桦雪松覆盖，北国风情浓郁；张承坝上地区山峦起伏，天高地阔，夏日繁花似锦，气候凉爽，秋日层林尽染，色彩斑斓，被誉为摄影家的天堂。

静待花开　赴一场海岛之约

唐山国际旅游岛

TANGSHAN INTERNATIONAL TOURISM ISLAND

在这里，春听百鸟争鸣，夏闻百花芬芳，秋览菩提秋韵，冬赏银装素裹；在这里，看湛蓝的天空，读静默的大海，赏旖旎的星空，度浪漫的夜晚；在这里，凭海临风，看潮起潮落，面朝大海，享春暖花开……这里就是一年四季皆美景的唐山国际旅游岛。

唐山国际旅游岛位于河北省唐山市东南部渤海之滨，由菩提岛、月岛、祥云岛三座不同风情的岛屿及北侧陆域组成，规划面积125.64平方千米，为京、津、唐、秦四市所环抱，距北京市230千米，距天津市140千米，形成了唐山市重要三节点，交通四通八达。

唐山国际旅游岛坐拥得天独厚的海岛、温泉、沙滩、深海淤泥、生态及文化资源组合，自然资源独特，文化底蕴深厚，生态环境宜人，是健康养生的疗养胜地、国家海岛开发利用示范基地。2018年，唐山国际旅游岛被评为河北省首家省级旅游度假区，是京津冀区域内独有的综合性海岛旅游休闲度假区。

月岛沙滩（Moon Island Beach）

唐山南湖旅游景区

THE TOURIST ATTRACTION OF TS.NANHU

唐山南湖旅游景区位于唐山城区中央，核心区5.8平方千米，由百年工业遗产保护地“开滦国家矿山公园”、中国首条标准轨距铁路“唐胥铁路”、开滦煤矿采煤沉降修复区“南湖旅游景区”串联而成，2010年被确定为国家4A级旅游景区。2016唐山世界园艺博览会在南湖成功举办。

它是新时代旅游高质量发展的新航标，再现了一个古老城市转型发展的历史，代表着旅游景区未来发展的方向，在河北省乃至全国具有引领和示范作用；是新时代文旅融合发展的新尝试，拥有工业、历史、现代、地域民俗等丰富的旅游资源，使各项产业主动融入景区，成为工业、体育、新型城镇化、地域民俗+旅游融合发展的成功范例。它是京津冀旅游协同发展的新亮点、新地标；地处京津冀旅游协同发展核心圈，每年有260万京津游客来这里休闲度假、观光旅游，是京津冀旅游协同发展的重要承载地。

按照唐山市委、市政府的战略部署，以形成“湖城互融共生”总体格局为目标，以南湖城市设计为蓝本，结合国家5A级景区创建，加速实施新兴文旅、经营业态拓展、景观提升、基础设施完善等百余项重点项目，加快文化旅游产业融合发展，全力描绘“湖光山色、城景共融”的南湖画卷，将南湖打造成为“城市会客厅”。

森林与海洋的曼舞，孕育了广袤富庶的冀东煤田；人与自然的和谐共生，造就了美丽生态的唐山南湖。依托良好的工业文明和生态文明底色，唐山南湖旅游景区将发展成为全国生态旅游高质量发展的典范，谱写出精彩的资源型城市转型嬗变璀璨华章。

南湖景区——朝晖岛（South Lake scenic spot Chaohui Island）

遵化 ZUNHUA

遵化市上关湖景区（Shangguan Lake scenic spot in Zunhua City）

京东福地，传奇遵化。自2016年11月被列入“第二批国家全域旅游示范区”创建名单以来，遵化市委、市政府强力推动全域旅游发展，实现了“小景区”向“大旅游”、从“各美其美”到“美美与共”、从一元主导到全域发力的跨越。

如今，全域旅游的美丽图景已在遵化大地渐次铺陈，22处景区景点连片成景、连景成画，旅游已成为遵化市重要的支柱产业和转型发展的战略突破口。2020年7月，遵化市被河北省文化和旅游厅认定为“省级全域旅游示范区”。

遵化地处燕山南麓，旅游资源得天独厚，先后成为中国优秀旅游城市、京东休闲旅游示范区。这里山川秀美、湖塘广布、文化厚重、古迹繁多、毗邻京津，被誉为“畿东首城”。

青砖黄瓦、古树红墙，走进世界文化遗产、国家5A级旅游景区清东陵，犹如踏入一幅大气恢宏的水墨画卷。为让清东陵更加凸显皇家韵味，遵化精心打造了“祭祀大典”实景表演，再现当年皇家祭祀的宏大场面，使游客更加真切地感受皇家文化的魅力，大大提升了景区“回头率”。

在山水田园间呼吸清新空气，在特色民俗中尽情敞开心扉，在休闲娱乐中体味岁月静好……“旅游+”的深入拓展，使遵化旅游产业的参与性、体验性、娱乐性更胜往昔，成为游客追逐体验“诗和远方”的归宿。

一枝独秀不是春，百花齐放春满园。遵化这座文化古城、生态绿城、旅游名城，正在聚焦优势转化，厚植发展后劲，奏响全域旅游发展新篇章，散发出无穷的活力与魅力！

南湖景区——朝晖岛（South Lake scenic spot Chaohui Island）

迁西 QIANXI

诗意山水，风光无限；画境栗乡，花香果甜。

迁西有“燕山绿色明珠，京津冀后花园”的美誉，是长城国家文化公园重要地段。先后获得中国板栗之乡、全国休闲农业与乡村旅游示范县、全国森林旅游示范县、国家生态示范区、醉美中国旅游县等十多项荣誉称号。

以创建国家全域旅游示范区为契机，迁西大力实施“旅游兴县”战略，着力打好“生态、文旅”优势牌，探索全域美丽、全面创新、全景提升、全业融合的“四全”发展模式，走出一条独具山区特色的“生态型”全域旅游示范区创建之路。

全域美丽，山乡化茧成蝶

全县森林覆盖率达到63.5%，清理网箱养鱼，矿区、河道、农村环境卫生的综合整治，擦亮全域旅游生态底色。

全面创新，探索发展路径

在迁西，“旅游发展大于天”是全域创建共识。迁西将体制机制、利益机制、融资模式、管理方式进行了创新。优化全域旅游发展环境，尤其是利益机制创新被写入了《河北旅游发展蓝皮书》创新发展范例。

全景提升，绘就生态画卷

迁西在打造快旅慢游交通网的基础上，以“灵山、秀水、长城、栗香”为特色，构建起“一核、两脉、三带、五区”全域旅游大格局，景忠山、青山关、凤凰山、喜峰雄关大刀园、中国板栗博物馆、潘家口国家水利风景名胜区等景区遍地开花。如今，处处是风景、全县是景区。

全业融合，实现主客共享

发挥“旅游+”和“+旅游”功能，迁西以全域旅游助推乡村振兴，走出了一条产业融合发展之路。以旅游+农业、旅游+工业、旅游+体育为代表的全业融合，效果显著。2019年，全县接待游客人数792万人次，实现旅游综合收入71.3亿元。

诗意山水　画境栗乡（Li Xiang, a poetic landscape）王爱军　摄

秦皇岛北戴河滨海旅游度假区

QINHUANGDAO BEIDAIHE COASTAL TOURIST RESORT

这里是中国开发最早的海滨度假区。徜徉于北戴河、南戴河、昌黎黄金海岸、燕塞湖景区、野生动物园，在海水、沙滩、树木、动物相伴下，度过一个浪漫的假日。

秦皇岛的海岸线长达126千米，滩涂缓和，海产品丰富，非常适合海上垂钓。海港区东山码头、北戴河码头、南戴河仙螺岛、昌黎翡翠岛等都可以海上垂钓。如果希望有一个更丰富的收获，可以随渔民一起出海撒网打鱼，体味乘风破浪、月夜泛舟的渔家生活。

北戴河海滩背靠联峰山。联峰山分东、西两峰，相距约1.5千米，山上山下松柏成林，郁郁葱葱，东联峰山海拔130米，从山间小路可行至山顶望海亭。在这里俯瞰海滨，翠绿欲滴的丛林，鹅黄色绒毯般的沙滩，碧蓝的大海，使人心旷神怡。北戴河是神州九大观日处之一。北戴河观日处位于北戴河海滨，东北端的鹰角亭为最佳地点。

旅游锦囊

Travel Tips

交通

乘车路线： 北戴河的景点大多有公交车到达，十分便利。5路、6路、22路、34路均可到达。

自驾路线： 由北京东四环四方桥到京哈高速公路北戴河出口，共253千米，路途每几十千米都有明显的路段距离标志。京哈北戴河出口至市区12千米。全程共需2.5小时。东四环由四方桥上京哈高速公路，至第一个收费站（河北香河站）；由此站进入京哈河北段，由北戴河出口出。

推荐美食

北戴河鱿鱼丝、秦皇岛干贝。

老龙头（Old dragon head）

北戴河亿腾海景酒店（Beidaihe Yiteng Seaview Hotel）

北戴河亿腾海景酒店位于海波路，距鸽子窝公园约 500 米，距碧螺塔公园约 1 千米，距北戴河游船码头约 800 米；约 15 分钟车程便可到达秦皇岛野生动物园、老虎石公园；去北戴河集发农业观光园、新澳海底世界都很方便。酒店客房宽敞明亮，部分房型设有阳台，可在阳台上听涛观浪，且床上用品均采用高品质的全棉织品，令你拥有一夜酣眠。这里建有高标准带实时过滤系统的户外淡水泳池，水质清澈见底；备有豪华电动观光车，直达北戴河各个著名景点；住店宾客均可以使用泳池和观光车。

推荐景点 Scenic Areas

秦皇岛野生动物园（Qinhuangdao Wildlife Park）

秦皇岛野生动物园位于举世闻名的北戴河风景区绿树金沙环碧海的海滨国家森林公园内。面积约 3.3 平方千米，是亚洲占地面积最大、自然环境最优美的野生动物园。

鸽子窝公园（Pigeonhouse Park）

鸽子窝公园又称鹰角公园。占地约 600 平方米。由于地层断裂所形成的临海悬崖上，有一巨石，形似雄鹰屹立，故名鹰角石。该石高 20 余米，过去常有成群鸽子朝暮相聚或窝于石缝之中，故名鸽子窝。公园最为吸引人之处就是观日出，日出时，万籁俱寂，水天相连，色彩变幻；红日涌出一霎，水上水下红日相接，瞬间跃出水面，霞光、阳光洒满山峦沙滩，犹如覆盖上了一层金色的纱幕。

碧螺塔酒吧公园（Biluota Bar Park）

碧螺塔酒吧公园位于北戴河海滨小东山，主建筑碧螺塔为海滨东山地区最高点，它是世界独一无二的海螺形螺旋观光塔。公园被指定为海上垂钓基地、沙滩篝火基地，并组建了潜水游艇俱乐部，有海上海鲜排档、海上迪厅、空中酒吧街、沙滩篝火等休闲娱乐项目，公园举行各类主题篝火晚会、酒吧沙龙、沙滩排球、沙滩足球、拔河对抗赛，以及各类夏令营活动。

老虎石海上公园（Tiger Stone Sea Park）

老虎石海上公园位于北戴河风景区中心，占地面积 3.3 万平方米。这里，巨石延伸入海，形如群虎盘踞，故名老虎石。老虎石浴场是北戴河海滨的中心浴场，这里滩宽海阔，入海坡度平缓，水质良好，因而成为暑期海浴人数最多的浴场。这里还有大型的娱乐公园，园内设有海上飞伞、帆板、冲浪板、儿童乐园等，是目前国内较大的海上综合性公园。

武安 WUAN

武安位于河北省南部、太行山东麓，晋、冀、豫三省交界地带，总面积 1806 平方千米、人口 83.7 万，辖 22 个乡镇、502 个行政村、1 个省级工业园区、2 个邯郸市级工业园区，是邯郸独有的县级市，著名的地方戏曲之乡、古代冶炼之乡、中国小米之乡，有“冀南宝地”“太行明珠”之称，县域经济基本竞争力位居全国“百强”。

武安历史悠久，距今约一万多年的“磁山文化”发源于此，是中华民族文明发祥地之一。武安春秋属晋，战国归赵，赫赫有名的苏秦、李牧、白起都曾被封为“武安君”，西汉初置县，有 2200 多年的建县史，1988 年撤县建市。武安交通便利，自古就是西通“三晋”、东出太行的交通要冲。武安文化底蕴深厚，武安傩戏是黄河流域独有的、现存的“戏剧活化石”。武安平调、武安落子两个地方戏种，被收入中国非物质文化遗产名录。武安钟灵敏秀、人杰地灵，名胜古迹俯拾皆是。自磁山文化，到商、周、战国，直至近现代，儒、释、道三流并具，文化积淀蔚为大观。

京娘湖（Jingniang Lake）

武安山水秀丽，风景迷人，旅游资源丰富。现有非物质文化遗产保护项目 79 项，文物古迹 2020 处，其中全国重点文物保护单位 7 处，省级 42 处。

“武安是个好地方，有山有水有文化”正在成为晋冀鲁豫和京津地区越来越多民众的共识。武安将继续加大旅游激励扶持力度，创优旅游发展环境，提升旅游服务质量，促进旅游业的大发展、大繁荣。武安人民古道热肠，热忱欢迎各界友人前来投资兴业、游览观光。

太行风光（Taihang scenery）

张家口崇礼冰雪旅游度假区

ZHANGJIAKOU CHONGLI ICE AND SNOW TOURISM RESORT

崇礼冰雪旅游度假区以万龙滑雪场、密苑云顶滑雪场、太舞滑雪场三个滑雪场的现状建设区域为界总面积约 40.5 平方千米。区内以冰雪资源和山地气候资源为主题特色形成了滑雪场、度假小镇、山地、村落、森林、城市为一体的景观环境拥有山地、森林、草甸、冰雪、村庄、历史遗迹等自然与人文资源。

近年来崇礼冰雪旅游度假区创建工作取得了显著成效，逐步形成冰雪文化体验类与夏季生态休闲度假类、休闲娱乐类、康体疗养类为主的度假产品体系，形成了雪道滑雪休闲、周边康养度假模式；旅游度假环境日益改善、配套日益完善，建成多个高标准酒店和木屋别墅、乡村农家乐、度假公寓、冰雪文化体验消费区等休闲度假文旅项目，成为京津冀地区旅游休闲度假重要目的地。

旅游锦囊 Travel Tips

交通

张承高速和省道张沽线纵贯崇礼全境，城区距张家口主城区 40 千米，距北京 220 千米。张家口军民合用机场已经通航。崇礼铁路通车后，从北京至崇礼滑雪仅需不到 1 小时。同时，规划建设的延崇高速通车后，北京到崇礼的路程将比现有路程缩短一半。以公路、铁路、航空为构架的现代化立体交通网络逐步形成。

河北张家口滑雪场（Zhangjiakou Skiing Ground，Hebei Province）

推荐景点 Scenic Areas

富龙滑雪场（Fulong Ski Resort）

富龙滑雪场位于张家口市崇礼区东侧、西邻张承高速、北邻万龙路，城区至雪场步行 5 分钟可达，滑雪场形成与城市的无缝对接。富龙滑雪场是崇礼第一家开放夜场和实现住宅与滑雪道无缝对接、真正滑进滑出的滑雪度假区。也是目前为止中国第一家城市中以家庭、儿童为主要特色的大型休闲滑雪度假区，同时也将成为崇礼滑雪场新地标。这个雪季，跟随心灵的律动，这一次出发，定是一种别样的浪漫回味！

富龙滑雪场造雪面积 75 万平方米；规划雪道共计 37 条，一期开放 25 条，其中初中高级雪道占比 3∶4∶3；9 条魔毯（其中 2 条为封闭罩式魔毯）；6 条高速缆车（其中一条为全长 3.6 千米的自城区直达雪场的城市空中客车）。

冰雪博物馆（Ice and Snow Museum）

冰雪博物馆的设计理念源于对博物馆主题及周边环境的分析，综合提炼山脉、冰川和雪的主要元素，以冰雪文化为载体，突出表现崇礼综合发展取得的成果，是崇礼冰雪文化浓缩的纪念册。位于旅游文化新区西南部，东沟门桥东侧，总投资 4100 万元，占地 5080 平方米，建筑面积 6031 平方米（地上 4170 平方米，地下 1861 平方米），其中主展区面积 2600 平方米，是全国最大，集珍品馆藏、冰雪娱乐、互动体验等功能于一

身具有国际化标准的冰雪展示和体验中心。共分为固定展陈、展销、临时展厅三个展区和梦回远古雪域、见证滑雪发展、雪都成长实录、滑雪训练营地、领略冰雪风采、感受极致视听、冰雪体验场地、再游冰雪崇礼八个部分。2011 年完成主体工程，目前，已投入使用。

太舞滑雪小镇（Taiwu ski town）

位于河北省张家口市崇礼区，总用地面积 80 平方千米，建筑面积约 200 万平方米，其中雪道总面积 4 平方千米，数量近 200 条，索道 45 条，共计 38 千米。

度假区内酒店不仅包括 3 家小镇自营酒店，还引入了包括 HYATT 和 STARWOOD 在内的 3 家国际酒店品牌。同时，小镇还将具备大型餐饮、娱乐、商业等业态，除雪季的主营项目滑雪外，在非雪季还将开展山地自行车、高尔夫、骑马等其他种类繁多的娱乐项目。

长城岭（Great Wall Ridge）

长城岭海拔 2100 米，位于河北省张家口市崇礼县，距张家口市 52 千米，距北京市 251 千米，风光秀美，交通便利。长城岭地处内蒙古高原与坝下丘陵区过渡地带，夏季最高气温不超过 23℃，暑期平均气温只有 19℃。冬季最低气温不低于 -23℃，降雪量大、风力小、雪质好，地下水资源丰富。长城岭这里小气候特征明显，空气湿润，云蒸雾绕，百兽栖息，百花争艳，沟壑丛生；行走期间，顾盼生辉。倘若你站在长城岭的高原草甸眺望远处，古老的长城宛如一条巨龙盘伏在群山之间守护着这片富饶而美丽的土地。仰望远山云雾浩渺，倾听林海涛声，欢快的小鸟尽情飞翔于林海，此时，真要感谢大自然的造化赐予这独具的美景。

山亚湾度假村（Shanya Bay Resort）

“山亚湾”是崇礼区一道亮丽的风景线。它依山傍水，小桥流水，景色宜人，气候凉爽，昼夜温差在 10℃以上。独特的纯木质建筑，浪漫而富有情调，山间溪流从窗前流过，像春雨一样轻柔；暖暖的阳光洒在身上，纯净的空气，使人置身于天然的氧吧，呼吸着新鲜的空气，闻着花草树木的清香及泥土的芬芳，不仅赏心悦目、心胸开阔，而且能延年益寿。“山亚湾”距北京市区 187.5 千米，驾车走高速，不足 1 小时即到。它占地面积近千亩，坐落在下三道河村。距奥运分会场崇礼区城区 8 千米，能同时接待 500 人用餐，和 250 人的住宿。是游客休闲娱乐的胜地。

山亚湾生态度假村是集餐饮、住宿、会议、休闲垂钓、儿童娱乐、农耕体验为一体的综合性生态度假村。

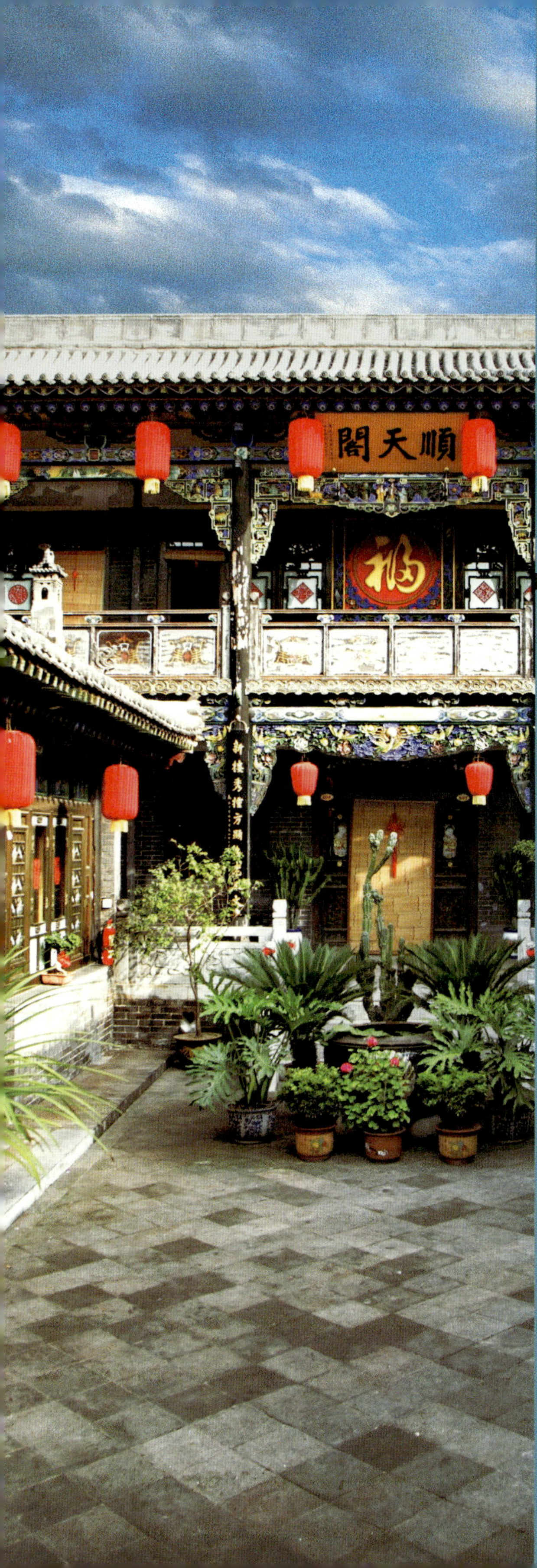

山西

SHANXI

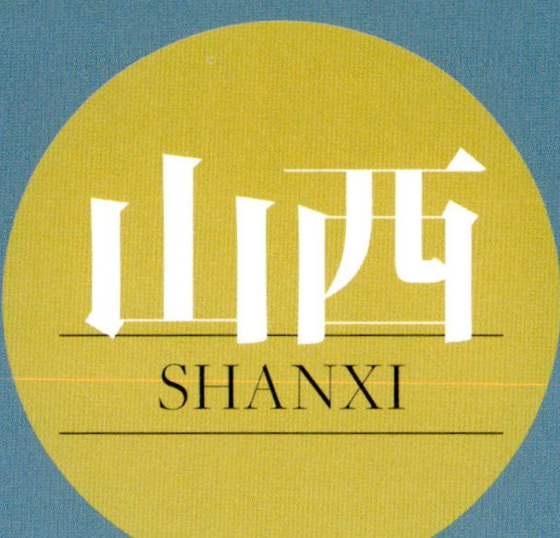

山西被柳宗元称为“表里山河”。这里旅游资源丰富，在山西众多的旅游景点当中，有哪些适合度假呢？

有一种说法，“中国的美景在棱上”。太行天下脊，棱上多美景，位于太行山腹地，处于“棱上”的黎城美景更多，巨大的海拔差异，造就了奇特地质地貌景观。黎城环境宜人，景观风云变幻，是华北地区少有的避暑胜地。整个地区山水合围环抱，田园村落交融，构成了中太行山国际旅游度假区的美丽画卷。

五台山为我国四大佛教名山之一，早在东汉就在此建佛教殿堂，现存唐、辽、元、明、清寺庙及遗迹近百处，台外南禅寺和佛兴寺建于唐代，是我国现存最早的木结构建筑，其他珍贵文物亦很多。是一个融自然风光、历史文物、古建艺术、佛教文化、民俗风情、避暑休养为一体的旅游区。

皇城相府 HOUSE OF THE HUANGCHENG CHANCELLOR

皇城相府生态文化旅游区总面积15平方千米，由皇城相府景区、蟒河景区、相府庄园景区、九女仙湖景区、郭峪古城景区、海会书院景区、三星级酒店相府宾馆、四星级酒店相府贵宾楼、五星级酒店相府庄园酒店、太岳干部学院、100多家民宿客栈、蟒河山泉水厂组成，是一个文化积淀惊人、自然风光迷人、生态休闲养人、新型民居引人、食住行游购娱功能齐全的综合性旅游区。

核心景区皇城相府是清文渊阁大学士兼吏部尚书加三级、《康熙字典》总阅官、康熙皇帝经筵讲官、一代名相陈廷敬的故居，总面积10万平方米。御书楼金碧辉煌，中道庄巍峨壮观，斗筑居府院连绵，河山楼雄伟险峻，藏兵洞层叠奇妙，是一处罕见的明清两代城堡式官宅民居建筑群，被专家誉为"中国北方首座文化巨族之宅"。

相府庄园景区占地1000多亩，是一个集景观养生、休闲度假、生态抚育及会议中心于一身的大型现代高科技农业园区。园中有热带风情植物、奇花异果、空中花园、农耕体验园，现代农业高科技的优秀成果在这里展示得淋漓尽致。

九女仙湖景区距皇城相府8千米，是传说中九仙女下凡之地，迤逦于青山峡谷中，湖面长20余里，如漓江，似三峡，是我国北方重要的自然风光旅游区之一，自古以来就是士绅大夫、文人墨客流连娱游胜地。

蟒河生态旅游区规划面积120平方千米，是国家自然保护区、国家森林公园、国家4A级旅游景区。景区重峦叠嶂，水瀑成群，莲花峰、水帘洞、千佛崖、养心池、三龙瀑布等景点鬼斧神工，妙境天成，俨然一幅天然山水画卷，主峰指柱山海拔1573米，似一刃利剑直插云霄；区内动植物种类繁多，素有"动植物资源宝库"美誉，猕猴、大鲵、红豆杉极为著名，人文历史厚重，商汤帝王文化闻名遐迩。历经数亿年形成的地表钙华景观，实为我国北方所罕见。

皇城相府（House of the Huangcheng Chancellor）

九女仙湖（Jiunvxian Lake）

五台山 MOUNT WUTAI

五台山位于山西省忻州市五台县境内，位列中国佛教四大名山之首。五台山位于山西省东北部，隶属忻州市五台县，西南距省会太原市230千米，与浙江普陀山、安徽九华山、四川峨眉山共称“中国佛教四大名山”。

在中国历史上著名的“康乾盛世”有一个能让三位帝王亲临的胜地——五台山。五台山有当今世界上仅存的音乐绝响——梵乐，并存有各类佛教建筑，大量庙堂殿宇构成了世界现存最庞大的佛教古建群，是中国最早、最大的国际性佛教道场。五台山是中国最早寺庙显通寺的诞生地，而南禅寺和佛光寺作为中国最早的木结构建筑，则为唐代文明提供了宝贵的见证。作为世界上最早浮出地面的陆地，五台山拥有全球罕见的地层地貌，其历史可追溯到26亿年前，是全球气候变化的检测器。世界遗产委员会评价五台山：中国四大佛教名山之首，将自然地貌和佛教文化融为一体，将对佛的信仰凝结在对自然山体的崇拜之中，成为独特而富有生命力的组合型文化景观。东台顶的日出是五台山不容错过的自然景观，旭日初升，霞光万道，静谧的望海寺便完全沉浸在一片云山雾海的仙境之中，望海寺便因此得名。

旅游锦囊 Travel Tips

交通

五台山北距北京370多千米，东距石家庄180多千米，南到太原200千米，五台山火车站距中心旅游区台怀镇仅48千米。北京、天津、石家庄、定州、太原、大同、朔州、忻州等地均有长途客车通往五台山。

自驾车指南：北京、河北、天津方向来，走京港澳高速，经河北阜平县、山西五台县石咀镇从南门来五台山；大同、内蒙古方向走大运高速，经繁峙砂河镇从北门来五台山，太原、忻州方向经忻州、五台县城从南门或西门来五台山。

推荐美食

五台山八大碗：八大碗菜肴采用海拔300余米台顶盛产之台蘑、台参，五台山五座台顶肥美嫩草养育之牛羊、野鸡、野兔，深山老林无污染之蕨菜、苦菜、黄花菜，当地农民栽培之莜面、玉米、黄米、土豆等为原料，经地方名厨精心烹饪，味美诱人。粹取当地红、白筵席之精华，摒弃传统饮食之“肥”“嫩”；倡导“安全、绿色、健康”之现代人饮食新概念。八大碗延用当地传统寿筵、婚筵形式，可分为农家风情荤素筵、佛国特色素斋宴。具体可分为“五盔四盘”“八八六六”筵席等。所有菜肴均采用手工粗瓷大碗（盘）盛放，可八碗成席，亦可拆分成席，加之“发发禄禄”的吉祥谐音，适于亲朋好友聚会、商家接待客户、大户人家寿筵、小孩满月、成人婚宴等。

随着生活水平的提高，“八个碟子八个碗”也发生了演变，碟子由于盛菜少，演变成了盘子，由“八个”演变成了“十二个”“十六个”“十八个”等，盘子里菜的内容也非常丰富。但是“八个碗”由于做工烦琐，对技术要求高而没有大的变化，只是叫法由“八个碗”变为“八大碗”，碗里菜的内容基本没有变化，所以“五台山八大碗”成为一种颇具特色的民间传统菜肴。

推荐景点 Scenic Areas

五爷庙（Wuye Temple）

五爷庙也叫万佛阁，是一座龙王庙，位于五台山台怀镇的万佛阁内。万佛阁创建于明代，由文殊殿、五龙王殿、古戏台三座主体建筑构成。在五台山众多的寺庙中，五爷庙是间不大的庙宇，但这里是五台山香火最旺的寺庙之一，也是名声最大的寺庙之一。每逢初一、十五朝拜的善男信女便络绎不绝，久之形成了祈雨、唱戏、赶集等一系列活动。

黛螺顶（Dailuoding）

黛螺顶是一座寺庙，位于台怀镇中心寺庙群区以东，位于陡峭的半山脊黛螺顶上，供奉文殊菩萨的地方，前往黛螺顶可以步行，也可以坐索道。一般游客会选择一条叫“大智路”的台阶路，一共有1080级台阶，全长约500米，信众们相信，这是条通往智慧的道路，走过这条道路的人都能变聪明，能增长智慧。从山下仰望，只见巍巍高山的半山腰间又耸起一座小山。山顶寺宇的山门和牌楼围在树木之中，常有云雾缭绕。小山形如大螺，盛夏草木萋萋，呈一片黛青，故山顶寺宇名为大螺顶，又称黛螺顶。古寺名叫佛顶庵。寺庙始建于明代成化年间，寺内还有清乾隆十五年（1750）御制的大螺顶碑记。黛螺顶把五座台顶文殊菩萨的五种法像集中塑在一起，来到这里也就等于上了五座台顶，一次就能朝拜五尊文殊菩萨，所以就叫“小朝台”。

显通寺（Xiantong Temple）

显通寺是五台山规模最大、历史最悠久的一座寺院，和洛阳的白马寺同为中国最早的寺庙。此处也是五台山五大禅处之一和全山寺院之首。中轴线建殿七座，分别为观音殿、文殊殿、大雄宝殿、无量殿、千钵殿、铜殿和藏经阁。尤其突出的是青铜铸造的铜殿，铜殿是一座铜铸成的仿木建筑物，铸成于明万历三十四年（1606），是中国现存四铜殿之一（其他三铜殿为北京颐和寺万寿山铜殿、湖北武当山铜殿和昆明凤鸣山铜殿）。殿内有上万尊小佛像，是罕见的铜制文物。显通寺前的钟楼里有五台山最大的铜钟——长鸣钟，钟的表面刻有一部万余字的楷书佛经。

殊像寺（Shuxiang Temple）

殊像寺创建于元代，与显通寺、塔院寺、菩萨顶、罗睺山并称五大禅处，又为青庙十大寺之一，因为是太后、皇帝经常临幸之地，所以设施比较考究，颇有园林风格。殊像寺的文殊殿里的文殊菩萨是五台山最大的文殊菩萨塑像。殿内三面墙壁上绘有五百罗汉图。在殿内柱子上还蹲有一尊罗汉，传说，是中国的济公和尚。殊像寺牌楼前下方，有一股冬暖夏凉，清澈见底，汩汩而流的泉水，这就是被人们视作圣泉的“般若泉”。五台山泉流很多，著名者有般若泉、马跑泉、白沙泉、甘露泉、卓锡泉、明月池等。

五台山普寿寺（Pushou Temple in Mount Wutai）

五台山普寿寺，坐落于山西省五台山市台怀镇东庄村南端，创建于北宋，清光绪三十四年（1908）重建。新建的普寿寺坐北面南，占地面积 19988 平方米。寺内分为东、西两院，东院偌大，前面为非常秀丽的汉白玉牌楼，下层为青砖砌筑，上层为木构建筑，单檐五脊顶，四出廊。山门正面额上嵌一书有“普寿寺”三字的石匾。西院一进四个小四合院，第一为天王殿院，正面为天王殿，三开间，单檐歇山顶。殿内正中置木龛，供石刻弥勒佛，背面供彩塑韦驮将军，两山间彩塑四大天王。天王殿两侧为钟、鼓二楼。东西楼二十四间，东配楼为客堂，墙上挂着名人字画。

五台山（Mount Wutai）

岚县 LAN COUNTY

土豆花海（Potato flower sea）

岚县位于山西省西北部，吕梁山北端，汾河上游，辖12个乡镇，136个行政村，总面积1508.9平方千米，人口18.5万，平均海拔1410米，年平均气温6.8℃。地势开阔平缓，境内自然资源、水资源、矿产资源比较丰富，分布着岚河、蔚汾河、岚漪河三大干流，有省级风景名胜区白龙山风景区、饮马池高山草甸、茅龙山生态公园、龙凤生态公园、皇姑梁生态公园。有全国独有的土豆花风景名胜区（省政府命名的特色花海基地）。

岚县历史悠久，遗存丰富。考古表明，新石器时代，境内即有人类生息，建县历史有2000多年，全县共有不可移动文物365处，其中古迹遗址295处，近现代代表性史迹建筑32处，省级重点文物保护单位3处，市级1处，县级88处。革命战争时期，岚县是晋绥边区的中心，这里有岚城八路军一二〇师司令部旧址等13处红色遗址，主要的人文景观有白龙庙、北魏秀容古城、隋城遗址、龙天寺、闹沐浴摩崖石刻、一二〇师司令部、卫生部、枪械所、缝纫处旧址、东村刘少奇和董必武路居、北村贺龙路居、北村晋绥军区司令部旧址、晋西北军政高级干部会议旧址。

岚县文化资源整体上保留了黄河流域黄土高原农耕文明古老厚重的基本特质。传统文化在现代语境下有了新的阐释，显示鲜明的现代特色。主要特色文化资源有：岚县面塑、岚县八音、岚县剪纸、上明龙灯、岚县民歌、岚县米酒、岚县土豆宴的等一大批非物质文化遗产。

白龙山的传说（Legend of Bailong mountain）

内蒙古

INNER MONGOLIA

内蒙古自治区位于祖国的正北方，这里有广阔的草原、沙漠、湖泊、森林、湿地。

这里的天空纯净明亮，白云朵朵。

这里的草原牛羊成群，万马奔腾。

这里的主人淳朴善良，热情好客。

因“这里的沙子会唱歌”而得名的响沙湾是融观光与休闲度假为一体的综合型沙漠休闲景区。

乌海湖休闲度假旅游区美在沙水相拥环抱，奇在沙水瞬息变换，是自然恩典的“奇迹”。是原生态休闲旅游的最佳选择。

来内蒙古度假，你就找到了诗和远方，找到了心灵深处的一片净土……

乌海湖休闲度假旅游区

WUHAI LAKE LEISURE AND HOLIDAY TOURIST AREA

乌海湖休闲度假旅游区是黄河海勃湾水利枢纽工程建成蓄水后形成的118平方千米的舒缓水面，贯穿乌海市南北，随着水利枢纽库区水位的上升，黄河水顺势流入乌兰布和沙漠，形成众多各具特色的沙岛，是原生态休闲旅游的最佳选择。

乌海湖休闲度假旅游区在深度开发景区资源的过程中既以保护自然资源为首要任务，也以满足游客多方面需求为重要宗旨。加快沙漠休闲体验区的设施建设，开设沙漠项目、水上娱乐、低空飞行等海、陆、空体验项目；同时加大东岸旅游商业综合体及兰亭广场度假区的建设，为来自各地的游客创建了融休闲、娱乐、度假为一体的优质旅游环境。

乌海湖休闲度假旅游区美在沙水相拥环抱，奇在沙水瞬息变换，是自然恩典的“奇迹”。

旅游锦囊

Travel Tips

推荐活动

乌海湖休闲度假旅游区为满足各地游客的游玩体验需求现已开发了多元化的户外休闲旅游产品，目前已开通了两条游玩观光路线：环湖观光和芦苇荡观光沙漠体验，同时开设了海、陆、空16余种娱乐体验项目，不仅丰富了景区旅游资源，同时使游客能全新体验这座城的深邃与闲适，热情与浪漫。

推荐美食

烤全羊：是内蒙古一种传统而具有独特风味的宴客佳肴，由于“烤全羊”的加工方法特殊和讲究，新疆解放以前烤全羊是达官贵人、地主巴依、蒙古王爷等上层人士在逢年过节、庆祝寿辰、喜事来临时用来招待尊贵的客人的珍贵佳肴，一般牧民根本吃不到，如今这一传统美食一般人都有机会品尝了。

铁锅烩菜：烩菜的特点是蔬菜品种丰富，多种多样，但是又各有各的味道，各有各的色彩，各有各的形状，掺杂在一起。

黄河鲤鱼：体态丰满，肉质肥厚，细嫩鲜美，营养丰富。与其他几种鲤鱼相比其肌肉中具有较高的蛋白质含量和较低的脂肪含量，含有丰富的人体全部必需8种氨基酸和4种鲜味氨基酸，还含有3种人体必需微量元素铁、铜、锌及大量元素钙、镁、磷等。

推荐景点 Scenic Areas

甘德尔山生态文明景区（Gander Mountain Scenic Area of Ecological Civilization）

位于乌海市三区中心位置。生态文明景区在乌海市标志性山峰，海拔1805余米的甘德尔山山顶塑成成吉思汗雕像为景观核心，保护了甘德尔山独特的景观地貌，整合了景区内各种资源，与即将兴建的黄河库区连为一体，将形成具有一定吸引力的旅游景观。发展甘德尔山旅游景区可将乌海市多项旅游资源整合形成一个完整的旅游产品，将山、水、生态、沙漠、大坝等旅游主要载体整合，形成一个完整的旅游项目；生态建设同发展旅游建设相结合，形成生态旅游观光区、大型游乐区、休闲旅游区，将甘德尔山旅游景区发展成以山、黄河、沙漠、生态、休闲、珍稀植物等旅游资源为载体的旅游产品。

蒙古族家具博物馆（Mongolian Furniture Museum）

蒙古族家具博物馆位于海勃湾区滨河大道的西侧，毗邻黄河的东岸。古铜色的外观，古老的图腾，犹如四个巨大箱子的建筑物坐落在黄河岸边微微凸起的空地上，与流经乌海市的黄河交相呼应，仿佛是游牧民族便于游走携带的家。蒙古族家具博物馆通过纵横交错、点面结合的方式，不仅使大家进一步了解了蒙古族的民风、民俗及灿烂的草原文明，还对促进海勃湾区的社会文明与进步具有非常重要的现实意义。

当代中国书法艺术馆（Contemporary Chinese Calligraphy Museum）

当代中国书法艺术馆位于内蒙古乌海市滨河区学府街，占地面积约10.7万平方米，建筑面积7.6万平方米，地上四层、地下一层，是国内目前规模最大的书法艺术殿堂。馆内共有各类展厅38个、拍卖厅1个，剧场兼大型会议厅1个、多功能会议厅2个，多功能培训室9个，可同时展出作品6000余幅，还有一个可同时容纳千余个国际标准展位的会展中心，可承办各类大型书画艺术展赛、艺术交流活动和各类展会。

乌海市植物园（Wuhai Botanical Garden）

乌海市植物园位于市区北部，是一处融育林、观赏、休闲、娱乐为一体的开放式城市园林。植物园2003年由原来的苗圃启动建设，2004年9月对游人开放，占地1.4平方千米。有各类树木30万株，120种。已完成水系6.5万平方米，休闲广场5个，园内道路畅通，全园硬化面积3.8万平方米；入口4个：有西门、南门、东门、北门。于2010年建成开园，已建成小龙湖游乐区、凝园、花卉区、桑园、双亭园、针叶林观赏区、阔叶林观赏区。

响沙湾骆驼队（Xiangsha Bay Camel Team）

响沙湾
XIANGSHA BAY

因“这里的沙子会唱歌”而得名的响沙湾。坐落在内蒙古鄂尔多斯市达拉特旗的库布其沙漠中，地处中国沙漠东端，是中国距内地及北京比较近的沙漠，罕台川河水从它前面流过，姑子梁与它临川相望。

中国沙漠度假地——响沙湾是融观光与休闲度假为一体的综合型沙漠休闲景区，地处中国库布其沙漠的东端，是国家5A级旅游景区、国家文化产业示范基地。

旅游锦囊
Travel Tips

交通

内蒙古响沙湾旅游区位于内蒙古鄂尔多斯市达拉特旗，北距包头40千米，南距鄂尔多斯市东胜区50千米。响沙湾在交通位置上距离包头市更近一些。

包头市至响沙湾

1. 包头机场至响沙湾

公汽：需从包头长途车站（东）乘坐包头至东胜或达拉特旗的长途大巴，在达拉特旗下车，由达拉特旗打车到响沙湾，50千米路程，约50分钟到达。

打车：在包头机场外打车到响沙湾景区约50千米路程，约50分钟到达。

2. 包头火车站（东）至响沙湾

公汽：需从包头长途车站（东）乘坐包头至东胜或达拉特旗的长途大巴，在达拉特旗下车，由达拉特旗打车到响沙湾，50千米路程，约50分钟到达。

打车：在包头火车站（东）外打车到响沙湾景区，50千米路程，约50分钟到达。

推荐景点 Scenic Areas

莲沙度假岛（Liansha Resort Island）

莲沙度假岛是一个以佛教文化为主的悠闲的地方。是一个心情愉快、健康美丽快乐的地方。莲沙度假岛上的莲花酒店是不使用砖、瓦、沙、石、水泥、钢筋而建造的绿色建筑，是心灵深处的一片净土。

福沙度假岛（Fusha Resort Island）

福沙度假岛是内蒙古人存在的世界。人们以内蒙古人的方式过内蒙古人的生活，悠然自得地感受游牧民族的快乐：从祭敖包到内蒙古女骑士，从参加《鄂尔多斯婚礼》到野外自助烧烤，从牧羊女到勒勒车，从草原泳池到蒙古帐篷群，以及萨满、奶食品、歌舞、篝火等。你可以居高临下躺在蓝天下，闭目养神、聊天，在清风吹拂的蒙古大蓬下，眼前是沙漠的辽阔……这样过上几天几夜……

悦沙休闲岛（Yuesha Leisure Island）

当你乘着沙漠深处的火车，可能会看到长长的驼铃商队，会路过古老的蒙古部落，进入悦沙岛，在这里体验艺术与体育带来的愉悦，如艺术体操、健美操、街舞、沙滩排球等。在沙漠中深浅的大型泳池里，以各种泳姿释放自己。在沙丘起伏的沙漠里，在沙漠中属于自己的水的世界里……累了，就躺在清爽的沙滩床上，美美地过上几个小时，同时可以与同行的人边吃边喝边聊，别睡着了，演出会有的，悦沙岛每天会有十多场不同的演出或比赛，是艺术的、是体育的……

仙沙休闲岛（Xiansha Leisure Island）

如果你到了仙沙休闲岛那可是另一番景象。这里是张果老的世界，休闲之余，各种体验活动都可参与，沙漠探险与空中飞索，冲浪与秋千，轨道自行车，小孩子的项目都有。在这里的表演都很惊险的，高空走钢丝、环球飞车、刀山、吃火、喷火，还有大型“沙漠杂技大世界”剧场在欢迎你。你还可以吃、可以喝，还可以躺在清风凉爽的环境下进入梦乡……

黄河蒙晋大峡谷鸟瞰（A bird's-eye view of the Yellow River's Mengjin Grand Canyon）

准格尔黄河大峡谷旅游区

JUNGAR YELLOW RIVER GRAND CANYON TOURIST AREA

准格尔黄河大峡谷位于蒙晋陕黄河大峡谷准格尔段，北起准格尔旗薛家湾镇城坡，南至龙口镇小占，水域长达80多千米，是黄河流域上极具特色的峡谷地貌，是中国醉美十大峡谷之一；旅游区所在的杜家峁村被住房和城乡建设部、文化部、国家财政部评为中国传统村落；2018年12月19日旅游区正式被内蒙古自治区文化和旅游厅批准为国家4A级旅游景区。

准格尔黄河大峡谷旅游区前有太极湾奇观，后有古村落景观群，当中以古碉堡、古寨墙、豹子回头、天地根、沿河栈道等大小20余个景点串联，景点多姿、景色多彩。旅游区内核心景观古村落寨墙修旧如旧、地形高低错落有致，所有建筑全部就地采用当地黄石板为材，能让人感受到历史的沧桑与厚重。

黄河大峡谷是内蒙古地区一处不可多得的集自然、人文、历史于一身的综合性旅游区。

阿拉善左旗 ALXA ZUOQI

有多少人认识阿拉善左旗是因为英雄会？以越野 e 族的会员量基数大概可以估算，至少有近 2000 万，有人来一看堵车，走了，有人来蹭个热度打个卡，继续前行，从阿拉善左旗还算畅通的七个自驾出口，有点逃离似的驶出阿拉善左旗，去往心中的诗与远方。

阿拉善左旗的美实在过于内秀，除了英雄会有点名震四方的意思外，其他的美景都颇有藏在“深山”人不识的范儿。说在英雄会场周边有 70 多家牧家，有 30 多家民宿，有人惊呆了，在哪里？我怎么一个也看不到。你以为走趟穿沙公路就算见识了沙漠？作为全球独有的沙漠世界地质公园主园区之一的腾格里园区，没点内涵怎么能入得了联合国教科文组织的眼？感受过腾格里沙漠的人曾说过一句话：腾格里沙漠是长在水里的。为什么这样说？那么问题来了，腾格里沙漠 400 多个湖泊你见过几个？天鹅湖凭什么叫天鹅湖？月亮湖的三奇怎么找？为什么会有超格图呼热这个地方？南怀瑾先生看过月亮湖的一张照片后这样感慨：“阿拉善蕴藏着使人类意识觉醒的巨大能量场。”

月亮湖全景（Panorama of Moon Lake）
雷永生　摄

除了沙漠还有什么景？恐龙化石中有一种叫“吉兰泰龙”，顾名思义，肯定是在吉兰泰发现的，吉兰泰在哪？当然是阿拉善左旗。吉兰泰除了大面积的恐龙化石保护区还有什么？一个具有 1000 多年开采历史的盐湖而已。阿拉善的奇石为什么出名？因为它的独特。大戈壁多了去了为什么阿拉善的大戈壁就出了中国四大名石的 3/4？保存完好的火山灰是什么颜色？哪条峡谷里能共存花岗岩和丹霞两种地貌？高 28 米的神根峰在哪儿？不去阿拉善左旗的北部，你还想去哪儿找答案。一代伟人邓小平早在 20 多岁就从西伯利亚大地辗转从这里走向延安，并深深记挂着岳钟祺将军修建的定远营城。这些地方在哪儿？就在中国醉美高速 G7 边上，美景实在内秀，你不去深入了解，就只能和它擦肩而过了。

你以为阿拉善左旗只有大漠戈壁，那同时作为年 400 毫米等降水量线、季风区与非季风区的界线的贺兰山去哪儿凉快？贺兰山国家森林公园有植物 600 多种，动物近 200 种。临近考试，为什么周边的考生都要去攀登状元峰？真正的书山有路告诉你。六月初三为什么大批人马要共赴巴彦笋布尔峰？连续来三年，你绝对会顿悟。

辽宁

LIAONING

想要爬山？这里有祈福圣地，神韵鞍山。赏花观鸟，休闲度假，游辽宁，描绘一幅春天的故事。

想要看海？这里有浪漫之都——时尚大连。吹着海风，数着浪花，消夏避暑辽宁行，一场肆意的夏日狂欢。

想看红叶？这里有枫叶之都——本溪。到辽宁，在枫林里，看云卷云舒，邂逅一场秋天的童话。

想泡温泉？这里有禅修胜境，养生宝地——阜新。嬉冰雪，泡温泉。到辽宁过大年，谱写一段冬日的恋歌。

爬山、观海、赏叶、泡温泉。游辽宁，休闲度假，一年四季欢乐不断。

沈阳棋盘山风景名胜区

SHENYANG QIPANSHAN SCENIC SPOT

棋盘山风景区位于沈阳市东北部，风景区丘陵绵亘，林木覆盖，自然风光独特，旅游资源丰富。棋盘山风景区三山（棋盘山、辉山、大洋山）对峙，各领风骚，秀湖之水，宽阔清澈。历史古迹、典故传说和旅游景点、游乐项目独具魅力，是融风景旅游、文化休闲、休闲度假、商务会展为一体的国家 4A 级旅游景区。

看整个棋盘山风景区，山峦起伏，溪谷迂回，水域辽阔，林木葱郁、泉水叮咚，鸟语花香。在四季分明的沈阳，棋盘山秀湖景区也如更替的季节一样，到了春天，置身漫山遍野的新绿野花中，体会春的烂漫；而到了夏天，悠然泛舟湖上，茗茶小饮；秋季是棋盘山风景区最美、最有魅力的季节了，漫山遍野的金黄色，温暖的阳光透过树隙照在一地落叶的山上，那令人惬意的景象不禁令人想立刻到棋盘山去感受充满诗意的生活。冬天，冰雪大世界就在这里举行，皑皑白雪，仿若童话里的王国……

旅游锦囊 Travel Tips

推荐活动

冰雪节

东北冰雪旅游胜地——沈阳棋盘山风景区身披节日盛装，载歌载舞，一片欢腾，举办中国沈阳国际冰雪节。中国沈阳国际冰雪节历经几年的培育、发展，已经成为我国北方冬季旅游的一张亮丽名片和享誉海内外的冬季旅游品牌。

每到冬季，风光旖旎的棋盘山和碧波荡漾的秀湖水便会换上冰封雪裹的新装，形成一个令人神往的童话世界，向国内外游人敞开了热情的怀抱。

冰雪节期间的沈阳正值隆冬，但零下十几摄氏度的气温寒而不冷，正适合开展冬季户外运动。同吉林的雾凇、哈尔滨的冰灯等北方著名的冰雪旅游项目相比，沈阳的冰雪节独具特色，不仅具有观赏性，而且具有其他冰雪节无法比拟的参与性。因此，豪情满怀的沈阳人把“打造中国最强冬季旅游品牌”作为矢志不渝的目标。

作为沈阳国际冰雪节的主会场，位于棋盘山风景区内的沈阳棋盘山冰雪大世界是东北最大的冰雪主题公园。棋盘山精心营造的冰雪游乐世界那冰封雪飘、银装素裹的美丽图画，奇特的自然景观和姿态各异、栩栩如生的大小雪雕、冰雕，如出自鬼斧神工般，把人带入美妙的遐想之中……

推荐住宿 ACCOMMODATION

沈阳棋盘山国际会议中心

（Shenyang Qipanshan International Conference Center）

沈阳棋盘山国际会议中心坐落于风景秀丽的沈阳棋盘山国际风景旅游开发区秀湖东岸，总占地面积约 7 万平方米，南邻冰雪大世界，北濒本山影视城，以承办各种会议为主，是一家集会议培训、休闲娱乐、旅游度假为一体的以四星级标准建造的国有宾馆。

推荐景点 Scenic Areas

秀湖（Xiu Lake）

秀湖是棋盘山国际风景旅游开发区内最大的一个景区。由四面捧起的一泓碧水蜿蜒形成了一个“秀”字，故称“秀湖”。秀湖的面积达 5 万平方米，临水可观山，登山可望水，山沿水立，水绕山回，山光水色，瑰丽动人。

洋山民俗村（Yangshan Folk Village）

洋山民俗村坐落在位于景区秀湖北岸的大洋山脚下，这里依山傍水，环境优雅。特色烤全羊、鱼宴、山野菜等，为家人会餐、朋友小聚、同学聚会等提供了一个专业的具有民俗特色的场所。

关东影视城（Guandong Film and Television City）

关东影视城位于沈阳棋盘山风景区内，西邻秀湖公路北端，东依山地坡林。关东影视城仿照清末民初时期沈阳北市场地区的风貌，以古城墙合围，以 20 世纪 30 年代北市场大观茶园为中心，建有茶楼、酒楼、戏园子、商铺、鼓楼、民宅等 40 项建筑物，是融影视拍摄、旅游观光、体验休闲为一体的再现沈阳老北市场民俗风情的“露天博物馆”。

向阳寺（Xiangyang Temple）

向阳寺为明代古刹，坐落于棋盘山北麓的秀湖风景区内。向阳寺始建于 1575 年，属于显宗佛教派系，在辽沈地方历史上很有名气。复建以后的向阳寺坐落在棋盘山风景区秀湖水库南岸，规划面积 3 万平方米，寺内建筑面积 9999 平方米。

棋盘山冰雪大世界（QIPANSHAN Ice and Snow World）

棋盘山冰雪大世界坐落于风光秀丽的棋盘山风景区秀湖之滨，地理位置优越，宽敞明亮的游客中心和雪具大厅，以及风景区内遍布的宾馆饭店，为滑雪者提供了充足的后勤保障。这里的项目以综合性、大众性、娱乐性见长，滑雪运动与秀湖冰上摩托、卡丁车、爬犁、滑冰等项目联动，使得滑雪运动不显单调，游人来此一趟，收获更多。

大连 DALIAN

大连市地处欧亚大陆东岸，中国东北辽东半岛最南端，东濒黄海，西临渤海，南与山东半岛隔海相望，北依辽阔的东北平原。是东北、华北、华东以及世界各地的海上门户，是重要的港口、贸易、工业、旅游城市。

全市总面积 12574 平方千米，其中老市区面积 2415 平方千米。区内山地丘陵多，平原低地少，整个地形为北高南低，北宽南窄；地势由中央轴部向东南和西北两侧的黄、渤海倾斜，面向黄海一侧长而缓。

早在 6000 年前，我们的祖先就开发了大连地区。秦汉时期，大连地区属辽东郡辖区。唐朝初期，大连地区属安东都护府积利州的辖区。辽代时大连地区属东京道辽阳府的辖区。大连地区在魏晋时称三山，唐朝时称三山浦，明清时称三山海口、青泥洼口。19 世纪 80 年代，清朝于今大连湾北岸建海港栈桥、筑炮台、设水雷营，一时成为小镇。沙俄侵占后，曾称青泥洼。1899 年始称大连市。

大连市位于北半球的暖温带地区，具有海洋性特点的暖温带大陆性季风气候，冬无严寒，夏无酷暑，四季分明。

大连海滨自然风光绝佳，是著名的海滨休养、避暑和旅游城市。著名的海滨黑石礁石林酷似“小桂林”。大连风景名胜主要有星海公园、老虎滩公园、金石滩等风景区。

旅游锦囊

Travel Tips

推荐美食

鲅鱼水饺：当地一种特色饺子，鲅鱼的营养丰富，具有食疗功效。饺子以新鲜鲅鱼为原料，加适量五花肉馅、韭菜调制而成，馅料 Q 弹有力，口感非常棒。

海菜包子：当地人世代传承下来的特色小吃，喷香外皮下包裹口感略脆、鲜香十足的海菜，馅料中搭配虾皮、肉馅等辅料，咬上满口留香。

海味全家福：一种海鲜大杂烩，也是大连地区的居家菜，主料是鱼翅、水发海参、净虾肉、熟鸡肉、净鱼肉、水发蹄筋、鲍鱼等。海味全家福色彩缤纷，造型讲究，曾是本地节庆婚宴的压轴大菜。

大连鲍鱼：大连鲍鱼以皱纹盘鲍为主，被称为“海味之冠”。而其鲍鱼产量占全国鲍鱼产量的 70%，所以到了大连一定要尝尝这难得的海味。大连鲍鱼肉质细嫩，入菜后清而味浓，无论是原汁原味的清蒸、汤浓味鲜的捞饭，还是浓油赤酱的红烧，都让人回味无穷。

推荐特产

烤鱼片：大连烤鱼片一般是以马面鲀去掉头、刺、皮及内脏切成片，然后漂洗干净，再将白糖、味精、盐等调味品加入拌匀；取已入味的鱼片，烘干，再用明火烘烤至熟即成。以马面鱼、鱿鱼、鳗鱼等做成的鱼干是深受人们喜爱的零食。

贝雕工艺品：大连是我国贝雕的发源地，贝雕艺人以上百种贝壳作为原料，根据每种贝壳的色泽和形状特点，运用我国传统雕刻手法和国画构图形式，精制成半立体浮雕的花鸟、山水、人物等贝雕画，形象逼真，栩栩如生。

推荐景点 Scenic Areas

大连金石滩国家旅游度假区（Dalian Jinshitan National Tourist Resort）

位于大连市东北端的黄海之滨，毗邻大连新市区，距大连市中心 50 千米，仅 40 分钟车程。从大连市中心到金石滩的轻轨项目已经建成，2002 年 11 月 8 日大连市政府组织建设的大连至金石滩快轨工程竣工通车，全程仅 50 分钟，“乘快轨游金石滩”正成为主打旅游品牌。1988 年，被确定为国家风景名胜区，1992 年 10 月，国务院批准成立国家旅游度假区，2000 年被评为全国首批国家 5A 级旅游景区。金石滩，具“神力雕塑公园”之称，有“绅士乐园”之誉；这里有一流的阳光海滩、垂钓岛礁、度假酒店别墅，这里有顶级的高尔夫球场、国际游艇俱乐部和狩猎场，这里空气清新、海水纯净，主要环境指标均优于国家一类标准。

金石滩海滨（Jinshitan Beach）

大连长海长山群岛旅游避暑度假区（Dalian Changhai Changshan Islands Tourist Summer Resort）

大连长山群岛，中国八大群岛之一，我国北方唯一的海岛县——长海县。夏季到了，长海县再次成为游客争相前往的避暑游玩胜地。长山群岛有着迷人的地质地貌，它在最古老的土地上雕琢了美人礁、双人石、万年船、将军石、鹰嘴石等100多处天然礁石风光，更惊现两万多年前来自外太空的神奇陨石带，奇礁、异石、港湾、沙滩等海蚀海积地貌，奇石神礁遍布群岛。广鹿岛小珠山遗址荣获国家级文化遗产，早在7000年前的新石器时代，海岛的祖先，就已在此繁衍生息，渔猎耕织。已被列为国家级非物质文化遗产的长海号子，更是海岛人精神的象征。长山群岛为国内传统三大钓鱼场之一，海钓期长达10个月，因鱼肥景秀，被中国钓鱼协会命名为中国海钓基地。钓鱼爱好者不仅可以乘坐舒适安全的玻璃钢休闲钓艇出海远钓，还可在各海岛的渔礁专属钓场上休闲垂钓。

大连甘井子西城生态旅游度假区（Dalian Ganjingzi West City Ecotourism Resort）

大连西城生态旅游度假区位于大连市甘井子区，度假区东临柳树北街、西至鞍子岭西沟、北抵火石岭子、南达北刘家屯，总面积50平方千米，是以都市山地森林为主题资源，集山地运动、康体休闲、温泉养生、乡村娱乐、生态科普于一身的都市休闲度假区。度假区处于辽东半岛西南部的丘陵地带上，中部是马栏河及两座水库，两侧为丘陵山地，山势低缓，适宜开发高尔夫、滑雪、登山、徒步、山地马拉松等山地运动类旅游产品。都市里的森林公园，动植物资源丰富。湖泊水库众多，水资源丰富。度假区内，以马栏河为干流，形成众多水库池塘，有棠梨湖、西山湖、长青湖，湖光山色，风景宜人。成园温泉山庄的温泉采自地下3337米深处7.35亿年前的远古深层温泉水，属高温温泉。此外，还有以岔鞍村农家乐、刘家村采摘园为代表的乡村休闲类资源，以朝阳古寺、玉佛寺、永顺庵为代表的宗教文化类资源，以优质水果（大樱桃等）、根雕、园艺等为代表的旅游商品类资源。

大连香洲旅游度假区（Dalian Sweetland Tourist Resort）

大连香洲旅游度假区位于大连西北市郊，瓦房店市谢屯镇香洲田园城内，距大连市内1小时车程，东邻金普新区，西接长兴岛。香洲田园城计划总投资1000亿元人民币，已投资550亿元人民币。大连香洲旅游度假区是香洲田园城内重点项目之一，占地面积为300万平方米，建筑面积为110万平方米，投入资金210亿元人民币，大连香洲集团正努力把香洲旅游度假区打造成让世界为之震撼的旅游胜地。

鞍山千山旅游度假区

ANSHAN QIANSHAN TOURIST RESORT

千山，位于辽宁省中部，鞍山市东南17千米。耸立于辽东半岛北端，南临渤海，北接长白，东依鸭绿江，西俯辽河。它距鞍山站20.5千米、鞍山西站27.8千米、鞍山腾鳌机场35千米、沈阳桃仙机场100千米。千山，古称积翠山。因相传有999座山峰，遥望若青莲接天，故又称千朵莲花山，简称千山。最早形成于38亿年前，最高峰仙人台海拔708.5米。千山风景区总面积125平方千米，是国务院公布的首批"国家重点风景名胜区""国家5A级旅游区"和首批十大"全国文明风景旅游区"。千山宗教文化厚重，佛道共融一山，是东北最大的宗教聚集之地。有龙泉寺、祖越寺、香岩寺、中会寺、大安寺和无量观、五龙宫等"九宫、八观、五大禅林、十二茅庵"，近40座庙宇。特别是身高70米的世界最大天成弥勒大佛，由原佛教协会会长赵朴初先生亲笔题写"千山弥勒大佛"，世界佛教联合会副会长释觉光亲笔题写"天成弥勒道场"。千山以其秀美的自然风光、厚重的宗教文化，欢迎并福报五湖四海的朋友。

旅游锦囊

Travel Tips

交通

到达千山风景区的公交车有8路、88路公交车以及千山号旅游专线。在鞍山火车站下车的旅客可以在虹桥北车站乘坐8路公交车，虹桥北车站在鞍山站前广场西北角寰球大酒店北行200米处。8路公交车分为太平线（大线）和玉佛苑线（小线），两条线均可到达千山风景区，全程票价均为3元。鞍山西站下车旅客可以乘坐88路公交车到达千山风景区，鞍山市公交总公司于2015年5月1日开通旅游专线（88路），全程一票制，票价5元。到达鞍山机场的旅客可以乘坐机场专线到站前换乘8路公交车。

推荐线路

全运健身体验：领略千山奇峰、峭石、苍松自然秀美的风光，让你亲近自然、感受自然，领略千山美景的同时又强健了体魄。

体验线路：无量观—无根石—八步紧—夹扁石—一步登天—一线天—老子传道—天外天—佛手峰—五佛顶。

健康养生体验：简单的农事活动可以体验劳动者的喜悦，享受收获的满足。时令果蔬的耕种、采摘……在亲身体验中增长了阅历，玩得顺心。千山温泉水矿物质丰富，主要为硫酸钠、碳酸氢钠类型，内含硫、锶等多种人体所必需的微量元素，是医疗、健身的理想水质。农家特色菜式，如家炖土鸡、干炸小河虾、汤河全鱼宴、炖大鹅、山菜、山蘑菇……吃得卫生，吃得放心，吃得健康。

体验线路：千山温泉—千山农家院—农业采摘。

推荐景点 Scenic Areas

木鱼石（Muyu-Stone）

有一首歌是这样唱的："有一个美丽的传说，精美的石头会唱歌。"你知道那块神奇的石头在哪儿吗？这块石头就在千山，而且就在从西阁到无量观的路上，它位于无量观西阁观音殿后岩石上，木鱼石是以音响命名，用石敲之闻其声如木鱼。

五佛顶（Five Buddhist Tops）

五佛顶位于千山主峰北麓，桃花溪谷北山之巅，海拔 554.12 米，为千山风景区第二高峰。千山海拔最高的道观——普安观坐落于五佛顶南侧的悬崖峭壁下，有"山高不过仙人台，庙高不过五佛顶"之说。登临五佛顶巅，白云飘游脚下。近望重峦叠嶂，千姿百态，松海飞涛，苍翠尽染，远眺蓝天尽处，钢城风貌，一览无余。

仙人台（Xianrentai）

仙人台，不是仙人上不来。仙人台是千山最高峰，海拔 708.3 米。台顶有峭石，向东伸出约 10 米，状如鹅头，三南深涧，其顶狭小，上轩南极八仙石像，中刻棋盘，盖取八仙庆寿、仙人弈棋之义。

无根石（Rootless stone）

当年祖籍辽阳的曹雪芹，在所著《石头记》中描写的，那块灵气的"顽石"，即此石

千山风光（Qianshan scenery）

也。相传这块峥嵘的“灵石”，即是贾宝玉的化身，在无根石西侧有一株从岩缝中生长出的柔弱多姿的小树便是黛玉，而在小树的后侧那棵较丰满的松树则是贤淑端庄的宝钗。每当清晨或雨后，那棵象征黛玉的小树总是不停地滴水，人们说那是黛玉的眼泪，爱哭的林妹妹又向宝玉还泪了。

千山弥勒大佛（Qianshan Maitreya Buddha）

千山弥勒大佛完全自然形成，据地质专家鉴定，大佛形成于距今 400 万年前的古冰川时期，五官、四肢、体态是经岩石风化而成。整个大佛由一座山峰构成，高 70 米，肩宽 46 米，头高 9.9 米，头宽 11.8 米，耳长 4.8 米，坐东面西，体态端庄，五官清晰，四肢比例匀称。由原佛教协会会长赵朴初先生亲笔题写“千山弥勒大佛”，世界佛教联合会副会长释觉光亲笔题写“天成弥勒道场”。

夹扁石（Flagstone）

八步紧的顶端有一条向北倾斜的夹缝，长 4 米，高 3 米，宽 0.5 米，这就是千山一绝——夹扁石。无论胖人瘦人，只能侧身慢慢蹭着过，凡是到千山的游人都愿到此一夹。

天上天景区（Tianshangtian Scenic Spot）

天上天景区位于千山风景名胜区北部，东起千山正门，西至五佛顶，面积约 5 平方千米，海拔 450~550 米，为千山第二高岭，山峰奇峭，怪石嶙峋，悬崖绝壁，苍松翠柏，错落其中，以峰奇、石奇、松奇而著称。天上天景区是千山风景区唯一一个高岭游览区，平均海拔 520 米，唐太宗李世民，清康熙、乾隆等帝王曾游览过此景区。相传唐王李世民，住大安寺到无量观“振衣冈”上抖过战袍。

百鸟园景区（Hundred Birds Garden Scenic Area）

千山百鸟园与千山第二高峰五佛顶彼邻，东南是天然弥勒大佛，西面是唐城古道关。四面环山、百鸟齐鸣，园内尽展群鸟风姿。她是千山风景名胜的一枝独秀，也是亚洲第一大的鸟语世界，为你感受人与自然、人与鸟类的种种情感，提供了一处自然、休闲、观赏和游览的胜地。

北海汇温泉度假酒店（Beihaihui Hot Spring Resort）

北海汇原名清水湾四合院，坐落在风光旖旎的千山脚下，与清水湾温泉度假酒店皆隶属于辽宁信源集团，是一家融室内汤池、竹林露天洗浴、海鲜火锅自助、精致豪华客房、宫廷养生菜、娱乐度假为一体的综合性温泉度假酒店。其建筑装修风格以北京宫廷文化为基底，融入了多元化的创意元素，以人文之美融入这大自然的山地建筑群落。

喀左 KAZUO

统筹资源探索新模式
全域旅游展现新活力

喀左县，全称喀喇沁左翼蒙古族自治县，位于辽宁省朝阳市南部，素有“塞外水城　金鼎之地　暴龙之乡　紫陶之都”的美誉。先后荣获国家卫生县城、园林县城、创新型县、农业可持续发展实验示范县、绿色发展先行先试示范县、全国综治至高奖“长安杯”等荣誉称号。

第一湾（First Bay）

理念求新，超前实施全域旅游。2014年，喀左县就在全省率先提出了“全景喀左、全域旅游”的发展思路，将发展全域旅游作为县域战略性支柱产业来抓。

典型示范，打造全域旅游微缩版。将县城规划区作为景区规划建设，依托城区丰富的水资源和历史人文景观，结合老城改造、新城开发和水系治理等工作，打造了龙源旅游区，是全省首家以城市景观为核心的开放式国家4A级旅游景区。

秀色龙凤山（Beautiful Longfeng Mountain）

引领带动，积极助力精准扶贫。喀左县将发展文化旅游产业作为精准扶贫的主要抓手，旅游景区建设运营过程中优先规划扶贫项目、流转贫困村土地，设立专岗优先聘用贫困户就业。

“交通＋旅游”，把道路变成醉美的风景。抢抓高铁开通契机，依托高铁站和县城主城区，布局县乡村交通网络，实现了以高铁、高速公路为大通道，以国省道为主骨架，以县、乡、村道为脉络的大交通格局，路网把各景区串联起来，形成一条条丰富多彩的旅游线路。

开拓进取，旅游产业从无到有。作为传统农业县域、经济欠发达地区，喀左县积极调整产业结构，确立了“旅游＋产业”融合发展的思路。

喀左县始终以创新为主线，实现了“全民参与　全民共建　全民共享”，缤纷多彩的塞外水城，已经成为闪耀在辽西大地上的一颗璀璨明珠，不断迸发新的活力，在全域旅游的新时代绽放出更加璀璨夺目的光芒！

吉林

JILIN

吉林，历史悠久、文化灿烂、人杰地灵。这里有肥沃的黑土地、广袤的大草原、雄伟的长白山和茂密的大森林。

来吉林度假，看白鹤起舞，听虎啸山林，徜徉在冰清玉洁的雾凇间，游神奇迷人的长白山天池，捕查干湖最大的鱼，吃著名的“吉林大米”，品珍贵的“吉林人参”……

最美的风景在路上，最好的心情伴旅途。在北国迷人的冬季，让山水的清俊洗去都市生活的浮躁，享受美妙的度假时光。

吉林查干湖旅游度假区

JILIN CHAGAN LAKE TOURIST RESORT

查干湖是国家4A级旅游景区、国家级水利风景区、全国县域旅游品牌百强景区。

查干湖，蒙古语为“查干淖尔”，意为白色圣洁的湖，位于吉林省西北部的前郭尔罗斯蒙古族自治县境内，处于嫩江与霍林河交汇的水网地区，南北长37千米，东西平均宽17千米，总面积500平方千米，年均蓄水量7亿立方米，是全国十大淡水湖之一，也是吉林省最大的内陆湖泊。

夏日的查干湖碧波万顷、如茵绿草、水天一色，此时放眼百里大湖，烟波浩渺，令人心旷神怡、胸襟豁达。

冬季的查干湖银装素裹，就像一块硕大的碧玉镶嵌在飞雪茫茫的北国。每年的农历十一月，这里都会举行神秘的查干湖冬捕“祭湖醒网”仪式。

目前，查干湖旅游度假区形成了夏季以大湖湿地、草原风光及蒙古族风情为特色，冬季以冬网捕鱼，展现查干湖悠久渔猎文化为主要内容，融观光、娱乐、休闲、度假、餐饮、购物等功能为一体的综合性旅游景区。

旅游锦囊 Travel Tips

交通

查干湖交通便利，有三个近距离机场：长春龙嘉机场、哈尔滨太平机场、大庆机场；四条主要铁路：京哈铁路、京齐铁路、长白铁路、通让铁路；数条主要公路干线：明沈线（203国道）、长白线（302国道）、京哈线（102国道）以及科铁、珲乌、广大高速等国省级公路干线。

查干湖冬捕（Winter Fishing in Chagan Lake）

推荐景点 Scenic Areas

渔猎文化体验区（Fishing and Hunting Cultural Experience Zone）

占地面积约 50 公顷，建筑占地面积约 7300 平方米，道路广场约占 38510 平方米。渔猎文化体验区是核心发展区内渔猎文化集中展示区域，主要项目有渔猎文化博览苑、船屋鱼宴、渔情天地、荷花大坝、圣水码头、祭湖广场、圣水灯塔及竹筏码头。

圣母公园（Notre Dame Park）

有南、北两个主次入口，主入口由圣洁大道直通中心地段——圣母泉，三圣母塑像就坐落于泉水中央。蜿蜒的游步道由圣母泉广场蔓延开来，像枝条一样自由地连接各个活动空间，并串联了三个圣母广场。每个圣母广场代表一个圣母殿，圣母广场上建有景观庭柱，柱子上用蒙古语谱写三位圣母的生平故事，并用汉文注释。在整个园区内散点布置蒙古族民族文化中关于孝文化的景观雕塑，以作为每个活动空间的景观小节点。北入口与圣母泉之间是亲子栽培园，供家庭游客在此合栽下一片爱心。

《圣水湖畔》影视基地（*Holy Water Lakeside* Film and Television Base）

占地 5 万平方米，是电视连续剧《圣水湖畔》拍摄基地，紧邻查干湖而建，是融文化、参观、餐饮、住宿、娱乐为一体的综合性影视胜地。

鸿鹄公园（Honghu Park）

占地 4.8 万平方米，位于查干湖旅游度假区的东南岸。这里的亭台楼阁，各具特色。最具代表性的景点是雕梁画栋的鸿鹄楼，从地面到楼顶的高度为 37 米，是整个湖区的制高点。

查干湖草原赛马场（Chagan Lake Grassland Racecourse）

草原面积约为 5 平方千米，建有标准跑道 2000 米，是一个融狩猎、射箭、赛马、观光旅游为一体的多功能旅游景点。

荷花度假村（Lotus Resort）

由 13 座单体度假屋构成，围绕荷花塘周边设游步道和亲水平台，在游步道与度假屋之间的草地上设置健身器材，以满足游人在此钓鱼、健身等荷塘休闲活动。观光油井与度假屋之间的绿化隔离带为度假村的后花园，由弧形游步道构成的绿地中间，可作为自由种植地，供在此度假的人们享受真正的田园生活。

梅河口 MEIHEKOU

梅河口城市客厅景区（Meihekou city living room scenic spot）

梅河口城市客厅景区（原是城市湿地观光带）是国家 4A 级旅游景区，位于辉发河城区段。江南水乡的小溪碧湖相连，跌水瀑布相戏，植有具有长白山风情的白桦、曲柳等树木，以及黄刺梅、金叶榆、红刺梅、孔雀草、多种莲荷等花草，多种野生珍禽在此嬉戏，国际一类濒危保护动物白鹤在此越冬。一派生态风情，四季景色各异、各领风骚。

海龙湖公园（Hailong Lake Park）

海龙湖公园将海绵城市的设计理念融入其中，打造具有鲜明特征的开放式、功能化、生态化的创意文化生态园区。项目主要以人工湖为中心，景观环道为串联，打造一个诗意栖居的湖滨生活圈，将为市民提供一个集灌溉、观赏、旅游于一身的城市后花园。

海龙湖公园（Hailong Lake Park）

人民公园（The people's Park）

人民公园总体分为四个区域：幸福时光、城市记忆、流金岁月、自然欢歌。梅河口市人民公园用一个公园读懂梅河口这座城市的理念来建造。公园内设有静谧时光下沉广场、历史文化景墙、铁路文化博物馆、时空走廊、儿童活动场、亲水广场等景点。

五奎山风景区（Wukuishan scenic spot）

该景区是仿清代皇家庙宇建筑群落为主体的国家 3A 级旅游景区。距市中心 9 千米。原为清代皇家猎场，景区内山峦起伏，五峰耸立，松柏苍翠，山泉淙淙。牌楼、楼阁、宝塔、碑碣、园林等景观依山而建、错落有致。主要景观有龙泉寺、万佛塔。

五奎山风景区（Wukuishan scenic spot）

长白山之冬（Winter in Changbai Mountain）

白山长白山国际度假区

BAISHAN CHANGBAI MOUNTAIN INTERNATIONAL RESORT

长白山国际度假区位于吉林省白山市抚松县松江河镇，距长白山机场 10 千米，距离天池风景区约 20 千米，占地面积约 30 平方千米，建设用地约 10 平方千米，总投资 200 亿元，将长白山独有的资源优势与项目建设完美结合，主要建设旅游新城、高档酒店群、大型滑雪场等，具有四季健身、运动、休闲的高端旅游功能，度假区集滑雪、山地度假、高端酒店群、度假小镇、娱乐、温泉于一身，满足度假需求。2015 年被原国家旅游局评为首批国家级旅游度假区。

旅游锦囊

Travel Tips

交通

机场接驳车：入住度假区酒店就可乘坐酒店接驳车直接从机场到达酒店，行程约 20 分钟。

自驾车：自吉林省抚松县松江河镇驾车驶入 S302 省道，大约 25 分钟即可到达万达长白山国际度假区。

推荐景点 Scenic Areas

长白山国际度假区滑雪场
（Changbai Mountain international resort ski resort）

滑雪场地理位置得天独厚，位于北纬41°的黄金滑雪度假带，受日本海海洋性气流和西伯利亚季风气候影响，全年降水量超过1200毫米。雪期从11月至次年4月，长达6个月，积雪深度在1米以上，雪质松散，呈絮状，是国内唯一一家被誉为“会呵护的港湾式滑雪场”，是许多滑雪者的钟爱之地。

滑雪场以冬暖、奇趣为特色。无风就是暖，好的避风条件能让滑雪者更好地享受舒适的雪季。长白山脉的森林资源，赋予了滑雪运动的神秘感，再加之较长日照时间，形成了独特的冬日暖阳气候，温度与湿度的合适比例，更是让度假区的滑雪场成为世界上不可多得的滑雪度假胜地。

滑雪场拥有小镇、果松、凯越三处设备设施齐全的滑雪服务中心，宽敞明亮，设施豪华，建筑面积超过1万平方米；含有雪具店、雪具维修中心、餐饮中心、完备的儿童滑雪设施及活动场地等，提供雪具租赁、滑雪服务、滑雪视频、摄影、餐饮等各方面服务，在雪场最高点建有4000平方米的山顶餐厅，满足人们就餐的同时还能远眺古老、神秘的长白山美景。

山地世界（Mountain World）

长白山国际度假区有一座神奇的大山，冬天是刺激好玩的滑雪场，夏天就变成神秘快乐的山地世界乐园。亲近自然之余，每年都会精心打造一些适合家庭度假的娱乐项目。

如果把山地世界比喻成庞大的游乐场，那么它由三个主题乐园组成——山地大本营、山顶观景台、度假农场，分别位于大山东边、大山之巅、大山西侧。三点间由将军索及帅索缆车连通。由征西栈道沿途而上，或乘坐“征西滑道”均可直达度假农场，乐趣无穷。

山顶观景台是情侣、小资最钟爱的地方，冬天远眺雪海茫茫；夏日领略绿林风光，偶尔幸运，还可清晰对望长白山，是合影留念的绝佳位置。今年夏天山顶观景台还建有清凉驿站，提供免费帐篷供客人享受清凉时光。

如果你也是一个具有农场情结的“城市农夫”，那么度假农场最适合一去。去度假农场有三种方式，第一是乘坐电瓶车前往，第二种也是最佳的前往方式——乘坐征西滑道，第三种则是等待征西栈道延长后，一路散着步就可抵达农场。滑道小车每次可乘坐两个成年人，控制杆调整速度，可快可慢，看着森林大树在两侧慢慢退后，山花盛开在脚下，小鸟翱翔在头顶，全身心和大自然融为一体。

安图 ANTU

走遍五湖，遇见安图

安图县作为全域旅游示范区创建单位，素有“长白山首县”之美誉，是长白山旅游经济圈重要交通集合点。如果说长白山是极为亮丽的一张名片，那么安图就是极为璀璨的一颗明珠，在吉林省旅游业发展中占据着不可替代的位置。

安图地处长白山腹地，山水风光秀丽，民俗风情浓郁，人文历史丰厚，厚植着“万年古人，千年古城，百年古县”的人文底蕴。走进长白山，天池碧水，清澈圣洁；康养温泉，天然富集；长白飞瀑，跌宕奔腾；峡谷奇峰，险峻峥嵘，尽阅其博大雄浑的风格和洪荒原始的意境。漫游山下，赏艳香醉人百花谷、游红色抗联大关东文化园、览民俗风情红旗村、观长白山历史文化园，尽享多彩景区的秀美风光和人文风情。

多年来，安图县依托得天独厚的旅游资源，按照“域是一个景、景是一座城、景区城市化、城市景区化、城旅一体化”的发展思路，实施“多点布局、联动发展”战略，创新做好了“文旅结合、产城融合”这篇文章，形成了“图安安图、安图图安”的文化理念，依托国家5A级旅游景区长白山，先后打造出国家4A级旅游景区7个，国家3A级旅游景区3个，国家2A级旅游景区5个，国家工业旅游示范点1个，3A级以上乡村旅游经营单位5家，为安图的经济社会发展带来了极大助力。

“走遍五湖，遇见安图”，安图已经成为“春踏青、夏避暑、秋采摘、冬养生”的生态旅游胜地，开启了“城市栖息地”的新时代。这块充满着积淀与梦想的热土，这座跃动着生机与活力的小城，迎接着海内外游客的到来。

历史文化园（Historical and Cultural Park）

长白山（Changbai Mountain）

长白山碱水河国家湿地公园（Changbai Mountain jianshuihe National Wetland Park）

彰显生态底色　逐梦全域旅游

长白山池北区 CHANGBAI MOUNTAIN CHIBEI DISTRICT

长白山素有“千年积雪万年松，直上人间首座峰”的美誉。拥有 1586 种野生动物、2639 种野生植物、明显的森林垂直景观带和壮美独特的火山流水地貌景观、世界三大优质的矿泉水水源地之一，人与自然和谐共生的生态保护与发展都在这座自然原始的长白山充分彰显。长白山保护开发区池北区位于吉林省东南部，辖区面积 1162 平方千米，常住人口近 5 万人，现有 1 个国家 5A 级旅游景区、1 个国家 4A 级旅游景区、1 个国家湿地公园。

近年来，长白山池北区按照吉林省委、省政府关于对长白山实行“统一规划、统一保护、统一开发、统一管理”的决策部署，牢牢把握国家首批全域旅游示范区、国家首批绿色旅游示范基地等重大机遇，坚持将生态文明理念贯穿于旅游发展的各领域和全过程，形成了美丽山水与特色城区齐头并进、自然环境与人文景观互融共促的新局面，正在阔步迈进世界生态全域旅游目的地。

黑龙江

HEILONGJIANG

黑龙江是中国位置最北、纬度最高的省份，所以，冰雪就是这里最有特色的风景。每到冬天，晶莹的冰、洁白的雪，把黑龙江大地装点得如童话世界。到黑龙江看冰灯、滑雪已经成为国人冬季度假的时尚选择。在茂密松林覆盖的群山环抱下，亚布力滑雪度假村邀你在冰雪乐园中感受雪地飞驰的刺激。

冰消雪融时，黑龙江也是最美的。兴凯湖、镜泊湖、五大连池、连环湖等众多湖泊，让黑龙江的四季都如油画般迷人。

在伊春茂密的森林之中，红松挺拔葱翠，空气清新怡人。坐着小火车穿梭林间，这段美妙的旅程一定会让你流连忘返。

来黑龙江的森林度假，远离夏季酷热，沉浸山林，尽情呼吸新鲜空气。清晨在山顶练习瑜伽，全家一同前往山林徒步，或在山间野餐，缤纷多彩的活动让你体验真正充满活力的度假时光，一同遇见由内而外的健康。

哈尔滨亚布力滑雪旅游度假区

HARBIN YABULI SKI RESORT

亚布力滑雪旅游度假区是国家4A级旅游景区、国家级旅游度假区。位于黑龙江省哈尔滨市尚志市亚布力镇西南20千米，距哈尔滨市240千米，距雪乡88千米，距牡丹江市120千米，301国道支线直达景区。亚布力滑雪度假区，是由风车山庄、国家体委、交通山庄、大青山滑雪场、通信山庄、电力山庄、云鼎山庄、雅旺斯、好汉泊雪场，以及农家院共同组成，这里的极端最低气温是-44℃，平均气温-10℃，积雪期为170天，滑雪期近150天，每年的11月中旬至次年3月下旬是这里的最佳滑雪期。

亚布力滑雪场（Yabuli ski resort）

旅游锦囊 Travel Tips

交通

火车：可在哈尔滨火车东站乘坐K7047次列车（8:08发车，回程16:08发车，票价38元），约3小时到亚布力火车南站（南站就在度假区），下车后坐小巴直达亚布力度假区（约5分钟）。哈尔滨站每天也有多趟火车可到亚布力火车站（镇上），镇上有小巴可到度假区，车程约半小时。

汽车：哈尔滨火车站前的龙运客运站，以及其他车站如南岗汽车站、道外站等均有大巴可到亚布力，车程约3小时。

自驾线路：滑雪场距离哈尔滨193千米，距离牡丹江市120千米。从哈市行驶通往阿城方向，途经阿城、玉泉、平山、帽儿山、尚志、一面坡、苇河、亚布力。抵达亚布力收费口后行车右转亚布力滑雪场方向。行车25千米至亚布力滑雪场山门，左右两侧会出现大小不一的很多私人雪场，继续开至最顶端到达中国最大的亚布力体育局滑雪场。

节庆活动

五花山观赏节

秋天是亚布力一年之中最美的季节。每年9月下旬的中国黑龙江森林“五花山”观赏节在亚布力风车山庄拉开序幕，同时“追逐‘五花山’自驾车游龙江”活动、“黑龙江秋季旅游摄影展”也在亚布力风车山庄正式启动。五花山观赏节创办于1999年，已经成功举办了7届。

推荐景点 Scenic Areas

旅游滑雪区（Tourist Ski Area）

即风车山庄，是由中国国际期货经纪有限公司作为发展商投资兴建的世界级旅游滑雪胜地和四季度假山庄，全年对海内外游客开放。

亚布力旅游滑雪场为中国第一座符合国际标准的大型旅游滑雪场，拥有高、中、初级滑雪道 15 条，越野滑雪道一条，总长度 30 千米，旅游滑雪缆车 3 条，拥有由德国引进的世界最长的 268 米夏季滑道（旱地雪橇），为游客提供高山滑雪、越野滑雪、雪橇滑雪、雪地摩托、狗拉雪橇、马拉雪橇、湖上滑冰、堆雪人、雪地烟花篝火晚会等游艺项目。还辟有儿童滑雪娱乐区和风车传统滑雪区。同时，设有雪具出租店和滑雪学校，山顶、山腰、山下设有多处酒吧、快餐店、购物中心、红十字救护站，以及国际国内长途电话及卫星电视等服务配套设施。

水上乐园（Water Park）

雪山水上大世界占地面积 33.8 平方米，立足“站位高、主题新、产品特、质量优”，坚持夏季与冬季结合，文化与体验结合，水上与陆地结合，开发亲子欢乐区、探险趣味区、戏水娱乐区、竞技闯关区、陆地体验区五大区域，建设飓风喇叭、彩虹竞技、超级漩涡、尖峰疾驰、冲天回旋、迷旋组合滑梯、双龙大回环、欢乐大水寨、梦幻漂流河水上娱乐产品组合和正在建设中的过山车、太空梭、激流勇进、狂呼、遨游太空、神州飞碟、飞行塔、豪华转马、滑行龙、太空大战等陆地娱乐产品组合。

亚布力滑雪场宾馆（Yabuli ski resort hotel）

亚布力滑雪场宾馆拥有奥林匹克宾馆、新闻宾馆、南极宾馆、雅旺斯酒店、风车贵宾楼、农家大院（火炕）、通信山庄等各个星级的宾馆 9 家，其中雅旺斯酒店和国际广电中心是按照五星级酒店装修。风车贵宾楼相当于 4 星级酒店。奥林匹克竞技中心是国家省体育局直属单位，是为了迎接 2009 年大冬会建立的准四星酒店，是 2009 年大冬会的主会场，全新高档装修，24 小时供应热水，是一家专为滑雪、观光、旅游度假客人设计、建造的准四星商务度假酒店。亚布力新闻宾馆是 1996 年，第三届亚洲冬季运动会期间用于接待新闻记者，此名一直沿用至今。新闻楼可以接待 120 人住宿，餐厅可以接待 200 人同时就餐。电力宾馆，坐落于亚洲最大的滑雪场亚布力旅游度假区的中心地带，集餐饮、住宿、娱乐、休闲、度假于一身，适宜接待各种会议。不一样的酒店一样的热情，每个酒店都能预定滑雪场门票，给你的旅行生活带去意想不到的惊喜。

东方红湿地旅游景区

DONGFANGHONG WETLAND SCENIC SPOT

东方红湿地旅游景区位于长白山系老爷岭余脉，完达山脉东缘，乌苏里江中、下游西岸，东方红湿地保护区外缘。东方红湿地旅游景区包含国家湿地自然保护区、南岔湖国家湿地公园、石海公园三处优秀的旅游景点。2015 年，被评定为国家 4A 级旅游景区。2016 年，被评为“黑龙江十大醉美湿地”。2017 年，被评定为“黑龙江十大极具人气湿地”。景区距离东方红林业局局址 20 千米。

南岔湖（Nancha Lake）

神顶峰景区

SHENDINGFENG SCENIC SPOT

神顶峰景区是完达山那丹哈达拉岭的主峰，海拔 831 米，位于东方红林业局青山林场至奇源林场之间，距离林业局局址 56 千米。是我国极早见到太阳的地方。日出、松涛、云海是神顶峰的景观“三绝”。神顶峰日出文化园包括 240 平方米的旅游接待中心；2300 平方米的羲和太阳广场包括 15 米高的羲和雕塑、8 米高的夸父追日雕塑、5 米高的 10 根图腾柱；1200 平方米停车场兼宿营地；8 米高羲和浴日雕塑建在四季流水“神泉”处。神顶峰享有“东极首峰”的美誉。每年夏至凌晨 2:30 是神顶峰极早见到太阳的一天。当太阳升起之际，脚下天边瞬间色彩变幻无穷、绚丽多彩。太阳像巨轮喷薄而出、缓缓升起，顷刻之间大地披上霞光，万物苏醒，十分壮观，让人心旷神怡。这里峰峦奇妙，一年四季，季季有景，景色宜人。

到东方红，去神顶峰，看太阳升！

神顶峰（shendingfeng）

大庆环连环湖旅游度假区

DAQING AROUND LIANHUAN LAKE TOURIST RESORT

度假区像一串璀璨的明珠镶嵌在杜尔伯特大草原上。这里环境优美：蔚蓝的天空、温润的气息、荡漾的湖水、婆娑的树影、摇曳的芦苇、成片的蒲草、柔软的沙滩、鲜活的鱼儿、游动的野鸭……说它是世外桃源一点也不为过。

度假区是国家4A级旅游景区，度假区温泉品质全国独一无二，该温泉取自连环湖地下1800米深的千年古水，水温48℃。

度假区四季分明，特色各异，不同季节的游乐项目也各有不同，充分满足游客的个性化需求。

夏季的度假区气候温润、绿草茵茵，室外温泉戏水乐园、荷花观赏区、水上游乐中心、KTV等为你带来多样乐趣的体验。

冬季的度假区千里冰封、万里雪飘，冰雪运动区的小型滑雪场、滑冰场、冰帆基地用以开展各种冰雪运动。

旅游锦囊

Travel Tips

交通

一、自驾车路线

（1）哈尔滨到连环湖温泉自驾车路线

哈尔滨—哈大高速—大庆出口—世纪大道—让胡路—让杜路—泰康—林肇路—泰白路—连环湖。

（2）齐齐哈尔到连环湖温泉自驾车路线

齐齐哈尔—齐泰路—泰康—林肇路—泰白路—连环湖。

大庆—让杜路—泰康—林肇路—泰白路—连环湖。

大庆—庆西路—林肇路—泰白路—连环湖。

二、大庆市内乘车路线

（1）火车路线

哈尔滨（大庆、齐齐哈尔）—乘火车—泰康站—出租车—连环湖。

（2）汽车路线

301国道从全县通过，连接哈尔滨、大庆、齐齐哈尔三市，它们到泰康都很方便，哈大汽车专用公路从哈尔滨到大庆的行程仅需1个多小时。此外，在大庆长途汽车总站有班车，从6:30到17:30，每隔15分钟就有一班车到泰康。再乘出租车到景区。

餐饮

度假区的餐饮区域由生态餐厅、水上餐厅、湖鲜自助餐厅、湖鲜铁锅炖餐厅组成。玩累了，到自助餐厅品尝免费的自助午餐，为继续游乐增添动力；如果你想品尝新鲜的野生湖鱼、地道的农家菜和纯正的蒙古美食，生态餐厅和水上餐厅是你理想的选择，特别是水上餐厅依湖而建，在品尝美味的同时，又能一览连环湖的优美景色，完美展现了“大湖美景携美味，岸上温泉水中鱼”的独特餐饮文化。

住宿

唐宫温泉别墅区照唐代建筑风格，建筑师独具匠心的设计风采，赋予它私密的“空间”艺术布局和形体俊美、庄重大方的整体设计理念，使它完美地展现出了“整齐而不呆板，华美而不纤巧，舒展而不张扬，古朴却富有活力”的唐代建筑的文化特征。这是一个高端、私密的温泉养生区，在此可尽享“偷得浮生半日闲，温泉水滑洗凝脂”的大唐皇家生活情趣。

推荐景点 Scenic Areas

野鸟观赏区和荷花观赏区（Wild Bird and Lotus Ornamental Areas）

连环湖由18个互连的大小湖泊组成，水域面积580平方千米，是大庆湿地系统的重要组成部分。连环湖水域辽阔，沼泽成片，水草茂密，芦苇丛生，鱼虾肥美，大量的涉禽、潜禽、候鸟都把这片水乡作为繁衍生息的首选之地，许多珍惜禽类也在这里驻足。据科学考察，共有240多种禽鸟，其中珍贵稀有鸟类有丹顶鹤、白头鹤、白枕鹤、鸳鸯、鸿雁、天鹅等。野鸟观赏区生态保护完好，这里，水清天蓝，芦苇摇曳，鱼翔浅底，鹰击长空，你可以静静地与大自然进行心灵的沟通。

荷花观赏区占地约8.6万平方千米，历经五年精心培育，全面对游客开放，划一支竹排，近距离与荷花亲密接触。

当奈湿地（Dangnai Wetland）

位于黑龙江省大庆市杜尔伯特蒙古族自治县烟筒屯镇境内扎龙自然保护区腹地，总面积380平方千米，据考证，是目前亚洲已知仅有的两块原生态湿地之一。现在仍然保持着完整的原始风貌，大小湖泊星罗棋布，生物类别多种多样，这里有丹顶鹤、大雁、野鸭等珍贵鸟类200多种。每到夏季，蓝天碧水，芦苇荡漾，群鱼戏莲，百鸟欢歌。由于地势低平，小兴安岭流下来的乌裕尔河和双阳河在这里滞留成湖，演变为大片湿地，总面积达300平方千米，湿地周围水际生态系统交错替代形成的半湿润半干燥的环境。最具代表性的景观是大片草原和芦苇沼泽，在数万公顷浩浩芦苇荡中，苇林如海，水网如织，景象壮美，是黑龙江西部地区极具特色的旅游资源。

银沙湾旅游风景区（Yinshawan Tourist Scenic Area）

位于黑龙江省大庆市、杜尔伯特蒙古族自治县胡吉吐莫镇阿木塔湖畔。该景区自然生态环境保存完整，风光宜人、风景秀丽的阿木塔湖水清澈自然，得天独厚的万顷湖水、天然银色的千米沙滩、精美别致的木草式建筑、蓝天白云下的天然浴场，素有“北方小三亚”之称。不到大海，却能见到沙滩，不去航海，却能乘风破浪；大庆的银沙湾可以与广西的北海银滩相媲美。天然的露天浴场、辽阔的绿色草原映衬着碧水蓝天、露天洗浴感受自然之美。绿色的草地，精锐的马队、骆驼队等，每到盛夏，沙滩上的游人如织，沙滩浴可是难得的一种享受。同时可容纳2000多人玩沙嬉戏、驼队漫步、骏马奔驰，体验原生态。

黑河五大连池旅游度假区

HEIHE WUDALIANCHI TOURIST RESORT

五大连池位于中国黑龙江省黑河市境内，地处小兴安岭山地向松嫩平原的转换地带，1060平方千米的区域内，火山林立，熔岩浩瀚，湖泊珠连，矿泉星布；14座新老期火山群峰耸立，800多平方千米的熔岩台地波澜壮阔，数百处自涌矿泉天然出露。新期火山喷发的熔岩，阻塞了远古河道，形成了5个溪水相连的串珠状火山堰塞湖，五大连池因此而得名。山川辉映，水火相容，由此构成了“世界顶级旅游资源”，被科学家比喻为“天然火山博物馆”和“打开的火山教科书”。

目前，五大连池荣获世界级桂冠三项：世界地质公园、国际绿色名录、世界生物圈保护区。荣获国家级荣誉20余项：国家重点风景名胜区、国家5A级旅游景区、国家自然保护区、中国旅游胜地四十佳、中国矿泉水之乡、国家森林公园、中国著名火山之乡、中国国家自然遗产、中国矿泉城、中国国土资源科普基地、中国国家地质公园、中国人与生物圈保护区、中国旅游文化名镇、中国文化旅游示范基地、最具潜力的中国十大风景区名胜区、国家非物质文化遗产、国家地理标志保护产品等。

旅游锦囊

Travel Tips

推荐美食

连池特色名菜：鲜虾豆腐坊、金丝奶香虾、菠萝矿泉鱼、山菌黄花杂粮盅、汉堡小豆腐、锡纸酱香鱼、家炖花鲢、清蒸鳌花、香煎芹菜豆渣饼、鲜虾鱼丸豆腐、扒肉条、家炖狗鱼、小笨鸡炖蘑菇、红烧豆腐丸子、特色坑烤。

交通

自驾：

从哈尔滨出发：上哈伊高速—绥化南转向黑河方向行驶—五大连池市—五大连池风景区高速出口，继续前行3千米至五大连池风景区。全程360千米。

从齐齐哈尔出发：嫩泰高速（S19）—讷河市—下高速走讷五路（X009），全程280千米。

从伊春出发：鹤嫩公路—鹤哈高速—前嫩高速（S12）—赵光进入绥北路（S202）—五大连池市—五大连池风景区，全程250千米。

从黑河出发：吉黑高速—前嫩高速—五大连池风景区，全程230千米。

火车：

一、全国各站直达五大连池（沾河站）火车站，距五大连池风景区核心区域30千米，可乘出租车、汽车到达，或直达哈尔滨站转乘直达五大连池站（沾河站）。

二、铁路客运从省城哈尔滨到北安车站，然后转乘客运至风景区。

推荐景点 Scenic Areas

老黑山（Laoheishan）

老黑山是五大连池世界地质公园的核心区域，是14座火山中最高的一座，海拔515.9米，山林多由黑色浮石组成。老黑山也称黑龙山和景区内的火烧山喷发于1719~1721年，形成了大面积的结壳熔岩流、翻花熔岩流和湖泊、矿泉等。黑龙山有至今保存完好的火山口、熔岩洞穴；火烧山形成了极有科考价值的熔岩石河和火山峡谷，并保存有世界顶级的火山地质遗迹珍品——喷气锥和喷气碟。该区域共有地质景观点100余处，各种火山微地貌景观、壮丽的火山形迹跃然如初，是“天然火山博物馆”的主体部分，也是“打开的火山教科书”中最精彩的一页。

温泊（Wenbo）

温泊坐落在广阔的石龙台地上，由珊瑚池、金沙池、翠玉池组成，水清如镜，水底景致有的似重峦叠嶂，有的似群峰耸立，有的如金沙卧底，有的如珊瑚翠玉，美不胜收。蓝天白云倒映水面，婀娜多姿的火山杨更衬托出她的秀美，恰似一位风姿绰约的妙龄女郎。即使在冬季，秀美的温泊依然不失其柔媚的风采，皑皑白雪也难掩其温柔的情怀，云雾蒸腾如轻纱拂面，绿草葱茏如少女怀春，“温泊云雾”和“雾凇飞花”是她在严寒中织就的银缎素锦。

天池（Tianchi）

五大连池火山群中，爆发最早的就是南格拉球山，距今已有200多万年，它和北格拉球山被人们称为父子山，留下了秀美的天池胜景。这里不仅能从横向上领略古火山风光的奇美，还可以从纵向上感悟地球变迁的沧桑历史。这个游览区的主要景点有天池仙境、天赐湖、怪坡、格球山庄、“二战”遗址、笔架山等17处。

水晶宫、地下冰河（Crystal Palace，Underground glaciers）

洞穴旅游在观光中并不少见，但五大连池的洞穴既不在山上，又不在山腰，而是在几十米的地下，它与众不同的不是在于溶洞大小和奇妙的钟乳，而在于它有难得的冰、霜，常年恒温不变。这两处冰洞都是火山熔岩洞穴。在这里可以三伏赏冰雪，洞外花红绿柳，洞内严霜飞雪，“梅花寒魂彻，冰清玉纯洁。琼枝银树叶，霜花白如雪”是这两个地下洞府的特色。在这个观光区，还可观赏焦得布山、飞来石、次生林植物园、好望塔、响水泉、三河并流等景观景点。

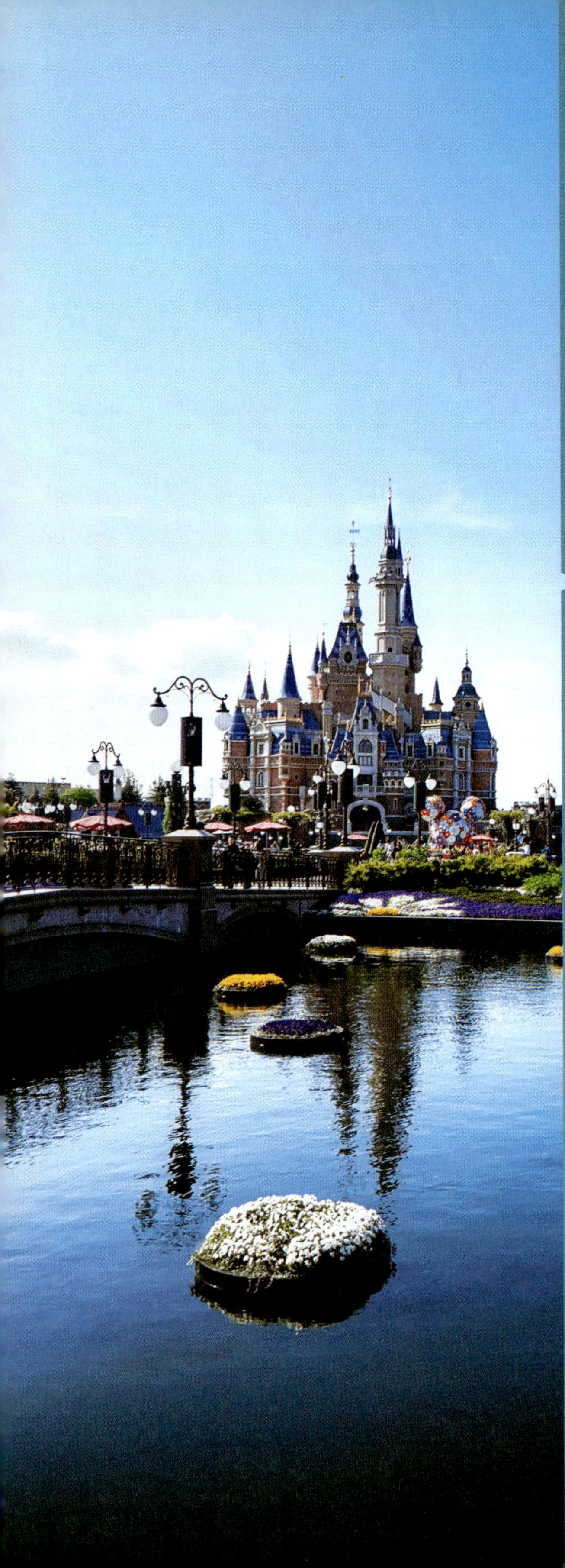

上海

SHANGHAI

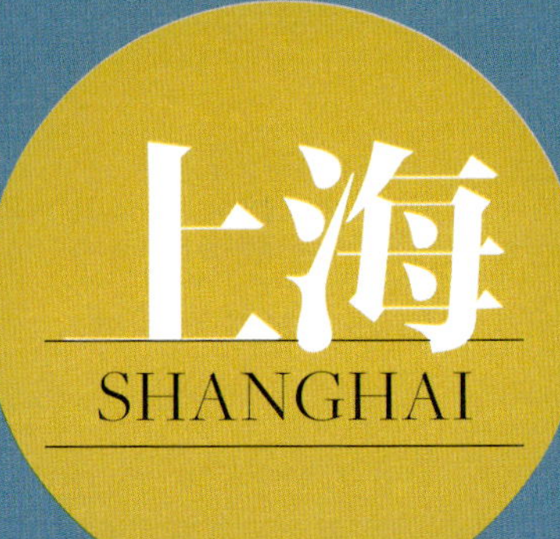

上海是一座时尚化、现代化、国际化的都市。在这座国际化的大都市中建成了当下最受家庭欢迎的度假胜地——上海国际旅游度假区。

其核心区包括上海迪士尼一期主题乐园及配套设施项目。围绕上海建设世界著名旅游城市的发展目标，重点培育和发展主题游乐、旅游度假、文化创意、会议展览、商业零售、体育休闲等产业，打造现代服务业高地，并整合周边旅游资源联动发展。力争建成等级高、辐射强的国际化旅游度假区。

上海的老牌国家旅游度假区——佘山，已经确立了作为上海最大旅游度假基地的地位。区内已形成集游乐、观光、会务、休闲、度假、居住等多项功能为一体的综合型旅游度假区的雏形，每年吸引大量游人前来观光游览。

来上海度假，体验国际化大都市美丽，满足全家人的度假需求。

杨浦 YANGPU

杨浦区文化旅游资源丰富，全区拥有文物保护单位、文物保护点 82 处，其中国家文物保护单位 2 处、市级文物保护单位 8 处、区级文物保护单位7处，区文物保护点65处。各类博物馆、陈列馆、展示馆 14 家。区内 9 家星级宾馆。A 级旅行社 20 家，其中 5A 级 1 家，4A 级 8 家，3A 级 11 家。国家 A 级旅游景区 3 家，其中 4A 级 2 家，3A 级 1 家。“三个百年”深厚历史底蕴，百年大学：区域内有复旦、同济等 10 余所高校。既可以看到校园历史建筑，也可以走进高校的陈列馆、博物馆，一睹特色学科所展现出的知识瑰宝。百年工业：上海首家电厂、水厂、煤气厂等都诞生在杨树浦路沿线；百年市政：“大上海计划”留下了旧上海市政大楼等一批文保建筑，高檐重楼、中西合璧。

杨浦滨江岸线被联合国教科文组织认定为目前世界极大的滨江工业遗存带，是杨浦百年工业重要载体，杨浦滨江南段 5.5 千米已实现三道贯通，包含跑步、漫步、骑行，街艺表演、人人集市热闹非凡。昔日的“工业锈带”变成了“生活秀带”。作为人民城市理念的首发地，按照习近平总书记“人民城市人民建、人民城市为人民”的重要指示，深化共建、共治和共享，围绕“宜业、宜居、宜乐、宜游”，切实推进“旅游 +”产业融合发展，未来杨浦滨江将被打造成为都市旅游治理现代化示范样本，上海市文化和旅游局与杨浦区人民政府将共同建设杨浦滨江，使其成为人民城市理念引领下“世界会客厅”全域旅游特色示范区。

五角场作为上海城市副中心和市级商业中心，更是“城市的大学、大学的城市”与江湾历史风貌区的交会融合之地，市民在休闲中购物、美食、看书、观影、欣赏“艺术商圈”和“街头艺人”演出，演变出丰富多彩的休闲之旅和各类夜生活。在政企联手、精心准备、全力创建、会议评审后杨浦区创智天地大学路成功入选首批上海市全域旅游特色示范区域。

杨浦滨江（Yangpu Riverside）

杨浦大桥（Yangpu Bridge）

上海迪士尼度假区

SHANGHAI DISNEY RESORT

上海迪士尼度假区，位于上海市浦东新区申迪北路753号，是中国大陆第一座迪士尼度假区，也是继加州迪士尼乐园度假区、奥兰多华特迪士尼世界度假区、东京迪士尼度假区、巴黎迪士尼乐园度假区和香港迪士尼乐园度假区之后，全球第六个迪士尼度假区。

迪士尼乐园的城堡（Disneyland Castle）

上海迪士尼度假区占地3.9平方千米，包括迪士尼乐园、迪士尼小镇和2家带有主题风格的酒店，于2011年4月8日正式在上海市浦东新区川沙破土动工，2016年6月16日正式开园。

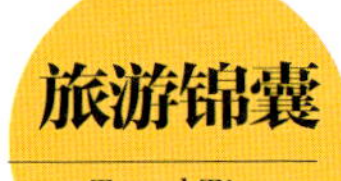

旅游锦囊

Travel Tips

交通

地铁：搭乘舒适的地铁，一路前往上海迪士尼度假区——11号线的终点站。

自驾：游客可自驾车从西入口（度假区高架路）、东入口（阳光大道）、南入口（星光大道）抵达上海国际旅游度假区，并按照交通引导选择合理的停车场。距离乐园最近的迪士尼停车场是迪士尼小型车及旅游客车停车场，位于迪士尼度假区的西入口，步行至乐园仅需5~10分钟，停车可按天收费，并设有出租车和机动车上 / 下客点，方便接送游客。

顺利入园早知道

为保证顺利入园，请携带以下材料在乐园主入口入园：

1. 购票时登记的身份证件原件 / 旅游证件原件。
2. 购票凭证。
3. 持同一证件购买门票的所有游客需与证件持有人本人同时入园。

推荐景点 Scenic Areas

迪士尼乐园（Disney Park）

欢迎来到一个前所未见的神奇世界，在此点亮你的心中奇梦。这就是上海迪士尼乐园，无论老幼，都可以在此感受充满创造力、冒险和刺激的乐趣！把目光投向奇幻童话城堡，世界上最大的迪士尼城堡，准备好开始探索这七大各具魅力而令人难忘的神奇园区：米奇大街、奇想花园、梦幻世界、探险岛、宝藏湾、明日世界和迪士尼·皮克斯玩具总动员主题园区。

迪士尼小镇（Disney Town）

尽情享受毗邻上海迪士尼乐园，独一无二的购物、餐饮娱乐区吧！历久弥新的乡村小镇与繁华的国际化街道为背景，迪士尼小镇步行街在向你招手。当你四处寻找商品、美食，享受美好时光时，好似穿越到 20 世纪初！迪士尼小镇坐落于上海迪士尼乐园外沿，濒临星愿湖畔，向各地游客传达欢乐的精神，即分享与享受生活所给予的一切。

星愿公园（Wishing Star Park）

在星愿湖畔远离尘世喧嚣，湖面波光粼粼，四周宁静和谐，享受与全家人在此休养生息、放松身心、愉快玩耍。在这春暖花开之际，与家人朋友相约一起骑车环游星愿湖，以更健康的方式感受生态之美。迎着明媚的阳光，聆听大自然的声音，满目尽是秀丽风光，穿行在郁郁葱葱的树木间，放松身心。日落余晖洒在星愿湖波光粼粼的水面上，美得令人惊叹。孩子们可以在小蜻蜓园地这个奇妙世界放飞想象力。夜幕降临，夜空下的迪士尼星光露天剧场激发游客的想象力与创造力。

推荐住宿 ACCOMMODATION

上海迪士尼乐园酒店（Shanghai Disneyland Hotel）

踏入这座充满迪士尼故事情节的酒店，犹如置身于一个童话世界，在上海迪士尼乐园酒店开启你的神奇之旅：奇妙仙子的魔法仙尘在你的床头轻轻扫过，给你带来别样的妙趣体验；在卢米亚厨房享受一顿饕餮自助大餐，所有的食材都是为你和孩子精心挑选的，你在放心享用的同时还能与钟爱的迪士尼朋友拥抱、拍照，留下美好回忆。抑或是在绚景楼，像王子和公主一般，一边享受浪漫的晚餐，一边欣赏迪士尼乐园城堡的“夜光幻影秀”，这必定是一场难以忘怀的约会体验；酒店专有的免费摆渡轮可以载你前往上海迪士尼乐园，快捷灵活。每一处细节的精心打造，只为让你尽享奇妙体验。

上海佘山国家旅游度假区

SHANGHAI SHESHAN NATIONAL TOURIST RESORT

上海佘山国家旅游度假区拥有上海陆地独有的自然山林资源，是一个以山见长、以水为辅、中西合璧、古今交融的自然人文旅游区。

在“回归自然、休闲度假”的定位下，经20多年的开发建设，已经初步形成具有高、中档旅游服务设施和高品位旅游接待能力的休闲度假胜地。辖区内有佘山国家森林公园（4A级）、月湖雕塑公园（4A级）、欢乐谷（4A级）、辰山植物园（4A级）、世茂精灵之城主题乐园、广富林文化遗址、广富林郊野公园等景点以及佘山世茂洲际酒店（深坑酒店）、佘山茂御臻品之选酒店（五星级）、东方佘山索菲特大酒店（五星级）、佘山森林宾馆（三星级）、大众国际会议中心等一批能够满足不同客户群住宿及会务需要的高、中档酒店。区域内佘山天主教堂、佘山天文台、地震台、护珠塔、二陆草堂、三高士文化纪念园等珍贵的历史遗存，更为其增添文化底蕴。

近年来，上海佘山国家旅游度假区还致力于品牌节庆活动的开发和培育，佘山元旦登高、兰笋文化节、辰山草地音乐节、天马论驾、佘山盛夏狂欢节、佘山航空嘉年华等四季精品活动进一步提升了度假区的知名度。

深坑酒店（Shenkeng Hotel）

佘山（Sheshan）

青浦 QINGPU

全域旅游精品目的地——全域旅游，灵秀青浦

青浦区位于上海市西部，是上海独有的与江苏、浙江接壤的地区，是进博会永久举办地、长三角区域一体化发展示范区、上海城市商业商贸的发家地、海上丝绸之路的重要节点、上海文化的发源地、上海人的文化故乡和精神摇篮。

青浦区全域面积668.5平方千米，因水而生、缘水而灵、依水而兴，上海21个天然湖泊全部汇集于此。现有国家4A级旅游景区6个，国家3A级旅游景区3个，星级饭店11家。环绕淀山湖散落着享有盛名的历史文化名镇（朱家角、金泽、练塘）、大观园风景区、东方绿舟、陈云纪念馆。还有联怡枇杷乐园、凯博休闲农庄等诸多乡村旅游度假村散布各处。更有生态环境优美、民风淳朴、文化内涵深厚的美丽乡村——张马村、莲湖村、蔡浜村。

近年来，青浦区以创建国家全域旅游示范区为抓手，围绕“两带”（古镇历史文化乡村休闲带、淀山湖水上旅游带）、“三区”（会展商旅文体融合发展区、青西乡村旅游度假区、新城景城一体休闲区）推出了水乡古镇文化休闲区和生态旅游区、青西郊野公园生态旅游示范区、金泽国家帆船运动休闲小镇、张马乡村旅游示范区、淀山湖旅游度假区和环城水系公园。大力推进“旅游+”融合发展，着力构建特色化、多样化、全域化的旅游发展新格局，积极培育会展旅游、文化旅游、商贸旅游、体育旅游、农业旅游、工业旅游等新业态，打造了以国家会展中心、崧泽遗址博物馆、青浦百联奥特莱斯、寻梦源香草农场、美帆游艇俱乐部、元祖启蒙乐园等为代表的旅游融合项目。

青浦拥有极为古老的文化内涵、极为清新的水乡风情、极为时尚的休闲度假区域。青浦古韵犹存、新潮涌起，以多方位旅游品位迎接八方宾客的光临。

朱家角古镇（Zhujiajiao Ancient Town）

江苏
JIANGSU

这是一片富有的土地。江苏的富有，不仅在于经济指数，还在于它拥有大江、大河、大湖、大海。跨江滨海、湖泊众多、水网密布的江苏，全国五大淡水湖，江苏得其二（太湖、洪泽湖）。

太湖，位于江苏、浙江两省交界处。它是中国东部近海区域最大的湖泊，也是中国的第二大淡水湖，是中国著名的风景名胜区。

苏州太湖国家旅游度假区位于古城苏州西侧 15 千米处。处于太湖风景区中心，太湖 72 峰 48 岛中大半分布在度假区四周。山水风景绝佳、空气新鲜、气候宜人、风光旖旎，季季有果、月月有花；文物古迹密集，是吴文化的发祥地。

围绕太湖，还建设了西部生态城、宜兴阳羡等众多度假区。除太湖外，天目湖、阳澄湖等一批度假区也陆续建成，每一处都是理想的度假地。

南京汤山温泉旅游度假区

NANJING TANGSHAN HOT SPRING TOURIST RESORTS

南京汤山温泉旅游度假区位于南京市江宁区汤山街道，规划面积29.74平方千米。是融碑、泉、洞、湖、寺为一体，融人文景观与自然风光为一体的国家级旅游度假区。汤山温泉旅游度假区是世界著名温泉疗养区，居中国四大温泉疗养区之首，是中国唯一获得欧洲、日本温泉水质国际双认证的温泉，有“千年圣汤，养生天堂”之美誉。

汤山古名“温泉”，因温泉而得名，已有1500多年的历史，千年前，汤山温泉就曾于南朝萧梁时期被封为皇家的御用温泉，自南朝以来，历代达官显宦、文人雅士来此游览沐浴。汤山温泉日出水量5000吨，常年水温60℃~65℃，含30多种矿物质和微量元素，最适合发展温泉疗养、健身娱乐、温泉度假等项目。

2008年1月被国土资源部授予“中国温泉开发利用示范区”称号；2008年10月被评为“中国十大温泉休闲基地”；2010年10月被评为“中国最佳休闲温泉”；2011年11月被评为“中国十大休闲胜地”；2011年12月被国土资源部评为“中国温泉之乡”；2012年10月世界温泉及气候养生联合会授予汤山“世界著名温泉小镇”称号，并确定汤山为“世界温泉论坛”永久会址；2014年被评为“中国最佳休闲度假旅游目的地”；2015年10月汤山温泉旅游度假区成为首批国家级旅游度假区。

香港御庭精品酒店、香樟华苹温泉度假别墅酒店、新加坡悦榕庄、新加坡阿丽拉度假酒店、温德姆豪生酒店、欢乐水魔方水上乐园、奥特莱斯购物广场等都已经落户汤山，南京直立猿人化石大遗址公园、阳山碑材遗址公园、港中旅集团汤山度假中心、海峡两岸文化遗产育成园、美兆健康养生中心、历史文化展示中心等项目也都在规划建设中。汤山，正在成为中国最具吸引力的温泉度假目的地和最具潜力的旅游投资目的地之一。

到“十二五”末，汤山温泉旅游度假区将通过统筹推进国家旅游度假区、国家文化产业园、国家化石遗址考古公园和国家地质公园四个国家级品牌，建成全国最大的集度假游乐、购物休闲、养生保健、会议会展于一身的高端旅游度假区。

推荐景点 Scenic Areas

南京猿人洞（Nanjing Ape Man Cave）

南京汤山镇西的雷公山中，有一个巨大的溶洞群，现已探明溶洞总面积达数万平方米，目前对游人开放的有雷公洞和葫芦洞。1993 年 3 月 13 日葫芦洞内出土了一具较完整的古人类头骨化石，引起了世界的瞩目。考古学家在此先后发现了十几种动物化石，据科学鉴定，这是大约出生于 30 万年前的南京猿人，南京地区人类史也因此向前推进了 20 多万年，同时也证实长江流域是中华民族的发祥地之一。在葫芦洞内发现的化石还有肿骨鹿、斑鹿等十余种，这些动物多生长在距今 1.5 亿年前的中更新世。南京猿人洞景区可分为六大块，分别为入口处石壁雕泉景观、山脚下的古人类石刻园、古人类史料陈列馆、遗址洞口山崖猿人雕刻景观、天然溶洞景观、竹园休闲区。按计划这里将成为一个展现南京甚至全国的古人类“石头公园”。在整个景区内，随处可见茅屋、石器、巢居屋、穴居屋等石器时代建筑小品，充满历史感。

南京欢乐水魔方水上主题乐园（Nanjing Aquamagic Park）

南京欢乐水魔方水上主题乐园位于南京汤山，由担当迪士尼乐园、美国环球影城的世界顶级主题乐园设计公司——加拿大 FORREC 公司规划设计，是亚洲规模最大、设施最先进的水上乐园。乐园由激情冲浪区、沙滩休闲区、魔法滑道区、儿童戏水区、梦境漂流区、SPA 水疗区六大区域组成，可同时容纳 3 万人狂欢。3 米亚洲最大海啸冲浪，让你享受浪花强力冲击时的无限快感；1 万平方米真沙海滩，让你轻松享有黄金海岸风情；千米梦境漂流河，让你感受徜徉海洋中的美妙乐趣；华东首台翻江倒海滑道等众多世界先进水上设备，让你尽情领略跌宕起伏的海上探险；更有异域风情水上表演、滑板冲浪秀、互动主题游戏等精彩呈现，给你带来前所未有的超凡感官体验。

阳山碑材景区（Yangshan Stele Scenic Area）

阳山碑材景区是国家 4A 级旅游景区，省级重点文物保护单位，是南京明文化遗产中不可分割的组成部分，目前已列入基尼斯世界之最——最大的碑材。阳山碑材景区由演绎打造碑材场景的明文化村、奇石林立的阳山怪石林和世界之最的阳山碑材三部分游览区域组成。

阳山碑材讲述的是 1405 年，明成祖朱棣起兵夺得他侄儿的帝位，为笼络人心，决定竖一巨型石碑歌颂朱元璋的丰功伟绩，以此稳定政局。于是他征集了全国 1000 多工匠，耗时 300 多天在阳山开凿碑材三块。由碑首、碑身和碑座三个部分组成，从阳山一侧的监工道望去，碑材如同用巨斧依山切下一般。

天生桥（The Tiansheng Bridge）余克祥　摄

天生桥景区 TIANSHENG BRIDGE SCENIC SPOT

天生桥景区是南京郊区的旅游胜地、金陵新四十八景之凝脂沉霞、国家水利风景区、江苏省文物保护单位、国家 4A 级旅游景区、江苏省旅游度假（实验）区、南京市自驾游基地、“咪豆音乐节”的永久举办地。

素有“江南小三峡”美誉的天生桥，春日迟迟，卉木萋萋，肃肃花絮，菲菲红素，在春寒料峭里，它笑靥如花；岩溜喷空，林萝碍日，奇峰倒挂，赤石绿水，在夏半灿阳里，它苍翠挺拔；草低木下，波寒烟翠，萧萧朔风，烈烈红叶，在秋高云阔里，它冉冉物华；六出飞花，青木琼枝，千树万树，粉妆玉砌，在冬寒数九里，它玉树银花。

缤纷的天生桥（Colorful Tiansheng Bridge）诸玲霞　摄

无锡宜兴阳羡生态国家级旅游度假区

WUXI YIXING YANGXIAN ECO-NATIONAL TOURIST RESORT

度假区地处苏、浙、皖三省交界，东临太湖，三面环山，自然禀赋优越，人文景观丰富，因“太湖第一源”“太湖之父”而得名。度假区拥有 16 座原生湖泊，积蓄 3400 万立方米的宜兴一级饮用水源地——阳羡湖镶嵌其中，确保了水质全年达到二级以上标准。度假区素有“竹的海洋”“茶的绿洲”“洞天世界”“紫砂源地”之美称，境内拥有宜兴竹海风景区、陶祖圣境、张公洞 3 个国家 4A 级旅游景区和优美灵谷、玉女山庄等一批特色景区。区内拥有金陵竹海国际会议中心、颐斯汀富陶温泉度假酒店、竹海天元酒店 3 家国际水准的高品质度假酒店。另有开元精舍、篱笆园深氧墅等多家高端主题特色度假酒店。此外，拥有中国最美休闲乡村 2 个，全国休闲农业与乡村旅游点 2 家，省三星级以上乡村旅游区 15 家。拥有龙山、竹海、张阳三个风情民宿区，各类精品民宿 100 余家。依托地方自然资源的核心优势，培育了“深氧界”“茶旅风情小镇”等地域品牌，实现一产、三产互动。定期举办杨梅节、新茶节、山地马拉松等旅游节庆活动，加强与主流平台合作，拓宽营销推广渠道，度假区知名度与影响力显著提升。

旅游锦囊 Travel Tips

推荐特产

阳羡生态度假区制茶史源远流长，唐代始作贡茶，自古就有“天子须尝阳羡茶，百草不敢先开花”的赞誉，还有被苏东坡誉为“饮茶三绝”的阳羡茶、金沙泉、紫砂壶。

推荐美食

乌饭酒、山百合、竹海笋干

推荐活动

湖㳇杨梅音乐节：阳羡度假区内果园众多，杨梅尤盛。截至 2017 年杨梅种植面积达 8 平方千米，年产量 8000 吨，是苏南地区种植杨梅最大的地区。湖㳇的杨梅栽培也有悠久的历史，从 2009 年开始，湖㳇镇每年都会举办一届杨梅开采节，已连续举办了十届。湖㳇杨梅，因为生长在丘陵地带，远离都市，无污染。所以被授予“国家地理标志保护”的称号。每年 6 月中下旬，将会有一场杨梅与音乐的盛典，在青山绿水间拉开帷幕。

宜兴竹海天元酒店（Bamboos Tianyuan Hotel）

地址：湖㳇镇省庄路 3 号（竹海景区对面）。

推荐景点 Scenic Areas

宜兴竹海风景区（Yixing Bamboo Forest）

风景区中主要有“太湖第一源”“苏南第一峰”“竹报平安”“镜湖秀色”“素桥凌波”“寂照禅寺”“竹林飞瀑”“翡翠长廊”“悬空栈道”等景点。或气势宏大，或清幽深邃，或曲折迷离，或气象万千，各具特色。镜湖内海存活着大量 15 亿年前的活化石——桃花水母，具有极高的科学价值和观赏价值。竹海风景区被誉为天然的大氧吧，也是影视拍摄的绝佳处，曾在景区内拍摄过《三国演义》《飞侠小白龙》等优秀影视作品。宜兴竹海，是融自然生态的山水文化、寂照寺的宗教文化、三省交界的地域文化、陶都地方风情文化为一体的综合性游览胜地。

陶祖圣境（Tao Zu's Holy Land）

优美的自然风光、浪漫的爱情传说、天然的洞天府地、深厚的文化底蕴、尽在陶祖圣境。陶祖圣境风景区位于苏、浙、皖三省交界处宜兴市市区西南 28 千米湖㳇镇境内，与著名的竹海风景区、西施洞、磬山寺等景区毗邻。风景区以慕蠡洞为主体。陶祖圣境风景区建筑风格尽显古汉韵味，整个景区以金塘山为主体，以摹蠡古洞为主景，并设有范蠡雕塑广场、西施水景广场、石林奇观、范蠡古窑、竹林廊桥、范公草圃、浣纱清池、望妻亭、陶艺小吧、度假别墅等景点。游览陶祖圣境寻觅一代商圣——陶朱公发迹之道。

张公洞风景区（Zhanggongdong Scenic Area）

张公洞风景区位于江苏省无锡市，以道教圣地而闻名于世。张公洞玄妙无常，妙在洞中有洞，洞中复有洞，洞中复有洞中洞。72 个大小洞穴，洞洞不同，洞洞有奇，左右盘旋，洞天通天；游客置身其间穿来穿去，忽上忽下，忽东忽西，莫穷其胜，奥妙无穷。在此旅游者可领略道教文化，进香者可逐殿参礼膜拜。

磬山幽谷（Qingshan Valley）

江苏省无锡市宜兴市磬山崇恩寺，原名“磬山禅院”，据传是唐代一僧人云游至此，被这里的风光所摄受，遂择基建庙。在奠基时，偶得玉器一件，其形如钵，视为珍宝，故定名声山，而这座寺庙，取名“磬山禅院”。清雍正十一年（1733），文命敕建磬山崇恩寺。增建殿宇，直至乾隆年间，因其生父在磬山出家，乾隆三下江南，寻父至此，御笔亲赐“天下第一祖庭”并重修禅寺。

云龙区 YUNLONG DISTRICT

徐州历史悠久、文脉深厚，拥有5000多年的文明史和2600多年的建城史，享有“彭祖故国、刘邦故里、项羽故都”的美誉，孕育了“楚韵汉风、南秀北雄”的鲜明人文特质，形成了两汉文化、军事文化、书画文化、宗教文化、山水文化等城市文化品牌。云龙区作为徐州古城的中心区域，文化底蕴深厚，文物古迹众多，民风民俗浓郁，逐渐形成了汉风楚韵、祈福纳祥、城市记忆、生态宜居等特质，成为市民及游客旅游的首选。

全市极具历史符号象征的徐州汉文化景区坐落在云龙区境内，它是全国极大的一座汉文化主题公园，景区曾先后发掘了气势恢宏的狮子山汉墓，巧夺天工的汉兵马俑，并探测到了王后墓、贵族陪葬坑、祭祀坑等历史遗址，通过对历史文物的进一步发掘保护、合理利用，重现汉文化精髓，于2006年建成1400亩的汉文化景区，景区集著名的“汉代三绝”于一身。

汉文化景区（Han culture scenic spot）

常州天目湖旅游度假区

CHANGZHOU TIANMU LAKE TOURIST RESORT

天目湖国家级旅游度假区，位于溧阳市区南部 8 千米，区内坐落着沙河、大溪两座国家级大型水库，因属天目山余脉，故名“天目湖”。旅游度假区总体规划面积为 10.67 平方千米（不包括水面 7.25 平方千米）。天目湖的周围，现存许多历史文化遗址：以春秋时代楚人伍子胥名“员”命名的伍员山，东汉大文学家蔡邕读书台、太白楼、报恩禅寺，唐代名刹龙兴寺旧址、“天下第一石拱坝”等。天目湖地区物产丰富，有“沙河桂茗”“乌龙茶”“珍珠栗”“桂圆栗”“砂锅鱼头”等。天目湖国家级旅游度假区，是融观光、旅游、度假、会议等活动为一体和具有“行、游、住、食、购、娱”一条龙服务的国家级旅游度假区。

旅游锦囊

Travel Tips

推荐特产

天目湖砂锅鱼头：选用天目湖野生大花鲢鱼为原料，加入天目湖水久煨而成。食用时只要将鱼头包、鱼汤包、调料拆开，一起放入锅中一次性用大火烧开，再用小火炖 4~5 分钟，汤色呈乳白即可食用，然后将调料按个人口味逐量加入（自备香葱和香菜），其无土腥味、味道鲜美、原汁原味。

南山板栗：平桥板栗又叫“珍珠栗”，俗称“大栗”，素以果粒大、皮壳薄、色泽褐红光洁、肉色黄亮、味甘美而著称。生食香脆甜嫩，满口生香；熟食细腻甜糯，尤以中秋节前后的新生嫩栗为最佳，8 月份是桂花开的季节，因此，板栗又有一种清新的桂花香味，因此，又美其名曰“桂花栗”。

推荐行程：

夏季天目湖一日游：天目湖山水园 + 水世界。

上午到达景区，沿左侧路线游览湖里山，湖里山三面环水、一面着陆，景区内竹木茂盛，石阶蜿蜒曲折，亭台楼阁都是环湖而建，直走经过慈孝文化区看孟郊在此作下中华第一诗《游子吟》，状元文化区赏状元阁，顺沿道路参观藏尽天下奇石的奇石馆，然后右拐，沿着湖边步道直走，到达游船码头。

游船码头可见海底世界入口，建议先乘船游览龙兴岛，最后预估好时间再去海底世界，可乘坐游船 B 线，赏湖光山色，览岛屿错落。船行 20 分钟到达第一站龙兴岛，下船游览半月潭和活体蝴蝶体验馆——彩蝶谷，顺山而行体验猎人山棚和射箭场，然后登上景区制高点天目览胜一览天目全景，环岛而行经过孩子们最喜欢的精灵王国，和孔雀、松鼠、兔子一起玩耍。又到登船点，再次坐上游船，待中国茶岛下船，游览中国茶文化苑，通过茶之境、茶之源、茶之史、茶之俗、茶之香等全面呈现了茶源远流长的文化历史。过了美丽的自在桥，就能看到吉尼斯世界纪录认证的天下第一壶，天下白茶馆则向游客展示了白茶佼者——福鼎白茶，泛白茶时代——安吉白茶两大茶叶的文化内涵，更带来了白茶新时代——天目湖白茶的全面呈现。亦可选择在中国茶村邀人共品佳茶，或是尝尝小吃，寻找那时光里的味道。水上娱乐中心是可以亲水的大型水上娱乐场所，包含了自驾摩托艇、高速艇、快艇等多类项目，给大家充足的选择余地。

夏季的傍晚还可以去山水园边上的天目湖水世界尽情玩耍一下，超级台风、玛雅漂流、巨蟒、家庭大滑板、巨碗滑道、竞速滑道、自由落体、平行大水环、加勒比海水城等巅峰游乐项目，保你安全无虞地尽享惊险刺激的夏日水狂欢。享受水世界清凉刺激的同时，还可以欣赏造浪池上演的精彩节目，周边也有可口的美食供你边玩边吃。

推荐景点 Scenic Areas

天目湖山水园景区（Tianmu Lake Landscape Park Scenic Area）

天目湖山水园景区是国家5A级旅游景区，是天目湖的核心景区，拥有慈孝文化园、状元文化区、奇石馆、精灵国、彩蝶谷、中国茶岛等景点。四面群山枕水、碧波荡漾，湖中岛屿散落、湖岸曲折通幽，游船是景区的经典项目，可以满足千余人同时畅游天目湖。状元文化为湖里山历史文化区的核心，慈孝文化为传统文化园的开篇之作，内有奇石馆、江南茶村等景点。龙兴岛彩蝶谷有蝴恋、蝴梦、蝴画三个展馆。精灵国，有琳达的舞台、朵儿的村庄、吉米的乐园，为孩子们打造快乐的动物乐园，邂逅动物王国的音乐圣典——精灵乐队的精彩演出等。天目湖水世界位于天目湖山水园景区内，是华东地区唯一临湖、唯一自然山水类景区的水上乐园，是亚洲顶级生态型水世界，每年暑期开放，原生态环境，优质的水质，植被茂盛，遮阳防晒，免去了夏日玩水暴晒的烦恼。

天目湖南山竹海景区（Tianmu Hunan Mangosteen Sea Scenic Area）

天目湖南山竹海景区是国家5A级旅游景区，距天目湖山水园景区18千米，是江苏、浙江、安徽三省交界之地，景区内峰峦起伏，万亩翠竹一望无垠。在竹海中，两山夹峙之间，山涧水和天然雨水汇集成了小小的“静湖”，湖水终年清冽。攀上海拔508米的吴越第一峰，便可将万亩竹海全景，苏、浙、皖三省风光尽收眼底，真正领略“一览众山小”的风光。

天目湖御水温泉景区（Tianmu Lake Yushui Hot Spring Scenic Area）

天目湖御水温泉，坐落于江苏省溧阳市境内，毗邻天目湖南山竹海景区，属国家5A级旅游景区。其地热井位于戴埠火山岩盆地南西边缘，露天泡池依山傍水，错落有致，凭借着其自身的自然优势，取旧赋新，气韵天然。御水温泉由温泉养生区、度假酒店区、单栋式酒店区、休闲体育区和特色商业区五大区域组成。

御水温泉度假酒店（Yushui Hot Spring Resort）

御水温泉度假酒店隐于竹海，伴以温泉，享受万亩竹海天然氧吧，进退之间，借景造境，整面落地玻璃，加之超大景观阳台，巨幅泼墨山水之色呈现眼前。居住在御水温泉度假酒店，徜徉繁华自然山水之中，涵养出难忘的静艳时光，是你修养身心的度假之所。酒店采用高标准的专业服务，客房管家及餐饮、旅游观光等全方位贴心保障，贴心细微，让你感受如家温馨，别致景观与考究的硬件设施，使你的假日之旅分外温馨愉悦。

苏州阳澄湖半岛旅游度假区

SUZHOU YANGCHENG LAKE PENINSULA TOURIST RESORT

阳澄湖半岛旅游度假区，为首批国家级旅游度假区，位于苏州工业园区北部、阳澄湖南岸，区域总面积 24.39 平方千米，含内湖水域面积 9 平方千米。作为苏州工业园区重点打造的“金鸡湖、独墅湖、阳澄湖”三大功能板块之一，阳澄湖半岛旅游度假区立足“精品高端及绿色生态”的发展定位，呈现“天边水泽 · 别有乾坤”的胜景，大力发展大城时代的休闲度假旅游。置身阳澄湖半岛，不仅能享受自然亲水的精致景观，感知丰富深厚的多元文化，更能沉浸在宁静纯美的生态绿林，体验新颖独特的旅游项目、时尚高端的商业载体。勾勒“地理上紧邻城市、心理上远离城市”的独特魅力，阳澄湖半岛旅游度假区处处散发着宜观宜赏、宜游宜玩的休闲度假氛围，绘就“现代化、国际化、园林化新型滨水休闲养生度假胜地”，演绎逐水而居幸福生活。

旅游锦囊 Travel Tips

推荐餐馆

阳澄人家农家乐

毗邻阳澄湖畔，由阳澄湖的原住村民开设，以经营优质鲜美的农家菜闻名，春天的子虾、塘鲤鱼，夏天的黄鳝、螺蛳，秋天的大闸蟹、昂刺鱼，冬天的白鱼、鲢鱼头，精致湖鲜配以慈姑、茭白、水芹、芋艿、荸荠、莲藕、芡实（鸡头米）和红菱等时令“水八仙”，是游客尝鲜的好去处。

地址：苏州工业园区阳澄湖半岛永阳路。

“美食运动”休闲活力游（一日游）

1. 半岛环湖骑行（2 小时），骑乘环湖自行车道，穿梭生态公园，感受最美湖景；

2. 半岛定向越野，苏州地区首个公园定向越野项目，置身秋色怡人的生态公园，感受体力、智力大比拼；

3. 品纯正阳澄湖湖八鲜、水八仙（大闸蟹、鸡头米），点燃味蕾；

4. 奕欧来苏州精品购物村体验西方艺术与时尚大牌，悠享惬意下午茶，结束一天旅程。

苏州阳澄湖澜廷度假酒店（Lanting Resort Hotel，Yangcheng Lake，Suzhou）

苏州阳澄湖澜廷度假酒店坐落于风景如画的苏州阳澄半岛，毗邻重新修缮的千年古刹重元寺，近接浩渺阳澄湖岸，酒店在得天独厚的自然环境之中，将时尚休闲的东南亚建筑理念与苏州现代人文风情相结合。酒店内精装 190 间格调高雅的豪华客房、跃层套房、SPA 套房以及总统套房等。休闲及娱乐设施配备齐全。酒店与沪宁高速公路及周边道路网络的便捷，使得往来酒店与周边城市道路高效便捷。同时也方便于往来上海浦东国际机场和虹桥机场的客人入住酒店。

推荐景点 Scenic Areas

云杉湖公园（Spruce Lake Park）

一处公园，千种姿色，种植各类乔木、灌木、地被及水生植物上百种。一片郁郁葱葱的云杉林，交融着树形优美的香樟、干形通直的落羽杉、香气浓郁的金桂、姿态优雅的各色玉兰、灿若云霞的早晚樱花、温柔解语的垂丝海棠、馥郁浪漫的薰衣草、优雅华丽的鸢尾等；休憩木亭、木栈道，曲桥、石质园路穿过花丛，健身游乐设施点缀其间；别致静雅，自然野趣横生。

华谊兄弟电影世界（Huayi Brothers Film World）

华谊兄弟电影世界是国内首家以自持电影知识产权为主题的世界级电影文化体验项目，位于阳澄湖半岛国家级旅游度假区，项目占地46万平方米，总投资达20亿元人民币。华谊兄弟电影世界取材于七部华谊兄弟经典电影，打造出了“星光大道区”“非诚勿扰区”“集结号区”“通天帝国区”和“太极区”五个主题区域。在每个区域，你都可以看电影、玩电影、走进电影：在拥有“全园首个电影儿童职业体验馆”的星光大道区，你可以不忘初心，实现星梦；在非诚勿扰区的50米高蹦极跳项目上，你可以纵身一跃，表白你对爱情的坚定不移；在坐拥“全球第一台VR-Ride项目”的集结号区，铁血军魂、民国风情必定触动你心；而在太极区的全国第一个电影主题实景秀“怪咖闯天关”，1∶1还原电影中的移动道具“特洛伊”，给你带来前所未有的视听震撼；在通天帝国区的“燕子楼”，你不但可以品尝到大唐盛世烧尾宴，还可以一睹花魁芳容。

重元寺（Chongyuan Temple）

水天佛国，千年古刹，始建于南北朝梁武帝天监二年（503），与寒山寺、灵岩寺、保圣寺同时代，具有佛、法、僧三宝的佛教道场特色，距今已有1500多年的历史。重元寺初名重玄寺，梁武帝崇佛，各级官员上行下效，当时在苏州的官员陆僧瓒因看见其官宅上空祥云重叠，便上奏梁武帝，舍弃自家宅院，建寺庙，梁武帝欣然赐匾表示嘉许，御赐匾额题为“大梁广德重玄寺”。此后1000多年，重元寺几经易名，规模不断扩大，堪称江南佛教重镇。许多文人墨客曾来到重元寺礼佛参拜，留下诗文，历代诗人白居易、韦应物、皮日休、陆龟蒙、范成大等都为之吟咏。宋时嗣法法眼宗天台德韶的道原禅师，驻锡重元寺永安院内，编纂《佛祖同参集》二十卷，于宋真宗景德元年（1004）进奉朝廷，真宗钦定名《景德传灯录》，奉敕编入大藏经内。

盐城 YANCHENG

盐城市有星级旅游饭店50家，旅行社137家，东台鱼汤面、建湖藕粉圆、阜宁大糕、伍佑醉螺、大纵湖大闸蟹、大丰小龙虾、“盐阜八大碗”等盐阜风味美食和小吃盛名不衰。盐雕、东台发绣、盐都剪纸、射阳农民画、大丰麦秆画、滨海何首乌等旅游商品独具特色。盐城交通便捷，盐城民航、大丰港为国家一类口岸。开通了通往韩国首尔、中国台北、北京、广州、厦门、西安等境内外航线，新长铁路开通了全国客货运，盐城与周边城市均有高速公路相连，距离上海车程约2.5小时。目前，盐城正加快构建“5+1”高速铁路网。

厚德载物、心纯质朴的盐城人传承历史的根脉，把握绿色生态的当下与未来。“大美湿地　水韵盐城”旅游品牌已闻名遐迩，鹤鹿故乡生态之旅、湖荡湿地风情之旅、黄河故道寻根之旅、生态画廊激情自驾等精品旅游线路，已成为广大游客休闲度假的理想选择。

旅游锦囊 Travel Tips

盐城旅游精品线路　鹤鹿故乡生态之旅

一日游： 中华麋鹿园—丹顶鹤湿地生态旅游区（2号景观公路）。

二日游： 第1天：黄海森林公园—中华麋鹿园—大丰港海洋世界（宿大丰）。第2天：丹顶鹤湿地生态旅游区—射阳日月岛生态旅游区（息心寺）—滨海月亮湾（2号景观公路）。

中华麋鹿园（Chinese Elk Park）

大丰 DAFENG

欢腾杨国美　摄（Exultation）

多彩湿地　画里大丰

大丰位于江苏沿海中部，总人口 72 万，总面积 3059 平方千米，作为世界自然遗产黄海湿地的重要组成部分、盐城对外开放的重要门户窗口，大丰正面临长三角一体化和高铁时代来临的重大机遇，旅游经济迎来新一轮黄金发展期。

近年来，大丰深入践行“两海两绿”新路径，围绕全产业链、全要素，培育壮大旅游经济，拥有中国优秀旅游城市、全国旅游标准化示范城市、首批省级全域旅游示范区称号。目前，全区有国家5A级旅游景区1个，国家 4A 级旅游景区 6 个，全国乡村旅游重点村 1 个，江苏省五星级乡村旅游区 2 个，四星级乡村旅游区 4 个，省市级旅游度假区各 1 个，江苏省特色景观旅游名镇、名村各 2 个，高等级景区数量、质量位居江苏各县区前列。

大丰坚持规划引领，聘请国内外知名规划设计公司，整合生态、人文资源，高标准打造有内涵、有特色的旅游项目。建成苏北首批国家 5A 级旅游景区——中华麋鹿园、中国郁金香花海——荷兰花海、国内规模极大的知青文化主题景区——知青农场、国内首个以海洋为主题的情景式互动体验馆——大丰港海洋世界、赏梅胜地——梅花湾、《水浒传》成书原址——施耐庵故里。

清和天气润园林（Good weather in garden）陈加春　摄

大纵湖旅游度假区

DAZONG LAKE TOURIST RESORT

江苏省盐城市大纵湖旅游度假区地处江苏省盐城市西南边陲，位于盐城、泰州两市接合部，下辖 6 个行政村居，总面积 38.47 平方千米，总人口 1.6 万人。大纵湖由古潟湖演变而来，南北宽 5.5 千米，东西长 6 千米，是苏北里下河沼泽湖泊群中面积极大的湖泊，也是古射阳湖分解后残存极大的湖泊。素有金荡银滩、鱼米之乡的美誉。大纵湖是盐城百万市民生活饮水源头，其水质清洌甘甜，湖区内水草丰茂，水产品极为丰富，大纵湖也因湖区所盛产的“清水大闸蟹”而闻名天下。大纵湖旅游度假区内包括国家 4A 级旅游景区、国家水利风景区、国家湿地公园、绿丘营地、影视城、东晋水城等多个景点。

大纵湖旅游景区为国家 4A 级旅游景区，这里物华天宝，人杰地灵。景区内包含芦荡迷宫、水月观音、影视城（梦想城）、外湖生态风光等多个景点。

大纵湖旅游度假区

东晋水城

大纵湖旅游景区

大纵湖湿地公园于 2020 年 3 月获批国家湿地公园，公园主要分为三个区域，分别为保育区、恢复重建区、合理利用区。

大纵湖东晋水城占地面积 66 万多平方米，建筑面积 10 万多平方米，以宋式、民国建筑为骨架，以千年大纵湖清洌水质为依托，以新国风商业为内容，以新中式园林酒店为载体，以里下河“闲适自在”生活为本源，描绘出一幅“船在水中游，人在岛中居”的现世版水中“清明上河图”。

湖光水色（Lake light and water color）

大纵湖九曲桥——秋冬景（Jiuqu bridge of Dazong Lake—autumn and winter scenery）

黄海森林公园 HUANGHAI FOREST PARK

黄海森林公园坐落于黄海之滨，盐城市南大门，始建于1965年成立的国营东台市林场，是国家沿海防护林重点建设基地和国家生态公益林保护基地。2004年获批为江苏省首批省级森林公园，2015年12月通过国家森林公园评审，2016年7月被列为首批国家森林体验基地试点建设单位，2016年10月正式获批国家4A级旅游景区，2017年6月被列为全国森林康养基地试点建设单位，2018年1月正式获批省级旅游度假区，2019年7月黄海湿地被联合国教科文组织认定为世界自然遗产。

园内林业资源丰富、植被保护完好、生态环境优良，总面积6.8万亩，森林覆盖率超过90%，是华东地区极大的平原森林。良好的森林和植被环境保证了生物多样性，拥有各类植物628种、鸟类342种和兽类近30种，是东亚—澳大利亚迁徙路线上重要的候鸟栖息地，鸟类的天堂。森林里负氧离子含量平均达到每立方厘米4000个，形成了人与自然和谐共生的优良生态系统。

2015年以来，公园坚持“生态优先、开发与保护并重”的理念，围绕“绿色、生态、养生”主题，整合周边滩涂湿地、风光带沿线可开发资源，连接352省道和228国道，以人与森林、森林与海洋的相互联动为主线，以森林生态、海滨风情为特色，发展科普教育、湿地观光、生态度假、养生康体、

运动健身、商务会展等休闲度假产品。稳妥推进基础设施和景点建设，先后建成空中栈道、湿地长廊、乌托邦等一批特色景观和配套设施。公园大力宣传推广，常态化开展“森林马拉松、音乐节”等系列活动，游客量及旅游收入呈现年年翻番的可喜态势。

公园力争在“十三五”前后，建成多功能、全覆盖、高品质的国家森林康养基地和国家5A级旅游景区。

湿地长廊（Wetland promenade）

乌托邦航拍（Utopian Aerial Photography）

浙江
ZHEJIANG

浙江的度假区之美，都可以用“绿”这个字来概括。

千岛湖的绿色层次分明，错落幽美。从表面上看，一眼望去，千岛湖是单纯的绿色。湖区四周绵延起伏的远山，层层叠叠，郁郁葱葱，岛上森林墨绿欲滴。

安吉灵峰的竹博园，可以说是一片绿色的海洋。你可以轻舟赏竹翠，曲径闻竹香，凭窗听竹语，登高观竹浪，396 个竹子品种让你体验到“宁可食无肉，不可居无竹”的竹子意境。

绿色能给人一种宁静、平和、柔和、湿润、舒适和愉悦的心理感受，浙江的湖水、竹林能使人们暂时远离喧嚣的城市，快节奏的生活和工作环境，使浮躁的心在一片片绿色中得到安宁，忘却工作的烦恼和尘世间一切恩怨，使你的灵魂得到净化。同时，绿色也是一种健康的色彩，它可以滋养你的眼睛，沁你的心脾，请你尽情地张扬你的个性，张开双臂拥抱这一片绿色，并尽情地吮吸，把你的五脏六腑洗得干干净净吧。

湘湖 XIANGHU

湘湖掬星岛（Juxing Island, Xianghu Lake）

湘湖国家旅游度假区位于杭州市萧山区城西，度假区面积 35 平方千米，其中水域面积 6.1 平方千米，与西湖接近，蓄水量达 2310 万立方米。

湘湖是浙江文明之源头。有 8000 年的跨湖桥文化、2500 年的越文化、900 年的水利文化，是萧山历史文脉所在。这里发掘的跨湖桥文化遗址，出土了世界上极早的 8000 年前的独木舟；湘湖城山之巅的越王城遗址，是春秋末期越王勾践屯兵抗吴的重要军事城堡；是唐代大诗人贺知章的故里，李白、陆游、文天祥、刘基等历代名人在此留有不朽诗文。

湘湖是诗画江南之仙境。“湖清霜镜晓，涛白雪山来”，是唐代大诗人李白描绘湘湖秀丽风光的名句。湘湖的景四季皆美，春季赏花，夏季观荷，秋季露营，冬季赏雪。湘湖水质达到Ⅱ－Ⅲ类水质标准，空气质量达到一类标准，负氧离子含量高达 2.8 万个 / 立方米。森林覆盖率达 95%，是杭州的“蓝心绿肺”“有氧组团”。

目前，度假区拥有湘湖景区、杭州极地海洋公园、杭州乐园、东方文化园 4 家国家 4A 级旅游景区，以及开元森泊度假乐园、逍遥山庄、第一世界大酒店、跨湖楼、湘湖驿站、湘湖渔村、娃哈哈度假酒店、慢生活街等众多餐饮住宿业态，形成了以湘湖为核心，涵盖跨湖桥遗址博物馆、浙江省现代陶瓷艺术博物馆、烂苹果乐园、山里人家等 50 余个景点的优质产品资源。2015 年创建成为首批国家旅游度假区。成功举办了两届世界休闲博览会、四届中国国际动漫节、首届国际半程马拉松赛等国际性大型会展与活动，成为杭州旅游又一张“金名片”。

湘湖全景图（Panorama of Xianghu Lake ）

宁波东钱湖旅游度假区

NINGBO DONGQIAN LAKE TOURIST RESORT

在宁波市东南近郊逶迤绮丽、连绵不绝的青山群抱中，一颗璀璨的明珠千百年来闪耀着诱人的光芒，它就是被郭沫若先生誉为“西子风韵、太湖气魄”的东钱湖。

东钱湖是地质时期留下来的海迹湖泊，现为浙江第一大淡水湖，经历代辟湖治理，如今南北长 8.5 千米，东西宽 4.5 千米，环湖一周达 45 千米，水域面积 20 平方千米，为杭州西湖的 3 倍，平均水深 2.2 米，总蓄水量 3390 万立方米。

自古以来，东钱湖便是浙东著名风景胜地，历经沧桑，积淀了浓厚的文化底蕴，留下了众多具有较高历史及艺术价值的文化历史遗存。据不完全统计，景区内现存文物古迹 11 处，其中国家级重点文保单位 2 处（南宋墓道石刻群、庙沟后石牌坊）。区域内自然资源丰富，植被种类 300 多种，山地森林覆盖率 92.4%。生态环境优美，湖面开阔，岸线曲折，四周群山环抱，森林苍郁；气候良好，属亚热带季风气候，全年温和湿润，雨量充沛，年平均气温 15.4℃。

旅游锦囊

Travel Tips

交通

度假区区位优越，交通便捷。处于经济高速发展、人口稠密、交通网络密集的长江三角洲地区，是浙东旅游网络的中心节点；到达宁波市区和栎社机场分别为 10 分钟车程，进入沪杭甬高速公路和同三线高速公路仅需 10 分钟；杭州湾跨海大桥于 2008 年建成，宁波进入以上海为中心的两小时交通圈。

特产

“尽说西湖足胜游，谁信东湖更清幽。”宁波东钱湖具有西湖的风光、太湖的气魄，更是鱼米之乡。烟波浩渺的东钱湖历来是水族们的乐园，仅鱼类就有四五十种之多。因为水产资源丰富，东钱湖的渔业十分发达，捕鱼情景是历代诗人吟唱的话题，而“殷湾渔火”已成为东钱湖十景之一。

无泥腥味是东钱湖水产的一大特点，这是由于东钱湖面积大，碧波万顷，鱼儿自在吐纳之故。其次是湖水甘美，注入湖中的有 72 条山溪水，这里的鱼类如草鱼、鳙鱼、鲫鱼、鲢鱼、鳊鱼、鲤鱼等，无论是清蒸还是红烧，无不“清口”无比。

东钱湖的河虾也新鲜，入水白灼后虾红壳薄，肉质细嫩鲜美，令人食欲大增，一品尝连壳都来不及吐出，连头带尾便将整碟河虾嚼入腹中。

东钱湖的螺蛳也是一绝，个儿不大，肉质却不是一般的嫩，大都是用酱爆煮法，用葱头加五香八角，汁极少，黏稠，口感极入味，鲜味浓烈。

宁波人素有“冬鲫夏鲌”之说。东钱湖盛产鲌鱼，当地人称之为“青条”的翘嘴红鲌，大的可长到三四十斤，用来清蒸其味最佳，透着一股股的清香，而晒过的鱼干，更有着够味的嚼头与渔家特有的风味。

青鱼也是东钱湖自产的，个头最普通的也有十来斤，一道名为“青鱼划水”的钱湖名菜用料十分讲究，盘子一定要选最大号的，将鱼在油里炸得酥掉了皮再红烧，出锅入口就是最滑糯的，特别好吃的“青鱼肚裆”吃的是鱼肚那一块。这道菜色泽金黄鲜亮，散发出的鱼香让人直流口水，鱼肉入嘴嫩如豆腐，咸中带甜，甜中微酸，回味无穷。

推荐景点 Scenic Areas

湖心景区（Lake Scenic Area）

湖心景区是东钱湖旅游度假区成立后新建的第一个景区，由湖心堤和小普陀组成。湖心堤，又名钱堤，初建于 1976 年，它把东钱湖分为南湖和北湖。小普陀，又名霞屿，南宋时已建有霞屿禅寺和观音洞（补陀洞天）、望湖亭等胜迹，距今已有 800 多年的历史。其中补陀洞天是凿成于南宋中叶的一个佛教石窟。传说南宋宰相史浩世居东钱湖之畔，为人至孝。他的母亲叶氏笃信佛教，久有去南海普陀山朝山进香的愿望，因年老又失明且要跨洋过海十分不便。史浩便召集地方上名匠在此凿洞，建立观音道场。洞成，迎其母亲下船。在东钱湖中漂泊，谎称在东海航行。三日后登霞屿，又谎报到了普陀，了却了老母亲一大心愿。石窟上的“补陀洞天”四字为南宋所刻。改造后的湖心景区，堤宽 30~65 米，绿化、道路、桥梁等都面目一新，加置了地下管线和灯光，增添了一些景观建筑，形成了钱堤烟波、陶公钓矶、清风香桂、澄湖明月、二灵掠影、霞屿锁岚、补陀洞天、山僧呼舶湖心八景。湖心景区总面积近 20 万平方米，是东钱湖旅游度假区的主要景区之一。

南宋石刻公园（Stone carving Park in Southern Song Dynasty）

自宋代以来，鄞州世家连绵，巨族相望。这些名家大族生前在东钱湖筑别墅、建寺院，死后在湖边群山觅墓地、建家庙。如今，这些寺观和墓冢大多已湮没难寻，唯有这些建筑物的附属物——石雕还散落在群山之中。在众多的石雕造型中，数量最多的为墓前石刻造像。其中以上水村下庄黄梅山下南宋丞相史嵩之的祖父——史渐（曾被封为太师齐国公）墓前的石刻造像最为完整，文臣、武将、虎马、石兽俱全，自东向西，两两面对危立，雕刻精细，造型逼真。现在的石刻公园就位于此，收集了散落在他处和民间的石刻石像。

宁波雅戈尔动物园（Ningbo Youngor Zoo）

宁波雅戈尔动物园，坐落在具有“西子风韵、太湖气魄”的东钱湖旅游度假区内，一期占地面积约 1.26 平方千米。这里山脉连绵，水系纵横，绿茵芬芳，景色绮丽，是一片清新的绿洲，距宁波市区 15 千米。

全新的设计理念、绮丽的水乡风光，国内首创的水上观赏动物游线，让你饱览来自全球的珍禽异兽，观看精彩刺激的动物和民族风情表演。非洲的白狮、长颈鹿、羚羊、河马、犀牛，澳洲的袋鼠、鸵鸟，美洲的火烈鸟、斑狐猴、节尾狐猴，亚洲的白虎、大象和中国的国宝大熊猫、金丝猴、金毛羚牛等 200 余种 1 万多头（只）动物在这里安逸地栖息。园内设有四个表演场，有大象、虎、狮、猴、海狮、鹦鹉等动物登台献艺，同时还有精彩的杂技和民族风情表演。

神雕广场（Shendiao Square）

中国电影工场　休闲旅游胜地

象山影视城 XIANGSHAN GLOBAL STUDIOS

象山影视城是中国头部影视基地、国家4A级旅游景区、浙江省文化产业示范基地，位于浙江省宁波市象山县新桥镇大塘港畔，已建成面积1203亩，总投资10亿元。

以建设中国电影工场、东方好莱坞为目标，成功打造国内首个实景电影主题乐园。建有神雕侠侣城、春秋战国城、民国城、唐城，远可拍秦汉、唐宋场景，近可摄明清、民国风貌。坐拥全国首个高科技数字特效摄影棚和全国高标准的水下特效摄影棚，摄影棚面积总量达35万平方米，居全国首位；历年来累计接待拍摄《神雕侠侣》《赵氏孤儿》《琅琊榜》《芈月传》《三生三世十里桃花》《长安十二时辰》《王者天下》《庆余年》等剧组1300余个，稳居国内影视基地拍摄剧组第二位；累计接待游客1500万人次，门票经营性收入进入全国影视基地景区前三甲。

围绕春节影视庙会、早春踏青节、暑期泼水节和“五一”“十一”影视嘉年华四大主题节庆活动，象山影视城研发推出影视科技体验、小火车片场游、影视揭秘探班游、明星见面会、微电影换装拍摄、沉浸式线下实景游等一系列影旅融合产品，逐步建设成融旅游城、文化城、影视城、生态城为一体的滨海影视文化休闲旅游目的地。

唐城（Tang City）

宁波松兰山旅游度假区

NINGBO SONGLANSHAN ROURIST RESORTS

宁波松兰山滨海旅游度假区是国家4A级旅游景区、省级旅游度假区，位于浙江省宁波市象山县，总面积约31.22平方千米，度假区山海交融，岬湾众多，沙滩连绵，负氧离子含量每立方厘米高达14700个，被誉为“天然氧吧”。

度假区现有各类酒店及农家乐30余家，开放经营性沙滩2个，在建有喜来登、希尔顿五星级酒店2家，以及2022年第19届亚运会帆船帆板比赛场馆亚帆中心、东海铭城、白沙湾度假村等一批重大功能性项目，拥有度假酒店、海鲜美食、婚恋摄影、汽车露营、温泉养生、海上运动、旅游演艺等业态产品。是华东地区陆岸仅有的一处以大海为主题，融休闲、娱乐、运动、避暑、度假、会议等为一体的综合性滨海旅游度假胜地，被誉为“东方不老岛”上的一颗明珠。

下一步，松兰山将以打造国家旅游度假区为目标，进一步推进基础设施建设、完善度假业态、加强市场营销、提升管理水平，努力创建国家旅游度假区。

松兰山海滨（Songlan mountain Beach）

泰顺 TAISHUN

走走泰顺，一切都顺

泰顺位于浙江省南端，地处浙闽交界，面积 1761 平方千米，人口 37 万。泰顺县是国家生态县、中国廊桥之乡、中国名茶之乡、中国黄腹角雉之乡、中国民间文化艺术之乡及革命老根据地县。泰顺还被誉为“浙南净土”“中国十大极纯净美丽风景线”“自助旅游天堂”“浙江十大欢乐健康旅游城市”。

泰顺山清水秀，森林覆盖率达 76.68%，旅游资源非常丰富。国家自然保护区乌岩岭有“天然生物种源基因库”和“绿色生态博物馆”之美誉；泰顺廊桥具有中国桥梁“活化石”之美称，境内有 30 多座廊桥，其中有 15 座廊桥被列为国家重点文物保护单位，18 座廊桥列入省级文物保护单位，是全国现存廊桥极为集中、极为丰富的区域，成为我国拥有“国宝级”廊桥极多的县，被命名为“中国廊桥之乡”；氡泉景区是温州四大王牌景区，氡泉素有“天下首氡”之美誉；泰顺还是一片红色土地，第二次国内革命战争时期，刘英、粟裕领导的红军挺进师在泰顺九峰一带转战三年，留下诸多历史遗迹，组成了国家红色旅游经典景区；享有“百岛之湖”美誉的飞云湖景区位于飞云江中游，具有瀑雄、峰奇、湖秀、溪美的特点，是一处避暑、休养、度假、观光的胜地；此外还有以潭石、幽林、飞瀑、唐宋遗风的古村落为特色的南浦溪风景区以及保存完整的古驿道、古村落。

泰顺是乡风纯朴、文化底蕴厚重的地方，药发木偶、提线木偶、碇步龙、泰顺畲歌和中国木拱桥传统营造技艺先后被列入国家非物质文化遗产。“中国木拱桥传统营造技艺”被联合国教科文组织列入首批急需保护的非物质文化遗产。被誉为“天下福宴”的泰顺元宵节 · 百家宴是浙江省元宵节传统节日标志地。还有三月三畲族风情节，使得泰顺成为人文旅游胜地。泰顺还是《采茶舞曲》的诞生地，泰顺“三杯香”荣获中国驰名商标。被誉为中国第五大国石的泰顺石，其雕刻作品在全国多次获得金奖，被博物馆收藏。

氡泉景区（Radon spring scenic spot）

北涧桥（Beijian Bridge）

桐乡 TONGXIANG

“古有梧桐，凤凰来栖。”桐乡因古时遍栽梧桐树，寓意“梧桐之乡”而得名。桐乡地势平坦，一马平川，河网密布，四季分明，环境优美，是典型的江南水乡，素有“鱼米之乡、丝绸之府、百花地面、文化之邦”的美誉。

桐乡历史悠久，文化底蕴深厚。罗家角遗址距今已有7000多年的历史，马家浜文化、良渚文化、运河文化交相辉映，滋养了乌镇、濮院、崇福、石门等千年古镇。在这片沃土上，孕育了张履祥、吕留良、太虚、茅盾、丰子恺、钱君匋、徐肖冰、木心等一大批名人巨匠。

桐乡是全国首个旅游综合改革试点县、中国优秀旅游城市和浙江省全域旅游示范市。全市共有A级旅游景区24家、A级旅游景区村庄54家、旅游示范基地24家、星级酒店和品牌民宿18家。作为国家5A级旅游景区，乌镇先后荣获“中国十大历史文化名镇”“中国十大魅力名镇”“中国十大醉美的村镇”等称号，是全国旅游综合效益极好的景区之一。

以乌镇为核心的一业一网不断展现桐乡文旅的魅力。来到桐乡，迎接你的有红色文化游、运河古镇游、醉美乡村游、时尚购物游、研学旅游等特色旅游线路；乌镇戏剧节、凤凰湖音乐节等文旅活动；红烧大羊肉、春韭炒金蝉、阿能面、羊肉面、定胜糕等特色美食与小吃；以及“风雅桐乡”文旅品牌、“桐香十碗”美食品牌。桐乡，为远道而来的朋友们提供更多特色鲜明的文旅产品与文旅体验。

古老的智慧和新时代对接，这座千年江南之城历经岁月洗礼，正在向世人展现“耳目一新、刮目相看”的别样风采！

凤凰湖（Phoenix Lake）

嘉善 JIASHAN

嘉善，我梦中的江南水乡

（一）积极开创“文化嘉善”新局面。

1998 年嘉善县被命名为“全国文化先进县”；2008 年“嘉善田歌”入选第二批全国“非遗”名录，嘉善被文化部命名为民间文化艺术之乡。2019 年首批通过《浙江省基本公共文化服务标准（2015-2020）》认定。6 月县文化惠民项目图书馆博物馆新馆启用，成为嘉善文化建设新地标，被国家公共文化服务体系示范区创新研究中心（嘉兴）授予“图书馆、文化馆、博物馆三馆融合发展创新实践基地”。

（二）全力打造“全域花园”新高地。

2019 年 1 月嘉善被省政府公布为首批“浙江省全域旅游示范县”，入选 2019 中国县域旅游竞争力百强县市名单。先后荣获“2019 浙江文化和旅游产业融合发展十佳县区”“2019 中国有影响力的全域旅游示范区”等称号，2020 年成功入选浙江省级文化和旅游消费试点城市和全省首批文旅产业融合试验区培育名单。目前共有国家 A 级旅游景区 12 家（其中国家 5A 级旅游景区 1 家——西塘古镇景区、国家 4A 级旅游景区 3 家——碧云花海·十里水乡、歌斐颂巧克力小镇景区、云澜湾温泉景区），省 4A 级旅游景区镇 2 家，省 A 级旅游景区村庄 42 家（其中 3A 级 6 家）。星级旅游饭店 9 家。等级民宿 16 家（其中白金宿 1 家，金宿 3 家）。拥有旅行社 15 家。拥有 1 家省级旅游类特色小镇、1 家省级旅游度假区、1 家省级工业旅游示范基地、1 家省级中医药养生旅游示范基地和 2 家省级旅游风情小镇。

国家 4A 级旅游景区——歌斐颂巧克力小镇
（The State 4A-Class Tourist Attraction——Gopherson chocolate town）

（三）奋力提升“健康嘉善”新活力。

全县体育事业稳健发展。2019 年举办“锦绣姚庄·大美西塘”嘉善首届半程马拉松。全国女排赛事作为嘉善县品牌赛事，已举办 9 届中国女排超级联赛、三届全国女排冠军赛、二届全运会预赛，并三次被评为女排联赛“至佳赛区”。创立本土品牌赛事——JBA 篮球俱乐部联赛，以俱乐部形式组队，引入了企业赞助模式。目前，联赛已举办十届，每年参赛俱乐部达到近 30 家。

湖州太湖旅游度假区

HUZHOU TAIHU LAKE TOURIST RESORT

湖州太湖旅游度假区位于湖州市区北部、太湖南岸。湖州太湖旅游度假区是湖州滨湖大城市建设重点打造的滨湖新区，融旅游、购物、休闲、度假、居住为一体的国家4A级旅游景区、浙江省首批省级旅游度假区、国家级水利风景区，已于2015年10月10日正式成为国家级旅游度假区。

推荐景点 Scenic Areas

黄金湖岸（Golden Lakeshore）

湖州市拥有64千米长的湖岸线，300平方千米太湖水域，南太湖湖岸线绵长，湖水清澈，水面极度开阔、舒缓，堪与大海的辽阔相媲美，似海非海的南太湖有着独特的湾区资源。在湖岸边，各种富有异域情调的建筑群、漂亮的景观带、别致的亲水平台等错落有致分布着。而新建成宽阔平坦的滨湖大道，由东向西沿着湖岸一直延伸，宛如一条“巨龙”在太湖南岸遨游。人工沙滩、游艇码头、休闲盒子等更是给黄金湖岸带来人气。

黄龙洞（The Yellow Dragon Cave）

黄龙洞原是道教洞天福地，位于太湖旅游度假区弁山东麓，北宋湖州太守苏轼有《卞山龙洞祈晴诗》。黄龙洞直径14.8米，垂址深度37米，洞底生风，寒凉透骨。洞周山崖上多摩崖石刻，有黄庭坚、苏东坡、杜牧、赵孟頫等名家真迹。洞内除了千姿百态的熔岩造型外，最奇特的当属响石厅，可以在石钟乳上敲击演奏出《东方红》《紫竹调》等多种乐曲。

长田漾湿地公园（Changtianyang Wetland Park）

原生湿地长田漾位于度假区西南部，东起太湖路，西到弁山，北起丘城城门，南至奥体公园，总面积约7平方千米，比杭州西湖还要大。湿地内生态优良、渔村小桥、白鹭齐飞、野鸭嬉水、芦苇飘荡，是江南地区距城市最近的湿地，被世界旅游组织认为是环太湖地区最具开发潜力与旅游吸引力的资源。

湖州安吉灵峰旅游度假区

HUZHOU ANJI LINGFENG TOURIST RESORT

安吉灵峰国家级旅游度假区总面积46平方千米，拥有悦榕庄酒店、港中旅地中海度假村、JW万豪酒店等多家国际高品质度假设施；国家4A级旅游景区竹博园、千年古刹灵峰寺、亚洲最大水上乐园欢乐风暴、乡村经营示范村横山坞等众多乡村主题类旅游产品分布其中；海游天地度假城、树兰健康城、绿城安吉桃花源等一大批省重点休闲度假项目正在快速推进。

灵峰旅游度假区生态环境优美，旅游资源丰富，交通十分便利。申嘉湖安、杭长高速直通区块，距杭州仅半小时车程，到上海只需2个半小时。上海浦东、虹桥航空、高铁站，杭州萧山国际机场都是游客到灵峰旅游度假区的理想航站。

旅游锦囊 Travel Tips

推荐美食

中国人讲究“民以食为天”，而竹乡安吉人民就地取材，形成了以笋为主要原料的特色菜。安吉有天然绿色无公害蔬菜、大竹海中产的鲜笋、野生鲜鱼等各式农家风味小菜，还有味道鲜美的土鸡。到了安吉你要想吃到地道的土家菜，那就要到安吉的农家乐去体验一番了。

除了菜式多样的中式餐饮，竹乡内也不乏西式风格的用餐环境，必胜客、KFC、麦当劳两家餐厅就坐落在县城最繁华地段，九州商业街各类餐馆遍布，价钱也可以接受，味道独特。

推荐景点 Scenic Areas

竹博园（China Bamboo Expo Park）

安吉竹子博览园有限责任公司位于竹乡安吉，是西湖边那片竹海中的核心景区，是国家4A级旅游景区、全国科普教育基地、全国首个大熊猫落户的县级基地，是一家融竹海观光、竹文化主题体验及科普教育为一体的竹类大观园。

在这里你可以轻舟赏竹翠，曲径闻竹香，凭窗听竹语，登高观竹浪，396个竹子品种让你体验到“宁可食无肉，不可居无竹”的竹子意境。四只有着迷人萌态的国宝大熊猫，九只憨态可掬的小熊猫可爱至极。

同时它也是户外运动的天堂，有户外拓展、真人CS野战、攀岩等各种运动项目以及大型游乐场——熊猫欢乐世界等，游客可以在此体验极致的欢乐与刺激。

此外，景区还设有熊猫 · 安吉食府，可

为游客提供竹乡特色菜肴和野味，鲜香可口。

在这里，或泛舟湖上，或品茗林间，或挑战自我，是深度体验江南竹文化之旅的第一站。

灵峰寺（Lingfeng Temple）

灵峰寺在群山环抱之中，寺前有参天古树，寺侧潺潺溪水，修篁翠竹，森异幽绝。灵峰寺还是江南著名寺院之一，为净土宗祖师道场。历经千载，高僧辈出。清咸丰年间，寺毁于战乱，片瓦无存。原天台山国清寺住持谛隐大师发大誓愿兴寺，历经风霜，八方劝募，不遗余力，重修大殿、山门、禅堂等。灵峰古刹现存或新修佛教建筑主要有山门、天王殿、三圣殿、藏经楼、僧寮、客房等。又有《重建灵峰寺碑》《明道人智旭碑》《范公云碑》《灵峰百福寺碑记》四块碑刻，以及藕益大师灵塔。寺前古树参天，溪流潺潺；后山竹木茂盛，环境清幽，是信众修法、香客礼佛的理想胜地。

欢乐风暴（Happy Storm）

欢乐风暴是由世界知名规划团队规划设计，共设置十大嬉水主题，其中乐园的核心位置漂流河里设计了海底世界，游客可以在漂流河里一边漂流一边观赏海洋生物，为国内水乐园首创。乐园涵盖亚洲、美洲、南美洲等各地的主题元素。

乐园位于安吉县黄金旅游线的中心地带——浦源大道文村桥，是安吉县的几何中心位置，距未来安吉长途客运站 3 分钟车程，杭州、湖州的游客均可在 1 小时内到达，乐园距上海、南京、无锡等长三角中心城市 2 小时内车程。

Club Med Joyview 安吉度假村（Club Med Joyview Anji Resort）

在竹林与茶园环绕下的 Club Med Joyview 安吉度假村位于中国浙江省，是追求品质生活的城市旅行者和家庭体验高端的短途假期的绝佳选择。在绿意盎然的自然环境中漫步或骑行，呼吸新鲜空气；品尝特色的杭帮菜料理，或是在白茶茶香余韵中欣赏传统茶道展示。在这里，身心的宁静从未如此触手可及。

地址：浙江省湖州市安吉县灵峰街道清远路 1888 号。

邮编：313300。

新昌 XINCHANG

2019年，新昌县接待游客人数1816万人次、旅游总收入159亿元，入围全省首批大花园典型示范建设单位，荣获“醉美中国文化旅游县”称号，被命名为第三批“绿水青山就是金山银山”实践创新基地，成为全省第二个既是生态文明建设示范县又是“两山”实践创新基地的县。

全域化打造，高起点谋划布局

编制《新昌县全域旅游发展行动计划（2019—2022）》等多个规划，统筹盘活资源，通过东、中、西联动，打造全景新昌。东片，围绕天姥山打造寻梦唐诗之旅。中片，围绕大佛寺等打造休闲养生之旅。西片，围绕穿岩十九峰打造丹霞风情之旅。

全产业融合，高质量推进发展

文旅融合。挖掘唐诗之路等特色历史文化，加快浙东唐诗之路精华地打造，以实景印证诗景。工旅融合。依托高端制造、生命健康两大主导产业，打造工业旅游示范基地。农旅融合。发展田园采摘等体验经济，把农产品变成旅游商品。乡旅融合。加大古村落和非遗保护，凝聚乡愁，打造“天姥唐诗宴”等品牌，成为“诗画浙江·百县千碗”工程示范县。

全过程保障，高品质优化环境

优发展环境。每年安排专项资金1.5亿元，优化管理体制，形成以文旅局等单位为中心的促发展格局。优城乡环境。通过旧城改造布局市民公园等文旅项目。镜岭镇荣获联合国至高环境荣誉“地球卫士奖”，创建A级景区镇、村175个。上榜2020中国县域全生态百优榜。优配套环境。建立全域旅游大数据中心，推出“十二时辰”游玩地图，打造演艺村等夜经济文旅产品，建成杭绍台高速、高铁等项目。

旅游景区村（Scenic village）

鼓山公园（GUSHAN Park）

开化 KAIHUA

“处处是风景，处处可旅游，人人都参与，人人都受益”，推进开化旅游从“景点旅游”到“全域旅游”。开化位于钱江源头，地处浙、皖、赣三省七县交界，距离周边千岛湖、黄山、三清山、婺源等国家 5A 级旅游景区仅 1 小时左右车程，处于浙、皖、赣 5A 黄金旅游圈的中心地带。

这里环境优美、生态良好，是全国 9 个生态良好地区之一，是国家首批生态旅游示范区，资源极其丰富，全县共有自然景观 158 处，人文景观 70 余处，拥有 1 个 5A 级、2 个 4A 级、8 个 3A 级旅游景区以及 130 个浙江省 A 级景区村。

全县森林覆盖率 80.9%，生物丰度、植被覆盖、大气质量、水体质量均居全国前 10 位；连续 5 年出境水 I、II 类水占比保持在 95% 以上标准；PM2.5 浓度控制在 30 微克 / 立方米以内，空气质量指数（AQI）优良率稳定在 95% 以上，成为首个“中国天然氧吧”；县城负氧离子浓度 3770 个 / 立方厘米，钱江源国家森林公园、古田山国家自然保护区负氧离子浓度高达 40 万个 / 立方厘米，是全球负氧离子浓度极高的五个地区之一，被誉为“华东绿肺”。

九溪龙门（Jiuxi Longmen）

钱江源（Qian Jiangyuan）

开化根宫佛国文化旅游区

KAIHUA ROOT PALACE BUDDHIST CULTURE TOURIST AREA

“北故宫　南根宫”。开化根宫佛国文化旅游区是衢州地区首家国家 5A 级旅游景区，位于开化县城西郊，占地面积 3.03 平方千米。这里交通便捷，地处三省七县交界，是黄山、三清山、千岛湖等十余个国家 5A 级旅游景区的金三角中心，是皖、浙、赣、闽四省旅游集散中心。

旅游区有根佛文化和华夏根文化两大主题景区，资源体量巨大，类型丰富，涵盖地方景观、水域风光、遗址遗迹、建筑设施、人文活动、气候景观六大主类，48 个基本类型，30 余个景点。陈列大型根雕艺术系列作品一万余件（套），盆景艺术作品 3000 余件，以及根艺文献资料、根艺名家名作，工艺流程和醉根文化等，堪称一部根艺美术的国学大典，世界根雕艺术之都！

先后获评国家文化产业示范基地、国家生态文明教育基地、中国雕塑院根雕创作实践基地、第 76 届威尼斯电影节聚焦中国 · 醉美外景地、中国首选旅游目的地等荣誉称号，是一处开展寻根探源和研学体验的特色文化旅游胜地。

历史文化馆（Museum of history and culture）

航拍图（Aerial photos）

普陀区 PUTUO DISTRICT

普陀区旅游因佛而生、以海而兴。域内集中了浙江省全省70%的海岛品牌旅游资源，是舟山群岛中旅游资源优势极为集中和丰富的区域。山海景观绮丽，文化底蕴深厚，海洋水产丰富，"好空气"资源长青，更叠加波音时代、高铁时代、自贸时代，以先行之势大建"海上花园城"。2016年被列入首批国家全域旅游示范区创建名单，新一轮旅游变革升级战应势而谋、强势而为、乘势而上，"产城融合、景城共生、主客共享"理念凝聚全民力量，全域旅游在普陀得到生动探索与实践。截至2020年7月，拥有国家A级旅游景区9家，国家、省级风景名胜区、国家海洋公园、全国工农业旅游示范点、全国休闲农业与乡村旅游示范点、全国休闲渔业示范基地、国家海钓培训基地、省级度假区、省级旅游风情小镇、省级公共文化服务体系示范项目各1个；省级生态旅游区、工业旅游示范基地、文化旅游示范基地、老年养生示范基地、果蔬旅游采摘基地、省级非遗旅游景区（民俗文化旅游村）、省美丽乡村特色精品村、省农家乐特色示范村若干；省级A级景区村庄30个；在建旅游类省级特色小镇2个。接待服务设施具备一定规模，特色工艺品、纪念品、农副产品三大类旅游商品共100多种，《观世音》《印象普陀》等室内室外大戏强势推出，海、陆、空三维立体交通网络全面构建。"十三五"以来，旅游总收入年均增幅23.9%，领跑全市。2018年接待游客3802万人次，旅游收入突破496亿元，增幅超过20%，旅游综合收入对全区GDP贡献逐年增加，旅游业增加值占地区生产总值（GDP）比重达到13%，旅游对财政收入和社会就业贡献率分别为16.84%和16.3%。

桃花岛桃花寨（Taohua village, Taohua Island）

嵊泗 SHENGSI

泗礁岛六井潭（Liujingtan, Sijiao Island）

嵊泗县又称嵊泗列岛，隶属于浙江省舟山市，位于杭州湾以东、长江口东南，即北纬 30° 24′ ~ 31° 04′、东经 121° 30′ ~ 123° 25′，是浙江省极东部、舟山群岛极北部的一个海岛县，全县有大小岛屿 404 个，其中百人以上常住人岛屿 13 个，陆域面积 86 平方千米，海域面积 8738 平方千米，分别占总面积的 0.97% 和 99.03%，故有“一分岛礁九九海”之说。

嵊泗属亚热带海洋性季风气候，四季分明，冬无严寒，夏无酷暑，光照充足，温差较小。春季多海雾，夏季多气旋，秋季较干燥，冬季有霜冻。

嵊泗是我国独有的国家列岛风景名胜区，具有海瀚、礁美、滩佳、石奇、洞幽、崖险等特点，海域辽阔，岛礁棋布，岬角礁岩众多，金色沙滩连绵亘长，遍布列岛，海水碧蓝，山色清秀，林木茂密，自然风光独特。岛内人文景观众多，渔乡风情浓郁，加之宜人的气候资源，实为旅游休闲度假理想场所。岛内共有景点 50 余处，其中一级景点 9 处。划分为泗礁（包括黄龙等周边岛屿）、花绿（花鸟、绿华）、嵊山枸杞、洋山四个景区。

嵊泗列岛历史悠久。远在新石器时代，岛上已有先民居住，在春秋战国时，这里已有舟楫穿梭，已是渔业兴盛的海上热土和海洋发祥地之一。嵊泗有文字记载的历史已有 1000 余年。嵊泗列岛位于我国的“东大门”，历来是兵家必争之地，也因此留下了许多人文古迹，有极大的观赏价值。

洋山港（Yangshan Port）

温岭 WENLING

温岭，中国大陆新千年、新世纪第一缕曙光首照地，地处浙江东南沿海，长三角地区南翼，山海兼秀，资源丰富，是国家公共文化服务体系示范区、中国优秀旅游城市、中国十佳海洋旅游目的地、浙江省全域疗休养发展十佳县。

温岭长屿硐天，世界地质公园、国家重点风景名胜区、国家 4A 级旅游景区，被誉为“天下首硐”，景区内有亚洲独有的天然岩洞音乐厅和国内首个洞穴式石文化博物馆。

温岭方山，位于雁荡山世界地质公园东园区，与南非“桌山”结为姐妹山，被誉为“空中花园”，以侏罗纪古火山口地貌为基础，集危崖绝壁、奇峰深谷、飞瀑溪涧、田园风光于一身，景观奇美。

温岭石塘，被称为“东海好望角”。那里石屋、石街、石级依山就势而建，被誉为“东方的巴黎圣母院”。有碧海沙滩、静谧岛屿，永志纪念的千年曙光碑，贯穿浙东南醉美海岸线的滨海绿道，蓬勃兴起的石屋民宿，网红景点七彩小箬、观景平台、文旅图书馆，农业观光园、农家乐、渔家乐等旅游项目丰富。

温岭还拥有国宝级文物“青铜夔纹蟠龙盘”，“新河闸桥群”“大溪东瓯古城遗址”“金清大桥”和“江厦潮汐试验电站”4处国家文物保护单位，“大奏鼓”和“石塘七夕习俗（小人节）”2项国家非物质文化遗产。戴复古、王居安、谢铎、赵大佑等历史名人，王伯敏、郭修琳等艺苑大家，柯召、闻邦椿、蔡道基等科技巨擘辈出。

坚若磐石，灿若朝阳，“曙光首照地 东海好望角”——温岭欢迎你！

洞下沙滩（Dongxia Beach）莫唯新 摄

松阳 SONGYANG

松阳地处浙西南，自古就是田园牧歌式的桃源胜地，至今保留中国传统村落 75 个，总数居全国前列，被誉为“古典中国的县域样本”“最后的江南秘境”。

中国传统村落——吊坛
(Chinese traditional village: diaotan)

在生态文明和乡村振兴的大背景下，松阳始终把全域旅游作为第一战略支柱产业，紧扣富民强县定位，构建了以松阳古城和传统村落为核心的全域点位布局、以八条艺术创作路线和松阴溪绿道为主体的全域线位布局、以全县域乡村博物馆和全县域民俗文化活动为内容的全域文化布局，形成了全域谋划、全域推进的系统发展格局。着力做好“五个全”打造“五个百工程”，即“规划在先全域成景、项目为王全做精品、文化引领全面激活、产业融合全链发力、凝聚力量全民参与”，打造了茶旅融合百亿产业、复活百座古村、建成百千米绿道、每年举办百场节会、落地百个艺术家工作室，形成人人发力、时时可游、处处是景、行行融合的良好局面。

大木山茶园景区
(Damushan tea garden scenic spot)

通过几年的努力，松阳成为全国传统村落保护利用试验区、全国传统村落保护发展示范县和“拯救老屋行动”整县推进试点县，成为浙江省独有的文旅部调研联系县，联合国首个乡村发展示范县。先后获评“全国旅游创新发展示范地”“全国至佳养生休闲旅游名县”“中国茶旅融合竞争力十强县”和“浙江省首批全域旅游示范县”“浙江文化和旅游产业融合发展十佳县”等荣誉称号，2020 年 8 月，顺利通过国家全域旅游示范区省级初审。松阳的全域旅游工作得到了文旅部的批示肯定，特别是文化引领乡村复兴、以传统村落保护发展和拯救老屋行动推动乡村旅游发展、农文旅深度融合、民宿经济、绿道建设等取得的成果和经验，为全域旅游发展提供了典型案例，树立了标杆。

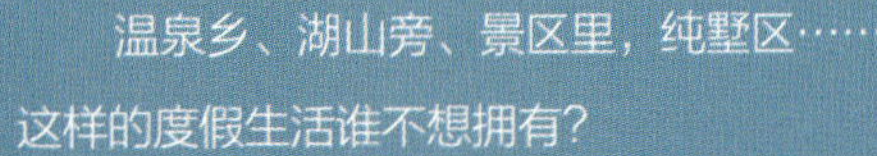

温泉乡、湖山旁、景区里，纯墅区……这样的度假生活谁不想拥有？

数一数安徽的景区，有山有水，还要满足国家级旅游度假区这个硬性条件，也就只有巢湖半汤温泉养生度假区了。

春天一到，郁金香花开烂漫；盛夏乔木郁葱，闲听蝉鸣；深秋作物收获，落叶缤纷；冬藏季节，雪压青松。一年四季，景区的一颦一笑，透过镜头，分分钟就能收进手机屏保。

而在三瓜公社，你可以体会“美丽乡村欢乐多”，可以看到油坊、布坊，可以亲手体验磨豆腐，可以在打谷场上尽情玩耍，也可带着孩子一起去钓鱼、捉泥鳅、采摘蔬菜，体验民俗的乐趣。

此外，周边还有沙滩、阳光、水库、远山构成的大风湾景区；半城半园、半冷半热、半山半水之间的半汤湖区；复原古巢国时期文化的古巢国遗址公园……

住在这样一个“九福之地，度假天堂”，每天的生活都是诗和远方。

半汤温泉养生度假区

BANTANG HOT SPRING HEALTH PRESERVATION HOLIDAY AREA

“山合水阔，南华北幽”，半汤温泉养生度假区位于安徽巢湖经济开发区境内，总规划面积约 43.40 平方千米，2018 年 1 月成功获批安徽省“国家旅游度假区”称号，这也是安徽省首家国家的旅游度假区。

半汤温泉养生度假区以四大古温泉之一“半汤温泉”为依托，秉承“把农村建设得更像农村”为主旨，以三旅融合、三态合一为落脚点，以一二三产融合的互联网 + 三农的“三瓜公社”模式，结合完善的度假配套设施打造了“温泉时光”“原野之旅”“三瓜生活”等系列主题产品，成为主客共享、生活化的旅游养生度假新场景。

度假区内温泉资源丰富，因“冷”“热”二泉汇合而得名“半汤”，是泡温泉的绝佳之地。尤其深业御泉庄整体建筑风格以徽派为主题，是一处集温泉养生、休闲度假、商务会议、娱乐健身于一身好场所，其“徽派”建筑风格的温泉私家别墅，与周边自然生态环境完美融合，构成了一幅恬静悠然的画面，在这里可以尽情享受温泉带来的美好安逸时光。

三瓜公社由南瓜电商村、西瓜美食村、冬瓜民俗村三个特色各异的村庄组成。三个村落各有主题，特色各异，更是获得诸多荣誉，如国家第一批全国乡村旅游重点村和安徽省特色小镇等。游客在三瓜公社可以体验到食、住、行、游、购、娱一站式服务，静下心享受慢节奏的悠闲生活，真正实现“望得见山，看得见水，记得住乡愁”的原乡感悟。

温泉别墅（spa villa）

郁金香高地景区于 2014 年 12 月 25 日获批为国家 4A 级旅游景区，被人民网、国际旅游学会授予“极具潜力旅游度假目的”及“极具文化创意旅游路线”称号。景区因其优质的生态环境、秀美的田园风光、神秘的有巢文化和优越的区位条件，是人类发展历程中失落的原野，是城市人群渴望亲近的自然。

半汤温泉养生度假区将满足旅游休闲消费需求与生态环境保护完美结合，是环巢湖国家旅游休闲度假区的璀璨明珠，被誉为“龙凤呈祥，九福之地”。

八里河风景区（Balihe scenic spot）

颍上 YINGSHANG

管子故里 生态颍上
皖北水乡 休闲天堂

颍上县位于安徽省的西北部，淮河、颍河交汇处，国土面积 1859 平方千米，耕地 10.3 万公顷，人口 180 万，先后荣获全国生态示范区、全国绿化模范示范县、全国生态休闲农业示范县、国家园林县城、安徽旅游强县、全国乡村旅游与休闲农业示范县、安徽省文化旅游名县、省级森林城市、安徽省文明县城等称号。

尤家花园（You garden）

文化这边独秀

绿色颍上，古韵无限长，此地自春秋时期设“慎邑”隋大业二年定名颍上县，迄今已有 1400 多年的悠久历史。在华夏文明的灿烂长河中，颍上人才辈出；无处不在的人文之光令这片上古中原之地熠熠生辉，成为淮河流域独树一帜的文化景观。

风景这边独好

秀美颍上，风光无限好。坐拥全国首座农民公园、皖北首个 5A 级旅游景区八里河、两个“环保全球 500 佳”八里河和小张庄、一座国家湿地公园 、一系列的 A 级景区、特色小镇、美丽庄台，生态福地、诗画颍上，养眼养生养心。“一座建在 4A 级景区中的城市”，南有国家 5A 级八里河旅游区、西有 4A 级五里湖生态湿地公园、东有 4A 级滨河公园、北有 4A 级保丰河景观带，

管仲老街景区（Guanzhong old street scenic spot）

100 千米旅游体系和生态画廊环抱颍城，千年古城“城中水、水绕城，城中绿、绿绕城”，描绘出一幅全域旅游的美丽画卷。

泗县 SIXIAN

泗县历史悠久、文化灿烂，早在夏朝即建制，古称虹县、虹乡，1912 年 4 月废州制，改称泗县。泗县位于安徽省东北部，全县辖 15 个乡镇、1 个省级经济开发区，总面积 1787 平方千米，人口 93.7 万。素有“水韵泗州、运河名城”之美誉。泗县交通路网发达，有宿淮铁路、泗许高速、明徐高速等，距宿州高铁站和徐州观音机场均 40 分钟车程。

近年来，在县委、县政府的高度重视下，泗县文化旅游业取得了快速发展。全年实现旅游总收入超过 24 亿元，国内旅游人数超过 370 万人次，各项旅游经济指标增幅超过 15%。2017 年，泗县荣获“中国极具影响力文化旅游名县”称号；2019 年，荣获“文旅融合发展优秀城市”称号。泗县境内现有世界文化遗产 1 处、国家湿地公园 1 处、国家红色旅游资源 1 处、国家 3A 级旅游景区 3 个、省级水利风景区 1 个，省级优秀旅游乡镇 4 个、省级乡村旅游示范村 6 个、旅行社 13 家、省市优秀旅游商品企业 10 余家、星级农家乐 5 家、上规模的住宿接待酒店 20 余家。

境内自古有自然秀美的“虹乡八景”，是隋唐大运河独有的还有活水的完整遗址的所在地，是国家非物质文化遗产泗州戏的重要发源地，是中国山芋之乡，是皖东北红色革命根据地，有皖北大平原上难得一见的风光——石龙湖国家湿地公园，有传承中华千年鞋文化的中国古鞋博物馆，有楚汉之争的古战场——霸王城古迹遗址等众多旅游资源。

泗县中央公园（Sixian Central Park）

烟雨龙川（Misty rain in Longchuan）（帅林飞 摄）

绩溪 JIXI

国家历史文化名城

绩溪县地处皖南国际文化旅游示范区核心区、国家徽州文化生态保护区，紧紧围绕“美丽中国先行区、绿色发展样板区、高端产业集聚地和文旅康养目的地”目标定位，全力推动旅游发展全域化、旅游供给品质化、旅游治理规范化、旅游效益极大化。

坚持高标定位，全景式规划布局。把文化旅游作为主导产业，把全县域作为一个大景区来谋划布局，以旅游的理念构图设计，用景区的标准建设城乡，形成“一廊、一路、一中心、两翼、百村”全域旅游发展布局。

坚持融合发展，全产业延伸链条。大力实施“旅游+”行动，做好产业融合文章，拉长产业链，提升价值链，打通了绿水青山向金山银山转换的通道，加快推进资源优势向发展优势转化，不断提升文化旅游核心吸引力，实现了经济效益、社会效益“双丰收”，促进了全县经济社会绿色发展、可持续发展。

坚持共建共享，全方位加速赋能。推进实施“+旅游”行动，全县强化旅游思维，在推进生态文明、城乡建设、基础设施等各项工作中融入更多的旅游功能、旅游元素，实施百个景区村庄、百村家风家训引领等工作，推动各项举措赋能全域旅游发展。

坚持机制创新，全要素强化保障。始终把国家全域旅游示范区建设摆在全局工作的重要位置，健全完善机制，推动任务落实，进一步厚植产业发展的新优势，拓展区域合作新空间，已成为长三角地区游客的重要目的地。

锦绣龙川（Splendid Longchuan）（唐祖怀 摄）

福建

FUJIAN

福建省位于中国东南沿海，海岸线长度居全国第二位。依山傍水的天然地理环境，使它拥有大小 1400 余座岛屿，究竟哪些适合度假玩耍呢？

除了名气最大的鼓浪屿，拥有蓝色波浪的台山岛、因妈祖的传说变得荣耀神圣的湄洲岛、按照 5A 级标准打造海岛旅游古城的平潭岛等十几座度假海岛都各具特色。

这么多个福建海岛，虽然风格各异，但每个都能让人赏心悦目，每一处都令人眼界大开。如果感到疲惫，想释放工作与生活的压力。不妨逃离喧嚣，到这些岛上，甩掉烦忧！在海天一色的美景中，度过属于自己、属于家庭的小小周末。

福州鼓岭旅游度假区

FUZHOU GULING TOURIST RESORT

鼓岭国家级旅游度假区位处福州市东郊的双鼓横断山脉，距福州市中心约12千米，南北长7千米、东西宽6千米，大致呈菱形状，平均海拔750~800米，最高海拔998米，为福州的第一道屏障。夏季气温30℃左右，素有“左海小庐山”之美誉。规划面积88.6平方千米，包含鼓岭核心区（云中避暑体验区）、鼓山片区（古刹摩崖观光区）、恩顶片区（国饮文化休闲区）、鹅鼻片区（绿色运动度假区）以及东部旅游休闲区（高山峡谷旅游区）五大片区。

鼓岭的避暑文化源远流长，与江西庐山牯岭、浙江莫干山、河南鸡公山并称为“中国四大避暑胜地”。鼓岭地区由于地处中、南亚热带气候的交界处，夏季高山阻隔了海上吹来的湿润季风，因此气候凉爽，最高气温30℃左右，比市区低5~7℃，兼具“清风、薄雾、柳杉”三大特色，“宜夏”美名由此而来。近年来，鼓岭地区旅游发展生机盎然，以生态环境为依托，除了始建于清代咸丰年间的鼓岭登山古道外，在全市海拔最高的柳杉王公园周边还形成了牛头寨、柱里、南洋、凤池四大景区，以及新建成的柱里水库等其他30多个景点。

度假区有优良级旅游资源单体83个，拥有国家级文保单位鼓山摩崖题刻、龙瑞千佛陶塔以及福州茉莉花（国际农业非遗）等国家级非物质文化遗产。

近年来，度假区对鼓山摩崖石刻登山道、十八景园、涌泉寺、民国建筑群（宜夏别墅、万国公益社、鼓岭教堂、百年泳池等）、鼓岭老街、柯坪水库、柱里水库等进行改造提升，建成了大梦书屋、特色美食街、咖啡屋等休闲业态项目。

度假区不断加大力度对规模较大的山庄、宾馆按照三星级标准进行改造提升，推进民宿标准化和示范点建设，培育壮大乡村客栈、特色酒店等，成功引进了具有台湾民宿风格的“岚筑山庄”，主题民宿傍山雾居、邻里沐里、古堡别墅、鼓岭九号，打造了兰德山庄、邻里沐里、古堡别墅、香悦云舍等示范精品酒店。目前，度假区内已建成主题特色型、低碳环保型、中档型、舒适型、家庭型等各类住宿接待设施109家，房间数达到2014间。

在鼓岭邻里沐里民宿，只见这里的民宿注重文旅融合，将柴烧建盏、木画写实等福州传统文化工艺元素采纳其中，同时结合石材、纸伞、筒瓦、金缮等传统手工材料的应用，力求把民宿打造成“一步一韵、方寸皆景”的艺术人文空间，独具特色。

推荐景点 Scenic Areas

鼓岭教堂（Guling Church）

1907 年，鼓岭开始有基督传道。聚会者主要是来鼓岭避暑的国外信徒。此后，国内外传教士纷纷在鼓岭租地、盖别墅。基督教在当地的影响也日益扩大。2001 年，国人自发在宜夏村后浦楼筹建一座颇为壮观的新教堂，占地面积 500 平方米、建筑面积 2630 平方米，具当地洋人别墅特有的石墙、大落地窗等建筑风格。

鼓岭邮局（Guling Post Office）

鼓岭邮局开办于 1902 年，是中国早期五大著名夏季邮局之一。

邮局在每年五月端午节开张，八月中秋节关闭，属于季节性邮局，主要为夏季到鼓岭避暑的中外人士服务。

通过这个邮局，一封封印着鼓岭邮戳的信件和明信片被寄往世界各国，鼓岭避暑胜地的美誉从此蜚声海外。

鼓岭映月湖公园（Guling Yingyue Lake Park）

原名“白日湖公园”，位于鼓岭邮局旁，湖水清澈，有月的夜晚，月光直射公园，湖面会映照出月亮倩影。谢灵运有诗：“亭亭晓月映，泠泠朝露滴。”月夜游湖更有诗意。湖上有一跨池拱桥，拱桥古朴典雅，公园环境优美。

柳杉王公园（Cryptomeria King Park）

位于宜夏村中心梁厝后门山，占地 5.3 万平方米，1988 年 5 月修建。公园以鼓岭柳杉王命名，为全省海拔最高的山地公园。现园内整齐有序的卵石道径、古色古香的六角“挹翠”亭，当今名人的题匾楹联，1035 年开凿的“柳杉古泉”，都掩映在园内团团绿色锦簇之中。

达摩十八景（Eighteen Sceneries of Damo）

达摩十八景位于鼓山涌泉寺之西，又称“十八洞景”。清朝道光年间诗人魏杰，根据这里的自然景物和民间传说，整理编写成十八景，刻于达摩洞外的一面岩壁上：达摩面壁、南极升天、山猿守峡、古鹤巢云、仙人巨迹、福寿泉图、蟠桃满坞、玉笋成林、蚁艇渡潮、渔灯普照、狮子戏球、金蟾出洞、伏虎驮经、神龙听法、铠甲卸岩、慈航架、八仙岩洞、千佛梵宫。

鼓浪屿 KULANGSU

鼓浪屿位于厦门岛西南隅，面积1.87平方千米，常住人口约1.6万人，隔500米宽的鹭江与厦门岛相望。宋时鼓浪屿原名圆沙洲、圆洲仔，因岛西南有一海蚀岩洞受浪潮冲击，声如擂鼓，自明朝雅化为今名。鼓浪屿素有“海上花园”之誉，岛上气候宜人，四季如春，无车马喧嚣，处处鸟语花香，宛如一颗璀璨的“海上明珠”，镶嵌在厦门海湾的碧海绿波之中。鼓浪屿景区是全国文明风景旅游区、国家5A级旅游景区、国家风景名胜区、ISO 14000国家示范区、全国35个王牌景点之一、福建“十佳”风景区之首；2005年在《中国国家地理》“选美中国”评选中，脱颖而出，被评为“中国醉美城区”榜首；2006年入选“外国人值得去的50个地方”。鼓浪屿周边海域为厦门港主要部分，紧临中华白海豚保护区、文昌鱼保护区、大屿岛白鹭保护区，与金门列岛隔海相望。登高远眺，鼓浪屿全景及周边美景尽收眼底，素有“不游鼓浪屿，枉费厦门行”之说。随着厦门经济特区的腾飞，鼓浪屿各种旅游配套服务设施日臻完善，成融集观光、度假、休闲、娱乐、购物为一体的综合性著名风景旅游区。

岛上主要观光景点有日光岩、菽庄花园、皓月园，海底世界、毓园、环岛路、鼓浪石、天然海滨浴场等。主要节庆活动有两年一届的“鼓浪屿钢琴节暨全国青少年钢琴比赛”，一年一届的“中秋博饼节”，四季音乐周等。如今，鼓浪屿已成为厦门旅游名副其实的一张金质名片。

站在日光岩上俯瞰鼓浪屿（Standing on Sunshine Rock overlooking Kulangsu）

推荐景点 Scenic Areas

日光岩（Sunshine Rock）

俗话说："不登日光岩不算到厦门。"日光岩是鼓浪屿的龙头景点，包括日光岩和琴园两部分。日光岩顶峰一直径40多米的巨石凌空耸立，成为厦门的象征。民族英雄郑成功收复台湾时，曾屯兵于此，留下许多动人的传说。景区奇石叠垒，洞壑天成，海浪拍岸，树木葱茏，繁花似锦，富有亚热带浪漫气息。拥有"一片瓦""鹭江龙窟""古避暑洞""龙头山寨""水操台""百米高台"胜景。历代文人石刻题咏甚多，为名岩增添古风异彩。攀天梯，登临极顶，鼓浪屿、厦门、大担、小担诸岛尽收眼底。琴园有"百鸟园""电影院""英雄园"等，与日光岩自然景观形成动与静、今与古的有机结合。景区注重环境的保护，1999年12月通过ISO 14001标准，成为全国首家通过该标准的国家级风景名区。

菽庄花园（Shuzhuang Garden）

菽庄花园位于鼓浪屿东南海滨，建于1913年。原为台湾富商林尔嘉私人花园。1956年园主亲人将此园献给国家。菽庄花园背倚晃岩，面临大海，东邻观海园，西眺港仔后。全园分为藏海园、补山园两大部分，各造五景。藏海五景为眉寿堂、壬秋阁、真率亭、四十四桥、招凉亭；补山五景为顽石山房、十二洞天、亦爱吾庐、听潮楼、小兰亭。

钢琴博物馆（Piano Museum）

2000年1月落成的鼓浪屿钢琴博物馆位于菽庄花园的"听涛轩"，占地450平方米，分上、下两层，博物馆里陈列了爱国华侨胡友义收藏的40多架古钢琴，其中有稀世名贵的镏金钢琴，有世界最早的四角钢琴和最早最大的立式钢琴，有古老的手摇钢琴、有产自100年前的脚踏自动演奏钢琴和八个脚踏的古钢琴等。

海天堂构（Sea Paradise）

海天堂构位于鼓浪屿福建路38号，建于1921年，位列鼓浪屿十大别墅之一，2002年4月被厦门市政府列为重点历史风貌建筑。是鼓浪屿岛上唯一按照中轴线对称布局的别墅建筑群，为菲律宾华侨黄秀烺购得租界洋人俱乐部原址所建，以中楼最有个性，"是宫非宫胜似宫，亦殿非殿赛过殿；不中不洋不寻常，中西结合更耐看"。这在鼓浪屿也是独一无二的。海天堂共有五幢老别墅，现对外开放三幢。其中，34号被开发成极具品位的南洋风情咖啡馆，供游人在老华侨的别墅中，体验悠闲的咖啡时光。

大田 DATIAN

大田，别称“岩城”，位于福建省中部，戴云山脉西侧，全县土地面积 2294 平方千米，辖 12 个镇、6 个乡、266 个行政村和 8 个居委会，总人口 43 万人，境内层峦叠嶂、山峻水秀，森林覆盖率达 74%，海拔千米以上的山峰 175 座，是闽江、九龙江、晋江三大水系支流的发源地。

大田是中央苏区县，拥有“中国高山茶之乡”“中国油茶之乡”“中国洛神花之乡”“中国高山硒谷”“中国森林旅游美景推广地”“中国睡眠康养示范基地”等诸多闪亮名片；孝道、土堡、戏曲等地方文化兼容并蓄，是《二十四孝》编撰者郭居敬出生地、千年肉身菩萨“章公祖师”故里；板灯龙被列入第一批国家非物质文化遗产。

大田土堡群被列入全国重点文物保护单位，“杂剧作场戏”、郭居敬《二十四孝》诗选及怜目唱本、“大田红釉制作技艺”被列入省级非物质文化遗产；还有大田美人茶、人骨头肉、永仙鸡、九层粿、烤兔、腊鸭、熏鸭、山茶油、野生红菇、米粉、宫边红酒、“意犹未尽”商务茶点等丰富特产和美食；春可采茶、夏可避暑、秋可观堡、冬可泡泉，淳朴的大田人民热忱欢迎你！

大仙峰茶美人（Daxian Peak tea beauty）

醉氧睡眠小镇（Most oxygen sleep town）

福建土楼（南靖）景区

FUJIAN TULOU (NANJING) SCENIC SPOT

福建土楼，故里南靖。南靖县位于福建省南部，漳州市西北部，毗邻厦门特区，距漳州市区仅 38 千米。

“福建看土楼，南靖极精彩。”南靖是福建土楼的故里，现存各类土楼 15000 多座，其中大型土楼 1300 多座，会集了极高（和贵楼）、极大（顺裕楼）、极小（翠林楼）、极奇（和贵楼）、极精美（怀远楼）、极古老（裕昌楼）、极壮观（田螺坑土楼群）、极密集（河坑土楼群）的土楼，堪称“土楼王国”。

福建土楼（南靖）景区先后荣获“遗产保护杰出成就奖”“中国至佳文化生态旅游品牌景区”“国际王牌旅游景区”“国际王牌旅游目的地”“中国闽南生态文化保护区”“中国醉美的民居建筑”“国家 5A 级旅游景区”等荣誉称号。

目前，福建土楼（南靖）景区已形成田螺坑旅游片区、云水谣旅游片区和河坑土楼民俗文化村 3 条经典旅游路线，其中福建土楼的标志性建筑——田螺坑土楼群、双北斗七星建筑群——河坑土楼群、精美的双环圆土楼——怀远楼、建在沼泽地上的土楼——和贵楼这“两群两楼”于 2008 年 7 月 7 日被联合国教科文组织列入《世界文化遗产名录》，成为中国第 36 处世界遗产。2010 年 10 月，南靖土楼森林公园被评为国家森林公园，2011 年 8 月，被评为国家 5A 级旅游景区，2014 年 12 月，福建土楼（南靖）景区被评为国家水利风景区，2015 年 2 月被评为全国文明单位。

福建土楼的标志性建筑——田螺坑土楼群
（The landmark building of Fujian Tulou - tianluokeng Tulou group）沈志坚　摄

永定 YONGDING

龙岩市永定区地处福建省西南部，这里有清新的自然生态、旖旎的山水风光、厚重的客家文化，以及多彩的红色文化、侨台文化、农耕文化。这里乡乡为景、村村是画，成为国内外游客观光休闲度假目的地。自2016年被国家旅游局确定为全国首批全域旅游示范区创建单位以来，永定区积极拥抱大众旅游消费新时代，抢抓旅游业新一轮发展黄金期，坚持把全域旅游创建作为转变发展方式、提升区域整体发展水平的“一号工程”“头号产业”来抓。紧紧围绕打造世界客家文化旅游目的地目标，全民动员、全员参与，大力实施“文旅兴区”战略，坚持走转型提升之路、文旅融合之路、全域旅游之路，推动旅游全域化发展，构建形成“一核两翼、东楼西湖、全域发展”的旅游“生态链”。全区共有国家5A级旅游景区、国家4A级旅游景区各1处，国家3A级旅游景区11处，国家水利风景区、国家森林公园各1处，有国家重点文物保护单位3处，省级重点文物保护单位32处。几年来，永定区相继获得了中国旅游百强县、全国土楼客家文化旅游知名品牌示范区、中国传统建筑文化旅游目的地、全国传统文化教育示范基地、影响世界的中国文化旅游名县名景、美丽中国十佳旅游县、全国十佳文化生态景区、构建美丽中国先锋单位、全国5A景区网络口碑十强、中国全域旅游魅力指数排行榜区县级第十名、中国候鸟旅居小城、福建省优秀旅游县、省级生态旅游示范区等荣誉称号。

永定——龙湖（Yongding Longhu）

江西

JIANGXI

江西旅游资源丰富，三清山、龙虎山、井冈山、庐山等名胜不绝于道，但从度假休闲的角度来讲，并不合适。旅游更多的是游览观光，侧重于游而不侧重于休。我们应该找的是一处度假胜地，而非猎奇寻秘。

看腻了大江大河的盛景，更加受人青睐的应该是各种度假区，作为一个乡土情结深种的民族，我们喜欢那远离城市的宁静乡村，更被小镇独具的人文气息所吸引。而现在，江西也拥有了一批自己的度假区：宜春市明月山温汤旅游度假区、上饶三清山金沙旅游度假区、赣州大余丫山旅游度假区、萍乡武功山万龙旅游度假区、吉安安福羊狮慕野牛瀑旅游度假区、新余仙女湖七夕文化旅游度假区……

夏日炎炎，正是去度假休闲的好时候。放松一下，给生活充充电，回来工作更能事半功倍。

萍乡武功山万龙旅游度假区

PINGXIANG WUGONG MOUNTAIN WANLONG TOURIST RESORT

武功山万龙旅游度假区坐落于江西省萍乡市武功山风景区，是融温泉养生、水上游乐、宴会接待、旅游度假等为一体的生态园林式温泉旅游度假区。

萍乡武功山风景名胜区位于江西省萍乡市东南部，属湘赣边界罗霄山脉北段，是江西省西部旅游资源最为丰富的大型山岳型风景名胜区，历史上曾与庐山、衡山并称江南三大名山，有“衡首庐尾武功中”之称。武功山主峰白鹤峰（金顶）海拔 1918.3 米。景区面积 139 平方千米，核心景区 41.7 平方千米，规划景点 200 多处，由金顶景区、羊狮幕景区、九龙山、发云界四大区块组成，目前已开发的是金顶景区和羊狮幕景区。景区资源特色被专家概括为草甸奇观、山景雄秀、瀑布独特、生态优良、天象称奇、人文荟萃，具备景观多样性、生态多样性和文化多样性。目前，景区已获得国家 4A 级旅游景区、国家风景名胜区、国家地质公园、国家自然遗产、国家森林公园五张国家名片；同时，还获得了全国风景名胜区自驾游示范基地、全国青少年户外体育运动营地、中国美丽田园、中国品牌节庆示范基地等荣誉称号。

旅游锦囊 Travel Tips

交通

萍乡火车站至武功山直达班线：萍乡火车站—萍乡北站—320 国道—新泉乡—萍乡武功山。

推荐游览线路

索道观光

D1：钟鼓楼→蛤蟆石→七仙潭→红岩谷瀑布群→夫妻瀑→一木成林→金壶洒酒瀑布→返回宾馆（宿）。

D2：山门→石鼓寺→武功山文化园→索道上山（远眺迎霞亭、尽心瀑、飞来石、寒婆岩）→紫极宫→北海岸栈道→吊马桩→穿越十万亩高山草甸→顶庵→千年古祭坛→金顶→武功山神→武公神拳→阴阳谷→灰姑娘→草甸之舟→武功雄狮→武功泉→情人花廊→葛仙洞→回音谷→许愿石→犀角峰→点将台→福星谷（福星岩、龙门蹬、牛郎织女、老君采药）→索道下山。

武功山风光（Wugong Mountain scenery）

推荐景点 Scenic Areas

金顶景区（Jinding Scenic Area）

金顶为武功山风景名胜区的最高点（海拔 1918.3 米），金顶景区面积 100 多平方千米，峰顶地势平坦，夏季气候凉爽，是观赏日出、高山草甸、神秘佛光、迷幻云海、悬崖峭壁和进香拜佛的最佳景区。主要看点分别为金顶道教丛林、金顶世纪之碑、鸡冠岩、江南银杏王、行台、集云阁、观音岩、香炉峰、发云界、千丈崖。

麻田景区（Matian Scenic Area）

麻田景点位于武功山风景名胜区中段。元至顺二年（1331），有林氏兄弟自福建莆田迁入此地麻栎树林间，伐木造田定居，因而得名“麻田”。峦秀谷幽，飞瀑银泉，山水风光可与庐山媲美，而飞瀑倒泻为庐山所难比；云雾缥缈，瞬息万变，千古咏为奇绝；群猴出没，百花争艳，更兼有高山田园风光。

麻田游览区中，有 15 处代表性风景点（近百处景观），分列龙王潭、台上、桶下、尽心桥、寒婆岩、官冈庵、竹竿鼻、雷打峡、鸡冠岩、九龙界、吊马桩等。

发云界景区（Fayunjie Scenic Area）

发云界景区位于武功山风景名胜区中段，海拔 1628 米。发云界的十万亩高山草甸，是武功山风景名胜区的精华所在。主要景点有白鹭天堂、龙山（石崖）、银链瀑布、猛虎跳墙、九鳅落湖、草甸云松、麒麟石等。

羊狮幕景区（Yangshimu Scenic Area）

羊狮幕又名杨思墓、十八排，东西走向，主峰海拔 1670 米，羊狮幕景区总面积约 37.5 平方千米，以山险奇俊秀出名。主要看点为沈家大院、如来佛掌、夫妻峰、金鸡迎春、关公班师、观音送子、仙盆鸭、小石笋、生命之根、穿云石笋。

观光栈道（Tourist Trestle Road）

观光栈道位于萍乡武功山景区内，总投资约 1200 万元，于 2010 年 1 月开工建设，2010 年 6 月正式开通。栈道全线长约 1092 米，宽为 1.5 米，起始许愿石景点，终点为金顶二级索道下站，沿线共设立一座悬索桥、三个观景平台及一个高空玻璃眺台。采用俄罗斯进口防腐木为材料，设计上依山就势，兼顾实用美观，既是景区的游务设施，更是一道亮丽的风景线。

武宁 WUNING

山水武宁 log

山水武宁微信公众号二维码

武宁，地处江西西北部，位于南昌、武汉、长沙三个省会城市 1 ~ 3 小时经济圈内，南有九岭山脉，北有幕阜山脉，坐拥国家风景名胜区庐山西海 3/4 水域。“八山一水半分田”的独特地貌造就了武宁丰富的旅游资源。

武宁历史悠久、人文荟萃。在商代为艾侯领地，有古艾之称。历史上名人辈出，极为著名的有辛亥革命元老李烈钧、红军军团参谋长李屏仁等。历代诗人名士如柳浑、苏轼、黄庭坚、周濂溪、盛文郁等都曾在这里为官、游览、隐居，留下一处处富有传奇色彩的人文景观。民间有广为流传的打鼓歌、采茶戏、花鼓灯、戏社火、傩舞、蛇舞等，其中打鼓歌已被列入国家非物质文化遗产名录。

“江南山水窟，江西风月窝”，800年前，道教南宗五祖白玉瞻就在《涌翠亭记》中为武宁山水做了极形象、极生动的广告。近年来，武宁以创建“国家全域旅游示范区”为抓手，坚持“山水联动 景城一体”发展模式，精心打造“山岳武宁、水上武宁、夜色武宁、乡村武宁、康养武宁、空中武宁”六条风景线。重磅打造以县城为核心的国家 4A 级旅游景区西海湾，“武宁之眼”“长水桥中桥”等滨湖夜景如梦似幻。精心打造 220 国道“幕阜风情”和 305 省道“九岭风光”美丽示范风景线。以“林改首村”长水、北湾半岛为代表的“乡村武宁”风景线和万亩野樱花、阳光照耀 29 度假区等美景连续亮相央视《新闻联播》《朝闻天下》。现已建成国家 4A 级旅游景区 3 个、国家 3A 级旅游景区 7 个，省 3A 级以上乡村旅游点 14 个，省级旅游风情小镇 2 个，整个武宁全域成为一个大景区。

武宁县——庐山西海国家风景名胜区（Wuning county — Lushan Xihai national scenic spot）

走遍千山万水，独爱武宁山水。武宁正以势不可当的魅力，吸引着来自五湖四海的游人前来领略仁山智水的雄奇瑰丽，感悟天地造化之神奇灵秀！

武宁县——中国醉美小城
（Wuning county — the most beautiful city in China）

新余仙女湖七夕文化旅游度假区

XINYU XIANNV LAKE CHINESE VALENTINE'S DAY CULTURAL TOURISM RESORT

仙女湖风景名胜区是国家重点风景名胜区，位于江西省西部的新余市，因东晋文学家干宝的《搜神记》中“毛衣女”下凡豫章新喻县的神话传说而得名。仙女湖地处江西省“三清山—龙虎山—南昌—仙女湖—萍乡”和“庐山—鄱阳湖—南昌—仙女湖—井冈山—赣州”两条旅游线路的交会点，区位条件优越。仙女湖风景名胜区分为舞龙湖景区、钟山峡景区、钤阳湖景区、大岗山景区、九龙湾景区五个部分。这里人文荟萃，有古溶洞、古建筑、水下古城、古墓、石刻、古代名著、革命历史遗址、渔家风情等人文景观。这里风光秀美，仙女湖最大的特点是：青山绿水、山水相映、水天一色。有植物 230 科、3000 多种，其中名贵树种 200 多种，森林覆盖率达 95% 以上。良好的生态环境滋养了众多的动物，有鹿、狐、猴等兽类动物 37 种，鹰、隼、雁、白鹭、斑鸠等鸟类动物 39 种。

从 2004 年起，新余就通过连续举办以爱情文化和七夕文化为主题的系列活动，让仙女湖逐步获得了“中国爱情湖”的美誉，成为广大游客特别是年轻情侣们十分青睐的旅游休闲度假胜地，成为江西省具有鲜明文化标识的重要旅游力量。

旅游锦囊 Travel Tips

交通

新余至仙女湖风景区

新余火车站—仙女湖：乘坐 503 路公交车。

新余火车站—江口—仙女湖：乘坐 502 路公交车，亦可在火车站和赣新路口等车到景区。

推荐美食

仙女湖竹笋干：以仙女湖风景区深山毛竹春笋为原料，经传统工艺加工而成，清香可口，原汁原味，是难得的绿色天然食品。清蒸、水煮、小炒均可，具有清热解毒、减肥健身、延年益寿等功效。

仙湖米粉鱼：是江西新余特色美食之一。以草鱼为主料，配上自制米粉，以、葱、姜、鸡精、胡椒粉、料酒调味后，用水煮过的荷叶包好，蒸制而成。荷香鱼嫩、造型美观。

鸡汁鲜鱼卷：鳜鱼初加工，切成大片，五花肉连同香菜打茸，卷入鱼片蒸熟，鸡汁勾芡即成。

如意石耳扒竹荪：蛋清煎成蛋皮，包鳜鱼石耳成如意状，上笼蒸熟，冷却切段，竹荪酿鱼胶加高汤蒸透，摆好高汤勾芡，配上围饰即可。

推荐特产

仙女湖名茶：汉族茶农创制的名茶。本品先用仙女湖一带优质嫩芽为原料，采用传统工艺揉制而成，具有条索纤细，卷曲成螺，白毫显露，香气浓郁，滋味鲜醇甘厚，汤色碧绿、清澈等特点，历来被饮者视为茶中佳品。

仙女湖牌松花皮蛋：国家风景名胜区仙女湖有 50 平方千米水面，放养水鸭得天独厚。仙女湖松花皮蛋以该湖放养鸭蛋为原料，采用现代无铅工艺生产，营养丰富，口感好。

推荐景点 Scenic Areas

龙凤苑（Longfeng Garden）

位于仙女湖核心景区——醉仙湖景区。龙凤苑南北似腾飞的龙，东西像展翅的凤，故名“龙凤苑”，全苑占地面积7.7万平方米，有20多处各类景观景致。围绕“小龙”的蛇和“神鸟”的凤文化主题，打造一处人与自然、人与动物和谐相处的生态胜景，依山傍水建有龙凤徽、九龙堬、蛇池、凤巢、龙蟠台、崇蛇坛、龙凤乾坤演示厅、白蛇传雕塑、鸵鸟行宫、舞龙飞船等内涵丰富的景观。能够体验到人与动物亲密接触、观赏到人蛇共舞、鸵鸟飞奔、动物开会等惊险有趣的绝技表演。

民俗文化风情园（Folk Culture Custom Garden）

民俗文化风情园是一处荟萃多民族民间艺术、民俗风情和民居建筑于一园的文化旅游景点，是仙女湖目前最大的景点。岛屿围绕着傈僳族和傣族的民族特色，让游客体验到少数民族特有民族风情和民众文化，感受中华民族大团结、大融合的和谐魅力。园内有“泰国红衣人”、傈僳族上刀山、下火海、傣家泼水、竹楼对歌、竹节舞、孔雀舞等民族特色的表演节目，让游客亲身体验溜索、滑草、射箭等游娱项目。

爱情岛（Love Island）

爱情岛占地面积79920平方米，展示了世界各地婚俗文化的“世界婚礼大观园”，也是全亚洲超大规模的婚纱拍摄基地——仙女湖环球影视城。岛内聚集了众多的情爱文化元素，有中式的大花轿、同心锁、姻缘井、抛绣球、洞房。有西式的仿“科隆大教堂”、爱琴海、浪漫满屋、海景码头、日式风情、欧陆风情街、宫廷水道。充分传播了情爱文化的理念。同时建设有皇家别墅、爱情城堡、太子楼住宿区。是集旅游观光、休闲娱乐、度假、会务拓展、婚纱摄影等多种功能于一身的岛屿。

龙王岛（Longwang Island）

龙王岛位于仙女湖风景名胜区东南面，距六合群岛250米，南北长950米，东西宽750米，面积51万平方米。它鸾回凤举，卓然嚣外，峨峨焉若望庆云之沓轸，浩浩焉似泛沧溟之无极。它的平面像橄榄，又似台湾宝岛；立面呈等腰三角形，颇有日本富士山的风韵。它海拔190.5米，既是仙女湖最高的岛，与其龙王派头相适应；又处在四大湖湾的交接点上，南北翼护两大群岛，东西臣服诸多半岛，与其九五之尊位相吻合。岛上奇松与瘦竹竞秀，翠藤并野花争妍。

宜春明月山温汤旅游度假区

YICHUN MINGYUESHAN WENTANG TOURIST RESORT

度假区位于中国生态名城江西省宜春市温汤镇，毗邻国家级风景名胜区、国家5A级旅游景区——明月山景区。度假区总面积为13.6平方千米。

明月山温汤旅游度假区是一个以富硒温泉为主题，融游览观光、休闲度假、康疗养生为一体的全国知名旅游度假目的地。拥有"中国温泉之乡"、中国亚健康养生温泉SPA示范基地、中国最佳旅游休闲目的地、中国最佳温泉旅游目的地等多项国家品牌和荣誉，2015年获"中国最佳温泉旅游目的地"称号。

度假区内旅游资源类型丰富，"泉""山""禅""农""月"等资源相得益彰。"泉"作为度假区的主题度假资源，拥有"华夏第一硒泉"之美誉，是目前中国唯一可与法国埃克斯矿泉媲美的世界珍稀温泉名水，可饮可浴，祛病延年。此外，源远流长的农耕文化、唯美浪漫的月亮文化、有口皆碑的历史故事、隐逸空灵的禅宗祖庭、返璞归真的田园风情、秀美迷人的明月山脉……为度假区增添了文化底蕴与神秘风情。

度假区内形成了以天沐温泉度假村、维景国际温泉度假酒店、耀安开元名都国际温泉大酒店、温汤大酒店、各类疗养院以及各类民宿客栈等为主的高品质、主题化、特色化的度假住宿体系，开发了"富硒食品、富硒饮品、富硒护肤品"等一系列富硒类产品，拥有水上高尔夫、梦幻水城、漂流等多个休闲娱乐项目，构筑了"一年四季沐温汤"的休闲度假产品体系，让游客全方位感受"多彩温汤"的惬意闲适。

明月山温汤旅游度假区以科学规划为第一理念，以生态环境作为第一形象，以优质服务塑造度假品牌，将休闲度假作为核心要务，积极与国际接轨，竭力将度假区打造成为世界一流的健康、养生、休闲、度假旅游目的地。

旅游锦囊

Travel Tips

推荐活动

《明月千古情》：大型歌舞《明月千古情》用一台戏浓缩了江西的历史文化与民俗风情，《燃烧吧，瓷器》《明月皇后》《嫦娥奔月》《魅力江西》《十送红军》《有情人终成眷属》等截取江西文化中最闪光的片段，并用时尚的现代舞展现传统的青瓷文化，用充满创新的手段让传统文化与时尚激情碰撞，传递出现代江西的似火热情。其中有人与自然和谐共处的祥和安宁，有神话传说的动人爱情，也有革命老区世代传唱的红色记忆。一小时的演出里，300多位演职人员、上万套舞台机械、上天入地的空间创意，为观众带来360° 的视听享受，让观众领略江西文化的魅力，把明月山"有情人终成眷属"的主题展现得淋漓尽致。

推荐景点 Scenic Areas

明月山景区（Ming Yue Mountain）

明月山景区是国家级风景名胜区、国家5A级旅游景区、国家森林公园、国家地质公园、国家自然遗产，江西省新赣鄱十景之一，位于全国第一个生态城市宜春市城西南15千米处，属武功山东北端的山麓部分，是以“奇峰险壑、温泉飞瀑、珍稀动植物和禅宗文化”为主要特色，融“生态游览、休闲度假、科普教育和宗教旅游”为一体的山岳型风景名胜区。

“明月处处有，宜春月最明”，古人曾在诗中这样写道。位于宜春市境内的明月山，便是这份浓厚的月亮文化的发源地之一。明月山，因山上“有石夜光如月”而得名，竹海、飞瀑、松涛、奇峰等一系列优美的景致，让这座名山“步步拾锦绣，一里不同天”。根据神话史诗记载，明月山为嫦娥的故乡，是当年嫦娥奔月的地方，因此宜春有“月都”“月城”等美称。

南惹村（Nanre Village）

南惹村坐落在国家5A级景区宜春明月山之下，距离明月山景区东大门仅百步远，离宜春市区约45分钟车程。佛教禅宗之一“沩仰宗”的祖庭仰山栖隐禅寺就在附近。南惹村空气清新，竹林如海，流水潺潺，曲径通幽，鸟语花香，再加上千年银杏古树的点缀以及与仰山寺较近的距离，使得古村处处附有禅意。

二十四桥明月园（24 Bridge Mingyue Garden）

二十四桥明月园由温汤大酒店投资建设，是江西省首批森林养生基地，园区位于秀美的明月山脚下，项目总面积为2.1平方千米，采用创新型农民合作经营模式，以宜春月亮文化和桥文化为底蕴，内有花海观光、民俗体验、种植养殖众多项目，是以森林养生为主题，实现除盐以外自产自销为目标的综合绿色休闲度假生态园。

栖隐山庄（Qiyin Villa）

栖隐山庄位于宜春明月山东门古庙村，一期占地约13万平方米，上有始建于东汉距今2000余年的孚惠寺，下为千年古寺禅宗祖庭仰山栖隐禅寺，周围群山环抱，樱花谷山溪穿流其间，因其山势“高耸万仞，仰不可攀”而得名的仰山，古代视为“州之镇山”。

栖隐山庄依山溪而建，分餐饮、茗茶、客房、观光四部分。

抚州 FUZHOU

一个有梦有戏的地方

抚州位于江西省东部，是离省会南昌极近的设区市。现有人口 400 万，辖 9 县 2 区和抚州国家高新技术开发区、东临新区两个重点开发区，总面积 1.88 万平方千米。抚州先后被评为“全国 50 强氧吧城市”“中国极具特色旅游城市”“国家园林城市”“国家森林城市”“中国文化竞争力十佳城市”“省文明城市”“省卫生城市”。抚州自古就有“才子之乡”“文化之邦”的美誉。唐宋八大家，抚州就有两家，分别是王安石和曾巩。著有《临川四梦》的明代戏剧家、文学家汤显祖被誉为“东方莎士比亚”，与马致远、关汉卿同为中国戏剧的奠基人。抚州以《牡丹亭》来蓝本，打造了大型实景演出《寻梦牡丹亭》，让观赏者和剧中人共同入梦、惊梦、寻梦、游梦、圆梦。抚州旅游资源丰富，拥有 1 个国家 5A 级旅游景区和 17 个国家 4A 级旅游景区。“红色”“古色”“绿色”交相辉映，编织成一幅壮丽的山水画卷。热情好客的抚州人民，盛情邀请四海宾朋常来抚州“一个有梦有戏的地方”，体验临川文化，观赏自然风光。

国家 5A 级旅游景区——大觉山漂流（National 5A tourist attraction—Dajue Mountain rafting）

寻梦牡丹亭（Dreaming peony pavilion）

国家 4A 级旅游景区——梦湖景区（National 4A tourist attraction— Dream Lake）

上饶三清山金沙旅游度假区

SHANGRAO SANQING MOUNTAIN JINSHA TOURIST RESORT

作为三清山最大的度假区，金沙旅游度假区位于三清山东部，是集旅游度假、休闲、购物、旅游集散、行政管理于一身的综合性旅游度假区。

三清山金沙旅游度假区完整的旅游业态堪称一绝，三清山玉帘瀑布（国家4A级旅游景区）、三清山逍遥谷景区（江西省旅游风情小镇、华东优质人气风情小镇）、《天下三清》（中国首部大型道文化情景舞台剧）、三清山360度极限飞球（震撼逼真的裸眼视角特效），逐步实现“全域、全景、全时空”优质旅游景区。

三清山金沙旅游度假区硬件设施显著，星级酒店如春笋般拔地而起，三清山金沙湾假日酒店、开元度假村、雅栢远洲度假酒店、华克山庄、画家村、喜来登大酒店、锦琛山庄等酒店及特色农家乐，极大满足了广大游客不同阶层的需求。

旅游锦囊 Travel Tips

推荐活动

《天下三清》演艺：《天下三清》演出是三清山面向国内外旅游市场隆重推出的一部道文化元素的演艺剧目，是三清山旅游必看的一道压轴风景。演出画面唯美、演员舞姿优雅、人物动感十足、故事催人泪目，现代高科技声光电、全息投影、新颖变化的舞台机械等手段全方位立体呈现三清山人文与自然胜景，神奇的一幕幕不断出现，给现场2200多名观众带来心灵震撼、在道法自然的氛围中乐享视听盛宴。

推荐美食

爆炒石鸡：石鸡产于三清山溪涧石洞中，其形状似蛙，全身黑褐，后腿粗壮有毛，善跳跃。其性温，味极美、汁多胶质、如同甲鱼。不仅是山中珍稀佳肴，且具有强筋健骨之效。

农家炒腊肉：三清山农家炒腊肉可是难得一吃的美味，当地村民将自家土猪杀了后，将肉抹上盐，在酱油里泡一下，泡后挂在自家屋檐下经历三数日风干而成。

八卦涵乾坤：三清山道宴与道教文化具有很深的渊源，八卦涵乾坤将荸荠和白玉豆等当地五谷杂粮蒸熟，摆上道家八卦造型，以道教哲理融于日常饮食起居，增智开慧。

三清太极笋丝：三清太极笋丝是三清山一道美味的菜肴，食材取自三清山竹笋，经过厨师的精心设计而成，造型优美，口感俱佳。

三清山黄金茶鸭头：三清山黄金茶是蜡梅科植物，学名为柳叶蜡梅，嫩叶经加工制作而成的一种功能性绿茶，盛产于三清山原始深山，无污染，纯天然，承天地之精华，汇万物之灵气。三清山黄金茶鸭头这道菜就将黄金茶、当地土鸭头、干辣椒、孜然等融合成一道特色菜，也是三清山美食文化一种创新。

三清山东方女神（Oriental Goddess of Sanqing Mountain）

推荐景点 Scenic Areas

银湖湾生态村（Yinhuwan Ecological Village）

银湖湾生态村位于三清山脚下，多年来，在三清山风景区的重视和打造下，生态村内共有 168 户 583 人，其中农家乐经营户百余家，可同时接待 600 多人，年接待游客 10 万人次，已成为三清山最大的农家乐接待基地。三清乡充分结合秀美乡村建设，对生态村的硬件设施及经营管理等环境进行改造再提升，进一步拓宽生态村农家乐经营渠道，达到秀美乡村建设的目的。

三清山 360 度极限飞球（Sanqingshan 360 Degree Ultimate Flying Ball）

人气爆棚，全国第 20 个球，江西省第一个球落在三清山，科技与游乐的完美结合，颠覆性的视觉特效体验。超刺激！全沉浸式裸眼特效巨幕片，法拉利赛车座椅超享骑乘，虚实结合的场景穿梭，惊险刺激的体验。飞越城市之巅，360° 玩转三清山！扔掉 3D 眼镜，来体验震撼逼真的裸眼特效大片！解放双手，在这里敞开双臂，驾驶法拉利自由飞翔！超 IMAX 球型巨幕会带来怎样震撼的特效视觉体验？驾驶法拉利穿梭在山景中将展现何种速度与激情？三清山，带给你另一种角度的山川之美！与其为生活琐事抓狂，不如在三清山极限飞球快乐飞翔！别让工作压力击倒你，来三清山极限飞球释放超能力！

山东
SHANDONG

山东的海岸线长达3100多千米，日照、青岛、威海等众多沿海城市构成中国东部的黄金海滨城市群。

青岛和烟台是两个非常适合旅游度假的地方，这里环境优美，自然条件优越，空气清新，而且有很多旅游景点，气候宜人，光照时间长，非常适合放松自己的身心。青岛的凤凰岛旅游度假区、烟台的蓬莱旅游度假区和海阳旅游度假区是国家级旅游度假区，都是极佳的度假胜地。

除了看山看海之外，枣庄市的台儿庄古城区旅游度假区、聊城市的江北水城旅游度假区历史文化深厚、环境优美、度假设施完善，是文化旅游的好去处。

丰富的地热温泉资源是大自然馈赠给山东度假区的一张温暖的养生名片。齐河黄河国际生态城省级旅游度假区中的温泉小镇为我们描绘出一幅环境优美、乐享健康生活的美丽画卷。

看山海、游古城、泡温泉，山东度假魅力无限。

青岛凤凰岛旅游度假区

QINGDAO PHOENIX ISLAND TOURIST RESORT

青岛凤凰岛国家级旅游度假区，原为薛家岛旅游度假区，三面环海，西北侧与陆地相连，东与青岛老市区隔海相望。1995 年经省人民政府批准设立为省级旅游度假区，2016 年获批为首批国家级旅游度假区之一，目前开发范围已拓展到整个凤凰岛及周边区域，总面积约 28 平方千米，其中陆域面积 21 平方千米。海岸线长 54 千米。

凤凰岛海、滩、岛、湾等旅游资源丰富、优质。最新普查结果显示，凤凰岛资源类型以滩地型旅游地、岛区、奇特与象形山石等居多。区内旅游资源单体 44 处，涵盖了 6 个主类、14 个亚类、21 个基本类型，优良旅游资源单体占 59%，主干资源丰度高、质量好，组合状况良好。主要景点有金沙滩、银沙滩、石雀滩、唐岛湾、竹岔岛等。金沙滩、银沙滩均是我国沙质最细、景色最美的沙滩之一。唐岛湾湾内海域面积 10 平方千米，岸线总长度 15 千米，湾两岸已建成生态优美的滨海公园。

凤凰岛历史典故众多，传统文化积淀深厚。明朝大将薛禄出生于此，历史上著名的“宋金海战”发生于唐岛湾附近海域。分布在沿海的各个村落也形成了独具地方特色的渔家传统文化。

旅游锦囊

Travel Tips

交通

青岛市区乘坐隧道 3、隧道 5、隧道 6、隧道 7、隧道 8 到码头休闲村下车即到。

住宿

凤凰岛旅游度假区内高端酒店群粗具规模，已落户银沙滩温德姆至尊酒店、金沙滩希尔顿、喜来登、朗逸、涵碧楼等 12 家高端度假酒店。度假区目前有床位 4629 张，其中三星级标准以上 1100 间、1625 张；中低档度假酒店、酒店式公寓、汽车露营地、民宿等共计 3004 张；初步形成多元化、层次化的度假条件。随着在建项目的陆续竣工开业，在 3 年内度假区将形成 6500 间客房的度假酒店集群。

活动

目前已开发建设滨海度假、影视文化、体育休闲、海上运动、康体养生、生态旅游等休闲度假项目。建设了海上嘉年华、唐岛湾游艇会、鲁海丰海洋牧场等特色休闲项目，落户了西海艺术湾、国际羽毛球交流中心等文化体育项目，成功举办了中日韩 CEO 论坛、青岛海洋国际高峰论坛、世园会分会场、中国国际儿童电影节、青岛啤酒节等国家级节庆会展活动。

推荐景点 Scenic Areas

金沙滩（Golden Sands Beach）

于2008年被评为国家4A级旅游景区，沙滩全长3500多米，宽约300米，呈月牙形东西伸展，是我国沙质最细、面积最大、景色最美的沙滩之一。自然环境优美，滨海木栈道、景观长廊、高端会所、凉亭、水车、渔船等一系列精致的木质小品与大海、沙滩融为一体，展现出一幅优美的海滨画卷。

银沙滩（Silver Beach）

位于凤凰岛旅游度假区西南，是金沙滩的姊妹滩，全长2000余米，呈月牙形东西伸展，沙质细腻，因沙质色泽银白得名，景区内景致清幽，是凤凰岛旅游度假区内的另一大海水浴场。银沙滩景区二期工程将建设休闲会所、景观别墅、综合管理用房、特色休憩亭、观光伞亭、林荫停车场、主入口广场、观海广场、旅游公厕等建筑，逐步完善休闲旅游度假功能。银沙滩景区定位于高端旅游度假景区，借鉴海南亚龙湾的开发模式，着力发展高端度假酒店群，打造南有亚龙湾、北有银沙滩的高端度假品牌。景区内现已规划了四座度假酒店，其中青岛银沙滩温德姆至尊酒店已营业。

唐岛湾滨海公园（Tangdao Bay Binhai Park）

唐岛湾滨海公园地处黄岛区行政商务中心区，曾作为青岛世园会西海岸分会场备受瞩目。北岸东西全长4.5千米，公园以“航海、运河、爱情、运动”为主题，按功能自西向东分为七个区，分别为牛岛生态保护区、滨海运动休闲中心、运河广场、公共艺术园、滨海休闲广场、滨海伊甸园和码头休闲娱乐村。南岸全长3.9千米，占地30。南岸植物园栽植各类植物300余种，自西向东沿主道重点打造“一线七园”——缤纷绿道、木兰海棠园、豆趣园、浪漫樱花园、蔷薇园、百果园、彩叶彩枝园和湿地生态园专类园区，营造出树种多样、色相季相丰富的绿化景观。

陈姑庙（Chengu Temple）

陈姑庙位于薛家岛街道顾家岛社区西侧，由浙江人始建于1223年（南宋玄宗年间）。原有正殿二间，东西偏殿各三间，钟楼一座。正殿供奉陈姑婆母塑像，西侧偏殿塑有陈姑像，东殿为看庙人居住，院内还有一个狗殿。清道光十六年（1836）曾大修一次。1966年东殿和钟楼以及殿内的塑像均被拆除。陈姑庙占地200余平方米，建筑面积约100平方米。2001年，黄岛区人民政府确立陈姑庙为区级重点文物保护单位。

枣庄台儿庄古城区旅游度假区

ZAOZHUANG TAIERZHUANG OLD TOWN TOURIST RESORT

台儿庄历史文化深厚，形成于汉，发展于元，繁荣于明清。清代《峄县志》记载，“台（儿）庄跨漕渠，当南北孔道，商旅所萃，居民饶给，村镇之大，甲于一邑，国朝高宗（乾隆皇帝）赐为‘天下第一庄’”，呈现出“商贾迤逦，一河渔火，歌声十里，夜不罢市”的繁盛景象。1938年春发生的台儿庄大战，使这座古城化为废墟。2008年中共枣庄市委、市政府重建台儿庄古城。

台儿庄古城规划面积2平方千米，包括11个功能分区、8大景区和29个景点。按照“大战故地、运河古城、江北水乡、时尚生活”的定位，遵循“留古、复古、扬古、用古”的理念，将保存下来的大战遗址、古城墙、古码头、古民居、古街巷、古商埠、古庙宇、古会馆等历史遗产科学地进行修复，打造成为世界文化遗产、国际旅游休闲目的地和国家级文化产业示范园区。

台儿庄古城集“运河文化”和“大战文化”为一城，融“齐鲁豪情”和“江南韵致”为一域，拥有百庙、百馆、百业、百艺和400个特色休闲大院。2012年11月被评为国家5A级旅游景区。

旅游锦囊 Travel Tips

交通

飞机：济南遥墙国际机场（280千米）至枣庄市台儿庄区。青岛流亭国际机场（370千米）至枣庄市台儿庄区。临沂机场（90千米）至枣庄市台儿庄区。济宁嘉祥机场（130千米）至枣庄市台儿庄区。徐州观音机场（110千米）至枣庄市台儿庄区。连云港东海机场（110千米）至枣庄市台儿庄区。

自驾：京福高速（滕州南、枣庄、曹庄、柳泉、徐州东）出口至枣庄市台儿庄区。京沪高速（苍山、郯城、新沂）出口至枣庄市台儿庄区。连霍高速（邳州、徐州）出口至枣庄市台儿庄区。206国道出口至枣庄市台儿庄区。310国道出口至枣庄市台儿庄区。淮徐省道出口至枣庄市台儿庄区。

铁路：枣庄火车站（含高铁、动车，50千米）至枣庄市台儿庄区。滕州火车站（含高铁、动车，90千米）至枣庄市台儿庄区。徐州火车站（含高铁、动车，73千米）至枣庄市台儿庄区。邳州火车站（48千米）至枣庄市台儿庄区。临沂火车站（80千米）至枣庄市台儿庄区。

推荐住宿 ACCOMMODATION

龙湾 · 隐墅（Longwan Hermitage）

这里是兰祺旗下高端别墅式民宿，12座独栋别墅每栋有独立的客厅、厨房、餐厅、4~6间客房、停车位。双床房、大床房、特色亲子房、行政套房房型一应俱全，共52间。配备全自动洗衣机、电冰箱、整体厨房、管家服务。

推荐景点 Scenic Areas

中华珠算博物馆（China Abacus Museum）

兰祺河有多少水花，就有多少水珠；有多少水珠，就有多少算珠。河北岸有中华珠算博物馆。翠屏学馆的孩子们循着拨打算盘的噼里啪啦声蹦蹦跳跳来了，私塾先生得意了，他可以轻松一下午了。博物馆正门过道墙壁上，175 盘算盘从清末、从民国爬上了墙，像闽南会馆的海蛎墙的海蛎伏在上面摆起了珠算墙，它不忘拨打了 22 下算珠：指间运筹千年算术同古今，玉盘珍珠华夏文明耀古今。

翠屏学馆（Cuiping School Hall）

翠屏学馆为庙堂式建筑，古城的一所私塾学校，始建于清乾隆八年（1743），是尤家办的义学，对外收徒。该私塾 1938 年毁于战火，现在原址重建。

谢裕大茶行（Xieyu Tea Shop）

这座木雕茶楼，清雍正十年（1732）由浙江茶商沈绮建造，名为苏杭茶楼。沈绮有茶园百亩，就到这里销售茶叶，兼开茶馆。清咸丰七年（1857），徽州茶商谢正安收购了苏杭茶楼，改名谢裕大茶行。原建筑毁于 1938 年的战火，因为是全木质结构，大火三天不灭。现在原址复建，为茶艺文化展示区。

山西会馆（Shanxi Guild Hall）

山西会馆是一座大型晋派建筑。明末清初，漕运繁盛，山西商人纷至沓来在台儿庄落户座贾。清雍正十三年（1735），晋商集资修建了山西会馆，并在此祭奠山西圣贤关羽。因此，台儿庄的老百姓也把它称作关帝庙。

运河漕帮镖局博物馆（Canal Bodyguard Bureau Museum）

谢家镖局位于台儿庄古城南门里，前临庙汪，东靠车大路，西连关帝庙，占地面积 1745 平方米，建筑面积 1176 平方米，为清末民初台儿庄回民武术的一代宗师谢玉田开办的镖局，盛时有人员 30 余人，主要业务是水路的物镖和陆路的银镖。

烟台蓬莱旅游度假区

YANTAI PENGLAI TOURIST RESORT

蓬莱旅游度假区位于黄渤海之滨，2018年1月被评为国家级旅游度假区。度假区依山傍海，资源丰富，拥有“古阁、仙山、碧海”主题资源，突出打造“仙、阁、海”八仙文化和滨海休闲度假产品，形成以“到蓬莱，过神仙日子”为主题的品牌鲜明、产品丰富的旅游产品体系，“人间仙境”品牌形象深入人心。2018年，接待游客1086万人次，实现旅游综合收入130亿元，年过夜游客平均停留时间2.97夜。度假区安全保障措施完善，成立以来，无旅游安全事故。

度假区旅游产品丰富，有国家5A级旅游景区——蓬莱阁、三仙山 · 八仙过海，全国重点文保单位——蓬莱水城及蓬莱阁，“八仙过海”美传和独具神秘感的“海市蜃楼”自然奇观。有拉菲、苏各兰、文成、国宾等风格迥异的国内外知名酒庄23个，共同构成度假区独一无二的资源特色。旅游配套服务设施齐全。有君顶葡园酒店、三仙山大酒店、华玺大酒店等10余处高端度假酒店，鼎峰悦动港湾、宝龙城市广场、登州仙阜等城市综合体，蓬莱国际饭店、欧乐堡梦幻世界、水上世界等共同组成的滨海度假乐园，海市公园、平山河湿地公园、海滨观光大道等休闲健身场所，晟森游艇、海上仙阁等海上旅游业态，木兰人家、壹生府、暖阁等精品民宿，故里夜游休闲街区、渔家风情一条街、画河夜色、“仙缘蓬莱”文化演艺等夜间旅游产品，正在建设总投资100多亿元的开元、曼哈顿、君豪等高端度假酒店集群。

旅游锦囊

Travel Tips

交通

蓬莱东距烟台70千米，南距青岛200千米，拥有便利的交通网络。

公路：境内有4条省级公路及206国道、威乌高速等高等级公路。206国道蓬莱至烟台段为双向八车道旅游专线，威乌高速与同三、京福等高速相连。

铁路：即将建成的德（州）—龙（口）—烟（台）铁路为国家一级铁路，设计时速160千米，预留时速200千米，初设单线，预留双线设计，铁路通过能力为1500万吨。在蓬莱段设北沟、王李、蓬莱、刘家沟、潮水五个站。

航空：东距烟台莱山国际机场70千米。正在建设的烟台新国际机场位于蓬莱市潮水镇，建成后将与青岛、济南机场一起构成山东三大干线机场。新机场距蓬莱城区30千米。

推荐景点 Scenic Areas

蓬莱阁（Penglai Pavilion）

蓬莱阁是全国首批国家5A级旅游景区，始建于宋嘉祐六年（1061），与滕王阁、岳阳楼、黄鹤楼并称为中国古代四大名楼，素以“人间仙境”著称于世，其“八仙过海”传说和“海市蜃楼”奇观享誉海内外。

蓬莱阁历经风雨沧桑，如今已发展成为以蓬莱阁古建筑群为中轴，蓬莱水城和田横山为两翼，四种文化（神仙文化、精武文化、港口文化、海洋文化）为底蕴，山（丹崖山）、海（黄渤二海）、城（蓬莱水城）、阁（蓬莱阁）为格局，登州博物馆、古船博物馆、田横山、合海亭及黄渤海分界坐标等20余处景点为点缀，融自然风光、历史名胜、人文景观、休闲娱乐为一体的风景名胜区和休闲度假胜地。

蓬莱阁（Penglai Pavilion）

蓬莱八仙过海旅游景区（Penglai Baxian Sea Crossing Scenic Spot）

蓬莱八仙过海旅游景区是国家5A级旅游景区，神话传说中八仙过海的地方，造型宛如横卧海上的宝葫芦，由八仙坊、八仙桥、望瀛楼、八仙祠、会仙阁、拜仙台等近40处景观组成，并有滨海平台、观景长廊、奇石林、海豹岛等环区景观和快艇游览项目。八仙过海景区拥有海上园林、海上奇石林、海上长廊、海上楼阁，以八仙为主题的玉器、瓷器、漆雕、木雕、石雕随处可见，堪称巨大的藏宝库。景区突出大海仙山的创意，集古典建筑与艺术园林于一身，融自然景观和人文景观为一体，周围海域天高水阔，景色壮观、空气宜人，春夏之交常有海市、海滋出现。千百年来，八仙过海之传说、海市蜃楼之奇观、碧海蓝天之美景以及秦皇汉武访仙求药留下的神奇故事让这里成为拜仙祈福、浏览观光的理想之处，蓬莱因而享有“人间仙境、休闲天堂”的美誉。

蓬莱三仙山风景区（Sanxianshan Scenic Spot in Penglai）

蓬莱三仙山风景区为国家5A级旅游景区、国家文化产业示范基地，由三和大殿、蓬莱仙岛、方壶胜境、瀛洲仙境、瀛洲书院、珍宝馆、玉佛寺、十一面观音阁、万方安和等景观组成。园内叠山理水创意精奇、亭台楼阁气势雄伟、飞檐翘角金碧辉煌，加之古木参天奇石各异、碧水荡漾珍禽嬉戏，兼具北方皇家园林之雄与南方私家园林之秀，集中国古典园林之大成，展示出一幅人与自然和谐、天人合一的美妙画卷。其中重108吨的整玉卧佛、重72吨的整玉立观音、重260吨的十一面观音为景区镇园之宝。蓬莱仙岛等七组建筑以古画为凭依创作而成，堪称翰墨园林经典之作；珍宝馆被誉为“民间故宫”，珍藏大量艺术品，数量多、品位高，具有较高的艺术、收藏和观赏价值。整个景区规模宏大、内涵丰富、艺术精湛、巧夺天工，令游览者叹为观止，流连忘返，素有“神话仙境，蓬莱再现”的美誉。

蓬莱海洋极地世界（Penglai Ocean Polar World）

蓬莱海洋极地世界位于蓬莱—长岛客运码头南，总投资6亿元，展示面积5.98万平方米，汇集了北极熊、白鲸、企鹅、海象、海狮、海豚等世界各地近百种的海洋生物，融观赏性、娱乐性、趣味性、惊险刺激和反映海洋文化、海洋科技为一体，通过动、静结合的方式让人们了解更多的海洋知识，提高生态保护意识，是目前亚洲规模最大、展示内容最全最丰富的海洋世界，被山东省科协授予“全省科普教育基地”称号。被中国海洋学会授予“全国科普教育基地”称号。被原国家旅游局授予“国家4A级旅游景区”称号。

烟台海阳旅游度假区

YANTAI HAIYANG TOURIST RESORT

海阳国家级旅游度假区地处中国山东半岛中南部，南临黄海，位于青岛、烟台、日照、威海四大优秀旅游城市黄金节点，“仙境海岸”核心地段，总面积 13.36 平方千米，二期规划面积 18.28 平方千米，西扩控制面积 45.5 平方千米，是国家 4A 级旅游景区。2001 年 12 月 28 日，经山东省人民政府批准设立的省级旅游度假区。2015 年 10 月 9 日成功入选原国家旅游局公布的首批国家级旅游度假区。度假区境内基础设施完备，旅游资源丰富，以烟台山为中心，两侧各有万米金色海滩呈弧形对称，酷似一只展翅欲飞的凤凰，是天造地设的休闲度假宝地。

推荐景点 Scenic Areas

万米金滩（Wanmi Golden Beach）

拥有绵延 20 多千米的优质沙滩资源，沙细滩平，坡缓水清，“阳光、沙滩、大海”完全符合国际“3S”标准。海滨景观带以绿色、休闲、运动为主体，绿化与凤凰广场和谐布局，与天然黑松林连缀，与泰山石、亚沙会采火器相辅，成为海滨绿色天然氧吧，是健身养生之所。

高尔夫俱乐部（Golf Club）

该球场占地约 86 万平方米，是亚洲独具苏格兰风格的 18 洞滨海高尔夫球场。乡村式会所内餐厅、更衣室、高尔夫用品店、沐浴室、休息室等设施齐备。海阳旭宝高尔夫俱乐部以丰富的高尔夫专业管理经验和中国优秀的高尔夫球场管理精英赢得国内外游客的好评。

小孩儿口公园（Xiaohairkou Park）

西与亚沙会体育文化遗产群——亚沙城相连，南濒黄海，总面积 7 平方千米，其中水体面积 138 万平方米。公园内生长有紫薇、流苏、金银木等各类原生态植物 260 种，栖息有白鹭、海鸥、苍鹭等各类野生动物 226 种，清晨傍晚，霞光溢彩中，数以千计的各种鸟类在湿地公园上空飞起，形成了“水中有林趣，群鸟恋天堂”的美妙景观，是一处人与自然和谐共处的桃源胜境。

海阳沙雕公园（Haiyang Sand Sculpture Park）

坐拥约 53 万平方米的黑松林和沙雕艺术馆，是目前北方最大的以沙雕艺术为主题的公园。首届中国海阳国际沙雕艺术节于 2006 年 8 月 16 日开幕，之后每年举办一次沙雕艺术展。

水生植物园（Aquatic Botanical Garden）

这里是江北最大、品种最多、种类最全的、面积达 46 万平方米的耐盐碱水生植物园，花期时 1000 多种水生植物在这里演绎着一场别开生面的视觉盛宴。待项目全部建成后，这里不仅是全国首家露营垂钓基地，也将是一处可观光旅游的寒带湿生、盐生花卉休闲度假园，成为北方最大的水生植物研发、科普、展示和推广基地。

金沙乐园（Jinsha Paradise）

是一座集滨海风情淡水浴场、大型竞技闯关娱乐区、别具风格的水上乐园、特色休闲美食区以及儿童乐园几大板块为主的大型游乐场，并依托山东电视台闯关栏目原有的人气及广告资源，升级打造了《海阳凤翔滩，激情大闯关》大型竞技娱乐节目，让游客在享受大海、阳光、沙滩、生态自然的同时，体会“一样的海滩 · 别样的快乐”。

欢乐水世界（Happy Water World）

以“水上体验、运动娱乐、海上温泉”为特点，一期项目——主题水域约 9 万平方米，其中有 10000 平方米左右的水面面积和 10000 平方米的海啸池。还有疯狂树屋、环岛漂流、SPA 绿洲、飓风墙、深海龙卷风、海啸来临、眼镜蛇之吻、万道彩虹等集刺激、惊险、竞技、趣味、娱乐于一身的大型游乐项目 20 多个，为消费者提供全面的顶尖玩水设备、丰富的室内外玩水场所、多样的一站式玩水方式。

青州 QINGZHOU

激活记忆　跨界融合

多年来，青州市把文化作为旅游极好的资源，持续打造“文化青州”和“青州全域旅游”品牌，着力让历史遗存活化，让千年古城重生，使散落的文化和旅游资源实现了从“休眠”到“唤醒”的转型发展历程，打造出“激活记忆 跨界融合”的青州文旅融合模式。获得首批国家全域旅游示范区、国家历史文化名城、全国文化先进县、中国民间文化艺术之乡、中国收藏文化名城、中国诗歌之城、全国书香城市、山东省乡村旅游示范县、全国休闲农业与乡村旅游示范县荣誉称号。

突出顶层设计，高位推动文化旅游发展

出台一系列扶持文化旅游发展的政策，为文化旅游提供奖励政策和发展保障，拿出专门财政资金对文化旅游重点投入、重点建设、重点奖励，设立了文化产业发展基金、旅游发展基金、文化事业发展基金。

突出项目引领，打造精品文旅项目

青州古城旅游区成功创建国家5A级旅游景区，成为青州全域旅游的龙头。打造西部青州文化博览园、中部古城、东部中晨国际文化艺术小镇三大文化旅游片区。打造了含九大书画市场、六大书画写生创作基地、五个书画交流培训平台、三个民间支持体系的“9653”书画产业集群，乡村旅游发展持续升温。

青州古城（Qingzhou ancient city）

青州云门山（Yunmen mountain, Qingzhou）

青州黄花溪（Huanghuaxi, Qingzhou）

突出业态融合，丰富文旅产品供给

创新打造“溯源文旅融合 寻梦文化青州”1+N文化旅游演艺项目，“遇见古城小戏”文化惠游客文艺演出实现常态化。青州古城800多家业态多样的店铺、常态化展演的40多项非物质文化遗产，文创旅游商品更加丰富，在山东省文化和旅游商品创新设计大赛多次获奖。

河南
HENAN

河南虽然有很多出名的景区，也都非常的美丽，但是出名的景区游人太多了。可以选择一个风景优美又比较安静的度假区，在那里停留几天度个假。

白云山、南太行山、双龙湾、老君洞、鸡公山等有名的大山都建成了旅游度假区，度假区内风景优美、度假活动丰富，是爬山、看景、休闲的好去处。

如果觉得爬山太累，想要泡个温泉放松一下，尧山温泉度假区和嵖岈山温泉度假区是放松身心的好去处。

上面这几个河南的好去处，虽然人不多，但是风景十分优美。特别适合人们去那里度假，在那里绝对会放松你的心情，抛弃你的烦恼，好好度过一个属于自己的假期。

洛宁 LUONING

山水田园 秀美洛宁

河南省洛阳市的洛宁县，天开图画、山川锦绣，全县之域宛然一个巨大的景区，总面积 2306 平方千米，正如宋代女词人李清照的词里所描绘的那样：水光山色与人亲，说不尽、无穷好。洛宁的旅游资源，既有优良的自然山水、乡村田园，也有厚重的人文历史，旅游资源门类齐全、丰富多彩。

在自然山水方面，洛宁地形地貌呈“凹”字形，人称“七山二塬一分川”。秦岭进入河南的三条余脉，有两条横亘在洛宁两侧。即南部的熊耳山、北部的崤山。千里洛河穿境中流。浪漫的洛河，苍莽的群山，山清水秀、风光旖旎，蕴藏着一幅幅动人的山水画卷，使得洛宁自然生态旅游资源得天独厚、特色显著。

在乡村田园方面，洛宁的南部、西部、北部，都有着美丽的田园风光，乡村四季的气象万千，广阔天地的丰富物产，无不令人陶醉，村落人家、农家小吃、风土人情等都具有浓郁的豫西风韵。洛宁自古以来就是“北国竹乡”，全世界维度极高的原生态淡竹林已经有 4000 年的历史，小桥流水，农舍小院，很有情调。洛宁槐树面积达 40 余万亩，川涧、丘陵、塬区到处都有成片成片的槐树林。槐花盛开时节，漫山遍野就是花的海洋，四野飘香。

静美西子湖（static beauty of Xizi Lake）李永刚 摄

在人文历史方面，洛宁历史文化积淀厚重，是黄河文明的重要组成部分。华夏文明之根，在于中原文化。中原文化之根在于河洛文化，河洛文化的标志是“河图洛书”，而洛宁就是出洛书的地方。“洛出书处”已被载入国家非物质文化遗产名录。洛宁的遗址古迹、古代建筑星罗棋布，史书记载的名人、逸事、典故很多。境内有“洛出书处”“仓颉造字”“伶伦制管”等众多根源性文化遗存，是华夏民族的文明之源、文字之源和音律之源。

近年来，洛宁各项事业发展很快，获得了“国家园林县城”“全国绿化模范县”“国家卫生县城”“全国绿色能源示范县”“中国书法之乡”等荣誉。以开发建设国家 4A 级旅游景区神灵寨为龙头，发展乡村旅游景区景点 20 多处，处处是美景。

洛宁这个特大景区，外部的东、西、南、北出入交通条件连年改善，高速公路贯穿全境。县域内的公路串联起了星罗棋布的各个景区景点和旅游休闲基地站点，形成了深山区越野线路、浅山区田园线路、县城区园林线路三层级环线，给各类游客带来极大便利。

“忠厚勤正、创新共赢”，秀美洛宁欢迎你！

平顶山尧山温泉旅游度假区

PINGDINGSHAN YAOSHAN HOT SPRING TOURIST RESORT

度假区位于中国温泉之乡——平顶山市鲁山县西部，伏牛山东麓。规划面积 268 平方千米，交通便利，区位优势明显，新郑国际机场距度假区 182 千米，正在筹建的尧山旅游机场距度假区 25 千米。太奥高速、郑尧高速相互贯通，311 国道和郑万高铁穿境而过，构成了便捷直达的交通网络。度假区生态良好无污染，空气清新纯净，平均森林覆盖率 92.7%、空气质量达到了 GB3095 一类区标准，年平均气温 14.8℃。

尧山温泉旅游度假区以“拜大佛、游尧山、浴温泉、玩漂流”而久负盛名，尧山温泉旅游度假区以顶层设计为引领，以“佛、山、汤”打造完整的产业链条，力促旅游产业转型升级，成为拉动地方经济的有力引擎。

旅游锦囊 Travel Tips

推荐特产

鲁山绸、黑木耳、桐油、鲁山猴头、拳菜、猕猴桃、山药、辛夷、银杏。

从自然角度来看，尧山特有的温泉资源，最适宜观光度假；从建设发展角度来看，度假区内产品结构完整，有特色鲜明的主题资源尧山和尧山福泉，有旅游观光、避暑、疗养、科研、探险等休闲度假功能。

尧山温泉旅游度假区主题产品涵盖了运动健身、休闲娱乐和康体疗养三大系列 20 余种特色项目。

推荐景点 Scenic Areas

尧山景区（Yaoshan Scenic Area）

尧山景区是国家重点风景名胜区、国家 5A 级旅游景区，位于河南省平顶山市鲁山县，属山岳型自然风景名胜区。尧山雄踞中原，既有北国山岳的雄伟峻拔，也不乏南方山水的钟灵毓秀。在景区 268 平方千米的区域内，奇峰、怪石、飞瀑、温泉、山花、红叶、湖面、云海、原始森林、珍禽异兽及众多人文景观构成了完整的风景体系。尧山集“雄、险、秀、奇、幽”于一身，专家评价具有“华山之险、峨眉之峻、张家界之美、黄山之秀”。是旅游观光、避暑疗养、休闲娱乐、科研探险的绝佳去处。

尧山有“三十六处名胜，七十二个景点”的美称，处处绮丽如画，每处都有动人的故事和奇妙的传说，一步一景，让人目不暇接。奇峰林立、怪石纷呈是尧山自然景观的一大特色。玉皇顶云遮雾绕，千丈崖大气磅礴，凤凰台壮美飘逸，姐妹峰洒脱舒展，白牛城雄浑苍郁，神指峰直插霄汉，和合峰亲密无间，加上莲花峰、竞秀峰、神龟峰、巨蛙峰等翠峰秀嶂，构成了数十处天然奇观。更令人称奇的是满山异姿纷呈的象形山石，像人、似兽，美不胜收，其中尤以众多酷似人形的石柱最为著名，他们或仰或立，或蹲或倚，千姿百态，无状不有。刘累石、睡美人、太白醉酒、送子观音、将军石等，个个神韵逼真、呼之欲出，令人感叹大自然鬼斧神工的瑰玮神奇。

尧山大佛景区（Yaoshan Grand Buddha Scenic Area）

坐落在鲁山县城西 50 千米，郑州至尧山高速公路终点，与 311 国道交会处，景区交通便利，群山环抱，山清水秀，环境优美，人文景观与自然景观荟萃，拥有世界第一佛、第一钟，大陆第一汤，伏牛山区第一寺等丰富的旅游文化资源，是集佛教文化、温浴疗养、观光旅游、休闲娱乐于一身的旅游胜地，是河南伏牛山生态游的龙头景区。

尧山福泉（Yaoshan Fuquan）

坐落于河南省尧山大佛景区内，投资规模大、规划档次高、综合配套设施齐备，是国内规模最大的集温泉养生、特色餐饮、康体保健于一身的“佛禅”主题文化养生汤泉。

温泉周边地理条件优越，紧靠郑尧高速和二广高速，交通十分便利。尧山福泉建筑占地面积 7 万多平方米，拥有风格独特、口味各异的自助餐厅、斋餐厅、茶餐厅、露天休闲吧等餐饮项目；汇聚功能各异，极富养生特色的温泉汤池 80 余种；舒缓身心、净化心灵的康体保健项目一应俱全，拥有温泉 SPA、大型休息区、静音休息室、影音休息室、棋牌室、健身中心、乒乓吧等养生休闲项目。

尧山滑雪乐园（Yaoshan Ski Park）

尧山滑雪乐园占地面积 20 万平方米，其中雪场面积 3 万平方米，雪具大厅 3000 平方米。滑雪乐园一期建设初、中级雪道各 1 条，雪地魔毯 2 条。雪场引进国际先进的造雪、压雪设备和全新的配套服务设施，并设有雪上飞碟娱乐区和儿童专业的滑雪乐园地，真正做到了赏雪、玩雪、娱雪的全方位功能。

郏县 JIAXIAN

中国传统村落——李渡口村
(Chinese traditional village: lidukou Village)

郏县地处河南省中部偏西，辖 15 个乡镇（街道），人口 65 万，377 个行政村（社区），总面积 737 平方千米。

郏县，周设邑、秦置县，历史悠久，文化底蕴厚重。“一县、两遗、四地、四宝、六乡、六绝”是郏县的亮丽名片，“一县”，即千年古县。“两遗”，即两个国家非物质文化遗产项目，郏县大铜器和姚庄金镶玉。“四地”，即全国知青文化发祥地、中国唐钧基地、“山儿西”烟基地、中国诗歌创作基地。“四宝”，即有 4 个国家重点文物保护单位，三苏园（三苏祠和墓）、郏县文庙、郏县山陕会馆、临沣寨。“六乡”，即中国长寿之乡、中国书法之乡、中国诗歌之乡、中国郏县红牛之乡、中国铸铁锅之乡、中国美食之乡。“六绝”，即六种绝味美食，牛肉、烧鸡、饸饹面、茶水、炖三宝、豆腐菜。

郏县现有 4A 级旅游景区 1 处，3A 级旅游景区 3 处；中国历史文化名镇（村）6 处；河南省历史文化名镇（村）6 处；中国传统村落 19 处，省级传统村落 75 处，占全县行政村总数的 1/5；河南省乡村旅游特色村 13 处；河南省星级乡村旅游经营单位 7 处；河南省休闲观光园区 3 处；河南省特色生态旅游示范镇 3 处；县级乡村旅游经营单位 10 个。

郏县区位优势明显，交通便捷，郑万高铁在郏县设站，三洋铁路穿境而过，郑栾高速贯穿县境，平郏快速通道、洛界公路、郑南公路西线和南石公路在境内交汇。县城距新郑国际机场、郑州航空港均在 1 小时交通圈内。

近年来，郏县依托丰富的文化旅游资源优势，提出“文旅富县”发展战略，统筹城乡发展，依托国土绿化、人居环境整治、生态水系治理等行动，完善城市功能和乡村旅游基础设施，健全服务体系，大力发展全域旅游；持续举办公祭三苏、年货大集、新春灯会、红牛节、丰收节、美食节、诗词大会、书法大赛等系列节会活动，丰富文化内涵，展示特色乡村旅游魅力，吸引游客来郏县旅游，游客数量逐年大幅递增；充分利用郏县量大质优的乡村旅游资源，策划多条文化游、工业游、生态游、农业游、民俗游和红色游线路，有力推动了全县旅游业发展。当前，勤劳智慧、热情好客的郏县人民，正团结一心，向着文化与旅游融合发展、强县与富民同步提升的奋斗目标，阔步前进！

郏县人民诚邀海内外宾客前来观光旅游！

淅川 XICHUAN

旅游服务热线：0377-69251088

淅川县地处豫、鄂、陕三省七县市接合部，因淅水贯穿境内形成百里冲积平川而得名，是南水北调中线工程核心水源区和渠首所在地、全国移民大县、国家重点生态功能区、国家可持续发展实验区、国家扶贫开发重点县、西部大开发政策延伸县、河南省首批扩权县。

淅川县旅游资源丰富，文化与山水异彩纷呈，是伏牛山世界地质公园的重要组成部分、国家湿地保护区、国家湿地公园、省级风景名胜区，是南水北调中线生态旅游观光带的龙头。

淅川县主要旅游资源有：气吞北国、润泽京津的天下渠首——九重陶岔；烟波浩渺、水天一色的中国的“阿斯旺水坝”、内陆黄金海——丹阳湖；山环水绕、九曲回环的天然山水画廊——丹江小三峡；内涵丰富、冠绝国内的休闲胜地——丹江大观苑；地位尊崇、历史悠久的皇家寺院——香严寺；飞瀑鸣泉、曲径通幽的中原九寨——坐禅谷；造化神奇、叹为观止的梦幻世界——八仙洞；古色古香、鸡鸣三省的中国历史文化名镇——荆紫关古镇；无私报国、情动天下的移民乡愁家园——南水北调移民文化苑；神奇灵秀、别具特色的溶洞精品——神仙洞；有朝觐祈福、祭拜关帝的圣地——驻马山；饕餮狂欢、大饱口福的美食之旅——丹江大闸蟹基地、九重洞藏黄酒、京都果园、丹江鱼宴；别具风味、乡音浓郁的乡村旅游——龙泉度假村、凤凰古寨、丹江孔雀谷、宵山生态度假区……

古风今韵看不尽，青山绿水著华章，魅力淅川欢迎你！

南水北调中线渠首（Qushou of the Middle Route of South to North Water Diversion Project）

丹江大观苑（Danjiang Grand View Garden）

浉河 SHIHE

浉河区位于河南省南部，地处秦岭—淮河地理分界线，因浉河穿城而过而得名。这里年平均气温 15.1℃，森林覆盖率达 69.1%，空气优良天数 249 天以上，拥有国家重点生态功能区、国家卫生城市、中国优秀旅游城市、国家园林城市等众多“金”名片。

浉河区气候温润，生态良好，景色宜人，素有“江南北国、北国江南”之称。

区南鸡公山，以“山明水秀、泉清林翠、气候凉爽、别有天地”而驰名，是全国首批对外开放的八大景区之一、国家 4A 级旅游景区、全国首批国家重点风景名胜区、国家自然保护区、全国重点文物保护单位、中国四大避暑胜地之一。

西郊南湾湖，森林植被覆盖率高达 89%，空气负氧离子含量高，是国家 4A 级旅游景区、国家森林公园、国家水利风景区、中国森林氧吧、省级文明风景区，并先后获得“中国中部旅游胜地三十佳”，“中国健康养生休闲度假旅游至佳目的地”等荣誉称号，素有“中原首湖”之美称。

浉河区是中国十大名茶信阳毛尖的原产地和主产区，全区茶园面积 60 万亩，是全国纬度极高、面积极大、景色极美的连片茶园。

走进浉河，仰首是蓝天、俯身有碧水、推窗见绿萌，处处是花园，置身茶乡，一湖碧水、十美乡村、百里茶廊，千峰竞秀、万顷茶海，独特山水景观，让人仿佛置身于画卷。

茶山（Tea mountain）

陈宁浉河晚霞（Chenning Shihe sunset）

湖北

HUBEI

湖北的度假区风景秀丽。

梁子岛四面皆水，是一个玲珑小岛。形似含情脉脉的美人鱼，安卧在梁子湖的中央。徐家河库区风景秀丽，百岛竞秀，尤其是一泓碧水，清澈见底，成为人们夏季纳凉、赏月、观景、小憩、垂钓、游泳的好去处，素有“鄂北明珠、水上公园”之美誉。

湖北的度假区旅游资源丰富。

黄陂区拥有木兰山、木兰天池、木兰草原、木兰云雾山、木兰清凉寨、锦里沟、大余湾、姚家山、木兰湖、木兰古门、农耕年华、汉口北、木兰玫瑰园和木兰胜天等 20 多个木兰系列景区。被评为美丽中国十佳度假区。三角山旅游度假区拥有金边溪景区、昊宇四季滑雪场、房车营地、龙潭峡漂流等景区。是理想的旅游避暑、休闲疗养胜地，被誉为“鄂东的绿色明珠，大武汉的后花园”。

木兰草原（Mulan grassland）

黄陂 HUANGPI

黄陂是武汉极大的近郊城区，是武汉城市文明之根以及木兰故里，坐拥铁、水、公、空四大国家交通枢纽，国土面积 2261 平方千米，常住人口 113 万，分别约占武汉的 1/4 和 1/8。湿地面积 48 万亩，林地面积 116 万亩，分别约占武汉的 1/5 和 1/2。黄陂区位独特、交通便捷、山水形胜、历史文化底蕴深厚。

目前，黄陂有旅游景区 21 个，除木兰山、木兰湖 2 个是国有景区外，其余均为民营景区，其中：

国家 5A 级旅游景区 1 个，为黄陂木兰文化生态旅游区（含 4 个景区，分别为木兰山、木兰天池、木兰草原和木兰云雾山，2014 年 10 月整体打包被评为国家 5A 级旅游景区）；

4A 级景区 6 个，分别为清凉寨、锦里沟、大余湾、姚家山、木兰胜天、木兰花乡；

3A 级景区 5 个，分别为汉口北旅游商品交易中心、木兰湖、木兰玫瑰园、花海乐园、花乡茶谷；

其他景区 6 个，分别为木兰三台山、木兰花谷、木兰水镇、野村谷、木兰古门、农耕年华。

另外还有盘龙城的盘龙遗址公园、滠口街的桃源集亲子小镇已试开园接待游客。

2020 年，木兰水镇、花乡茶谷 2 个景区已申报国家 4A 级景区，目前正在积极开展创建工作。

黄陂 A 级景区数量位居全国区县前列。2019 年全区接待旅游人数 2596.6 万人次，旅游综合收入 157.4 亿元，同比分别增长 8% 和 10%。旅游对就业贡献率 22%，36 万人吃上了旅游饭，旅游业成为名副其实的美丽产业、生态产业、支柱产业、富民产业。先后荣获“全国休闲农业与乡村旅游示范区”“中国极具活力的老区生态旅游示范区”“美丽中国十佳旅游县（区）”“中国醉美生态文化旅游名区”“全国旅游标准化示范区”“全国旅游系统先进集体”“全国厕所革命十大典型景区”等称号。

2019 年 9 月，黄陂区被评为首批“国家全域旅游示范区”。

十堰武当太极湖旅游度假区

SHIYAN WUDANG TAIJI LAKE TOURIST RESORT

武当太极湖旅游度假区由武当山特区政府、山东高速集团、太极湖投资集团共同开发建设，三方于 2014 年合资成立湖北武当山文化旅游有限公司，太极湖旅游度假区总体规划将整个度假区分为城市功能片区和旅游功能片区，包括武当新城、旅游度假、水上游览、户外休闲四大板块，含 11 大组团，180 多个子项目。其中城市功能片区由武当新城板块组成，重点建设旅游发展中心、武当国际武术交流中心、武当艺术馆、太极剧场等项目；旅游片区由旅游度假板块、水上游览板块和户外休闲板块组成，重点建设度假酒店、旅游码头、主题公园等。致力于武当太极湖旅游度假区打造，使之成为集观光、休闲、度假、文化、养生于一身，世界知名、国际一流的旅游目的地。

太极湖位于世界文化遗产、道教圣地、国家级风景名胜区武当山下，水域面积 1000 多平方千米，烟波浩渺，水天一色，湖岛珠连，是亚洲第一大人工湖，南水北调中线水源地。“问道武当山，养生太极湖！”

旅游锦囊

Travel Tips

交通

公车路线：如果乘汽车的话一般都是先到十堰市，武汉到十堰车程四五个小时；从十堰到武当山镇有高速公路，全程只需 30 分钟，若走国道需要 1 小时。316 国道（汉十公路）、209 国道横贯武当山城区。汉十高速公路十堰至襄阳段开通，在武当山特区设有出入口。武当山至十堰、武当山至丹江班车每 10 分钟一班；武当山至襄阳每半个小时一班。营运车有依维客、豪华大巴、轿车等。此外武当山还有发往全国各大中城市的长途客车。

武当山一日游

乘观光车至琼台（索道上下）游金顶（求福求升迁），回转乘车游太子坡（求学业），转乘车游南岩宫（求子求平安）、紫霄宫（求财运佑父母），返程下山游览论剑武当购物广场。

武当山太和仙境
（Taihe wonderland of Wudang Mountain）

推荐景点 Scenic Areas

武当山（Wudang Mountain）

武当山，又名太和山，位于湖北省十堰市境内，景区总面积 312 平方千米。武当山是我国著名的道教圣地、太极拳的发祥地、国家重点风景名胜区、全国十大避暑胜地，1994 年武当山古建筑群被列入《世界文化遗产名录》，2006 年武当山 62 处古建筑群被列为国家重点文物保护单位，武当武术、武当宫观道乐被列入《国家非物质文化遗产名录》，武当山道教医药、武当山庙会被列入《省级非物质文化遗产名录》。

胜景有箭镞林立的 72 峰、绝壁深悬的 36 岩、激湍飞流的 24 涧、云烟雾蒸的 11 洞、玄妙奇特的 10 石 9 台等。主峰天柱峰海拔 1612 米，被誉为“一柱擎天”。天造玄武、天然“真武梳妆像”，以及“七十二峰朝大顶，二十四涧水长流”等神秘玄妙的自然景观，让人们不得不惊叹天工造物的神奇。武当山常年紫气氤氲，风云莫测，云霞迷漾，有“天柱晓晴”“陆海奔潮”“雷火炼殿”“月敲山门”“祖师出汗”“海马吐雾”等四时奇景，处处彰显了武当仙境的神秘空灵。

武当山位居四大道教名山之首，是我国著名的道教圣地，道教文化源远流长。春秋至汉末，武当山已是宗教活动的重要场所。魏晋南北朝时期，武当道教得到发展。唐贞观年间，武当节度使姚简奉旨祈雨而应，唐太宗敕建五龙祠。唐末，武当山被列为道教七十二福地之一。宋元时，皇室大肆封号武当真武神，把真武神推崇为“社稷家神”，将武当山作为“告天祝寿”的重要场所。明代，武当山被皇室封为“大岳”“治世玄岳”，尊为至高无上的“皇室家庙”，以“四大名山皆拱揖，五方仙岳共朝宗”的“五岳之冠”的显赫地位标名于世，被列为道教第一名山，使武当山成为全国最大的道场。武当道教不断吸收儒、佛两教精华，充实、完善教义，一度成为明代统治者维护江山社稷的“国教”。武当道教文化融多边文化为一体，较为全面而直观地体现着中国古人信仰、思维和行为方式、价值观念，以及文明的历史发展轨迹，不仅是中国传统文化的重要组成部分，也是全世界宝贵的思想文化遗产。

太极湖（Taiji Lake）

太极湖是亚洲最大的人工湖之一。坐落在群山环绕之中，气候宜人，空气清新，日照充沛，水质透明。碧波千顷中天水一色，山清水秀间美丽如画。徜徉千里碧波，乐游水上仙境。太极湖水上游以“创造和谐生活体验”为美好愿景，将“打造国际知名水上游乐品牌”作为使命，精心规划十余条精品水上游路线，并将陆续倾情打造松岭景区、狂欢岛、寻仙岛、逍遥岛等 5A 级精品景点。游客可选择水路进山朝圣，也可以荡舟碧波，在湖中岛屿枕水听涛，体验自由逍遥的神仙意趣。

三峡香溪国际旅游休闲区

XiangxiInternational Tourism and Leisure Area of the Three Gorges

三峡香溪国际旅游休闲区项目以香溪河为轴，串联兴山县、秭归县、神农架林区区域内丰富的人文、自然资源，建设以“神奇香溪、美人昭君、诗人屈原、神人炎帝”为主题的综合性国际旅游休闲区。

推荐景点 Scenic Areas

昭君村（Zhaojun Village）

昭君村古汉文化游览区是中国古代四大美人之一王昭君的出生地，位于兴山县昭君镇，占地面积 2.7 平方千米，景区内主要展示昭君遗址遗迹和保存完好的古汉自然生态景观、展演昭君故里独特浓郁的地方文化及汉代宫廷仕女文化，是国家 4A 级旅游景区。

昭君村（Zhaojun Village）

高岚风景区（Gaolan Scenic Area）

高岚风景区是湖北省“一江两山”黄金旅游干线的重要节点。景区主要旅游项目除朝天吼漂流项目外，还有朝天吼观光、朝天吼赛车场、朝天吼飞索、朝天吼房车露营基地和户外拓展基地等项目，2018 年 3 月被评为宜昌市第一批研学旅行基地。

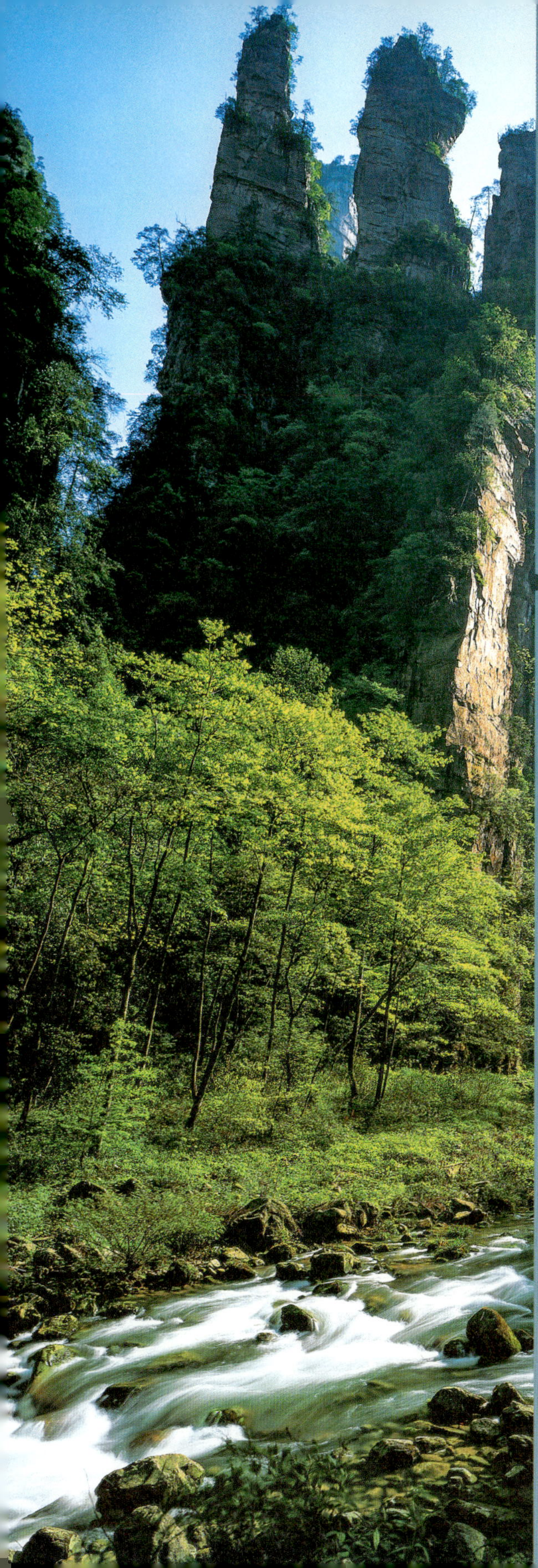

湖南

HUNAN

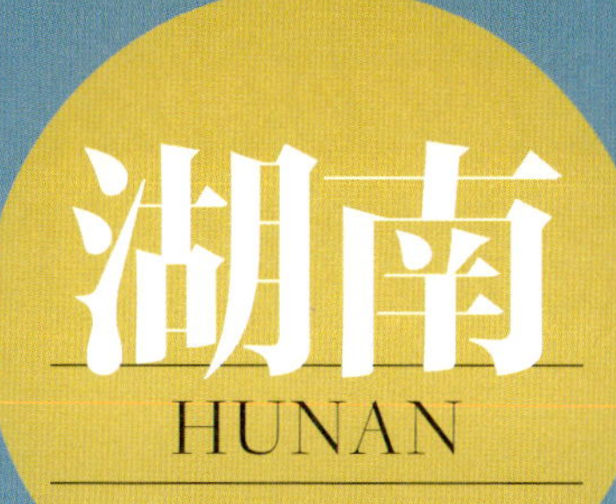

在湖南，遍布着许多休闲度假的绝美胜地，也许你还未曾发现它们的美好。

云峰湖大小湖面星罗棋布，山涧交错，山环水绕，造就了独特而美丽的自然景观。

春风十分惠常德，七分都在柳湖波。柳叶湖山水相连，城湖相依，集山、水、田园、城市四位一体，有“中国城市第一湖”和“城市环抱的水上天堂”之美誉。

灰汤温泉是中国三大著名高温复合温泉之一，已有2000多年的历史。

汝城热水温泉因温泉晶莹洁白，水泡如珠，此起彼落，蔚为奇观，被世人称为“灵泉圣水”。

游山水、泡温泉。湖南度假，悠闲舒适。

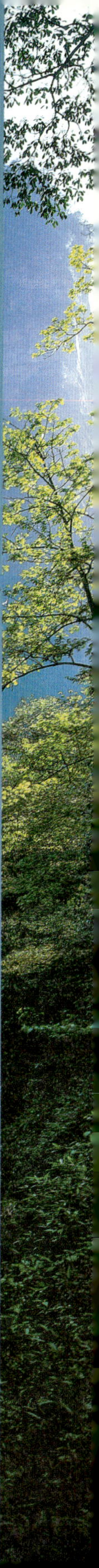

长沙灰汤温泉旅游度假区

CHANGSHA HUITANG HOT SPRING TOURIST RESORT

灰汤温泉位于湖南省长沙市宁乡县南部灰汤镇，总面积 48 平方千米，泉水水温高达 89.5℃，所在地区年平均气温 16.2~17.6℃，雨量适度，日照充分，空气鲜，属亚热带季风气候，气候宜人。

灰汤——境内盛产温泉，因其泉沸如汤滚，气腾如灰雾而得名灰汤；又因温泉晶莹洁白，水泡如珠，此起彼落，蔚为奇观，灰汤又被世人称为“汤泉沸玉”。

灰汤温泉是中国三大著名高温复合温泉之一，已有 2000 多年的历史。温泉区 8 平方千米，温泉水量丰富，已初步开发，日供水 3500 吨，尚有日供水量 10000 吨以上的温泉有待开发。灰汤温泉资源得天独厚，具有极为广阔的开发前景。

从 20 世纪 60 年代开始至今，先后建成了多座温泉山庄和度假村酒店，分别有灰汤紫龙湾温泉、湘电灰汤温泉山庄、金太阳、华天灰汤温泉，其中“湘电灰汤温泉山庄”始建于 1988 年，至今已有 26 年历史，山庄占地 20 万平方米，集温泉养生、运动休闲、会议培训、健康体检于一身。依山构筑，风光秀美，景色十分宜人，被誉为“新潇湘八景”。

旅游锦囊

Travel Tips

交通

交通信息

长沙汽车西站→灰汤温泉（直达）。

宁乡汽车南站（白马桥汽车站）→灰汤温泉（直达）。

湘潭汽车西站→黄材（途经灰汤温泉）。

娄底市老汽车站→韶山汽车站（途经灰汤温泉）。

韶山汽车站→娄底市老汽车站（途经灰汤温泉）。

湘乡市云门汽车站→灰汤温泉（直达）。

长沙火西站→宁乡汽车南站（白马桥汽车站）→灰汤温泉（直达）。

推荐美食

灰汤温泉附近的池塘，冬春水暖，所养鱼、鸭，肉嫩、骨酥、髓多、味美，鸭则更兼有滋阴补肾、益肝注肺的功效，世称“汤鱼”“汤鸭”，为明、清两朝贡品，汤蛙、汤鳖更是宴席珍肴。

推荐活动

灰汤杂技表演

主要节目有走钢丝、叠椅子、蹬技等，更多的是灰汤杂技艺人在长期的演出实践中创作、排练了自己的节目，如武术杂耍、双人刺喉、空中咬花、软体滚杯、头顶千斤、空杯来酒、双人顶碗、口吐金龙、轻功踩蛋、钢针穿身等 10 多个节目。

灰汤杂技属于一种民间艺术形式，它表演风格惊险、刺激、滑稽、搞笑，演出形式简便、直观，深受人民群众喜爱。

推荐景点 Scenic Areas

紫龙湖（Zilong Lake）

为了强力推进“国际灰汤”品牌建设，灰汤大胆构思，拓“河”为“湖”，建设了总投资约 6 亿元的紫龙湖景观改造工程。在这里建成了一个占地近 1.3 平方千米的人工湖。东岸是怪石嶙峋的东鹜山，中间是波光粼粼的紫龙水库，西岸是热闹非凡的灰汤集镇，“奇山、神水、小镇”这样一个“山、水、城”的格局就此形成。今后，游客来到灰汤，不仅可以体验泡温泉的惬意，还可以泛舟湖面，垂钓水岸，全身心领略“青山环水水环天”的秀美和宁静。

东鹜山（Dongwu Mountain）

东鹜山地处宁乡县西南的灰汤镇境内，位于雪峰山脉东麓宁乡、湘乡和韶山三地天然交界处。主峰海拔 429.8 米。古为禅林圣地，山上多庙，向有四十八庵之说，至今遗迹可寻。山峰“鹰嘴石”，独石凌空，形奇势险，数十里外均可见之。山麓之灰汤为著名温泉疗养胜地。东鹜山名胜古迹甚多，主要有神石（锣鼓石）、王冢（禹王冢）等。

神石：山西锣鼓坑，坑长约 500 米，坑中有一重数吨的巨石，人站在石上，可向两边摇动，一边作锣声，一边作鼓响，故名锣鼓石。当地人称之为鹰嘴石。

王冢：在鹰嘴石下不远，无墓堆，只大石碑一方，上刻“禹王碑”三字。传说不能在冢上动土，否则会发出雷声。据考，大禹葬会稽山，不知为何此处也有禹王冢。

宁乡灰汤桃花谷（Peach Blossom Valley in Ningxiang Huitang Hot Spring）

灰汤桃花谷地块位于灰汤镇东鹜山景区，地理优势极佳，交通便利，自然资源丰富。地块地形以自然林地与农田为主。本区域内整体朝向为南北向，地形呈山谷状。本地块水资源丰富，大小不一水潭与农田、溪流瀑布分割整个地块。桃花谷秉承灰汤核心理念：宁静、温馨、生态、自然，采用现代公共空间的设计手法，在展示灰汤历史基础上结合桃文化营造生态自然的桃园仙境。

宁乡灰汤丽都温泉度假酒店（Ningxiang Huitang Lidu Hot Spring Resort）

酒店是按照标准四星酒店建造的具有温泉特色的温馨型度假、会务酒店，酒店所有房间都引入了纯正的温泉水，是灰汤目前最具有性价比的特色温泉度假酒店。酒店具有一流的设施、设备，特色的商务会议场地将为你的休闲度假、商务会议提供最坚实的硬件保证。“丽都温泉”细致入微的特色服务，将为你提供舒适的享受和典雅的温馨氛围，是你商务成功的起点，旅游休闲的开始。

平江 PINGJIANG

平江县位于湖南省东北部，辖 24 个乡镇，总面积 4125 平方千米，总人口 112 万。平江是一方红色的革命热土。曾发生“平江起义”等重大革命历史事件，为中国革命牺牲了 25 万优秀儿女，走出了 52 位共和国开国将军，是全国第一批革命老区县和四大将军县之一。平江是一方绿色的生态乐土。属长株潭城市群“绿肺”核心区域，森林覆盖率 67.5%，拥有联合国绿色产业示范区、福寿山 - 汨罗江国家风景名胜区、“中国天然氧吧”城市等 8 张“国字号”生态名片。平江是一方蓝色的文化厚土。贯穿县境 193 千米的汨罗江，承载着屈原和杜甫两位世界文化名人的不朽忠魂与文韵，被台湾著名诗人余光中誉为“蓝墨水的上游”，享有“中华诗词之乡”“中国民间艺术之乡”等美誉。

天岳幕阜山国际度假旅游区（Tianyue Mufu Mountain International Resort）

自 2016 年 2 月入选全国首批国家全域旅游示范区创建单位以来，深入实施“旅游旺县”战略，探索了在边远山区、贫困地区和革命老区创建全域旅游的发展模式。全县现有对外营业景区 21 家，其中国家 4A 级旅游景区 3 家，国家 3A 级旅游景区 8 家。先后获评联合国绿色产业示范区、全国生态示范区、国家旅游业改革先行区、全国休闲农业和乡村旅游示范县、全国至佳文化旅游目的地、全国文化工作先进县、全国十佳生态文化旅游县、中国天然氧吧、全国旅游业经济竞争力百强县、全国文旅融合示范县、湖南省首批全域旅游示范区、美丽中国全域旅游精品目的地等荣誉称号。

北罗霄国际森林公园（Beiluoxiao International Forest Park）

广东
GUANGDONG

广东省是中国大陆南端沿海的一个省份，位于南岭以南，南海之滨，潮汕平原素有“海滨邹鲁”之美誉，地处珠江沿岸一带的珠江三角洲一直被称作华南地区的“鱼米之乡”，珠江三角洲地区是世界上最大的都会区和大都市区之一。广东旅游资源丰富，广州、深圳、珠海、汕头、佛山等城市均拥有国家 5A 级旅游景区多处，其中丹霞山、长隆、华侨城、白云山、罗浮山、雁南飞等，是旅游度假的好去处。

新丰 XINFENG

鲁古河（Lugu River）潘慧恩　摄

中国岭南避暑胜地

2020 年秋，被誉为“粤港澳大湾区生态客厅”的广东省韶关市新丰县凭借独特的自然生态、优越的气候环境和休闲旅游优势，被授予“新丰 · 中国岭南避暑胜地”称号，成为广东省内首个获评“国字号”岭南避暑胜地称号的县。

新丰县地处广东省中部偏北，生态资源丰富优质，森林覆盖率达 81.15%，空气质量优良率达 96%，是国家重点生态建设示范区。

生态优美，山水新丰

新丰县山岳资源丰富，有大小山峰 1108 座，千米以上 67 座。其中，省级自然保护区云髻山海拔 1438.8 米，是环珠三角至高峰，拥有岭南地区至大面积原始红枫林；水资源优良，有河流 381 条，水质达国家Ⅱ类以上，其中新丰江在新丰县境内长 77.4 千米，优质的水源惠及广州、深圳、香港等大湾区数千万民众；鲁古河国家湿地公园，水流丰沛，沿河两岸景色秀丽、奇花遍野，有新丰县“世外桃源”的美誉。

丰富温泉，温暖新丰

新丰的地热水资源丰富，温泉资源量大品优，有高温、南方稀有的含氡温泉，以云天海（国家 4A 级旅游景区）和江源温泉（国家 3A 级旅游景区）为代表，温泉资源量大品优，其中含氡温泉均是自然流体的地表温泉资源，属中温矿源，常年水温 39℃ - 44℃，无色无味，含有丰富的多种矿物质、微量元素，医疗保健价值高。

山地越野，动感新丰

新丰县依托独特的山地、森林越野资源优势，近年来成功举办了“‘中国 · 新丰’丛林摩托车障碍赛”“第 16 届全国学生定向锦标赛”“越野新丰 · 首届山地自行车国际挑战赛”及“2019 广东越野俱乐部联赛（新丰站）汽车越野场地赛”；精彩的越野赛事，让新丰活力四射，形成独特的越野赛事 IP。

春日的新丰，竹影夹岸、艳桃灼灼；夏日的新丰，荷香李红，溪流潺潺；秋季的新丰，流云霞鹭，橘黄岚翠；冬季的新丰枫叶火艳，泉温怡人。“中国岭南避暑胜地”广东新丰欢迎你！

汽车越野场地赛——菲比幸福
（Auto cross country race - Phoebe happiness）

河源巴伐利亚庄园

HEYUAN BAVARIA MANOR

中国河源·巴伐利亚庄园获国家4A级旅游景区、国家级旅游度假区、中国旅居养老示范基地称号，是以文旅+健康+旅居度假的庄园。位于河源市源城区高埔岗。庄园占地10平方千米，水域近2平方千米，是林水相依，气候宜人的天然大氧吧。以“欢乐旅游、幸福‘三养’”为愿景，投资55亿元，建设了福朋喜来登温泉度假酒店、雅阁菩提度假酒店、土楼儿童酒店、木屋酒店等九大品牌酒店，两大主题乐园、国医国药温泉、福源寺、土楼剧场、冰雪世界、互联网花海农场、音乐书吧、日本料理、客家大厨工作坊特色餐饮、医疗健康中心等80余项康养、文旅项目。

交通

巴伐利亚庄园位于河源市源城区，埔前高速路口500米处，距香港、深圳、广州仅2小时车程，周末开通深圳中心书城、南山书城直达项目的免费巴士。赣深高铁、杭广高铁开通后，30分钟通达广深。

推荐活动

《家·源》全球首创土楼全景剧场秀

家，幸福之家；源，生命之源。是全球首创的土楼全景剧场秀，由北京奥运会开幕式创意设计团队历时三载精心打造，国内外顶尖演员联袂出演。《家·源》运用最新声光电技术，艺术和科技交融，视听与情感并重，全方位演绎独具特色的客家传奇。客家人怀揣家园梦想，从中原走来，走到河源、走向世界，找寻一方灵山净水，建设心中的家园。剧场设计匠心独运，是“土楼中的酒店、酒店中的剧场”——特为本剧量身定制的土楼剧场耗资超1.2亿元，可承载500名观众的座席随剧情360°旋转。

湖畔高尔夫

集休闲与运动的湖畔高尔夫，坐落于滴滴湖畔，在湖光山色中流畅舒适地挥杆，体验高尔夫运动带来的别样乐趣。

福朋喜来登度假酒店（Four points by Sheraton）

福朋喜来登度假酒店是独具巴伐利亚风情的欧式酒店。酒店位于巴伐利亚庄园中心位置，提供一系列休闲活动和景点，拥有城堡、风车及欧洲特色的建筑风情，共有290间客房和套房，主要以天然温泉水入户的温泉主题客房及客家围屋式土楼酒店客房为主，更有五大童话主题的亲子房。

推荐景点 Scenic Areas

福源寺（Fuyuan Temple）

福源寺是全球首座客家围屋式寺庙。融合佛教文化、客家土楼建筑文化、禅修文化、养生文化等为一体的新型佛教文化圣地，福源寺以释迦牟尼金身端坐金菩提树下为核心，大雄宝殿、观音殿等依次环绕，呈对称圆形，寓意佛教诸事圆满之意。

温泉中心（Hot Spring Center）

温泉区占地3万平方米，水温60~70℃，富含对人体有益的偏硅酸、锂、锌、锰等58种矿物质元素。区内拥有各式汤池62个，根据“金木水火土”五行学说规划布局，按照五行与人体五脏的对应关系，打造中药调理泡池区，在泡池周边种植相应调理的中药材植物，通过嗅与泡，深度调理身体。中国首个“浅水河道游艇温泉”，游客可乘坐满灌温泉水的游艇沿河道流转，感受艇内艇外温泉浸泡带来的放松体验，同时欣赏河边风景。康体区配备恒温采光游泳池、健身中心、保龄球馆、网球场，让你增强体质的同时更有完美体态活力展现。

水上乐园（Hot Spring Funland）

水上乐园，拥有高速水上滑梯、漂流河道、人工造浪池、亲子水寨等多个项目，让游客尽情地体验新奇刺激，享受无限动感乐趣。

冰雪世界（Ice&Snow Amusement World）

冰雪世界占地6000平方米，室内温度为 -20℃，是一座融冰雕观赏、冰雪竞技、娱乐玩雪项目为一体的综合性室内冰雪主题乐园，拥有10余个体验区、16个主题冰雕景观，为游客打造了浪漫、奇幻、冒险、个性的冰雪主题乐园。

巴伐利亚大桥（Bavaria Bridge）

巴伐利亚大桥总长220米，宽4.5米。桥面高15米，主塔高32.7米，是巴伐利亚庄园的地标性景观，游客可在大桥观赏DD湖、花仟谷、互联网农场等美丽景色。

英德 YINGDE

宝晶宫溶洞（Baojing Palace Cave）

英德，古称英州，位于广东中北部、北江中游，南距广州 138 千米，北距韶关 68 千米，地处珠三角经济圈与内地接合部，是广东省国土面积至大的县级行政区。英德区位优越，交通便捷，京广高铁、京广铁路和乐广、汕昆、京港澳及在建的广连等多条高速公路贯穿英德，境内北江、连江和滃江三江汇流，北江航道直通珠三角和港澳地区。英德拥有国家森林公园和石门台国家自然保护区，森林覆盖率达 68.75%。英德是“中国红茶之乡”，现有茶园 13 万亩，英德红茶 2019 年被授予“世界高香红茶”称号；英德是“中国英石之乡”，盛产四大园林名石之一的英石。同时，英德还是“中国女足之乡”“中国桑蚕之乡”“中国麻竹笋之乡”。

英德旅游资源丰富，集山、水、石、洞、泉于一身，融奇、特、险、幽、秀于一体，山川秀美，拥有广东游程极长、景点极多、被誉为“南天首座峰林风光”的英西峰林走廊，是广东省旅游强市。目前，英德对外开放的景区景点达 20 多家，有国家 4A 级旅游景区 5 家，国家 3A 级旅游景区 4 家，四星级酒店 2 家，旅行社 14 家；中国传统村落 5 个，全国优选旅游项目 2 个，全国特色小镇 1 个，全国乡村旅游重点村 1 个，世界优秀旅游目的地组织、国际文化旅游融合创新发展研究院在英德设立文旅融合发展与乡村振兴观测站。英德连续五年被评为“广东省县域旅游竞争力十强”，是全国以及港澳地区游客首选的休闲旅游目的地。

根据国家、省全域旅游工作部署，英德被列入广东省第二批“省级全域旅游示范区”创建单位名单，力争通过三年创建，到 2021 年，实现英德旅游高质量发展，建设高水平、高质量的全域旅游示范区，打造成为全国休闲旅游目的地。

长湖国家森林公园（Changhu National Forest Park）

佛冈 FOGANG

观音山风景区——龙潭观瀑（Guanyin Mountain Scenic Spot — Longtan waterfall）

国家旅游名片

佛卧山冈，温泉之城。佛冈，位于广东省中部，距广州仅1小时车程，是粤北往来珠三角和粤港澳大湾区的重要通道，自古便有“扼塞广韶，囊钥三州”之称。在这个面积仅1295平方千米的山区小城，森林覆盖率达70%，山环水绕的景色随处可见。汤塘“氡”温泉流动着自然的馈赠，上岳古村落低诉着700年的前尘往事，古老的民俗传承着简单质朴的祈愿……这是一方神灵庇佑的祈福圣地，也是一座物华天宝的文化新城。

观音山，粤中至高高峰（海拔1288米），广东八大名山之一，因其形如观音躺卧，被称为“全世界极大的天然卧观音”。观音山终年云雾缭绕，佛教古刹王山寺依山而建，周围山势蜿蜒、流水清幽，晨钟暮鼓敲醒万物，梵音香火，始终萦绕在这方祈福圣地。

温泉，大自然赠予佛冈的另一种珍贵资源。汤塘温泉是广东省极早有文字记载的温泉，也是全国独有的一个出水温度达87℃高温的珍稀“氡”温泉。优越的区位条件，独特的资源禀赋，吸引着全国各地的文旅项目纷纷进驻。目前，佛冈县已建成聚龙湾、森波拉等2家国家4A级旅游景区，熹乐谷、田野绿世界等2家国家3A级旅游景区，同时拥有鹤鸣洲、金龟泉、篁胜温泉等大规模高档综合型温泉度假项目，汤塘温泉小镇颇具规模，黄花湖旅游度假区也正在规划建设。

文化是根，也是一个地方的灵魂，赋予佛冈特色的民俗文化，则是农民生活中的智慧结晶。高岗豆腐节、汤塘舞被狮，这两项佛冈特有的民俗节庆活动，承载着勤劳朴实的村民对生活的感恩、对未来的期许，这些奇特的风俗演绎着广府文化和客家文化交融

佛城全景（Panorama of Fogang）

森波拉冰川水谷——冰龙水道入口（Senbora glacier Valley-Ice Dragon channel entrance）

并蓄的别样风情，被列入了广东省非物质文化遗产名录，形成了佛冈发展全域旅游的文化核心吸引力。

走进广东佛冈，于繁华深处，寻一方净土，与美好不期而遇。在这片神灵庇佑的“绿水青山”之地，自然山水与人类智慧碰撞，描绘出一幅蓬勃的生命图景，成就了一个精彩独特的养生圣地。

全域旅游精品目的地

佛冈县地处环粤港澳大湾区头部圈层，在广州 1 小时经济圈范围内，全域旅游发展要素齐备，区位交通优势明显，于 2020 年 6 月被认定为第二批广东省全域旅游示范区。

在全域旅游发展过程中，佛冈县积极贯彻“城市即旅游”的全域旅游理念，把全域旅游工作列为全县三大中心工作之一，通过将全域旅游创建工作和全国县级文明城市创建工作相结合的“双创”模式，把整个县域当成一个景区来打造，并以温泉旅游为突破，有效拓展温泉产业链，创新推动产业平台升级，走出了一条“资源驱动产业升级”之路，全域旅游正在成为推动佛冈县社会经济增长的新引擎。目前，全县共有聚龙湾、森波拉等 2 家国家 4A 级旅游景区，熹乐谷、田野绿世界等 2 家国家 3A 级旅游景区，以及观音山王山寺、金龟泉、鹤鸣洲、上岳古村落等 10 余个省内外知名度较高的景区（点），每年接待游客在 600 万人次以上，旅游综合总收入达 40 多亿元。

两山静卧、泉涌不息。佛冈，这块大湾区北部生态文旅资源优越的地区，正手握“绿水青山”之笔，铺绘全域旅游发展的恢宏画卷，围绕“粤港澳大湾区北部旅游目的地”的发展定位，以生态为底、以交通为网、以文化为核，力争打造成国家全域旅游示范区，继续福佑南粤大地。

熹乐谷温泉度假区全景（Panorama of Xilegu Spring Resort）

连南瑶族自治县

YAO AUTONOMOUS COUNTY OF LIANNAN

锦绣瑶山似仙境 生态崛起沐春光

——连南瑶族自治县创建国家全域旅游示范区工作纪实

世界经典乐曲《瑶族舞曲》的故乡
世界独有的排瑶聚居地
中国民间文化艺术之乡
中国宜居宜业典范城市
中国醉美县域
全国森林旅游示范县
全国民族团结进步示范区

连南瑶族自治县地处广东省西北部，县域面积1306平方千米，总人口17.6万人，其中以瑶族为主的少数民族人口占56%。境内生态环境优良，全县森林覆盖率高达80.88%，是国家重点生态功能区、广东省生态发展核心区。

2016年11月，连南入选国家全域旅游示范区创建单位。目前，建成国家4A级旅游景区2个、国家3A级旅游景区1个、国家石漠公园1处、国家湿地公园1处、中国历史文化名村1个、中国传统村落5个、中国少数民族特色村寨6个。2019年，全县接待国内外游客452.8万人次，同比增长46.4%；实现文化旅游综合收入19.2亿元，同比增长60.8%；占全县GDP比重35.9%，文化旅游已成为全县支柱产业。

一、坚持机制创新，推进旅游治理全域覆盖

成立以县委主要领导任组长、县政府主要领导任常务副组长的创建工作领导小组和10个专责小组，组建全域旅游创建办，定期召开会议研判工作。健全“部门+旅游”联动机制，明确职责，细化任务分解。完善绩效考核机制，将全域旅游创建纳入考核指标体系，定期督促检查。

二、坚持规划引领，推进旅游政策全域保障

编制《连南瑶族自治县全域旅游总体规划》等系列涵盖县镇村的旅游发展规划体系。出台全域旅游系列支持文件，从财政、金融、土地、人才等方面给予重点扶持。强化资金整合保障，财政预算单设旅游发展专项资金1000万元以上，统筹各部门涉旅资金6.58亿元。建成连南人才驿站，引进涉旅高级人才20多人，三年内将全县旅游从业人员轮训一遍以上。

三、坚持文旅融合，推进旅游产业全域联动

立足生态与文化资源禀赋，大力推动“文化+”“旅游+”融合发展，成功打造世

界瑶族首寨——千年瑶寨，全国瑶族文物极多、极系统、极齐全的专业博物馆——广东瑶族博物馆，世界首部瑶族风情实景音乐诗剧——《瑶颂 · 瑶族舞曲》实景演出，投资建设鹿鸣特色小镇、金坑森林康养小镇、瑶排梯田国家湿地公园、万山朝王国家石漠公园等项目，安排旅游重点建设项目 17 项，总投资近 28.3 亿元。深入实施文化惠民工程，入评广东省瑶族文化生态保护实验区。每年定期举办瑶族文化艺术节、稻田鱼文化节、半程马拉松等 8 个特色节庆和 6 项体育赛事活动，先后获评“中国品牌节庆示范基地、国家示范性渔业文化节庆”等荣誉，瑶家长桌宴、牛皮酥、牛蹄等瑶族特色美食广受好评。

四、坚持指标导向，推进旅游服务全域提升

投入 4000 多万元，完善国家 4A 级旅游景区配套建设和全域旅游标识系统，建立公路服务区和旅游集散中心，开通旅游专线公交，建成辐射全县的旅游咨询三级服务体系。清连高速、二广高速全线贯通，顺利融入珠三角“三小时经济圈”；新建牛栏洞至千年瑶寨、X397 南岗至油岭等旅游公路，县域景区实现互通互联；争取广清永高铁、环南岭旅游公路等重大交通项目向连南倾斜，构建全域旅游大交通格局。

连南夜色（Liannan night）

五、坚持生态优先，推进旅游环境全域优化

践行“绿水青山就是金山银山”理念，创建国家生态文明建设示范县进入国家公示、专家评审阶段。广东首个也是独有的一个国家石漠公园“万山朝王国家石漠公园”获批建设。瑶排梯田成功入选国家湿地公园，为保护梯田复合生态系统和传承连南瑶族特色农耕文化提供典型示范。全面融入民族元素，投入 5 亿元全面推进县城建成区升级和公路沿线村庄特色化改造。高质量完成农村人居环境整治，创建美丽乡村共 351 个，人民生活幸福指数大幅提升。

万山朝王（King of Wanshan Dynasty）

广西

GUANGXI

很多人只知道广西桂林山水甲天下，却不知道广西还有很多景美人少的度假天堂。

听着优美的山歌，荡漾在遇龙河的山水之间，你会忘记所有烦忧与不快。广西不仅有如画的山水，还有沙白似雪的银滩、四季如春的涠洲岛、美若仙境的明仕田园、民族风情浓郁的壮韵线城、被称为“梦境家园”的黄姚古镇……

融水苗族自治县

MIAO AUTONOMOUS COUNTY OF RONGSHUI

《秀美融水风情苗乡》

《苗山恋》

秀美融水 · 风情苗乡

融水苗族自治县位于广西北部，黔桂交界处，距桂林两江国际机场 142 千米，是全国成立极早的苗族自治县，聚居着苗、瑶、侗等 13 个民族，总人口 52 万多人。

融水旅游资源丰富，拥有元宝山、九万山两个国家自然保护区，享有中国芦笙斗马文化之乡、中国百节民俗之乡、中国民间文化艺术之乡的美誉。自 2016 年被列入首批“国家全域旅游示范区”创建单位以来，荣获中国醉美生态旅游名县、中国至佳绿色生态旅游目的地、中国至佳民俗风情旅游目的地、中国魅力文化旅游名县、广西特色旅游名县等称号。全县拥有国家 4A 级旅游景区 5 个，国家 3A 级以上旅游景区 7 个，四星级以上乡村旅游区 4 个，三星级以上旅游饭店 4 家，拥有全国乡村旅游重点村 2 个、全国特色景观旅游名村 1 个、全国工农业旅游示范点 1 个，中国传统村落 8 个，中国少数民族特色村寨 18 个，文化主题酒店 6 家，连锁酒店 4 家，特色餐饮店、旅游商品超市配套齐全。目前，融水全方位实施“旅游 +”，打造特色品牌、改善服务设施和交通状况，已经实现由景点旅游模式向全域旅游模式转变，旅游业快速健康发展。

国家 4A 级旅游景区——梦呜苗寨（National 4A level scenic spot—Mengwu Miao Village）

融水苗族大型芦笙踩堂舞（Lusheng dance of Miao Nationality in Rongshui）

桂林阳朔遇龙河旅游度假区

GUILIN YANGSHUO YULONG RIVER TOURIST RESORT

遇龙河旅游度假区位于广西壮族自治区桂林市阳朔县西南面，东起阳朔镇矮山村委燕村，西至白沙镇旧县，北起阳朔镇凤鸣社区大门，南到高田镇月亮山大门，占地面积约 32 平方千米。

度假区所在地属亚热带季风性气候，四季分明，夏长冬短，日照充足，温和湿润，雨量充沛，森林覆盖率高，负氧离子含量高。年平均日照总时数 1432.1 小时，日照率为 31%。平均气温 19.9℃，夏季平均气温 28℃，冬季平均气温 8.9℃。

度假区拥有遇龙河、桂林千古情、月亮山、大榕树等景点，以及直升机、动力伞、飞拉达等含运动健身类、休闲娱乐类、康体疗养类、夜游类、常态化节庆演艺活动的休闲度假旅游产品。

2019 年 5 月 14 日，广西桂林阳朔遇龙河旅游度假区被文化和旅游部确定为国家级旅游度假区。

旅游锦囊

Travel Tips

推荐活动

《桂林千古情》

大型歌舞《桂林千古情》用独特的导演手法、全新的表现形式，彰显宋城品质、国际水平。全剧分为《远古的呼唤》《大地飞歌》《米粉传情》《靖江王府》《刘三姐》等场，金戈铁马，美女如云，再现了一段三生三世的桂林绝恋。演出运用先进的声、光、电、全息等高科技手段和舞台机械，数百位演员倾情演绎，在水、陆、空三维立体空间，唱响了八桂大地穿越时空的真善美传奇，将掩藏在八百里漓江山水下的八桂文化带入大家的视野。视觉盛宴，心灵震撼！

桂林千古情景区地址：广西桂林市阳朔县千古情大道。

遇龙河漂流

遇龙河全程漂流要 5 小时左右，分为上半段和下半段，可以选择其中的一段漂流。

要到金龙桥码头坐船，接着顺流而下漂流，如果是漂流上半段，就是在“旧县码头”下船，可以租自行车骑回去。如果是漂流全程，就是到工农桥码头下船，附近也有租自行车的，用手机导航沿着抗战路骑回去就可以了。

推荐美食

阳朔沙田柚：以果大皮薄肉厚，果肉清香脆甜、汁多爽口著称。

阳朔田螺酿：这里的田螺非常特别。首先是大，最大的差不多有乒乓球大小了；其次是它的味道，完全不像螺肉本身的味道。

推荐景点 Scenic Areas

遇龙河（Yulong River）

遇龙河是漓江在阳朔境内最长的一条支流，全长43.5千米，流域面积158.47平方千米，流经阳朔县的金宝、葡萄、白沙、阳朔、高田5个乡镇、20多个村庄，人称“小漓江”，不是漓江胜似漓江。尤其是从遇龙桥到工农桥15.36千米水程，有28道堰坝，景点百余处，整个遇龙河景区，没有任何所谓现代化建筑，没有任何人工雕琢痕迹，没有任何一点都市喧嚣，一切都是那么原始、自然、古朴、纯净，实为桂林地区最大的纯自然山水园地。如果把漓江比成“大家闺秀”，那么遇龙河则是让人怦然心动的“小家碧玉”。国内外专家一致确认，“遇龙河是世界上一流的人类共有的自然遗产”。遇龙河两岸一派田园风光，赏心悦目。天平绿洲、情侣相拥、平湖倒影、夏棠胜境、双流古渡、梦幻河谷等，让人仿佛进入了天人合一的诗意境界，返璞归真的自由天地。广西最著名的三座古桥——遇龙桥、仙桂桥、富里桥都在遇龙河景区；而被誉为“将军府第”“进士楼阁”的旧县村就在遇龙河畔；唐代归义县遗址、潘庄遗址、徐悲鸿画室、明清时期留下的古宅民居，使人顿生怀古忆旧之情。不过，最刺激、浪漫、潇洒的还是漂游遇龙河，竹排过坝，惊险刺激；荡舟平湖，轻松愉悦，被人们视为挡不住的诱惑，酷煞人的时尚。人们只用一个字来形容漫游遇龙河的感觉：那就是：“爽”！

桂林千古情景区（Guilin Romance Park）

由宋城演艺和桂林旅股联合打造的桂林千古情景区，再现了桂林的历史文化与民族风情，老少同乐、晴雨皆宜。核心演出大型歌舞《桂林千古情》是一生必看的演出，视觉盛宴，心灵震撼，唱响了一曲感天动地的桂林千古传奇。

桂林阳朔风光（Yangshuo scenery in Guilin）

北海银滩旅游度假区

BEIHAI YINTAN TOURIST RESORT

北海银滩旅游区位于北部湾畔，北海市的东南面，距离市中心约 8 千米。银滩素以“滩长平、沙细白、水温净、浪柔软、无鲨鱼、气清新”这六大特点著称于世。这里的沙滩宽阔，东西延绵 24 千米。沙子二氧化硅含量高达 98.3%，洁白细腻，在阳光的照耀下晶莹如银，所以叫“银滩”。这里的沙滩也被公认为中国最大、最理想的天然海滨浴场和休闲度假胜地。1991 年银滩旅游区正式建成对外开放。经过 20 多年的建设和发展，银滩旅游区获得了首批国家 4A 级旅游景区、“全国五美景区”“全国三十五个王牌景点”之一、入选“中国最美海滩”等诸多殊荣，在广西形成了“北有桂林山水，南有北海银滩”的旅游格局。1992 年北海银滩成为国家级旅游度假区之一。2003 年 5 月起银滩旅游区完成改造，并已免费开放至今，改造后银滩更加注重人与自然的和谐发展，尽显独特的滨海风情。

旅游锦囊 Travel Tips

交通

银滩距离市区约 6 千米，东西绵延约 24 千米。

1. 乘车：市区可乘坐 3 路公交车到达终点；乘 11 路在银滩新区站下车，往南走 1.5 千米左右可至。

2. 自驾：若游玩时间长，建议可停在银滩正门（就是钢雕的地方）右边（以面朝大海为准）200 米处的停车场。

3. 观光车：银滩公园和海滩公园之间有观光游览车可以乘坐，可以乘车观光一圈，领略银滩的海滨景色，车上有导游讲解。

推荐美食

鸡饭就是北海本地的风味，鸡饭店拿手好菜白斩鸡（又名白切鸡）鸡肉滑而嫩，香而鲜再蘸上一点用“砂姜”调制的美味酱油，不可不尝。其中北海的美食以海鲜为主，肥美生猛任客挑选。虾、蟹、石斑鱼都是经常有的，食法很多，清蒸、红烧、煎、炸、煮、炒菜等，都各显风味。“看大海，尝海鲜”便成了游人来北海必做的事情。

推荐活动

水上摩托：水上摩托是恋水的人都偏爱的一项极限运动，它带来的刺激是任何一个喜欢速度的人都想去尝试并超越的。尽情地在浩瀚大海上风驰电掣，自由飞翔。

水上单车：水上单车易于操纵，脚蹬可以前后蹬，前进或是退后一切自如，如果感到疲劳，还可停住脚，在水上“悬浮”，很是悠然自得。它绝不会有“翻车”的危险，而且没有严格的年龄限制，老少皆宜。水上自行车可以单人骑，也可以把两辆组合到一起，两人配合驾驶，共同前进，体验团结协作的滋味。

推荐景点 Scenic Areas

银滩公园（Yintan Park）

银滩公园位于风景秀丽的银滩国家旅游度假区内，银滩西起侨港镇渔港，东至大冠沙，由西区、东区和海域沙滩区组成，东西绵延约 24 千米，海滩宽度在 30~3000 米，陆地面积 12 平方千米，总面积约 38 平方千米。面积超过大连、烟台、青岛、厦门和北戴河海滨浴场沙滩的总和，而平均坡度仅为 0.05。沙滩均由高品位的石英砂堆积而成，在阳光的照射下，洁白、细腻的沙滩会泛出银光，故称银滩，银滩以其“滩长平、沙细白、水温净、浪柔软、无鲨鱼”的特点，被誉为“天下第一滩”。

海滩公园（Beach Park）

海滩公园是银滩国家旅游度假区的重要组成部分，位于北海市中心以南 10 千米的北海银滩中部。公园由三部分组成，东区设有琴、棋、书、画院：中间是海滩、海上活动区；西区是海洋生物馆、儿童戏水池、大型露天舞池等组成的游乐区，可同时容纳游客 6 万多人。公园内长 1.5 千米，宽 200 米的海水浴场是国内少有的天然海滨浴场，人们休闲嬉戏的天堂。

北海港湾（Beihai harbour）

北海涠洲岛旅游度假区

BEIHAI WEIZHOU ISLAND TOURIST RESORT

涠洲岛位于北海市东南面的汪洋大海中，距离北海银滩 21 海里，总面积 26.88 平方千米，其中涠洲岛 24.98 平方千米，斜阳岛 1.90 平方千米。涠洲岛是我国最大、最年轻的火山岛，海岛气候宜人，资源丰富，风光秀丽，景色迷人，四季如春，气候温暖湿润，富含负氧离子的空气清新宜人，是具备世界旅游界向往的“三 S”（海水 sea、阳光 sun、沙滩 sand）旅游资源的岛屿，素有“海上蓬莱”之称。

涠洲岛与北海银滩隔海相望，为火山喷发堆凝而成，是中国最大的、最年轻的火山岛，涠洲岛海蚀、海积及熔岩景观奇特，其沿海海水碧蓝见底，海底活珊瑚、名贵海产瑰丽神奇，种类繁多；南部海蚀火山港湾奇特优美，沙滩迷人，边漫步边拾海螺、捡贝壳。岛上浓荫蔽日，四季飘香，三婆庙、圣母庙和天主教堂等建筑各具特色；岛民热情好客，勤劳淳朴，古风可擻；被国家地理杂志评为“中国最美的十大名岛”之一，排名第二，仅次于西沙群岛。

涠洲岛是广西第一大岛，既有南亚热带海洋性气候的天然优势，又有火山喷岩成海蚀岸积的地貌胜迹。夏无酷暑，冬无严寒，年平均气温 23℃，年降水量 1863 毫米。四周烟波浩渺，全岛绿树茂密，气候宜人，风光旖旎，堪称人间天堂，蓬莱宝岛。

旅游锦囊

Travel Tips

涠洲岛景区观光车

1 号线：鳄鱼山游客中心—鳄鱼山。

2 号线：圣堂游客中心—圣堂景区。

3 号线：五彩滩服务站—五彩滩。

4 号线：鳄鱼山游客中心—五彩滩。

5 号线：鳄鱼山游客中心—圣堂景区。

6 号线：五彩滩—圣堂景区。

推荐美食

香蕉猪：涠洲岛盛产香蕉，经常成为村民用来养猪的饲料，这就形成了岛上特有的现象。岛上的猪因为吃香蕉长大的缘故，肉质细嫩，肥而不腻，吃起来香甜脆口。岛上的香蕉猪的吃法一般是“炒回锅肉”，一般的饭店餐厅及渔家乐都能吃到。

火山羊：火山羊生长在海边的悬崖峭壁上，擅长在绝壁上行跑，吃的是山中的青草，喝的是山中的泉水，所以肉质特别鲜美。乘船绕岛观光，抬头仰望，火山羊与火山岛的熔岩组合成了涠洲岛一道独特的风景线。火山羊的最佳吃法是烤全羊。最好到当地渔民家，询问购买。

推荐景点 Scenic Areas

鳄鱼山景区（Crocodile Mountain Scenic Area）

鳄鱼山景区位于南湾西侧鳄鱼岭，2009 年 12 月被批准为国家 4A 级旅游区。景区内有中国最典型的火山结构（火山口），中国最丰富的火山景观，中国保存最完整的多期火山活动遗迹。鳄鱼山景区内有：鳄鱼山灯塔、汤翁台、火山口遗址、龙宫探奇、藏龟洞、贼佬洞、百兽闹海、海蚀拱桥、月亮湾、珊瑚沉积岩景象、海枯石烂、月亮广场等景点。还有火山弹冲击坑、古树化石、水帘洞、海蚀柱、海蚀墩等地质奇观。

涠洲岛盛塘天主教堂（Shengtang Catholic Church in Weizhou Island）

涠洲岛盛塘天主教堂位于涠洲岛盛塘村，是全国重点文物保护单位，"晚清四大天主教堂"之一。教堂由法国巴黎外方传教士建于 1853 年，历时 10 年建成，主体建筑保存较为完好，是我国现存的几座较大的天主教堂之一，也是中西文化融合共生的历史见证。整座建筑主要取材于海底珊瑚沉积岩，运用周密的力学设计建成，是典型的文艺复兴时期法国哥特式教堂，外表高耸的罗马式尖塔有着"向天一击"的动势，造成一种"天国神秘"的幻觉，堪称别具一格。

涠洲岛风光（Scenery of Weizhou Island）

鳄鱼山国家地质公园博物馆（Crocodile Mountain National Geopark Museum）

鳄鱼山国家地质公园博物馆，位于鳄鱼山景区。博物馆建筑面积1500平方米，馆内珍藏多种火山岩、珊瑚、海洋生物标本。所有标本都注有详细说明，并附有地质公园景区内相应图片。影像大厅有涠洲岛宣传片播放，动感大厅有4D科普电影。实是科普海洋知识、地质知识的好去处。

五彩滩（Wucai Beach）

五彩滩位于涠洲岛东海岸，景区内长达1.5千米的海岸基本发育有20~50米高的海蚀崖，崖面耸立，蔚为壮观；海蚀平台在海蚀崖前展布，平坦而宽阔，退潮时可见宽达几十米甚至上百米的海蚀平台，令人感叹。海蚀平台上的青苔和海水在朝阳的照映下，五彩斑斓，十分漂亮。在海蚀崖与海蚀平台的交界处形态各异的海蚀洞随处可见。这种海蚀崖、海蚀洞、海蚀平台“三位一体”的海蚀地貌景观在我国沿海及岛屿岩岸实属罕见，其规模之大，典型而完整的集中令人叹为观止。

石螺口景区（Shiluokou Scenic Area）

石螺口景区位于涠洲岛西海岸，属于海岸地貌。碧海、蓝天、沙滩、树林、渔船、躺椅……构成了一幅悠闲惬意的海岛风情画卷。这里的海水不亚于普吉岛和马尔代夫。石螺口海域沙滩宽广，海水清澈，是海上娱乐的理想去处。延绵的沙滩一直延伸到滴水丹屏景区，整个西海岸都是一个适合看日落的好地方。

滴水丹屏（River Screen）

涠洲岛“滴水丹屏”位于涠洲岛西部的滴水村。滴水丹屏的形成堪称中国火山景观的奇迹，岩石形成的悬崖峭壁，是该岛最为醒目、壮观的海蚀地貌，裸露的岩层有红、黄、紫、绿、青五色相间，纹理异常清晰，崖顶之上藤树缠绕，红花绿叶倒挂崖头，展现出旖旎多姿的色彩，取“丹屏”。令人称奇的是，巨崖岩层上常年涌动着水珠，不断地向崖下滴落，在阳光下如断线珍珠般飘洒，晶莹剔透闪着绮丽的亮光，煞是好看，所以取名“滴水”。

百色 BAISE

百色是红色福地，是生态保护的绿地，更是投资兴业的一块宝地。近年来，百色市致力把百色建设成为“区域性休闲旅游健康养生中心”，因地制宜发展大健康产业，实现百姓富、生态美、人安康的有机统一。

百色的主要特点，可以用“老、少、边、山、寿”五个字来概括。“老”一是指百色具有悠久的历史，据考证，早在80多万年前，百色就有了人类活动的足迹。二是指革命老区，百色起义，众所周知。“少”是指百色是一个少数民族聚居区，居住着壮、瑶、苗、彝、侗、仡佬等少数民族，田阳县是壮族的发源地，壮文化的影响十分深远。“边”是指边境地区，百色的靖西、那坡两县（市）与越南交界接壤，陆地边境线总长360.5千米，是广西陆地边境线的三分之一。“山”是百色属于典型的喀斯特地形地貌，壮观的景色令人震撼。“寿”是指百色是长寿养生圣地，乐业县、凌云县分别被授予“世界长寿之乡”和“中国长寿之乡”的称号。

靖西旧州景区（Jingxi Jiuzhou scenic spot）

百色是“中国优秀旅游城市”，是中央确定的全国12个重点红色旅游区之一。目前，全市对外开放景区景点多达50多处，其中国家5A级旅游景区1个（百色起义纪念公园景区），国家4A级旅游景区18个，国家3A级旅游景区18个。有着邓小平足迹之旅、长寿养生体验之旅、奇山秀水休闲度假之旅、中越边关探秘之旅、少数民族风情之旅等多条主题旅游路线产品，这些旅游资源既可满足我们休闲观光旅游，更可提升成为养生文化旅游品牌。

凌云茶山金字塔景区（Lingyun tea mountain pyramid scenic spot）

推荐百色度假地 Holiday Resort

百色澄碧湖风景区（Baise chengbihu scenic spot）

右江区（Youjiang District）

右江区位于广西西部，珠江流域西江水系的右江上游，是云南、贵州、广西三省（区）接合部、交通枢纽和边境物资集散地，直面东盟市场，是大西南出海的重要通道，是地级百色市委、市政府所在地，是政治、经济、文化中心，具有特殊的区位优势。辖区内拥有国家5A级旅游景区1个（百色起义纪念公园景区），国家4A级旅游景区2个（百色欢乐小镇景区、百色大王岭景区）；广西特色旅游名村1个（平圩村）；广西农业旅游示范点3个（平圩民族新村、濑浩休闲新村、贝依杧果风情园）；广西四星级乡村旅游区1个（濑浩红谷慢生活休闲农庄）；广西4星级农家乐2个（平圩农家乐、濑浩红谷慢生活休闲新村）；广西三星级农家乐1个（右江区农耕园）；四星级酒店1家，三星级酒店3家；旅行社18家；拥有旅游餐饮住宿经营单位400多家，接待住宿业床位2万多个。百色起义纪念公园是全国12个红色旅游经典路线“邓小平足迹之旅”的核心景区，目前正在创建国家5A级旅游景区。“壮锦服饰”“百色杧果”、福禄“酸菜”等旅游商品备受游客的青睐。

田阳（Tianyang）

田阳县位于广西西部，右江河谷中游，负氧离子含量高、地磁强、水质好、食材优、环境美、民风纯、气候宜人，毗邻世界长寿之乡巴马县。目前，全县有国家4A级旅游景区2个（田州古城、广西聚之乐休闲农业园景区），国家3A级旅游景区1个（敢壮山布洛陀文化遗址景区）。

田阳巴某村全貌
（Panorama of Ba village in Tianyang）

平果（Pingguo）

“南国铝都”平果县位于广西西南部，地处美丽的右江河畔，为百色市东大门。平果县山清水秀、气候宜人，旅游资源丰富，旅游景点独具特色。辖区内有“地球神奇暗河”美誉的国家4A级旅游景区通天地下河景区、“藤缠树绕千番景、江回路转九重天”之称的鸳鸯滩漂流景区、右江苏区“井冈山”之称的三层岗邓小平足迹之旅、秀丽迷人的甘河风光、青山碧水的芦仙湖国家湿地公园、飞天悬镜的布镜湖、记录历史风云的八峰山古城墙遗址、被列为国家非物质文化遗产的壮族嘹歌。

平果鸳鸯滩景区
（Pingguo Yuanyang Beach Scenic Spot）

德保（Debao）

吉星岩的石梯田（Stone terrace of Jixingyan）

德保县位于广西西南部。境内气候宜人，具有冬无严寒、夏无酷暑、春秋温凉、空气清新的特点，享有“天然空调，养生胜地”之美誉。县境内拥有多种珍稀动植物，有德保矮马——世界马中熊猫，德保苏铁——恐龙同时代的植物活化石，黑叶猴——国家一级保护珍稀灵长类动物等；还有风景秀美的自治区级自然保护区——兴旺—黄连山保护区。

靖西（Jingxi）

靖西市位于广西西南部，是祖国西南边陲重地，具有优越的沿边优势；靖西平均海拔800米，年均气温19℃，境内山清水秀，喀斯特岩溶地貌和亚热带季风气候使靖西蕴含着丰富奇特的旅游资源，境内峰丛林立、山水钟灵毓秀，气候四季如春，人文古迹众

靖西渠洋湖（Jingxi Quyang Lake）

多，民俗风情浓郁，被称为中国“绣球之乡”、广西“壮歌之海”，是广西近年兴起的旅游目的地之一。境内分布有通灵大峡谷、古龙山生态峡谷群、鹅泉景区、旧州景区等自然景点和人文景点100多处，其中国家4A级旅游景区6家，3A级旅游景区3家；广西农业旅游示范点1个，国家自然保护区1个，自治区级自然保护区1个，全国重点文物保护单位1个，列入国家非物质文化遗产名录1项，列入自治区非物质文化遗产名录17项。

那坡（Napo）

那坡县地处我国的西南边陲，是广西、云南、越南两国四省五县的交会处，有国境线207千米，是我国与越南陆地边界极长的县，世居壮、汉、瑶、苗、彝五个民族，总人口22万人，壮族占总人口的90%以上，其中黑衣壮人口约5万人。千百年来，当地群众以山头为界，过着与世隔绝的生活，保留了少数民族多姿多彩的民俗文化。各民族都保留有自己独特的节日，其中黑衣壮是壮族的一个支系，主要聚居在广西那坡县境内，以黑为美是黑衣壮的传统：黑头巾、黑衣服、黑裤子、黑布鞋、黑里透红，原味无穷；黑衣壮的房屋为典型的杆栏式建筑，别具一格；黑衣壮的山歌旋律悠扬飘逸，语言生动形象，曲调高亢嘹亮、委婉动听，享“天籁知音”之誉。现黑衣壮民俗文化被人类学家誉为“壮族的活化石”，那坡县壮族山歌被列入国家非物质文化名录。

凌云（Lingyun）

凌云县地处广西西北部，有近千年的州、府治地历史，素称“古府凌云”；是中国名茶之乡、广西产茶大县，素有“茶乡凌云”美誉；身处云贵高原之边，山雄水秀，又有

凌云县浩坤湖（Haokun lake, Lingyun County）

“山水凌云”之称；是中国长寿之乡。县内生态环境优美，森林覆盖率达 78%，是百色澄碧河的主要源头，也是珠江水源的发源地，素来享有“山雄、水秀、洞幽、城古”的美誉。《凌云壮族 72 巫调》被列入国家非物质文化遗产名录，凌云白毫茶制茶技艺、凌云瑶族龙凤舞等 10 个民俗文化被列入自治区级非物质文化遗产名录。境内有集休闲、考察、观光为一体的茶山金字塔，湖山秀美的水墨浩坤湖，千年古府泗城州府等国家 4A 级景区，有被誉为“亚洲神奇洞”的纳灵河谷及泗城文庙、水源洞、民族历史博物馆、独秀峰等国家 3A 级景区以及一批独具特色的乡村旅游区、农家乐等旅游景点。

乐业（Leye）

乐业县位于广西西北部，居住着壮、汉、瑶、苗、布依等 11 个民族。境内旅游资源奇特，种类丰富，特色分明。一是自然景观独特。境内拥有世界上极大规模的大石围天坑群、世界跨度极大的布柳河仙人桥、罗妹莲花洞等独特的世界旅游资源，被誉为“天坑之都”和“世界天坑博物馆”，是广西首家“世界地质公园”。二是生物景观多样。全县森林覆盖率为 77.82%，境内有五台山、上岗等原始森林，还拥有雅长兰科植物 44 属 130 种，是“中国兰花之乡”。三是人文资源丰富。乐业民风淳朴、民俗独特，“壮族龙灯舞”“乐业唱灯”“壮族卜隆古歌”“把吉造纸技艺”等被评为自治区级非遗项目；火卖、龙坪、磨里、仁龙等村落获得“全国特色景观旅游名村”“广西传统村落”“全区卜隆古歌文艺村”“全区民间戏曲唱灯戏村”等称号。四是长寿资源珍稀。乐业拥有良好的生态资源，独特的地质特征，成就了一个拥有洁净的水源、宜人的气候、温暖的阳光、富饶的土地和特殊的地磁“五位一体”的长寿之乡。

俯瞰大石围天坑（Overlooking Dashiwei sinkhole）

隆林（Longlin）

德峨是隆林各族自治县一个典型的少数民族乡镇，居住着苗族、彝族、仡佬族、壮族等少数民族。德峨的民俗迷人、民风醉人，且保持着多姿多彩的民族服装，因此，被誉为“活的少数民族博物馆”。苗族的刺绣、蜡染等手工艺术、芦笙舞和仡佬族的八音等民间文体活动尤其令人叹为观止。德峨镇每年还传承着苗族“跳坡节”、彝族“火把节”、仡佬族“尝新节”，而且各民族服饰亮丽多姿、色彩鲜艳，构成了花一样的民族。

都安 DUAN

魅力瑶山 · 天下都安

都安瑶族自治县位于广西中西部资源富集区、西南出海大通道重要节点和西江经济带上游红水河腹地，自然资源丰富，被称为“世界地下河天窗之都”“中国野生山葡萄红酒基地”“中国竹藤草芒编织工艺品之乡”“中国都安山羊之乡”。都安属于全国扶贫开发重点县和滇桂黔石漠化重点治理片区，总人口72.6万人，全县石山面积占89%，人均耕地面积不足0.7亩，是广西贫困人口极多、贫困面极广、贫困程度极深、脱贫任务极重、脱贫成本极大的县份。

这里“九分石头一分土”，素有“石山王国”之称，是全国喀斯特地貌发育极为典型的地区之一。这里民风淳朴、古老而神奇，是中国布努瑶族创世祖先密洛陀的故乡。这里地理优势、交通便利，境内有G75兰海高速公路、贺州至巴马高速公路、国道210线和贵阳至南宁高速铁路、水南二级路纵横交会，是大西南出海的重要门户。都安旅游资源丰富，拥有澄江国家水利风景区、国家湿地公园、地下河国家地质公园三个国家旅游品牌，享有“中国野生山葡萄红酒基地”“中国竹藤草芒编织工艺品之乡”“中国都安山羊之乡”“世界地下河天窗之都”的美誉。这里山奇、峰雄、石美、水秀，独特的喀斯特地貌、丰富的地下河资源、雄奇的红水河、美丽的天窗群、绚丽多彩的民族文化和长寿文化交融的密洛陀瑶族文化旅游资源，吸引着世界各地的人们前来观光旅游。

三大“国字号”核心旅游品牌带动澄江河、地苏河沿线乡村旅游发展，迅速提升都安县旅游知名度和影响力。开创了都安“贷牛还牛”的扶贫模式，打响了“瑶山牛”“都安黑山羊”“野生葡萄酒”“藤编竹编”等品牌旅游商品，带动全县牛羊养殖、葡萄种植、藤编竹编等产业发展，为贫困地区通过品牌旅游商品带动产业发展实现富民惠民提供可复制的经验。

澄江国家湿地公园
（Chengjiang National Wetland Park）

世界天窗之都 洞穴潜水天堂（Cave diving paradise, skylight capital of the world）

古象温泉（Guxiang Hot Spring）

象州 XIANGZHOU

在广西中部，蜿蜒曲折的柳江之滨，镶嵌着一个有着2100多年历史的古郡——象州县。这里有风雨之后极亮丽的彩虹，这里有独特的民族文化，蓝天诱惑着白云，山林诱惑着鸟禽，美丽的河川诱惑着每一位游者，壮族文化的博大放射着智慧的光芒。这里的每一个生灵都是那样珍贵、那样朴素，充满着无穷的力量……

象州县，汉置桂林县，三国置武安县，为当时之桂林郡治，隋置象州。县域总面积1898平方千米，有壮、汉、瑶、苗等12个民族，总人口35万人。这里年平均气温20.8℃，冬无严寒、夏无酷暑，大自然赋予象州县非常清爽宜人的气候。

特殊的地理环境，众多的民族，悠久的历史以及灿烂的文化，造就了象州县得天独厚的旅游资源。这里的天是湛蓝的，这里的水是清澈的；这里有丰富的自然景观与人文景观，是自然与文化相辉映的旅游新贵；这里有雄伟壮丽的山岳地貌，山林、峰、洞、江河、湖泊、瀑布蔚为奇观；这里有古老的贝丘文化，以及11个少数民族绚丽多彩的民俗风情。境内旅游资源有象州温泉、古海底迷宫、古榕之乡、贝丘文化、运江古镇、大梭生态峡谷群、泥盆纪地质剖面等19处，构成了象州县旅游的核心景观，尤以象州温泉极为著名。象州温泉素有“中南首泉”之美誉，以水量大、水温高、水质优而出名，其自溢量达235立方米/小时，温度高达85℃，含有偏硅酸、锶、铜、铁、锌、镁、钙、钠、碘、氟、钡等20多种微量元素。其他景观也各有奇妙之处，个中韵味尽在不言中。

除了旖旎的风光外，当地的民俗风情也是原汁原味，不可多得，壮族师公戏、朝阳舞、板鞋舞、彩调剧及山歌为典型代表。地方特产更是如数家珍，粉葛、米饼、牛腊巴、百合粉、古琶茶、香黏米、清水米粉、蚕丝被皆为当地特有。

崇左 CHONGZUO

发现山水崇左 爱上甜蜜边关

崇左位于广西西南部，全市辖七个县（市、区），总面积 1.73 万平方千米，总人口 250 万，壮族人口占全市总人口的 89.43%，是全国壮族人口比例极高的地级市，素有“中国糖都”“中国锰都”“中国红木之都”的美称。

崇左是中国的南大门，沿边、近海、邻首府、连东盟，“打开门就是越南，走两步就进东盟”，有 4 个县（市）与越南接壤，边境线长 533 千米，是广西陆地边境线极长的地级市，是中国通往东盟陆路通道上极重要的节点城市。

这里有亚洲极大、中国醉美的瀑布——德天跨国瀑布。德天跨国瀑布横跨中越两国，一年四季有不同的气质，时而气势磅礴、时而欢快轻盈、时而婉约楚楚。这里的德天景区是国家 5A 级旅游景区，目前正在建设中国首个跨境旅游合作区，届时琳琅满目的越南特色商品将带给你跨境旅游购物新体验，一脚跨两国将成为现实。

世界文化遗产——左江花山岩画景观。赭红色的蛙人，祭祀的铜鼓，虽历经 2000 多年风雨，仍然色彩依旧。这些无字天书般的岩画还藏着三大千古未解之谜：为什么画、怎么画、用什么颜料画？都在等待你来破解。以左江花山岩画为背景、将高科技融为一体的大型壮族神话实景剧《花山》，等你来观赏。

崇左是一座山水之城，来这里，你能够体验不一样的山水休闲

“桂林山水甲天下，崇左山水赛桂林。”相比桂林，这里的山水更多几分质朴、宁

德天跨国瀑布（Detian international waterfall）

《花山》实景演出（Live performance of *Huashan*）

静和羞涩。如果把桂林山水比喻成美丽少妇，那么崇左山水就像一个待字闺中的清纯少女。

崇左是一座边关之城，来这里，你够体验多彩的边关风情

崇左是中国口岸极多的边境城市，其中国家一类口岸 5 个，国家二类口岸 2 个，边民互市贸易点 14 个；外贸进出口总量连续 10 年稳居广西首位，来自国内外的客商云集于此，东盟商品琳琅满目，东盟风情别具韵味，是中国极大的红木市场、中国极大的东盟水果交易市场。

崇左是一座壮族之城，来这里，你还能够体验极地道的壮族文化

崇左是壮族的主要起源地，壮族人民热情好客，素有“来者都是客，客来主家旺”的习俗。这里，高亢的山歌是它热情的语言，悠扬的天琴是它动听的音乐。三月三、抛绣球、打榔舞、对山歌……一年四季，各种民俗节庆活动热闹非凡。酸粥宴、烤金猪、五色糯米饭、竹筒饭、桄榔粉、猪肠糕、鸡肉粉等，崇左美食从未让你失望。

来崇左旅游！我在山水崇左、甜蜜边关等你！

左江花山岩画文化景观（Zuojiang Huashan rock painting cultural landscape）

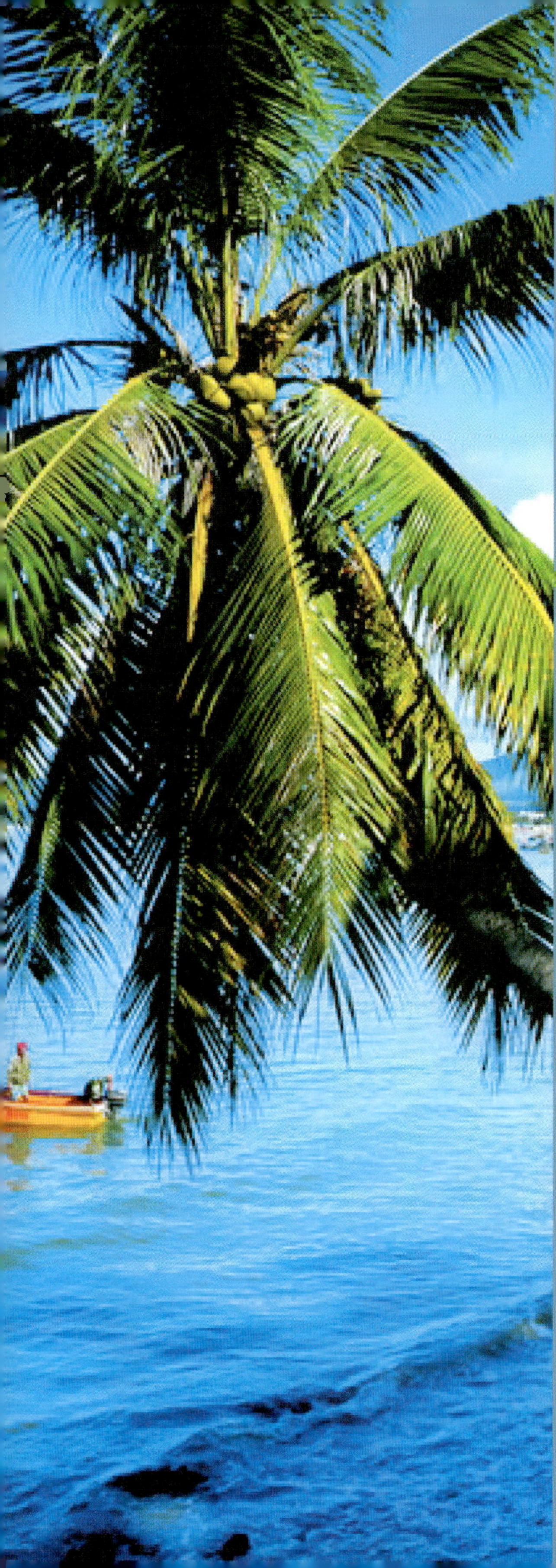

海南

HAINAN

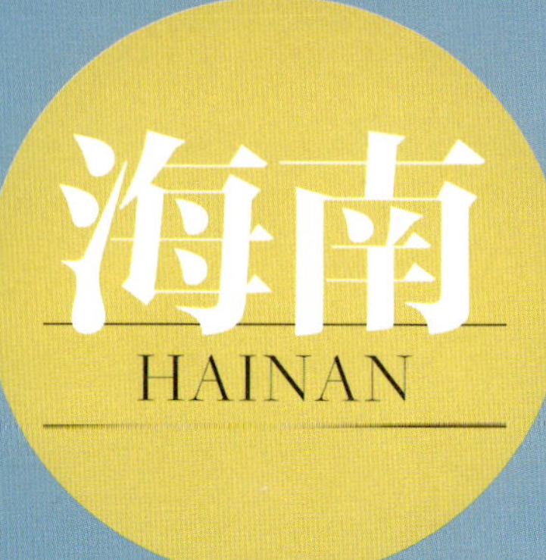

这是中国的最南端，这里四季温暖无冬，这里阳光充沛，空气清新，水质纯净，这里似“人间天堂”，这里是“南海明珠”，这里是“东方夏威夷”——海南。

海南有丰富的自然资源与丰厚的人文积淀。这里 1800 多千米的海岸线遍布着精彩绝伦的景色和成熟的海滨度假区，从博鳌亚洲论坛到世界休闲旅游博览会，一系列会展旅游让海南与国际接轨，这里将建成世界一流的海岛休闲度假胜地。

三亚亚龙湾旅游度假区

SANYA YALONG BAY RESORT

亚龙湾国家级旅游度假区是具有热带风情的旅游度假区，亚龙湾被誉为“天下第一湾”。

亚龙湾位于三亚市东南面约 25 千米处。这里气候温和、风景如画，不仅有蔚蓝的天空、明媚温暖的阳光、清新湿润的空气、连绵起伏的青山、千姿百态的岩石、原始幽静的红树林、波平浪静的海湾、清澈透明的海水，洁白细腻的沙滩以及五彩缤纷的海底景观等，而且 8 千米长的海岸线上椰影婆娑，生长着众多奇花异草和原始热带植被，各具特色的度假酒店错落有致地分布于此，又恰似一颗颗璀璨的明珠，把亚龙湾装扮得风情万种、光彩照人。

亚龙湾集中了现代旅游五大要素：集海洋、沙滩、阳光、绿色、新鲜空气于一身，呈现明显的热带海洋性气候。全年平均气温 25.5℃，三亚 5~9 月的白天平均温度为 28℃，海水温度更加宜人，最高不过 26℃，冬季海水最低温度 22℃，适宜四季游泳和开展各类海上运动。这里海湾面积达 66 平方千米，海水浴场绝佳，可同时容纳十万人嬉水畅游，数千只游艇游弋追逐，被誉为“天下第一湾”。度假区规划面积 18.6 平方千米，自 1992 年正式开发建设至今，已拥有一大批具有国际水准的五星级酒店。

旅游锦囊

Travel Tips

推荐活动

让来访的客人融入大自然的风情，体会独特的风光。诉说着我们“浪漫、美丽和爱的故事”。

拥有国内唯一的海底半潜式观光船；

拥有国内最好的海滨浴场，体验潜水、海上摩托、快艇、冲浪、帆板、独木舟、香蕉船、拖拽伞等丰富刺激的海上活动；

还有沙滩排球、陆上健身房、网球场、射箭场等；

租上一辆自行车悠享亚龙湾风光，驾着沙滩车感受滨海风情。

推荐美食

海南椰子饭、红糖年糕、海南萝卜糕、椰挞、桂林米粉、黑鱼丸、红烧梅花参、甜酸粉、苗族三色饭等。

亚龙湾热带天堂森林公园
（Yalong Bay Earthly Paradise Forest Park）

推荐景点 Scenic Areas

亚龙湾热带天堂森林公园（Yalong Bay Earthly Paradise Forest Park）

三亚亚龙湾云天热带森林公园有限公司人间天堂鸟巢度假村旗下的景区亚龙湾热带天堂森林公园位于三亚市东南方向 25 千米，环抱着亚龙湾国家旅游度假区。园区尊重自然与生态，强调个性与特色，高端规划，高端建设，高端管理，斥资 19 亿元打造成海南省热带滨海山地生态观光兼生态度假型景区，为第三代森林旅游产品的典范之作。约 15 平方千米的城市绿肺，1500 余种热带植物，190 余种野生动物，210 栋山间别墅客房，数座独具风格的山顶餐厅……丰富多彩的旅游资源，使其成为集登山探险、野外拓展、休闲观光、养生度假、科普教育、民俗文化体验等活动于一体的大型生态旅游度假景区。

亚龙湾热带天堂森林公园是三亚的天然大氧吧，拥有良好的热带雨林生态资源，景区内美丽的自然风光占据了冯小刚著名电影《非诚勿扰 2》2/3 以上的镜头，演员葛优和舒淇在公园内的鸟巢度假村和过江龙索桥等景点演绎浪漫爱情的地方随着电影热播而名扬全球，成为情侣们公认的爱情圣地，至今热度不减……

亚龙湾国际玫瑰谷（Yalong Bay International Rose Valley）

亚龙湾国际玫瑰谷位于三亚市亚龙湾国际旅游度假区内，总占地约 1.8 平方千米，是以“玫瑰之约，浪漫三亚”为主题，以农田、水库、山林的原生态为主体，以五彩缤纷的玫瑰花为载体，集玫瑰种植、玫瑰文化展示、旅游休闲度假于一身的亚洲规模最大的玫瑰谷。

蝴蝶谷（Butterfly Valley）

海南是真正意义上的“蝴蝶王国”，已经发现的蝴蝶种类有 650 多种，占我国蝶种总数近 50%，比素有“蝴蝶王国”之称的云南和台湾还要多，在全国居于第一位。亚龙湾蝴蝶谷游览面积 1.5 万平方米，是中国目前最大并且配置最完备的生态蝴蝶公园，以蝴蝶文化和雨林文化为主题，融科普、观光、休闲为一体的生态旅游景点。蝴蝶谷居于热带半落叶季雨林，气候终年温暖潮湿，生物多样性丰富，这里自然生长着龙血树、黑格、水翁等珍稀植物，谷内小桥流水、鸟唱蝉鸣，彩蝶纷飞，仿佛香妃引蝶。蝴蝶谷馆藏的“金斑喙凤蝶”是世界上唯一被列为一级保护的蝴蝶。国内常见的“玉带凤蝶”是梁祝的化身，祈福天下有情人忠贞无二、天长地久。

五指山夜景（Night view of Wuzhishan）

五指山 WUZHISHAN

五指山市位于海南岛中南部，北距海口200千米，南至三亚78千米，是原海南黎族苗族自治州首府所在地。全市辖7个乡镇，1个畅好居，63个村（居）委会，总人口10.6万人，其中黎族、苗族人口占70.6%。全市国土总面积1144平方千米，地形地貌以山地为主，山地面积占92.9%，境内海拔1000米以上山峰有34座，其中五指山山脉主峰海拔1867.1米，是海南至高峰。

五指山是全省的生态核心区和主要河流发源地，控制着海南的水系形态，涵养着全岛的主要水源，是全岛生态平衡的核心，全市生态红线划定面积占国土总面积的77.4%。全市森林覆盖率达86.44%，为全省至高，境内的五指山国家自然保护区是全球保存极完好的几块热带原始雨林之一。五指山热带雨林群落极为典型，是中国生态系统多样性、生物多样性、生态基因多样性极为丰富的地区之一。五指山物种资源极为丰富，有植物4900多种，陆生脊椎动物550多种。南药资源丰富，可入药的植物有1000多种。五指山气候宜人、冬暖夏凉、空气洁净，素有“海南之肺”“翡翠山城”“南国夏宫”之美誉。夏季平均气温26.1℃，冬季平均气温19.0℃，年平均降水量1870毫米，近年来空气质量优良天数达99.7%以上，位居全省前列。境内有五指山国家自然保护区、五指山热带雨林风景区、阿陀岭森林公园、牙胡梯田、峡谷漂流、五指山革命根据地纪念园、黎峒文化园、省民族博物馆等丰富旅游资源和产品，旅游发展潜力巨大。

五指山（Wuzhishan）

海垦莲花山文化旅游景区

HAIKEN LIANHUA MOUNTAIN CULTURAL TOURIST SCENIC SPOT

海垦莲花山文化旅游景区位于儋州市蓝洋温泉莲花山国家森林公园中的配套功能区内，规划面积约 5.9 平方千米，一期占地 3 平方千米。距儋州市区 11 千米，距海花岛仅半个小时车程。毗邻松涛水库，连接洋万高速，距海口 1.5 小时车程，距三亚 2 个小时车程。

莲花山在海南享有盛名，祈福莲花山早有历史，相传苏东坡也多次来莲花山祈福游览。福文化是中华民族的本土文化，是中华民俗文化的核心。

莲花山福文化有五大主题园区：“百福百寿”文化园、“五福临门”文化园、“博览群书”文化园、“十全十美”文化园、“孝行天下”文化园。园区内有几十个互动性娱乐项目，如七彩旱滑、水怪表演、森林过山车、丛林飞龙、玻璃吊桥、玻璃水滑、高空秋千、高空攀岩、高空滑索、步步惊心及网红桥等。

景区有四个世界之极：一是世界上极大的硅化木展示区，387 根 2.3 亿年前的硅化木占地约 13 万平方米，展示的面积为世界极大，被列入世界纪录。二是世界上极大的户外《金刚经》雕刻，上千平方米的巨幅雕刻，十分壮观，是见者有福的祈福圣地。三是世界上氡含量极高的热氡泉，蓝洋氡泉天下驰名，具有养生保健功能，莲花山氡泉森林是罕见的养生资源。四是矿坑剧场，6 万多平方米的世界上极大的矿坑剧场，被列入世界纪录。这里有火山爆发、有水上表演、有沉浸式的光影秀。“世界那么大，夜游莲花山”，矿坑剧场连同整个景区构成一个欢乐的海洋。

整个景区内有七道福门，第一道是长寿门，第二道是爱情门，第三道是欢乐门，第四道是状元门，第五道是悟道门，第六道是慈孝门，第七道是招财门，

苏东坡早在 700 年前就来过莲花山。东坡登顶、祈福莲花山是传统的历史习俗；女娲补天、莲花池和东坡育莲也是值得一看的景点；莲花仙子和莲花童子是景区的吉祥物，在莲花山景区可以感受满满的福文化。

祈福迎福让你流连忘返，让你心有所依！

莲花山（Lianhua Mountain）

重庆

CHONGQING

山城重庆非常的繁华，相信生活在这里的人们都深有体会吧。虽然生活中要打拼一下，但是更应该找时间让自己放松一下。

重庆有不少适合度假的好地方。

仙女山度假区旅游项目和文化项目打造休闲、度假、运动、康疗、会展、娱乐、餐饮、购物等多样化的国家旅游度假区。四面山旅游度假区植被丰富，气候宜人，富氧富硒，适于养生，是旅游、休闲、度假的理想之地。南天湖旅游度假区有高山湖泊、山间盆地、原始森林、天然竹海、生态草场、天坑湿地星罗棋布、时有飞禽走兽出没。是森林观光、高山览湖、山地运动、消夏避暑、滑雪养生的生态休闲度假胜地。

渝中 YUZHONG

山水人文都市 文商旅城融合

渝中区自 2016 年成为国家全域旅游示范区创建单位以来，区委、区政府高度重视，把发展全域旅游作为战略任务，将全域作为一个大景区精耕深耕，破解老城区、建成区空间发展制约，持续优化发展布局，加强城市建设管理，延伸全产业链条，完善公共设施配套，进一步彰显了重庆“山水之城 · 美丽之地”的独特魅力，走出了一条“以文为魂、文商旅城融合、城景一体、主客共享”的都市型全域旅游发展之路。

渝中区位于长江、嘉陵江交汇处，山水交融、人文荟萃，是重庆“母城”和主城核心。全域面积 23.24 平方千米，常住人口 66 万人。渝中区是历史文化名城展示区，积淀了 3000 年江州城、800 年重庆府的深厚历史底蕴，孕育了巴渝文化、抗战文化、统战文化、移民文化、红岩精神等，是“战时首都”和世界反法西斯战争“四大名城”的核心。渝中区是中西部国际交往中心窗口区，重庆自贸试验区、中新（重庆）战略性互联互通示范项目等开放优势叠加，汇聚 12 家驻渝总领事馆，是重庆对外开放的“窗口”。渝中区是“近者悦远者来”美好城市示范区，先后荣获“全国文明城区”“国家环保模范城市”“全国十大全域旅游目的地”等荣誉称号，解放碑步行街获评商务部首批“全国示范步行街”，洪崖洞、较场口夜市获评中国旅游研究院“全国游客喜爱的十大夜市”。渝中区是现代服务业引领区，金融、商务商贸、文化旅游等六大战略性支柱产业竞相发展，2019 年接待游客 6744 万人次、增长 5.8%，旅游收入 463.5 亿元、增长 20.9%，旅游产业增加值 109.5 亿元、占区域 GDP 8.4%。

重庆人民大礼堂火烧云（Chongqing People's Hall burning clouds）（张坤琨 摄）

洪崖洞（Hongya cave）（张坤琨 摄）

江津 JIANGJIN

人文山水有故事 文化旅游结伴行

重庆市江津区毗邻四川省合江县和贵州省习水县，是重庆辐射川南黔北的重要门户，中国楹联文化城市、中华诗词城市、中国长寿之乡、中华武术之乡、中国花椒之乡、中国富硒美食之乡、中国生态硒城、第三批国家公共文化服务体系示范区。近年来，江津区文化旅游委形成合力，强化名人、爱情、古镇、长寿、楹联、抗战“六张文化名片”，发挥区域优势，统筹抓好文化旅游事业的融合创新发展，走出一条高质量发展的江津特色之路。

双晒活动助力文旅发展

2020年“双晒”第二季，江津以“耍不够的江津”为主题，推出“东西南北中”五条精品旅游线路，全面彰显文旅融合新活力。提升基础配套，扶持发展沿线特色餐饮店、精品酒店民宿，结合地方特色，规划打造旅游集市、游客集散中心、旅游驿站等建设，完善线上线下旅游指南，激活旅游消费。

重点项目推动文旅融合

一是城市建设彰显文化魅力。从2015年开始持续打造40里极长滨江路，建成“诗联文化长廊”，生动展现了“中华诗词城市”江津独特的诗联文化。目前正在打造爱情文化长廊和元帅广场临江亭。二是文物修缮服务旅游发展。四面山会龙庄2018年完成修缮，2020年10月成功创建国家4A级旅游景区。国家重点文物保护单位、国家3A级旅游景区石门大佛寺摩崖造像修缮工程持续开展。三是文旅项目提升城市品位。加快推进江津文化艺术中心、重庆影视城、白沙锦鹤江城文创街区、3539文创园、城区奎星广场文化街区等的建设。

四面山（The Four Sides Mountain）

地域特色融入文化旅游

江津结合非遗传承、乡风名俗等，创新开展一镇一品文旅活动，形成年年有主题，季季有突出，月月有精彩，周周有活动的文旅活动体系。充分利用文旅资源举办中山古镇千米长宴、七夕东方爱情节、白沙抗战文化艺术节、蔡家“吃新”节、永兴“金色黄庄”菜花节等文旅活动，深受游客青睐。其中，中山古镇千米长宴已持续举办15届，2019年接待游客人数2万人次。每年，江津区举办文旅活动超过30场，接待游客人数超过400万人次。

武隆仙女山旅游度假区

WULONG FAIRY MOUNTAIN TOURIST RESORT

仙女山度假区旅游项目和文化项目打造休闲、度假、运动、康疗、会展、娱乐、餐饮、购物等多样化的国家旅游度假区。除了现有的体育、游玩、休闲等设施外，仙女山5年内还将打造星际未来城、懒坝LAB国际文化艺术主题公园、仙女山国际户外营地、石院民俗文化村寨项目、阳光童年5大新项目。星际未来城总用地约1.4平方千米，总建筑面积约41.5万平方米，开发建设“一镇一园一区”。仙女山国际户外营地项目，将以“一个营地、两个公园、三个片区、六个基地”的体系进行建设，总用地约1500亩。项目包括国际户外营地、亚高原训练基地、户外休闲基地、重庆国际赛马会公园、户外音乐工场、运动中心、出发中心、SOS中心、培训中心、医疗中心、国际酒吧街等。

仙女山国家旅游度假区
(Fairy Mountain National Tourist Resort)

仙女山—大草原 (Fairy Mountain-Prairie)

旅游锦囊

Travel Tips

交通

重庆到武隆坐车方式有3种:

第一种：四千米汽车站—武隆汽车站;

第二种：重庆北站南广场—武隆火车站;

第三种：龙头寺旅游集散中心—仙女山镇游客接待中心。

推荐美食

仙女山的饭店众多，主要都以吃羊肉为主，即使是五星级的酒店，价格也不是很贵。如果有兴致而且人多，可以烤只全羊来吃，不过等待的时间可能会久，推荐吃豆花羊肉，浓郁的麻辣汤底里泡着新鲜的羊肉片和豆花，非常入味，羊肉一点膻味都没有，肌理都看得很清楚，吃起来非常带劲，里面豆花用来拌饭更是一流。“全羊宴”是根据全羊躯干各部肌肉组织的分布不同，用不同的烹调方法，做出色、形、味、香各异的各种菜肴，并冠之以吉祥如意的名称。全羊宴，虽系全羊，却无羊名。如龙门角、采灵芝、双凤翠等，一只羊做菜80多种。

推荐景点 Scenic Areas

重庆仙女山国家森林公园（Chongqing Fairy Mountain National Forest Park）

重庆仙女山国家森林公园位于重庆市武隆县乌江北岸，属武陵山系，面积 50.7 平方千米，平均海拔 1850 米，极高海拔 2033 米，公园拥有草场、森林、湿地、湖泊等旅游资源，是重庆周边极大的高山草原。

重庆仙女山国家森林公园因其山有一峰酷似翩跹起舞的仙女而得名。它与千里乌江画廊、神奇的芙蓉洞、秀美的芙蓉江、世界极大的天生桥群地质奇观组合成为重庆旅游观光度假胜地，是国家 5A 级旅游景区，中国“极具影响力森林公园”之一。

2018 年 10 月 11 日，入选“全国中小学生研学实践教育基地”名单。

重庆武隆天生三桥风景区（Chongqing WulongThree Natural Bridges Scenic Area）

重庆武隆天生三桥是世界规模极大、高度极高的串珠式天生桥群。三座平均高度 300 米以上的天然石拱桥呈纵向排列，大自然的鬼斧神工而成，其规模宏大、气势磅礴，在不足 1.2 千米的范围内平行横跨在羊水河峡谷之上，将两岸山体连在一起。三座天然石拱桥之间有青龙天坑、神鹰天坑两个天坑，形成了“三桥夹两坑”的世界奇特景观。

龙水峡地缝（Longshui Gorge Ground Fissure）

地质奇观——武隆地缝。武隆地缝风景区位于武隆区仙女山镇境内，距县城 15 千米。它是几千万年前造山运动而形成，属典型的喀斯特地貌景观，峡谷长 5 千米，谷深 200~500 米，其规模宏大，气势磅礴，峡谷具有雄、险、峻、秀等特点。景区内的高山、峻岭、峡谷、流水共同构成一幅完美的山水画卷。武隆地缝由入口地缝、中途穿洞、出口地峡三段组成。峡谷两边悬崖千仞、岩壁绝险、植被茂密，地缝极其狭窄，有的仅可通人，仰头望天，一线天光；地峡中溪水长流，泉瀑飞溅，幽幻无穷；穿洞洞体宏大，钟乳密布，中有地下湖泊。武隆地缝是一处较好的生态旅游和探险旅游风景区。

天生三桥全景图（Panorama of Natural Three Bridges）

万盛 WANSHENG

万盛经济技术开发区位于重庆南部、渝黔交界，面积566平方千米，是重庆主城都市区重要支点城市，是渝南黔北地区独有的经济技术开发区。万盛是一座移民城市、一座转型城市、一座工业城市、一座旅游城市、一座运动城市。

万盛旅游自20世纪90年代初起步，经历了景点旅游、景点旅游+度假区旅游、全域旅游三个阶段，经过近30年不懈探索，旅游已经成为万盛资源型城市高质量转型发展的支柱产业和战略方向。万盛生态旅游、体育旅游、乡村旅游、城市旅游四大产品类型齐备，拥有22个景区景点：

黑山谷——全国独有的创建了生态养生景区地方标准的5A级景区；万盛石林——中国极古老的石林，以奇石俊峰闻名天下；梦幻奥陶纪——全球独树一帜的原创悬崖景区；重庆巅峰乐园——国内首家集陆上运动、水中运动、空中运动三位一体的理念打造的高端运动主题乐园。万盛还拥有国家湿地公园青山湖、国家森林公园九锅箐、亲子乐园丛林菌谷、水上世界板辽金沙滩、醉美乡愁尚古村落、生态渔村凉风梦乡村、文化发源地万盛老街、购物天堂国能奥特莱斯等不同类型景区。

万盛全域一元公交、A级厕所、景区直达专线、公共自行车、旅游交通广播、旅游免费Wi-Fi等旅游配套设施完善；星级酒店、精品民宿等接待设施完备；鱼子岗土黄鳝、八零一田螺、麒麟坝蹄花等特色美食丰富；茶叶、夜郎贡米、堡堂面、猕猴桃等特色农产品享誉全国。

万盛一直在向前奔跑，未来的万盛，将会是一座幸福之城、一座活力之城、一座近悦远来的世界旅游目的地城市。

山水之城，美丽之地！

全域旅游，活力万盛！

万盛石林（Wansheng Stone Forest）

世界苗乡地　非遗娇阿依

阿依河景区 AYI RIVER SCENIC AREA

阿依河景区地处重庆市彭水苗族土家族自治县，苗家人把能带来幸福、安康的女子称为“娇阿依”，阿依河因此得名。

景区融山、水、林、泉、峡于一体，集雄、奇、险、秀、幽于一身，分为3个观光游览区（峡谷观光区、步游观光区、竹筏观光区）、2个休闲度假区（接待中心民族风情休闲度假区、牛角寨民族风情休闲度假区）、2个体验区（漂流体验区、户外体验区）、1个激情漂流区、1个特色商品服务区、1个溶洞探险区。

对外开放的游览项目有8个：峡谷听音、竹筏放歌、碧潭戏水、浪遏飞舟、情定苗寨、天梯、青龙洞、青龙谷。徒步穿行，可观奇花异草、古藤老树；荡舟江上，可享激流险滩、惊涛碧浪；夜宿山寨，可品苗家美味、体验民族风情，是休闲观光、民俗体验、户外攀岩及水上运动的首选之地。

青龙谷—青龙潭（Qinglong Valley Qinglong Lake）

青龙天梯（Green Dragon ladder）

阿依河景区先后荣获“全国民族文化旅游新兴十大品牌”“中国之美十大自驾黄金线路”“中国旅游品牌总评榜·年度极具魅力景区品牌”“影响重庆旅游发展贡献奖·十大景区”“巴渝新十二景”“平安示范景区”“全国十佳生态旅游示范景区”“全国十佳文化生态景区”“研学教育营地”等殊荣，被重庆市旅游局评为“清凉胜地”“消费者值得信赖品牌景区”“诚信景区”“我极喜爱的重庆景区”“醉美重庆·年度极受欢迎景区”。2020年1月7日被文化和旅游部确定为“国家5A级旅游景区”。

四川

SICHUAN

四川美景数不胜数。但在炎热漫长的夏季，更让人向往的是清凉、人少、小众一些的地方。旅游度假区的建设满足了人们休闲度假生活的需要。

天府青城康养休闲旅游度假环境幽美、气候宜人，历来是国内外游客消夏避暑和康体养生的旅游休闲度假首选地。

蜀南竹海是世界罕见、中国唯一的集竹景、山水、湖泊、瀑布、古庙于一身，同时兼有历史悠久的人文景观的竹文化、竹生态休闲度假旅游目的地。

邛海国家级旅游度假区不仅水产丰富，而且风光十分美丽。邛海之美，美在天然，美在辽阔，美在恬静，美在清澈。

成都天府青城康养休闲旅游度假区

CHENGDU TIANFU QINGCHENG HEAITH CARE LEISURE TOURISM RESORT

四川省成都天府青城康养休闲旅游度假区（原名大青城旅游度假区）位于都江堰市西南部，面积约 33 平方千米，东以成都经济区环线高速公路为界，南以彭青路为边，西以都江堰青城山风景名胜区为侧，北以中兴、玉堂镇界为端。属于四川盆地中亚热带湿润气候区，气候四季分明、温和宜人。年均降水量近 1200 毫米，年均无霜期 280 天。夏无酷暑，冬无严寒，年均气温 16.2℃，非常适宜休闲度假。旅游度假区以世界文化遗产青城山—都江堰、世界自然遗产大熊猫栖息地、都江堰世界灌溉工程遗产为依托，以优

旅游锦囊 Travel Tips

交通

度假区距成都仅 40 千米，距双流国际机场 68 千米，距在建的天府国际机场 80 千米，“三高”（成灌高速、都汶高速、成都经济区环线高速公路）“三轨”[成灌高铁（公交化运营，与成都地铁 2 号线同台换乘）、市域快轨 S9 号线（连接天府国际机场、双流国际机场和都江堰）、M-TR 旅游客运专线]“五环七射”内外交通通达一体，5 分钟直达成灌高速，半小时直达成都主城区，50 分钟直达双流机场，已形成连接四川、辐射全国、通达全球的立体交通网络。

娱乐活动

虹口漂流：被国家体育总局水上运动中心授予“西部第一漂”称号的虹口漂流全程可漂河段 24.2 千米，由急而陡，多处落差 1 米，融观景避暑、运动休闲为一体，并被指定为国家激流皮划艇训练基地。

青城山高尔夫：青城山高尔夫俱乐部坐落于青城山。有金标赛级的国际标准 18 洞 72 杆球场，在此处挥杆能领悟崇尚自然的道教文化与高尔夫文化的相通之处。

温泉养生：“冬日泡温泉到都江堰”，温泉旅游节让更多的游客领略到养生的真谛，感受到生命的精彩，体会到生活的幸福。青城山道温泉是大自然对都江堰市的恩赐，是道文化与水文化相互浸润的结果。

见山别院（Mountain Other hospitals）

低头闻虫声，推窗见月明。见山别院，坐落青城山脚下。蒙受青城之福泽，清新的空气，高浓度的负氧离子，怀抱青山绿水。好不快哉！一山一水皆灵动，一花一木皆有情！走进“见山”，生活便成了一首诗……院子里有一方水池，种满了各种绿植，水池上用木柱架起一个小方亭，加上席垫，搭上几许轻纱帷幔，可以安坐或者浅眠发呆，慢慢遗忘时光。

地址：都江堰市青城山镇青景社区 12 组大三路 224 号。

美的山地风光和川西田园风光为特色，以道家养生文化为主题，融康养、运动、娱乐、休闲、商务等为一体的综合性、复合型旅游度假区。区域内环境幽美、气候宜人，历来是国内外游客消夏避暑和康体养生的旅游休闲度假首选地。

推荐景点 Scenic Areas

青城山（Mount Qingcheng）

位于都江堰市西南，距都江堰市区 16 千米，自古即以“幽甲天下”著称于世的青城山是中国道教发祥地，天师道的祖山祖庭，凝聚了中国道教文化的精髓，是首批国家级重点风景名胜区，2000 年被列为世界文化遗产，首批国家 5A 级旅游景区。青城山背靠岷山雪岭，面向川西平原，诸峰环峙，状若城郭；林深树密，四季常绿；丹梯千级，曲径通幽。青城山空翠四合，峰峦、溪谷、宫观皆隐于繁茂苍翠的林木之中。

都江堰（Dujiang Dam）

都江堰是中华民族文明史上与长城比肩的伟大工程，位于成都平原的岷江中上游的接合部上。公元前 256 年，秦国蜀郡太守李冰率众修建了这一伟大工程，是全世界至今为止年代最久、唯一留存以无坝引水为特征的宏大水利工程。

都江堰（Dujiang Dam）

湔江河谷新貌（New appearance of Jianjiang River Valley）

彭州 PENGZHOU

彭州位于成都平原西北部，距成都主城区 25 千米，位于四川省成德绵经济圈和成都半小时经济圈内，自然格局“六山一水三分坝”，高山、河谷、丘陵、平原地貌兼具，面积 1421 平方千米，人口 81 万。

彭州资源禀赋得天独厚，拥有大熊猫国家公园、龙门山国家地质公园等 5 个国家资源品牌，以及 3 个国家 4A 级旅游景区、2 个省级旅游度假区。在这里，你可以领略 U 形河谷、高山云海、峡谷飞瀑、修竹林海等秀丽风光，感受飞来峰、溶洞群等自然奇观，探寻大熊猫、川金丝猴、珙桐、高山杜鹃等神奇物种。

彭州外览山水之优，内得人文之胜。在 3000 多年前西周时期即有彭人在此生息繁衍，之后立业兴国，建都瞿上。古蜀文化、宗教文化、牡丹文化、陶瓷文化赋予了彭州独特魅力，拥有非物质文化遗产 73 项和全国极大的金银器窖藏，是中国曲艺名城和川剧艺术之乡。

龙门山水孕育古蜀之源，湔江河谷辉映牡丹之城。彭州以打造“城在山水畔、人在公园间”的立体山水画卷为发展目标，依托龙门山湔江河谷生态旅游区全力打造世界山地生态旅游品牌。提出“以民宿点亮乡村，用艺术对话世界”的民宿集群发展构想，通过“小”民宿发展乡村“大”产业，着力打造 18.7 平方千米的“龙门山 · 柒村”民宿产业园，带动龙门山民宿产业走向高端发展。计划在 5 年内建设 100 家精品民宿，形成“东有莫干山，西有龙门山”的新格局。目前，已引进浮云牧场、耳隐、大乐之野等高端民宿 23 家，建成无所事事、蟠龙小院、若溪乡情等精品民宿 8 家，创立全国首家民宿学院，颁发了全国首张民宿产业集体商服用地不动产登记证书。

2020 年，彭州市共有 13 个总投资 124 亿元的文旅产业重大项目，相信明天的彭州会有更多的美好发生，天府金彭欢迎你！

国家 4A 级旅游景区——天府国际慢城景区
(National 4A tourist attraction Tianfu international slow city scenic spot)

崇州 CHONGZHOU

“海内存知己，天涯若比邻”，这是唐朝诗人王勃《送杜少府之任蜀州》一诗中唱出的千古名句。蜀州即今天的崇州，自汉高祖元年建县以来，已有 2200 多年的历史。是中国优秀旅游城市、中国人居环境范例城市、国家生态示范区、四川省全域旅游示范区、四川省旅游强县、四川省县域经济发展强县。

崇州市位于四川成都平原西部，距成都市中心城区 25 千米，离双流国际机场 30 千米。境内有鸡冠山国家森林公园、全国重点文物保护单位罨画池博物馆、距今 4300 年历史与三星堆遗址时代相同的紫竹古城遗址、双河古城遗址以及国家 4A 级旅游景区街子古镇、元通古镇、天府国际慢城、竹艺村等丰富的古迹和旅游资源。“四山一水五分田”的布局，滋养了王勃、杜甫、陆游等文人墨客的璀璨诗篇；浓缩了雪山、湿地、草甸等多种地貌；孕育出森林、温泉、大熊猫、古镇等多样风情。崇州是一座如诗如画、如梦如幻的文化之城、生态之城、活力之城。

旅游咨询电话：028-82272257

官方公众号二维码：

三元塔（Sanyuan Tower）

市中区 SHIZHONG DISTRICT

内江市市中区古称“汉安”，距今已有2000多年郡县历史。悠久、厚重的历史底蕴，孕育了内江市市中区浓郁多彩的特色文化，令诗仙李白游历于此，也不禁留下“青山横北郭，白水绕东城”的千古佳句。书画文化、糖业文化、状元文化、巴蜀古驿道等传统文化源远流长，涌现了世界国画大师张大千、著名国画大师晏济元、大将军喻培伦、巴蜀鬼才魏明伦等一批杰出的中华英才；拥有三元塔、张大千、钟鼓楼三个独特的文化IP；拥有翔龙山摩崖造像、圣水寺、三元塔、曾家大院、钟鼓楼等一批国家、省级历史文化瑰宝，拥有甜城蜜饯、黄氏吹糖人等一批非物质文化遗产，拥有黄河湖国家级水利风景区、尚腾新村全国运动休闲小镇、黄鹤湖国家垂钓基地等一系列国家品牌，成功创建黄鹤湖旅游区、乐贤半岛旅游区2个国家4A级旅游景区。依托丰富文旅资源，创建有黄鹤湖国家4A级旅游景区农文旅体验游、乐贤半岛国家4A级旅游景区休闲度假游、寿溪河生态乡村游三条特色旅游线路。

市中区区位优势明显，是内江市政治、经济、商贸、文化中心，是四川省仅次于成都的第二大交通枢纽，是西南地区重要的物资集散地，是川南高铁中心，路网发达，区位优势突出，现已全面融入成渝“半小时经济圈”，正以高速发展的新姿态拥抱新时代！

仪陇 YILONG

仪陇县位于川北低山与川中丘陵过渡地带，是老一辈无产阶级革命家朱德元帅和为人民服务光辉典范张思德同志的故乡，是川陕革命根据地的重要组成部分。仪陇境内居住着30万客家后裔，被誉为“川东北客家名县”。发源于此的国家非物质文化遗产——川北大木偶“熊猫队长”在平昌冬奥会闭幕式上惊艳世界。以剪纸、书法、篆刻为代表的“三乡文化”日益繁荣，1998年和2008年两次被命名为“中国民间文化艺术之乡”。

仪陇坚持把发展文旅产业作为推动县域经济发展的新引擎，依托丰富的文化资源和独特的生态自然资源，大力发展文旅经济。目前，县域内有国家5A级旅游景区一个，国家3A级旅游景区四个，国家2A级旅游景区一个。

国家5A级旅游景区朱德故里位于四川省南充市仪陇县马鞍镇，是全国100个红色旅游经典景区、全国30条红色旅游精品线路之一。总体规划面积52.5平方千米，核心景区5.6平方千米。内辖5个村（社区），人口5385人，有耕地2641亩，植被覆盖率92.6%，是一个与村民共生共融的开放式、原生态景区。

安溪潮（Anxichao Village）

景区有全国重点文物保护单位3处，省级文物保护单位10余处。朱德故居纪念园是全国爱国主义教育示范基地、全国中小学爱国主义教育基地、国家国防教育基地、全国廉政教育基地，是国家5A级旅游景区、全国红色文化旅游精品景区、全国重点红色旅游区、全国30条红色旅游精品线路重要节点。2016年被评为全国“我极向往的党史教育纪念地”、全国首批“景区带村”旅游扶贫示范项目、全国旅游系统先进集体。

状若五星的琳琅山、形似官帽的轿顶山、酷似党徽的锤镰石、宛如青龙偃月刀的关刀山、貌似中国地形图的感恩池与农耕文化、客家文化、“三乡”文化、红色文化共同构成多彩斑斓的壮丽画卷，是人们陶冶情操、休闲度假的旅游胜地。

朱德铜像纪念园、德园、金栗书岩、张思德纪念馆、丁氏庄园、安溪潮等特色景区也吸引着无数游客竞相前往参观游玩。此外，素有“小三峡”之称的柏杨湖、佛光普照的立山寨、仙雾环绕的魏家山、文韵深厚的离堆公园，共同点缀了仪陇醉美丘陵县的宏伟画卷。

巴山大峡谷（Bashan Grand Canyon）

巴山大峡谷景区 BASHAN GRAND CANYON

巴山大峡谷景区位于四川省达州市宣汉县东北，是国家 4A 级旅游景区，是大巴山国家地质公园、省级自然保护区、天然褶皱造型博物馆、崖柏保护地、四川十大红叶旅游目的地、古巴人文化的富集地、国家非物质文化遗产土家薅草锣鼓衍生地。景区规划面积达到 575.13 平方千米，森林覆盖率 80% 以上，负氧离子丰富。景区海拔从极低处的 452 米到极高处罗盘顶的 2480 米，高差达到 2000 米，形成一山有四季，十里不同天的景象。大自然的鬼斧神工把山、水、洞融为一体，浓墨重彩地将 500 多平方千米的巨型画卷展示于天地间，有“不是三峡，胜似三峡”的美誉。

景区由桃溪谷休闲体验区、罗盘顶养生养心区、巴人谷民俗休闲区、溪口湖生态观光区四大板块组成，分别体现亿年、千年、百年、当下四种特色。景区现有野生动物品种繁多，更是植物资源“宝库”。

景区内奇峰怪石、褶皱断层、急流飞瀑、峡谷幽云目不暇接，亿万年的流水塑造了秀丽的岩溶山水。景区内自然景点有：大象洞、桃溪谷、画架沟、茶仙坝、悬崖栈道、杜鹃公园等；人文景观有：灵官庙、状元楼、巴人山寨等；经营项目有:《梦回巴国》演艺、巴部落亲子乐园、巴人山寨露营地、泉水漂流、狩猎场、滑雪场等。

巴山蜀水任我行，天高地阔峡客情。巴山大峡谷欢迎你！

安岳 ANYUE

文旅安岳＿今日头条

文旅安岳微信公众号二维码

安岳古称“普州”，北周建德四年（575）设州置县，宋代即与“三苏故里”眉山齐名称“东普西眉”。安岳区位优越，坐落于成渝经济区腹心地带，也是成渝两地直线相连的中心之点，有着“成渝之心”的美誉。安岳面积2700平方千米，辖46个乡镇（街道），总人口158万，是四川人口大县。这里土质肥沃、资源丰富、气候宜人、自然生态环境优越，沱江、涪江分水岭从西北向东南贯穿全境，天蓝、地绿、水净，是宜居宜旅的生态之城，安岳也由此获得了“中国绿色名县”“西部生态环境友好县”“四川省旅游强县”等殊荣。

来到安岳，放眼那一片片柠檬海洋。安岳拥有50余万亩柠檬果园，收获着中国80%的柠檬产量，同时出口至全球30多个国家和地区，是“世界五大柠檬产区”之一，是名副其实的“中国柠檬之乡”。

来到安岳，回味那“古、多、精、美”的安岳石刻。10万余尊唐宋摩崖造像（包含10个全国重点文物保护单位）或体态丰满、雍容华贵，或精细华美、璎珞盖身，题材丰富，技艺精绝，蔚为壮观，世间罕见，蜚声国内外，安岳也因此被文化和旅游部命名为“中国民间文化艺术之乡（石刻）”。

来到安岳，回味那“钟灵毓秀、文韵深厚”。这一方沃土，滋养了韩国普州太后许黄玉、普州刺史程咬金、苦吟诗人贾岛、北宋理学鼻祖陈抟、南宋大数学家秦九韶、川中名士陈泽霈等大批志士名人，让这里星光熠熠，璀璨神州大地。

来到安岳，徜徉在那“田园如诗”的至美画境。在宝森柠檬小镇，泛舟湖心、夜赏灯会，享受生态健康的欢快时光；在悦缘花谷，悠然漫步，在层层叠叠的醉人花海中，感受姹紫嫣红的世间美好；在青莲谷，感受微微荷风、菡萏清香，沉醉在那“接天莲叶无穷碧”的诗意世界……

来到安岳，品尝那一道道“鲜绝滋味”。柠檬宴、伤心凉粉、安岳坛子肉、安岳米卷、安岳无名烧鸡……丰富多彩的玉食珍馐，让来客感受千变万化的舌尖体验。

赏千年石刻，闻百年柠香。

大美安岳，欢迎你的到来！

华严洞（Huayan cave）

凉山邛海旅游度假区

LIANGSHAN QIONGHAI TOURIST RESORT

邛海因2000多年前有一支“邛都夷”的部落在其沿岸繁衍生息而得名，不仅水产丰富，而且风光十分美丽。邛海之美，美在天然，美在辽阔，美在恬静，美在清澈。

邛海，位于四川省凉山彝族自治州西昌市，邛海是四川省第二大淡水湖，古称邛池，属更新世早期断陷湖。其形状如蜗牛，南北长11.5千米，东西宽5.5千米，周长35千米，水域面积30平方千米左右。

在水系上，属长江干流金沙江支流雅砻江支流安宁河，湖水排泄入安宁河。是西昌市区工农业及城镇生活用水水源。也是重要的旅游资源。2002年5月，四川邛海—螺髻山风景名胜区被公布为第四批国家级风景名胜区。

邛海不仅景色秀美，湖畔还有邛海公园、观鸟岛湿地公园、邛海宾馆、新沙滩渔村、莲池、月亮湾、阳光度假村、萝莎玫瑰园、天下第一缸、青龙寺、老海亭遗址、核桃村观赏园和省体委水上运动学校等景点。

旅游锦囊

Travel Tips

节庆活动

开海节

邛海渔业史可追溯到2000年前。邛海沿岸的大小渔村等地仍保留着近百艘渔船以及水上船俗文化和渔家文化。这里的人们以捕鱼为生，渔家风俗以及在渔船上举行祭祀活动代代相传。“开海节”复原了百年前邛海渔家出海祭祀祈福的景象，表达了渔民祈求鱼虾满仓、出海平安的美好愿望。为保护邛海水产资源，杜绝无序猎捕，每年春季，邛海都要实行数月之久的禁渔期，以促进渔业可持续发展。因此，开海节一般在禁渔期过后举办，作为西昌火把节期间重点打造的节庆活动之一。

开海节一般包括：渔家风情表演、祭祀游行、祭海大典、祈福开海、欢庆丰收、游客体验、渔家美食七个板块，向游客展示西昌邛海渔家文化，再现环邛海地区渔民独特的风情。

火把节

是彝族最隆重盛大的传统节日，每年农历六月二十四至二十七，彝族各村寨都要举行隆重的祭祀活动，祭天地、祭火、祭祖先、驱除邪恶，祈求六畜兴旺、五谷丰登，体现了彝族人民尊重自然规律，追求幸福生活的美好愿望。2006年起，西昌市每年都要举办“西昌凉山彝族国际火把节”。成为西昌邛海旅游的不可或缺的文化元素。

推荐景点 Scenic Areas

螺髻山（Luoji Mountain）

螺髻山，地跨普格、西昌、德昌两县一市。彝语称安哈波，意为五百里山峰和五指山峰，因其主峰高耸入云，直插九霄，形似青螺，宛若玉髻而得其美名——螺髻山。据《西昌县志》记载："大螺髻山，穹窿崔嵬，拔地千霄，共水绵绵迤逦如长虹，亘一百七十余里。"1986 年被四川省人民政府列为第一批省级风景名胜区，2002 年被评为国家级风景名胜区。

观海湾特色小镇（Guanhai Bay Characteristic Town）

观海湾特色小镇，坐落在海南乡缸窑村，是传说中邛海黄龙栖息之地，自古西昌"龙脉"之所在，也是历来烧制缸瓦作坊的会集地。建有几家颇有风情的小客栈，错落有致、依山而建，掩映在绿树鲜花之间。还有以"龙"为母缸，"福、禄、寿、喜、财"为子缸的"天下第一缸"文化景观。观海湾是融休闲、度假、观光、体验为一体的概念式旅游经典景点。

观鸟岛湿地公园（Bird-watching Island Wetland Park）

观鸟岛湿地公园，位于邛海西岸北端、观海路东侧，北连小海，南接邛海宾馆的钓鱼台和映月潭，形成了 2100 米的海岸线湿地，规模宏阔，气象葳蕤。是依托邛海鸟类繁多的天然优势资源而专门设置的一个湿地公园，供大众游憩的绿色空间。公园里林荫草坪、天然湿地和浅水塘湾，环境非常幽雅。看群鸟飞翔，品人间美景，让你尽情领略春天栖息的城市魅力，从而提高保护邛海、爱护自然、保持生态的意识。整个观鸟岛湿地公园设计的主题是"自然、生态、和谐"。这里有邛海之门的"海门"桥，有"守望美好"的老渔翁雕塑，还有喻义深刻的"生命"石刻雕塑。

小渔村（Small Fishing Village）

小渔村，位于邛海北岸，三面环水，景区总面积 12 万多平方米。该景点集中展现了朴实自然的渔家风情，呈现一派江南水乡建筑风格，同时融入现代时尚自然人文景观。这是一处融农家休闲、渔家特色餐饮、生态娱乐活动为一体的旅游景点。

西昌 XICHANG

七彩西昌 · 阳光水城

西昌，全国极大彝族聚居区——凉山彝族自治州首府，终年阳光明媚，四季清风朗月，是阳光度假旅游的天堂、中国旅游极令人向往的地方。

西昌是春天栖息的城市，邛海一碧万顷，湿地星罗棋布，森林连绵起伏，年均气温 18℃，海拔 1500 米，森林覆盖率 85%。温润的气候，充沛的阳光，造就了四季如春的独特气候，是阳光度假旅游绝佳目的地。

这是全球独有的能够玩火的城市，拥有世界文化瑰宝——彝族火把节、全球极大飞播林区、全球极大暗物质实验基地、全球独有的奴隶社会博物馆、全国极大城市湿地、全国十大醉美古城，航天城美誉驰名中外。2020 年又荣获首批天府旅游名县、四川县域经济强县称号。

西昌是全国县域经济百强县，也是全国首批国家旅游度假区，拥有 3A 级以上景区 10 个。近年来，荣获中国优秀旅游城市、国家湿地公园、国家生态旅游示范区、国家湿地旅游示范基地、国家生态文明示范市、国家卫生城市、中国十佳魅力城市、中国花木之乡等国家品牌 74 项。

泸山光福寺（Guangfu temple, Lushan）

鸟瞰邛池（Bird's eye view of Qiongchi Lake）

甘洛 GANLUO

秘境甘洛　魅力之旅

甘洛，地处大凉山北部，小相岭东麓，素有“凉山北大门”之称。境内雨量适中，风清气爽，气候宜人；重峦叠嶂，沟壑纵横；自然风光雄奇壮美，名胜古迹声名远播，民族风情绚丽多彩，具有自然人文并茂生辉的旅游资源禀赋。

自然旅游资源浑然天成

甘洛自然旅游资源富集，资源品位较高。有世界极深峡谷——国家地质公园大渡河大峡谷；有省级自然保护区马鞍山；有茶马古道上的大唐清溪关，有在彝区久负盛名的彝族神山吉日波、鬼山德布洛莫等，是开发生态旅游、观光旅游、探险旅游不可多得的山体资源；瀑布沟电站的建成，更是在大渡河上形成了“高峡出平湖”的70千米山水画廊。

人文旅游资源积淀厚重

甘洛长期以来一直处于民族核心文化的边缘——远离中原文化，大山的阻隔又弱化了彝藏文化的内聚力，突显出“三里不同俗、五里不同风”的民俗文化，形成了多元交融的民俗文化、多姿多彩的民族风情。这里有区别于大凉山彝族风情、具有独特性的大桥彝族风情；有全国独有的彝族土司文化博物馆；有被联合国教科文组织列入濒危文化，进行重点研究和保护的藏族尔苏文化资源；有附着在茶马古道之上的丝路古风、古韵和红色旅游文化资源等等。

具有凉山其他县不可比拟的区位优势、交通优势

从全省的旅游区位来看，甘洛处于成（都）－乐（山）－雅（安）旅游环线和攀西旅游环线的交汇点上，向北可融入成乐、成雅环线，向南可融入攀西环线。从边缘旅游经济和中心旅游城市理论层面上看，有州内其他县市不可比拟的三大交通优势：一是距省会成都极近；二是距峨眉、乐山等成熟的旅游区极近；三是公路、铁路通畅，交通极便捷。

甘洛，文化旅游资源的聚宝盆。

甘洛，文化旅游开发的处女地。

甘洛，正展开双臂，期待你的拥抱！

甘洛，正敞开灵动，欢迎你来旅游！

牛角海（Niujiaohai）

贵州
GUIZHOU

八山一水一分田，旖旎风光在贵州。

我们时常憧憬大山中的生活，这边唱来那边和。我们觉得那是最接近大自然的生活方式。

贵州或许没有网红城市那般的热闹喧嚣，而度假不就是要远离大都市，走近大山大河，看看那些在山水孕育下的人们是多么的可爱。

梵净山—太平河旅游度假区以太平河为主线，串联着十个风景游览区域，有“一链十珠”之称。太平河以自然、清澈、豪迈、秀美的姿态，被游客誉为“中国第一佳景矿泉水漂流胜地”。

荔波被誉为地球上的绿宝石，以绮丽多姿的真山真水为特色，以优美的田园风光和浓郁的民族风情为补充，神秘奇特，是开展观光、探险和科普等各种活动的好去处。

赤水风景名胜区是国家级风景名胜区，素有“千瀑之市”“丹霞之冠”“竹子之乡”“桫椤王国”的美誉。

贵州，一个适合度假的地方。

遵义赤水河谷旅游度假区

ZUNYI CHISHUI VALLEY TOURIST RESORT

2018 年 1 月 5 日，遵义市赤水河谷旅游度假区成功创建国家级旅游度假区。赤水河谷旅游度假区将以旅游带动区域经济、文化、产业等多方面发展，并不断完善和打造成含休闲、娱乐、康养、户外体验等度假胜地。赤水河谷旅游度假区位于遵义市西北部，地理位置优越，交通便利。从遵义市区自驾只需两个小时左右，乘客车需 3 个多小时。

旅游锦囊 Travel Tips

推荐美食

特色麻辣豆腐烤鱼、丙安豆腐干、凉糕、苕丝糖、蒸笼鲊、红苕丸子、苕汤圆、猪儿粑、桶桶烧。

推荐活动

骑行

赤水河谷公路全长 160 余千米，与赤水河完美融合，沿着赤水河谷旅游公路一路骑行（徒步），瞭望那些过往的硝烟，找寻那段峥嵘岁月的遗迹，感受赤水河谷的奇妙与不可思议，追忆革命先烈的奇兵神勇。160 余千米，是一个数字，一条延绵的红路，更是一段凝心聚力的历程。沿途共设置 12 个驿站、8 个服务站及若干观景台和休憩点。

仁怀茅台国际大酒店（Renhuai Maotai International Hotel）

仁怀茅台国际大酒店位于遵义仁怀市茅台镇河滨大道，出行便利。这里是贵州茅台酒股份有限公司投资兴建的一座中式建筑风格的星级商务休闲酒店，总占地面积 10 万平方米，建筑面积 66000 平方米。酒店有客房百余间（套），餐位数 1000 多个，是集住房、餐饮、会议、康体、娱乐为一体的综合性酒店。

地址：仁怀茅台镇河滨大道，茅台镇境内。

推荐景点 Scenic Areas

赤水大瀑布风景区（Chishui Falls Scenic Area）

赤水大瀑布风景区拥有十丈洞大瀑布、中洞瀑布、奇兵古道、转石奇观、香溪湖、百亩茶花、石笋峰、亿年灵芝、会水寺摩崖造像、红军标语等自然人文景观。十丈洞大瀑布高 76 米，宽 80 米，是我国丹霞地貌上最大的瀑布，也是我国长江流域上最大的瀑布。附近还有中洞瀑布、蟠龙瀑布群、两河口瀑布、鸡飞崖瀑布、香溪湖、石笋峰、灵芝石、百亩茶花林和大片的杜鹃林、桫椤林等景观相呼应。景区内道路曲折回环，浓荫蔽日，还有观瀑台、浪琴湾、飞虹桥、疑无路、三圣殿、仙舞台、暗瀑石等景点构成一个天然的瀑布公园。瀑水从悬崖绝壁上倾泻而下，似万马奔腾，气势磅礴，几里之外声如雷鸣，数百米内水雾弥漫，阳光照射之下，呈现五彩缤纷的彩虹，偶尔还能看到奇妙的“佛光环”，随行人移动，一人一环，美不胜收。瀑布周围树木繁茂，四季葱茏。

四洞沟风景区（Sidonggou Scenic Area）

四洞沟风景区是以大同四洞沟瀑布群及其附近的天生桥、渡仙桥、清代节孝石坊为主，包括两岔河、华平瀑布、大水沟瀑布、石鼎山奇石、方碑云海、大同竹溪、大同古镇等景观。被誉为：“万竹之园，小家碧玉，没有败笔的景区。”

四洞沟原名闽溪，因溪中四级瀑布，瀑后确穴而称通，后俗称为四洞沟。离赤水城17千米，距大同镇5千米，在景区4千米的河道上，平均分布4幅情神各异的瀑布，两旁沟谷近20个山涧流泉，飞珠展玉，河谷万竹拥溪，奇石峰俊，奇花异草，形成一个仪态万千的瀑布群落。

燕子岩风景区（Yanziyan Scenic Area）

燕子岩风景区目前划出可开发建设以供旅游观赏的面积仅限于5平方千米，园内森林覆盖率为100%，以热带阔叶原始森林为主，种类繁多的木本植物、草本植物、苔藓植物、藤蔓植物和竹类植物在这里生长、生机勃勃。在燕子岩南园里面，亿万年前的珍稀孑遗植物，“活化石”桫椤，在这里集中分布，郁郁葱葱，而且植株高大粗壮，奇异多姿；“夫妻并蒂”桫椤，三叉桫椤、双叉桫椤、恐龙形桫椤、孪生姐妹桫椤等畸异桫椤在这里随处可见。因此，许多专家、游人将南园誉为“桫椤王国”。

佛光岩风景区（Foguangyan Scenic Area）

佛光岩风景区位于贵州省赤水市元厚镇，距城区44千米，东南距元厚红军渡8千米。世界自然遗产地。

景区地处大娄山与北麓贵州高原向四川盆地急剧沉降地段，谷深坡陡、溪河纵横、切割深度在500~1300米，山峰多在1200米以上，断岩嶂谷，高度悬殊。出露地层全是侏罗纪、白垩纪河湖相红色沉积岩。这种特殊的地貌在差异风化、重力崩塌、风雨侵溶等物理生化综合作用下，形成宝塔状、城堡状、针状、柱状、棒状、方山状、峰林状等无数奇异的丹霞地貌景观，丹岩绝壁、奇峰异石、崖廓岩穴比比皆是、多不胜数，大地山崖呈现出红艳艳的赤红色彩。是我国丹霞地貌面积最大、出露最齐、特色最典型的景区。

花间阡陌　山水归程

百里杜鹃 HUNDRED MILE AZALEA FOREST

百里杜鹃位于贵州西北部，毕节市中部，总面积 700 余平方千米，享有“地球彩带、杜鹃王国、养身福地、清凉世界”之美誉。是国家 5A 级旅游景区、国家生态旅游示范区、世界独有的杜鹃花国家森林公园、国家风景名胜区、国家自然保护区；是全国低碳旅游实验区、亚洲 · 大中华区十大自然原生态旅游景区、世界上极大的天然花园；是中国春观花、夏避暑、秋休闲、冬康养的生态旅游胜地。

百里杜鹃景观盛。区内分布大小景点 40 余处，已开发的有百里杜鹃普底、金坡两个核心花区，奢香军营山地旅游景区，彝山花谷景区，米底河景区，千年紫薇园景区，花田酒肆景区，杜鹃花王景区，红军黄家坝阻击战遗址，千年一吻，千年古银杏群等。

百里杜鹃避暑爽。百里杜鹃冬无严寒、夏无酷暑，有“养生福地、清凉世界”之美誉。

百里杜鹃民俗魅。区内生活着汉、彝、苗、白、满、布依等众多民族。多民族聚居、世代繁衍生息，在这块古老神秘的土地上创造了丰富多彩、特色鲜明的民族文化。每年有彝族火把节、祭花节、彝族年、苗族花坡节、满族颁金节等传统节日。彝族的舞蹈《撮泰吉》、苗族的高架芦笙舞等别具特色，彰显着民族民间文化的无穷魅力，吸引不少文化研究专家和成千上万游客慕名前来。每年相约春天的“贵州 · 百里杜鹃国际杜鹃花节”规模盛大、丰富多彩，是国内十大品牌节庆之一，已成为国内外媒体关注的旅游和文化热点以及文化交流的平台。

百里杜鹃湖（Baili Azalea Lake）

百里杜鹃（Hundred mile Azalea Forest）

百里杜鹃游之捷。百里杜鹃距毕节飞雄机场 40 千米，经杭瑞高速直达飞雄机场，目前已开通飞往北京、上海、广州、重庆、贵阳、昆明、深圳等 20 多条航线，其他省际航线将陆续开通。杭瑞高速、黔大高速、成贵高铁穿境而过，交通区位优势凸显，进出百里杜鹃快捷方便。

贞丰 ZHENFENG

贞丰县位于贵州省西南部，面积 1511.9 平方千米，辖3乡9镇5街道，168个村（居、社区），全县总人口 42 万人，居住着汉、苗、回、布依、仡佬等 25 个民族，少数民族人口占总人口数的 49%。是国家扶贫开发工作重点县，属左右江革命老区。2016 年成为贵州省首个民族文化旅游扶贫试验区。2020 年 3 月 3 日，经贵州省人民政府公告，同意贞丰县退出贫困县序列，贞丰县成功实现“脱贫摘帽”目标，彻底撕掉千百年来绝对贫困的标签。

区位优势明显。贞丰距省会贵阳 254 千米、州府兴义 112 千米、云南昆明 488 千米、广西南宁 340 千米，县内有惠兴高速公路、关兴高等级公路以及 G354、S210、S309 等国省干道，有北盘江水运高等级通道及白层港口，有全省率先获批并即将启动建设的双乳峰通用航空机场，有已纳入国家和省“十三五”规划、并即将启动建设的贵阳经贞丰至兴义客专铁路。

山水风光秀丽。贞丰是中国西部旅游线上一颗璀璨的明珠，是游人“踏花归去马蹄香”的天然乐园。被世人誉为“地质绝品 · 天下奇观”的双乳峰蜚声海内外；碧水丹枫三岔河让人鉴赏“湖是一张画，画是一湾湖”的水墨写意；莽莽苍苍的龙头大山令人神往；千姿百态的北盘江大峡谷，有着长江三峡般的秀丽险峻和大自然鬼斧神工的雄奇壮美。精致玲珑引人入胜的贞丰，拥有多项国家桂冠：“中国避暑休闲百佳县”、全国“汽车自驾运动营地”、中国运动休闲特色小镇、三岔河国际露营基地等，海内外游人迷恋她的浪漫，惊叹它的神奇，流连忘返。

双乳峰（Double mammary peak）唐仲嵘 摄

物产资源丰富。勤劳智慧的人民在曾经荒凉的顶坛石旮旯，种植顽强的花椒，致富一方，创造了中国西南地区石漠化治理的“顶坛模式”，赢得了“中国花椒之乡”的美誉。

民族风物独特。贞丰是布依族、苗族等少数民族世代聚居之地，“二月二”“三月三”“六月六”等传统节庆，演绎着多彩的民族文化、绚丽的民族风情。在国家非物质文化遗产名录上，贞丰的“布依铜鼓十二则”“布依勒尤”“布依服饰”大放异彩，“古法造纸”“古法制陶”更是展示民族工艺的历史传承和神奇魅力。

经济社会呈现运行平稳、结构趋优、持续向好、民生改善的良好态势，为决胜脱贫攻坚奠定了坚实基础，奋力谱写“对人民忠贞，让大地丰茂”的新篇章。

黔东南 QIAN DONGNAN

古城龙舟（Dragon boat in ancient city）骆绍勇 摄

民族原生态 · 锦绣黔东南

一起来贵州黔东南感受文化明珠的魅力

在美丽的中国，在多彩的贵州，有一个名叫黔东南的地方，这里有“民族文化和生态环境”两个宝贝，是名副其实的“森林之州、歌舞海洋、百节之乡、非遗之冠、银饰之都”，面积 3.03 万平方千米，森林覆盖率 68%。

和谐多元的民族文化是黔东南“心”之所往。黔东南苗族侗族等少数民族人口比例达 81.34%，多元的民族文化相互交融，在这方土地上奏响极炫民族风。这里有极牵动乡愁的民族村落。3000 多个民族村寨星罗棋布，众多古镇古村依山傍水，有如一幅幅古朴的图画，掩映在重峦叠翠中、湖光山色里，遗存了魏晋遗风、唐宋服饰、明清建筑，在这儿你会感受到空间挪移、时光穿越。

绚丽多彩的自然风光是黔东南“美”之所在。黔东南森林资源丰富，珍稀物种繁多，纵河交错、苍山幽谷，处处如画，步步成景。这里可观四季锦绣。春天，能让你享受人在画中的郊野逸趣；夏天，就来一次寻山避暑、时尚康养的森林之旅吧；秋天，可在游村访寨中体验“一山不同族、十里不同俗”的文化奇观；冬天，宜到从江神秘瑶浴、剑河苗疆圣水中洁身解乏、祛病养颜。这里尽览山水神韵。500 多座青山和 2900 多条绿水，造就了山环水绕、云蒸霞蔚的秀美风光，雷公山、月亮山、云台山的幽奇峻险，清水江、都柳江、㵲阳河的拥青揽翠，让你尽享大自然醇美恩赐。

奇异富饶的特色风物是黔东南“韵”之所系。千百年来，黔东南各族群众相互学习，形成了多彩的“文化千岛”，保存了众多极具历史脉络和文化融合的特色风物。在这里可探寻古镇遗风。无论是在名城镇远、古城隆里，还是在且兰古国、下司古镇，都能让你穿越千百年看沧桑变幻，触摸到斑驳的岁月和丰厚的文化气息。

2020 年 10 月 18 日，“黔东南侗族非遗深度体验游”线路入选由文化和旅游部非物质文化遗产司发起的“全国非遗主题旅游线路征集宣传”活动，是全国 12 条入选的线路之一。

西江街景（Xijiang Street View）雷山县旅发委供图

镇远古城 ZHENYUAN ANCIENT CITY

镇远古城位于贵州省黔东南苗族侗族自治州东部，位于㵲阳河畔，四周皆山。河水蜿蜒，以“S”形穿城而过，北岸为旧府城，南岸为旧卫城，远观颇似太极图。两城池皆为明代所建，现尚存部分城墙和城门。城内外古建筑、传统民居、历史码头数量颇多。镇远古城交通方便、区位优越，湘黔铁路、株六复线、320 国道、沪昆高速公路穿境而过。距铜仁机场、湖南芷江机场和贵阳机场分别为 90 千米、170 千米和 270 千米，素有“滇楚锁钥、黔东门户”之称。镇远历史悠久，自秦昭襄王三十年（前 277）设县开始至今已有近 2300 年的历史，其元代、清代为道、府所在地达 700 多年之久。

2020 年 1 月 7 日，被文化和旅游部确定为国家 5A 级旅游景区。

镇远古城占地 3.1 平方千米，古城有八大会馆、四洞、八祠、九庙、十二码头与府卫古城桓、吴王洞、四宫殿、古全井、古戏楼等名胜古迹近 200 多处。是一个完全由名胜古迹集成的“传统文化迷宫”。镇远古城也是一个多元化融合的古城，汉民族与侗族等 20 多个少数民族和睦相处，中原文化、荆楚文化、巴蜀文化、吴越文化、闽粤文化、土著文化与城外文化的融会，使镇远成为多民族、多宗教、多社会的博物馆，被专家称为“世界文化保护圈”。

㵲阳河孔雀开屏（Peacocks bloom in Wuyang River）

青龙洞夜色（Night of Qinglong cave）

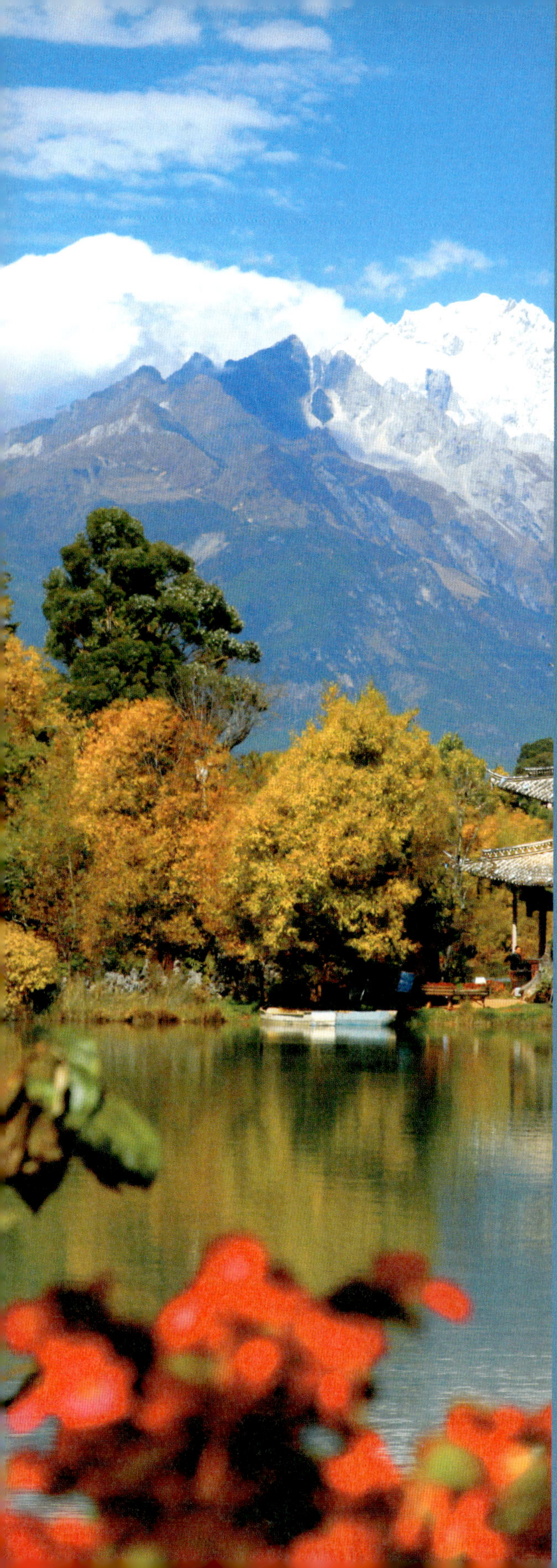

云南

YUNNAN

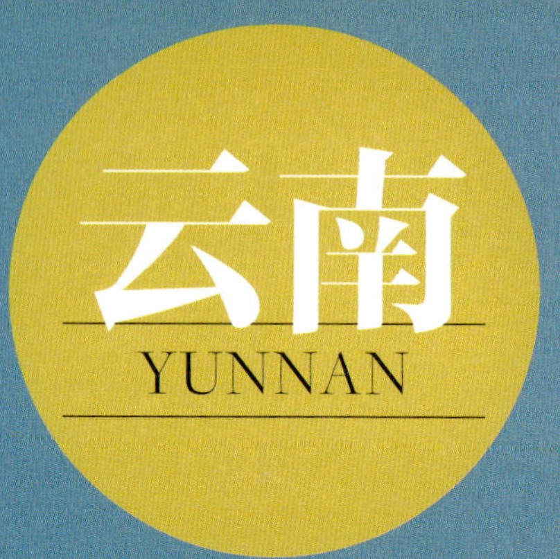

云南，一个充满文艺气息的地方，有许多景点被选为一生必去的地方。这里一年四季无淡季，任何时候都有它迷人的一面。

来云南度假，我们可以在西双版纳的热带雨林里骑大象，和小熊猫、小鹿、小猴这些可爱的动物亲密接触。

我们可以在阳宗海、抚仙湖琉璃万顷的湖面上泛舟荡漾，看群山环绕，彩云飞渡。

我们可以在高黎贡山的咖啡小镇品着小粒咖啡，俯瞰潞江坝全景，将怒江峡谷风光尽收眼底。

我们还可以登上银装素裹的玉龙雪山，看十三座雪峰连绵不绝，宛若一条“巨龙”腾跃飞舞。

来云南度假，可以享受一种安静的美，需要慢慢地走，慢慢地欣赏。

昆明阳宗海旅游度假区

KUNMING YANGZONGHAI TOURIST RESORT

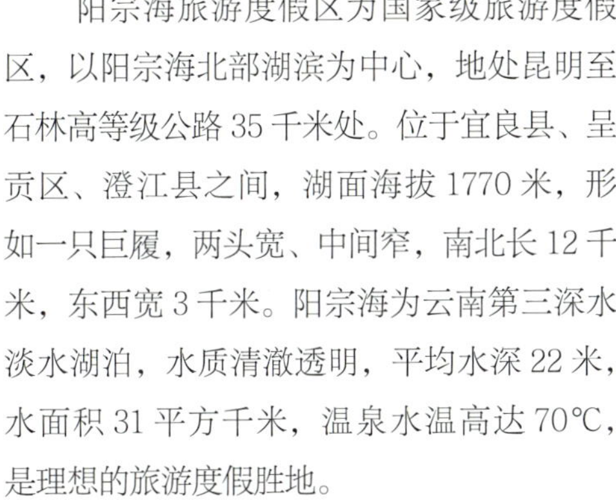

阳宗海旅游度假区为国家级旅游度假区，以阳宗海北部湖滨为中心，地处昆明至石林高等级公路 35 千米处。位于宜良县、呈贡区、澄江县之间，湖面海拔 1770 米，形如一只巨履，两头宽、中间窄，南北长 12 千米，东西宽 3 千米。阳宗海为云南第三深水淡水湖泊，水质清澈透明，平均水深 22 米，水面积 31 平方千米，温泉水温高达 70℃，是理想的旅游度假胜地。

阳宗海度假区设有高尔夫球场，有运动项目 40 多项，水上大世界、水上牵引升空跳伞、海滨浴场、水上摩托、高速快艇、实弹射击等，是西南地区目前水上娱乐设施规模最大、内容最丰富的水上娱乐中心。

旅游锦囊 Travel Tips

交通

从昆明乘开往宜良的班车，或在昆明汽车站东菊旅社、火车北站乘中巴车前往。

推荐美食

马郎樱桃、鲜花饼。

推荐活动

柏联温泉 SPA。

推荐景点 Scenic Areas

阳宗海海滨游乐场（Yangzong Seaside Playground）

阳宗海海滨游乐场，是云南第一个省级旅游度假区内首家对外开放的新兴旅游景点。海滨游乐场是一个以水上游乐项目为主体的大型综合游乐区，占地 14 万平方米，建有水陆空游乐项目 40 多个。游乐内容丰富多彩，惊险刺激，其乐无穷，是一个食、住、行、购、游乐设施齐全的旅游胜地。游乐场对面，兴建了两块国际标准的 18 孔高尔夫球场。海滨游乐场占地 14 万平方米，水面 11.5 平方千米，草坪面积 6 万平方米。建成水、陆、空游乐项目 40 多项，其中的水上飞机、水上跳伞、水上快艇、水上摩托、帆船为西南三省独有，所有草坪均向游客开放，任其自由休息，在云南省为第一家。每年举办各种大型文体娱乐活动，其中“山歌节”“泼水节”“龙舟赛”吸引数万人参加，影响广大。

云南华侨城温泉水公园
(Hot Spring Water Park，Overseas Chinese Town，Yunnan)

整体投资逾 8 亿元，依托汤池小镇自明代起就进行开发的丰富自然温泉资源而建。占地面积 12 万平方米的温泉水公园由四大功能区组成：包括主体建筑面积达 2 万平方米的欧式水疗馆，室外则由包括 65 个特色泡池在内的室外坡地景观温泉泡池区和六组大型戏水设备组成的水乐区。

小白龙森林公园(Xiaobailong Forest Park)

小白龙森林公园以森林自然风光为主体景光。拥有常青森林四万余亩，是昆明近郊规模和面积最大的森林绿地。其林木以云南松、华山松为主，间有圆柏、杉木、柳杉、藏柏、雪松、栎木、翠竹、油茶、板栗、野山茶、杜鹃、南烛、杨梅、档梨、凤尾蕨、云南含笑、苔藓、菌类及麂子、野兔、鸟类等动植物资源。公园海拔 1600~2200 米，相对高差 600 米，属滇中低纬高原，北亚热带气候区，具有冬夏温差不大，四季如春的特点。因而，小白龙的适时开发，为春城人民提供了一个消夏避暑、休闲度假的全新天地。置身于茫茫林海之中，仰流云、赏山花、餐秀色、听松涛、聆鸟鸣、采杨梅、捡蘑菇、饮山泉、卧绿苔，使人爽心悦目，神怡气清，充分领略和享受大自然的美景和野趣。除旅游观光、度假疗养设施外，公园还设有宜良电视发射塔、县人民院医院疗养院，“运动游园”“会议中心”；拥有会议接待、群体春游、郊游聚会、夏令营等活动的最佳场地，也是生物学、生态学、植物群落学、森林学等科研活动的天然课堂。

小白龙森林公园现在总投资规模已达到上千万元，已引进 30 余家中外客商进行投资建设，共同开发。公园在完好保持自然生态景观的前提下，已建成林中别墅 200 余幢及林中舞厅、游泳池、疗养网球场、瞭望塔、餐厅、商店、停车场等一系列配套的旅游服务娱乐和通信设施。

春城湖畔度假村(Spring City Golf&Lake Resort)

春城湖畔度假村位于昆明，坐落在风景秀丽的阳宗海，提供高尔夫球场、免费的 Wi-Fi 和住宿客户免费的内部停车场。度假村距离阳宗海风景区有 20 分钟汽车车程，距离玉佛寺有 12 分钟汽车车程，距离汤池长途汽车站有 12 分钟车程，距离昆明机场有不到 1 小时车程。

春城湖畔度假村的每间客房均享有美景，配有电热水壶和有线平板电视。客人还可入住别墅。私人浴室设有淋浴设施、吹风机、拖鞋和免费洗浴用品。客人可一边打 18 洞高尔夫球一边欣赏周围山峦湖泊美景。度假村内还设有免费网球场和健身中心。旅游咨询台的员工为旅客提供旅行建议、订票服务以及汽车出租服务，方便客人游览该地。客人可在度假村内的餐厅用餐或订购客房服务。客人亦可在客房内享用早餐。

纯净抚仙湖　梦开始的地方

玉溪抚仙湖旅游度假区

YUXI FUXIAN LAKE TOURIST RESORT

抚仙湖国家旅游度假区位于云南省玉溪市澄江县，地处滇中腹地，位于滇中一小时经济圈核心区内，是三湖生态城市群、昆玉红旅游文化产业经济带的关键节点，是承接昆明政治、经济、文化和对外开放交流的重要门户，被誉为昆明的大花园、云南的会客厅和云南醉美县城。

抚仙湖坐拥三张世界名片：第一张名片是世界深蓝湖区。辖区内的抚仙湖是我国极大的深水型淡水湖泊和重要的战略备用水资源，被美誉为“玉溪的眼睛、云南的名片、全国的财富”。湖岸线总长 100.8 千米，平均水深 95.2 米，极大水深 158.9 米，平均透明度为 5~6 米，蓄水量达 206.2 亿立方米，相当于 13 个滇池、7 个洱海、4 个太湖、6.4 个巢湖，占云南省九大高原湖泊总蓄水量的 68.2%，相当于为全国 13 亿人每人储备了 15.8 吨优质淡水资源。第二张名片是地球生命起源。澄江化石地是亚洲独有、中国首个化石类世界自然遗产，这里发现了 5.3 亿年前的澄江动物化石群，共涵盖 16 个门类、200 余个物种，是迄今为止地球上发现的分

彩云飞渡抚仙湖（Colour cloud over Fuxian Lake）

禄充国家 4A 级旅游景区（Luchong National 4A Tourist Scenic Spot）

布极为集中、保存极为完整、种类极为丰富的“寒武纪生命大爆发”例证。这里发现了目前极为古老的脊索动物——云南虫，被专家认为是所有脊椎动物包括人类的祖先，所以澄江被誉为地球生命的摇篮。第三张名片是古滇文化印迹。澄江历史文化悠久，是古滇国发源地之一，拥有金莲山墓葬群、学山遗址、新街下石山遗址等多处文化古迹，清晰反映了新石器时代、春秋战国时期、秦汉时期古滇文化的发展和演变脉络，境内有云南省第二大文庙、目前极大的云南龙化石、国家非物质文化遗产戏剧活化石关索戏、神秘的抚仙湖湖底古城等多种特殊的历史人文资源景观。

抚仙湖国家旅游度假区自然资源独具优势，生态环境良好，历史文化底蕴浑厚，旅游资源丰富，幽蓝深邃的万顷碧水，幽缈的海底蕴藏，天下独绝的抗浪鱼，实属灵山秀水中一缕飘忽灵动的“仙气”。因湖水清澈见底、晶莹剔透，抚仙湖被古人称为“琉璃万顷”。

目前，抚仙湖国家旅游度假区有世界自然遗产 1 个，A 级景区 5 个（其中 4A 级景区 1 个，3A 级景区 4 个），国家旅游生态示范区 1 个，全国传统古村落 1 个，云南省旅游小镇 2 个，省级特色旅游村 5 个（其中省级民族特色旅游村 1 个），全国休闲农业与乡村旅游示范点 1 个，省级休闲农业与乡村旅游示范企业 1 个。度假区所在澄江县先后荣获全国休闲农业与乡村旅游示范县、国家卫生县城、中国（云南）极具投资价值文化旅游县和省级园林城市称号。

仙湖色似碧醍醐，万顷烟波际绿芜，只少楼台相掩映，天然图画胜西湖！抚仙湖欢迎你的到来！

借自然之力 疗愈身心 养于热海

腾冲 TENGCHONG

浴谷温泉动感池（Yugu hot spring dynamic pool）

腾冲是“著名的温泉康养胜地”，到了这里，泡温泉是少不了的，其中热力极猛、疗效极为奇妙的便是镶嵌在城西的腾冲热海，面积之广、泉眼之多、疗效之好，实属罕见。

腾冲热海有较大的气泉、温泉群共 80 余处，有 14 个温泉群水温高达 90℃，到处可见热泉呼呼喷涌。

热海温泉为火山性温泉，以硫黄泉、碳酸氢盐泉、氡氟泉为代表泉质，具备出水温度极高、水质极软、矿化度极高的特点，温泉中富含游离态金元素，有“金汤”之美誉。景区内涌出有我国 12 种达标医用矿泉其中的 8 种，可熏蒸、可吸入的高温气泉更为世界罕有。

在火山热海静享悠闲时光，悠然地在这里将自己身体的秘密打探清楚，然后有针对性地、系统地调理，是绝对正确的选择。腾冲火山热海浴谷康养中心基于良好的优质资源，结合中科院生命健康检测系统、中医传统的养生理论与现代科学的保健观念，全面系统地辨别每个人体质的不同特征，有的放矢地进行调养和防治。

一段洗心洗肺、怡情怡身的温泉康养之旅由此展开。

美女池温泉游泳池（Beauty pool hot spring swimming pool）

古城区 GUCHENG DISTRICT

丽江古城全景（Panorama of Lijiang ancient city）

古城区境内名胜古迹星罗棋布，自然景观多姿多彩，民族文化璀璨夺目，拥有丽江古城、纳西东巴文化古籍文献、“三江并流”三项世界遗产。古城区旅游业态繁盛、百花齐放，有旅游景区（点）15个，其中国家5A级旅游景区1个，国家4A级旅游景区3个。

丽江古城（5A）

丽江古城是中国历史上文化名城之一，也是中国以整座古城申报世界文化遗产获得成功的两座古城之一。古城坐落于丽江坝中部，始建于宋末元初（13世纪后期），地处云南高原，气候类型为西南季风气候，面积为7.279平方千米。古城内的街道依山傍水修建，以红色角砾岩铺就，有木府、万古楼等景点。古城体现了中国古代城市建设的成就，是中国民居中具有鲜明特色和风格的类型之一。

云朵飘过玉龙雪山（Clouds floating over Yulong Snow Mountain）

束河古镇（4A级）

束河古镇位于丽江古城西北4千米处，是“世界文化遗产”丽江古城的重要组成部分，自玉龙雪山蜿蜒而下的三条主干水系——青龙河、九鼎河、疏河穿城而过，从古镇西北处九鼎龙潭中溢出的流水蜿蜒于村中道旁。1997年被联合国教科文组织列入保护名录。

黑龙潭（4A级）

位于丽江古城北端象山之麓，潭内随势错落的古建筑有龙神祠、得月楼、索翠桥、玉皇阁和后来迁建于此的原明代芝山福国寺解脱林门楼、五凤楼，原知府衙署的明代光碧楼及清代听鹂榭、一文亭、文明坊等建筑。黑龙潭曾被列入《中国名泉》《中国风景名胜》等书。

观音峡（4A级）

位于古城区七河镇，距丽江古城15千米，距丽江三义国际机场10千米，是丽江的门户型景区。木氏土司曾在此设有海关和兵营，景区内完整保留有“木家别院”。我国伟大旅行家“游圣”徐霞客应土司木曾的邀请由此入关，并在游记中留下了“坞盘水曲，田畴环焉，其崖累累，此山真丽之锁钥也”的赞美之词，故被誉为丽江首景。

阳春白雪（White Snow in Springlight）

醉美旅游度假区——玉龙雪山

THE MOST BEAUTIFUL TOURIST RESORT —YULONG SNOW MOUNTAIN

丽江玉龙雪山位于东经 100° 4′ 2″ ~100° 16′ 30″、北纬 27° 3′ 2″ ~27° 18′ 57″，景区面积为 415 平方千米。主峰扇子陡海拔 5596 米，终年积雪，发育有亚欧大陆距离赤道极近的温带海洋性冰川。

曙前晓色（Sunlight Before the Dawn）

玉龙雪山在纳西语中被称为“欧鲁”，意为银色的山岩。其银装素裹，十三座雪峰连绵不绝，宛若一条“巨龙”腾越飞舞，故称为“玉龙”。又因其岩性主要为石灰岩与玄武岩，黑白分明，所以，又称为“黑白雪山”。它是纳西人民心中的神山，传说是纳西族保护神“三多”的化身。

玉龙雪山自然和人文资源丰富，冰川公园、云杉坪、牦牛坪、甘海子、蓝月谷等独具特色的文化和旅游景观每年吸引着数百万的游客到此观光休闲度假。玉龙雪山是国家首批 5A 级旅游景区、国家风景名胜区、国家地质公园和云南省极美丽的旅游度假区。

西双版纳旅游度假区

XISHUANGBANNA TOURIST RESORT

西双版纳旅游度假区位于西双版纳州府景洪市南郊，北至景洪城市建成区、南抵规划中的绕城公路 214 线、东到澜沧江边、西接嘎洒镇，总面积 60 平方千米。辖区内气候、阳光、空气、山地、水体、森林、温泉等组合良好，具有以傣民族为主的人文和谐的文化、社会环境，发展旅游度假产业条件优良。西双版纳旅游度假区将以现代旅游理念强力培育壮大旅游战略性支柱产业，建设集旅游度假、佛教禅修、休闲养生、康体娱乐、购物观光、文化体验等于一体的“中国一流、国际知名”的精品旅游度假区。

西双版纳野象谷
(Wild Elephant Valley in Xishuangbanna)

旅游锦囊 Travel Tips

推荐美食

香茅草烤鱼：香茅草烤鱼是一道经典傣族风味菜。一般先将洗净的鱼裹上味道芬芳的香茅草，然后置于火上烧烤，并抹上适量的猪油，烤时香气四溢，这样烤出来的鱼香味扑鼻，鱼肉酥脆、味道鲜美独特。

竹筒饭：竹筒饭具有浓郁的傣族风味，每年 11 月至次年 2 月间做出的饭最好。此时竹子内有一层香气扑鼻的香膜，所以叫香竹。傣族人先将香竹的竹节作底砍下，然后将泡过的糯米放进竹筒内，用芭蕉叶塞住竹筒口，用水浸泡 15 分钟，放进火灰里焐着或在炭火上烤，待竹筒口冒出蒸汽达 10 多分钟后，再取出来，吃的时候用木槌敲打，使饭变得又软又香，吃起来芳香柔糯，别有风味。

推荐酒店

西双版纳洲际度假酒店 (Xishuangbanna Intercontinental Resort Hotel)：掩映于广袤的热带雨林中，碧水环绕，犹如一只美丽的孔雀亭立于云南之南——西双版纳景洪市。酒店位置得天独厚，交通便捷，距离西双版纳国际机场仅 9 千米，距西双版纳万达主题乐园仅 11 千米，驱车前往景洪市区也只需几分钟。酒店临近澜沧江畔，依托于傣王宫旧址，沁人心脾的自然环境为宾客打造安静度假之境。近 400 亩的园林中丰富多样的热带植被让每一位宾客置身于花园般的殿堂。更有梯田插秧，泼水欢歌，手工制茶，佛爷拴线续缘等丰富多彩的店内活动，让你足不出户便可体验到西双版纳多彩的民俗风情！

推荐景点 Scenic Areas

西双版纳原始森林公园 (Xishuangbanna Primitive Forest Park)

西双版纳原始森林公园总占地面积 25000 亩，是西双版纳最大的综合性生态旅游景点之一，公园融汇了独特的原始森林自然风光和迷人的民族风情。园内有北回归线以南保存最完好的热带沟谷雨林，孔雀繁殖基地、猴子驯养基地、大型民族风情演艺场、九龙飞瀑、曼双龙白塔、百米花岗岩浮雕、金湖传说、民族风味烧烤场等十大景区五十多个景点，突出体现了“原始森林、野生动物、民俗风情”三大主题特色。公园距景洪城区 8 千米，园内森林覆盖率超过 98%，品种繁多的热带植物遮天蔽日，龙树板根、独木成林、老茎生花、植物绞杀等植物奇观异景随处可见，峡谷幽深、鸟鸣山涧、林木葱茂、湖水清澈，让游客真切感受到大自然的神秘。爱伲寨的抢亲、泼水节的欢畅、各民族的歌舞表演，任游客亲身参与，使游客置身于浓郁的民族风情中流连忘返。孔雀开屏迎宾，猴子与人嬉戏，黑熊、蟒蛇、蜥蜴、穿山甲等珍稀动物，让游客见识真正的动物王国，让游客充分感受人与自然、人与动物的和谐相融。

西双版纳勐仑植物园（Menglun Botanical Garden, Xishuangbanna）

西双版纳勐仑植物园全称中国科学院西双版纳热带植物园。坐落在勐腊县勐仑镇。植物园被湄公河的支流罗梭江环绕着状如葫芦形。植物园是著名植物学家蔡希陶教授于 50 年代建立。园林占地面积 900 公顷，培植有中外热带植物 3000 种，各种植物长势良好。植物园中设有植物标本馆，珍稀濒危植物种资源库和物技术实验室，已成为我国热带植物资源开发利用和保护的重要研究中心。

孔雀湖（Peacock Lake）

孔雀湖位于允景洪中心，占地 18700 平方米，三面有湖水围绕，清如明镜。1977 年始辟为公园，园内建有亭台水榭，植有奇花异卉，并饲养着孔雀、巨蟒、狐狸、野猪、猴子、八哥、画眉等珍稀动物。岸上奇花异卉争奇斗妍，湖中建有傣式水榭，湖水也清清，碧波也荡漾，睡莲盛开，宁静的湖面倒映着街道两旁挺拔的油棕、贝叶、槟榔、椰子，是游客乘凉、歇息的好地方。湖内备有游船，游人可在迷人的孔雀湖上荡起双桨，尽兴游玩。

西双版纳野象谷（Wild Elephant Valley in Xishuangbanna）

西双版纳野象谷位于景洪以北的勐养自然保护区内，地处东西两片林区结合部的河谷。在这片上百万亩的热带雨林里生长着多种植物，层绿叠翠、郁郁苍苍，热带竹林连成一片，为亚洲象等野生动物提供了最适宜生长，繁衍的栖息之地。现存亚洲象近 300 头，野象三五成群经常出没在河边、密林，甚至到公路上徜徉，踱到人们视野内觅食、饮水、洗澡、散步、嬉戏。三岔河自然保护工以其特有的热带原始森林景观和数量较多的野生亚洲象，吸引了众多的中外游客。是集旅游、度假、林业科普、会议和教学为一体的综合性旅游景区。此外，这里还有国内第一个人工繁殖饲养蝴蝶实验场，可向游客展示蝴蝶恋花生长的全过程，并提供标本作纪念。

大理 DALI

苍山不墨千秋画
洱海无弦万古琴

大理市位于祖国西部，是云南省大理白族自治州州府所在地，国土面积 1815 平方千米，人口 63.81 万，先后获得“世界地质公园”“国家风景名胜区”“中国优秀旅游城市”“第二批国家旅游业改革创新先行区”等多项荣誉。

从唐宋以来，大理就是古代南方丝绸之路的重要驿站，今天的大理，是国家一带一路中面向南亚、东南亚的综合交通枢纽。大理自然生态环境优越，年均气温 14.9℃，年降雨量 1051 毫米。下关风清送凉、上关温润百花常开、苍山常年积雪不化、洱海明月倒影如诗，故有“风花雪月”之美誉。

近年来，大理市牢固树立“绿水青山就是金山银山”的发展理念，坚持“生态文明为本、历史文化为魂”的发展思路，全力创建国家全域旅游示范区。

大理市在创建过程中，通过健全机制体制、加强政策保障、提升公共服务、完善供给体系、强化秩序安全、保护资源环境、扩大品牌营销等创新示范手段，多措并举，营造了安全文明、舒适便捷、和谐文明的旅游环境；拓展空间、提升质量，坚持开放共享，充分发挥传统旅游资源和交通区位优势，用全域旅游的成果，辐射带动形成了区域协调发展的新格局；因地制宜、整合资源，创新主客共享模式，加强资源活化利用，吸引“新大理人”落地生根发展文化产业，构建了全域旅游新特色。

到大理，一个人来，可以邂逅烂漫、寻找诗和远方；两个人来，可以许下山盟海誓、见证海枯石烂；一家人来，可以感受“漫步苍洱、体味乡愁”，感受“风花雪月、自在大理”的全域旅游新意境。

影视城（Movie City）

洱海（Erhai Lake）

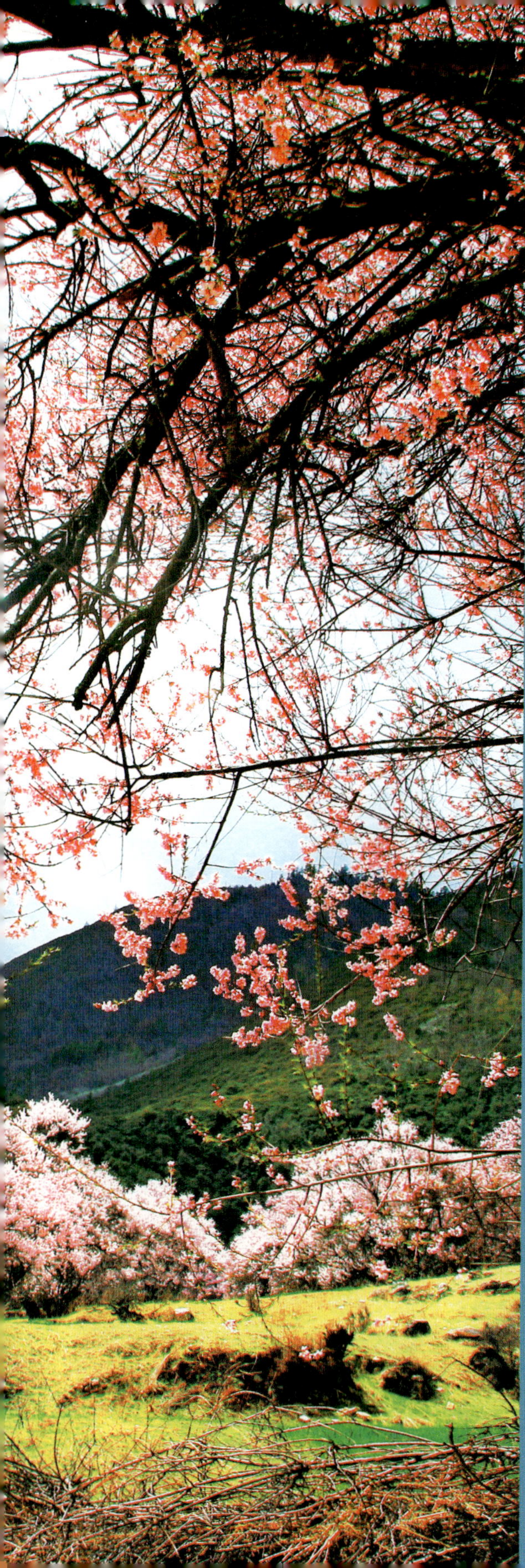

西藏

TIBET

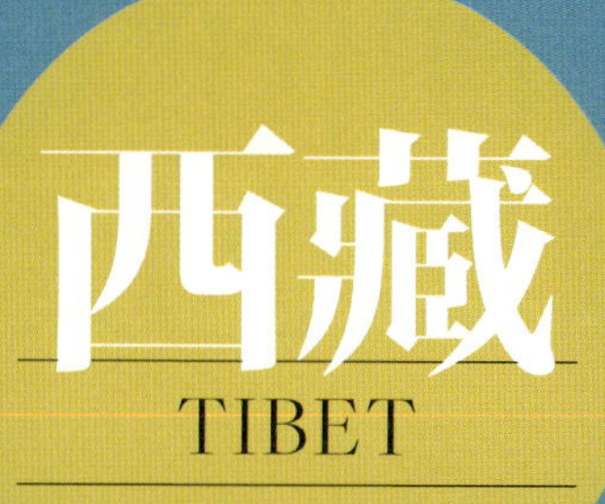

“林芝”是藏语中“太阳的宝座”的意思。林芝风景秀丽，人文底蕴丰厚、交通便利，被誉为“西藏江南”，拥有众多得天独厚的旅游资源。雅鲁藏布大峡谷、巴松措、米堆冰川、南迦巴瓦峰以及鲁朗小镇等知名景点景区都在林芝。

在鲁朗小镇，游客既可畅享高端度假酒店和养生古堡的舒适惬意、奢野自然和商务便利，也可入住周边村落 114 家藏式家庭旅馆，感受最纯正的藏地民俗生活。既可在白天练习响箭，骑马放牧，采摘松茸，品尝鲁朗石锅鸡，探寻古道西原爱情故事，又可在夜晚观赏民族歌舞，围着篝火跳起锅庄，或徜徉步行街，闲坐酒吧、品茗咖啡，领略别样人生。

鲁朗国际旅游小镇

LULANG INTERNATIONAL TOURISM TOWN

鲁朗，藏语意为“龙王谷”，位于林芝市巴宜区东部，总面积 2516.9 平方千米，平均海拔 3385 米，318 国道横穿小镇，东达波密，西至林芝八一镇，距米林机场约 120 千米。藏东南丰润的雨水与温暖的阳光，为这里带来了繁茂的植被与怡人的气候，年平均气温 12℃，森林覆盖面积超过 80%。鲁朗核心区拥有色季拉国家森林公园、南迦巴瓦峰、鲁朗林海、田园风光等独具魅力的自然景观和五寨民俗村等独具工布藏族特色的人文资源。

鲁朗国际旅游小镇是广东省重点援建项目，也是西藏自治区重点旅游开发项目，历经粤、藏两省区八年精心规划建设运营，总投资超 40 亿元。以“藏族文化、自然生态、圣洁宁静、现代时尚”为核心理念设计，把鲁朗小镇打造成为“国内外知名的旅游小镇、藏东南旅游集散中心。鲁朗国际旅游小镇的建设在运营推动林芝旅游产业升级、带动当地贫困人口就业、改善鲁朗公共基础设施建设、精准扶贫注入新鲜血液、规范当地产业发展等方面发挥着十分重要的作用。2019 年鲁朗小镇共接待游客人数 82.85 万人次，实现旅游收入 7852.41 万元。

鲁朗目前已获得“国家全域旅游示范区”、西藏首家国家旅游度假区、全国运动休闲特色小镇，以及中国乡村旅游创客示范基地、全国影视指定拍摄景地、2018 阿拉丁神灯十大工程奖、建筑设计入围 2017 世界建筑节 WAF 大奖等荣誉，还获得西藏自治区生态旅游示范区、自治区双创基地、醉美户外小镇等称号。

恒大酒店（hengda hotel）

阿里 NGARI

藏西秘境　天上阿里

西藏阿里，
西藏的西藏，
高原的高原，
是西藏文明之根，
世界大河之源，
是雄阔富饶的资源宝地，
辉煌灿烂的文化殿堂，
洗涤心灵的旅游圣境，
美丽和谐的生态家园。
无阿里，不西藏！

彩色班公湖（Colorful Bangong Lake）

古格王国遗址（Guge Kingdom site）

奔跑的藏羚羊（Running Tibetan antelope）

神山圣湖（Holy lake）

阿里星空（Ngari starry sky）

札达土林（Zanda earth forest）

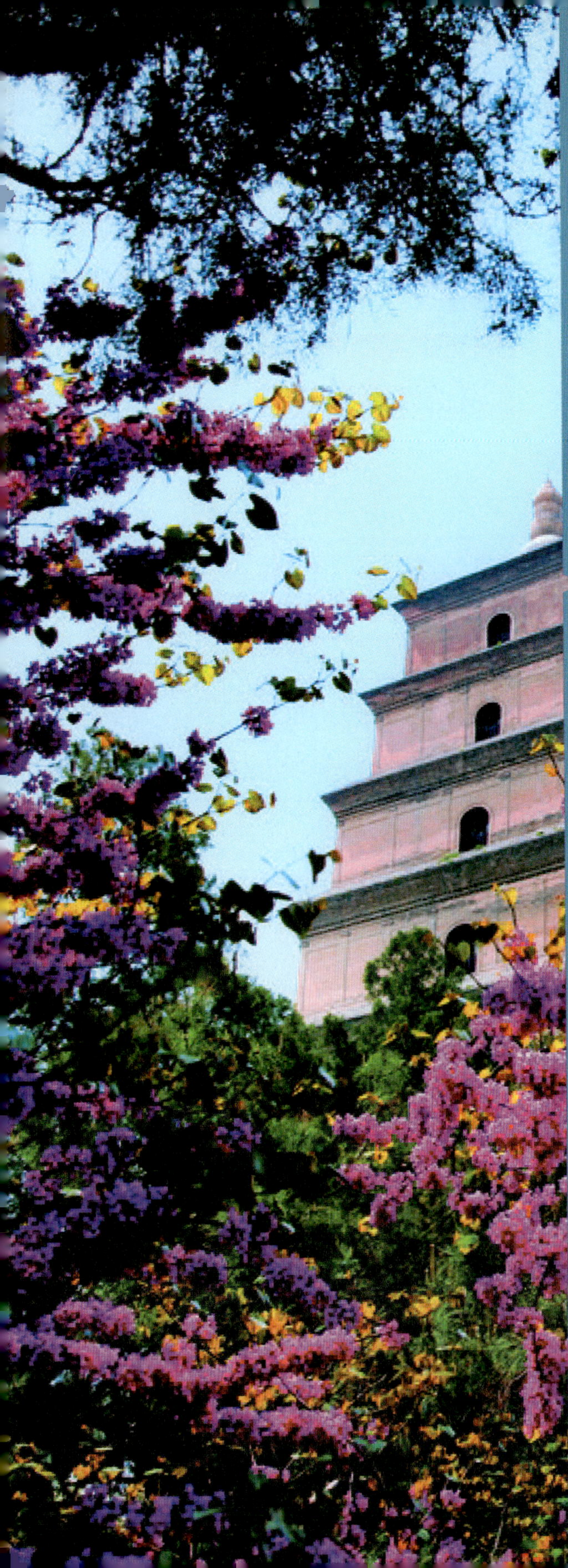

陕西

SHAANXI

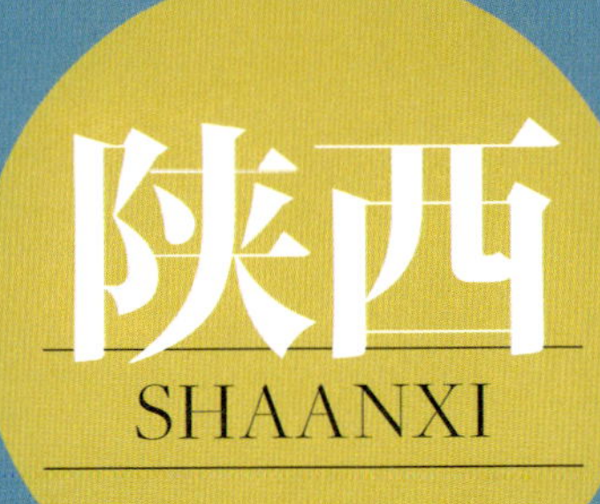

当你厌倦了城市里的车水马龙与喧嚣浮躁，不妨选一处隐居山林的别致之地，过几日安宁惬意的日子。在这里，隐居山里，看书、喝茶，看青山沃野、山花烂漫，寻觅那些梦想开始的地方。

在陕西的太白山、悠然山、金丝峡的度假区里，你都能找到可以隐居的地方，这些地方是远离闹市的山野，是被雾霾忘记的仙境。

借山而居，森林为伴。栖身山里，真乃桃花源中人。

雁塔 YANTA

大雁塔（Big Wild Goose Pagoda）

西安市雁塔区是全国科教文化旅游名区、中国十大商业名区、中西部首个“全国社区商业示范区”、西部经济强区、全省政治中心，连续十年蝉联陕西省“五强区”之首。作为大西安极具历史文化禀赋和现代气质的核心城区，雁塔区是大西安乃至西部地区极具文化产业竞争力的区县。雁塔区历史文化积淀厚重而深远，古今文化交相辉映，是西安市极具代表性的历史文化旅游区。

西安的象征——大雁塔

大雁塔是西安的象征，更是雁塔区的象征。大雁塔在大慈恩寺内，建于唐永徽三年（652），是玄奘西天取经回来翻译经书之地，大雁塔塔身七层，高 64.5 米，历经 1000 多年仍巍然屹立，是中国唐朝佛教建筑艺术杰作。位于大雁塔北广场的大雁塔音乐喷泉是亚洲极大的喷泉广场和极大的水景广场，广场内有 2 个百米长的群雕，8 组大型人物雕塑，40 块地景浮雕，成为外地游客到西安旅游观光必不可少的选择，也是本地市民休闲的好去处。

“古都明珠 · 华夏宝库”——陕西历史博物馆

陕西历史博物馆，是国家现代化大型博物馆，是一组雄伟壮观的仿唐建筑群，占地约 7 万平方米，建筑面积 5 万多平方米。它汇集了陕西文化精华，展现了中华文明的发展过程。鉴于陕西在中国历史上的地位，兴建了陕西历史博物馆，于 1991 年 6 月建成开放。博物馆建筑古朴典雅，别具特色。它将中国古典宫殿建筑和庭院建筑紧密地结合在一起，色彩协调，体现了中华民族的传统建筑风格。丰富的文化遗存，深厚的文化积淀，形成了陕西独特的历史文化风貌，被誉为“古都明珠 · 华夏宝库”的陕西历史博物馆是展示陕西历史文化和中国古代文明的艺术殿堂。

陕西历史博物馆外景（Location of Shaanxi History Museum）

西安曲江楼观道文化景区

XI'AN QUJIANG LOUGUAN DAO CULTURAL SCENIC SPOT

西安曲江楼观道文化景区包括赵公明文化景区、终南山古楼观历史文化景区、延生观景区、化女泉景区 4 个文化景区集群。

终南山古楼观历史文化景区占地面积约 700 亩总体规划上借用了《易经》中的阴阳理念，以宗圣宫遗址区为核心，重点开发以“楼观天下、道德圣地”为内容的中国传统文化体验圣地。是融文物博览、旅游观光、道文化体验互动、餐饮娱乐等为一体，同时以自然生态为景观环境、以道文化为基本文化氛围的旅游景区。

赵公明文化景区是以华夏正财神赵公明故里和赵姓历史文化传承为核心，总占地面积约 531 亩，规划布局以四水归堂为概念，以三进展示厅为核心建筑院落，形成了以中华传统财富文化为核心的传统商道文化展示园区。

化女泉（Huanv Spring）

赵公明文化景区
（Zhao Gongming cultural scenic spot）

延生观景区，是在唐代玉真观遗址之上修建而成。项目总占地面积 114 亩，建筑面积约 5000 平方米。总体规划“一条轴线、三大主体区域”格局，地势上，依秦岭北麓坡地而建，南高北低。

化女泉景区是在原化女泉遗迹之上修建的，占地面积 104 亩，建筑面积近 7000 平方米。它是以老子点化徐甲的故事为基础，融合了女性文化、品泉文化、茶文化等内容的泉文化展示地以及茶文化体验地。

西安曲江楼观道文化景区充分挖掘景区资源，以秦岭自然山水为依托，将山水旅游、文化体验、养生休闲、民俗观光、认耕采摘、田园观光等功能项目高度衔接、融合，形成了以道文化展示、研学体验和国学教育为核心的文化旅游观光集群。

诸葛古镇 ZHUGE TOWN

诸葛古镇文化景区，由陕旅集团精心打造，是陕西省委、省政府确定的十大重点文化旅游项目之一，融古迹参观、民居展示、实景演出、民俗餐饮、儿童娱乐、亲水休闲等多种业态为一体。景区总占地面积 300 余亩，总投资额约 2.5 亿元，诸葛古镇主体建筑面积约 2.5 万平方米；周边交通便利。

诸葛古镇景区由诸葛古镇、武侯祠、马超墓、《出师表》实景演出、汉江亲水休闲区、青舍精品客栈、诸葛水城、汉江漂流八大板块组成。

诸葛古镇

诸葛古镇以诸葛亮的八卦阵为布局理念，以一条水街一条旱街为主要人行动线，象征八卦的阴阳。以诸葛亮的生平为线索，通过七种建筑风格、二十余组雕塑景观、三大博物馆、一场大型实景演出，全景展现了诸葛亮忠贯云霄的一生，将三国汉文化全新演绎。

武侯祠

陕西勉县武侯祠是纪念杰出的政治家、军事家、三国蜀汉丞相诸葛亮的祠庙。位于勉县城西 3 千米处的 108 国道边。始建于西蜀景耀六年（263），是国内众多武侯祠当中建祠极早且独有的由皇帝（蜀国后主刘禅）下诏修建的祠庙，故有“天下闻名武侯祠”之美称。是国家 4A 级旅游景区，蜀山旅游线上著名景点。勉县武侯祠占地 80 余亩，建筑呈南北布局。明清风格的古建筑 30 余座 150 余间。勉县武侯祠是陕南地区较大的古建筑群，一千多年来，武侯祠历经多次修缮，现存建筑大都保持着明清时代风格，现有山门、乐楼、牌楼、琴楼、戟门、拜殿、大殿、崇圣祠、观江楼等古建筑，游览时按照中轴线直穿步行游玩即可。

武侯祠拜殿（Worship Hall of Wuhou Temple）

《出师表》

大型全景开合剧场奇幻三国秀《出师表》是由成功推出《长恨歌》、《延安保育院》等大型旅游实景演艺的陕旅集团联合国内顶尖创意团队倾情打造。

诸葛古镇（Zhuge ancient town）

留坝 LIUBA

陕西留坝紫柏山狮子沟牧场（Shizigou pasture in Zibai mountain, Liuba County, Shaanxi Province）

留坝地处秦岭南麓腹地，居陕西西南、汉中北部。全县1970平方千米，4.7万人，县境内重峦叠嶂，物华天宝，森林覆盖率达91.23%，素有“绿色宝库”“天然氧吧”之美誉。历史文化厚重，“明修栈道、暗度陈仓”“萧何月下追韩信”等历史典故发生于此，褒斜、连云、陈仓等栈道遗迹星罗棋布，被誉为“中国栈道之乡”。

近年来，留坝坚持习近平总书记生态文明思想，围绕国家全域旅游示范县和张良庙紫柏山国家5A级旅游景区创建，结合“旅居在汉中”区域品牌布局，坚定不移地实施旅游“一业突破”战略，以观光旅游、休闲度假、养生养老为发展方向，倾力打造以“慢生活、深体验”为主题的“大秦岭山地度假旅游目的地”。先后成功创建张良庙紫柏山和栈道水世界两个国家4A级旅游景区，坚持文旅、体旅、农旅、康旅融合发展思路，陆续开发了紫柏山滑雪场、县城老街、金水湾花海、秦岭醉美小镇、醉美山村公路、青少年足球研训基地、老电影博物馆、木工学堂、红色文化体验基地等一批覆盖全域、贯穿四季、全业融合的旅游产品，形成了以观光旅游、休闲度假、养生养老、精品赛事、研学旅游、红色文化为主的旅游产品体系，构建了“全域留坝、四季旅游”新格局。

陕西留坝紫柏山滑雪场（Zibaishan ski resort, Liuba, Shaanxi）

榆阳 YUYANG

榆阳是榆林市政治、经济、文化的中心。它既是一座汉蒙文化千年交融、京畿江南风韵犹存的古城，也是一座资源富集、得天独厚、投资发展潜力无限的新区。早在1986年它就被命名为中国历史文化名城。榆阳历史悠久，文化灿烂，万里长城横亘东西，游牧文明、中原文明交融。早在新石器时代就有人类繁衍生息，春秋时始置上郡，距今已有2000余年历史。在跌宕起伏的历史长河中，孕育出五千年的仰韶文化、三千年的边塞文化、近百年的革命文化，书写了榆阳荡气回肠的边塞史诗，也形成了新榆阳兼容并蓄的文化品格和流光溢彩的人文底蕴。雄浑壮美的镇北台威震八方，匠心独具的六楼骑街古色古香，闻名遐迩的榆阳八景魅力无穷，穿城而过的榆溪河流美不胜收，它们共同形成了一幅长城边塞、大漠绿洲的壮美画卷。巧夺天工的榆林泥塑，委婉动听的榆林小曲，粗犷豪放的陕北秧歌，荡气回肠的陕北民歌，惟妙惟肖的榆林剪纸，更历练出榆阳人开放包容、淳朴好客、求真尚义的精神品质。1949年以来，在长期的南治土、北治沙生态建设和陕北能化基地大开发中，又开辟了农业文化、生态文化、工业文化、城市文化的崭新空间，可以说，榆阳是一个既富有历史沧桑感、厚重感，又充满现代活力和包容性、成长性的人文大区。

榆林河滨公园（Yulin Riverside Park）

榆阳区镇川镇国家4A 级旅游景区—— 黑龙潭（Heilongtan, a national 4A scenic spot in Zhenchuan Town, Yuyang District）

榆阳现已创建国家A级旅游景区6家，（分别为国家4A级旅游景区镇川黑龙潭、国家3A级旅游景区鱼河府城隍庙、国家3A级旅游景区季鸾公园、国家3A级旅游景区圣都乐园、国家3A级旅游景区补浪河女子民兵治沙连、国家2A级旅游景区镇川罗兀城）；省级乡村旅游示范村3家（分别为余兴庄办事处赵家峁村、鱼河峁黄崖窑村、红石桥王连圪堵村）。

诚挚地邀请八方游客走进榆阳、了解榆阳、投资榆阳、共赢榆阳！

神木 SHENMU

神奇神木，神秘神往

神木位于秦、晋、蒙交汇处，市域面积 7635 平方千米，是陕西省面积极大的县级市，总人口 54.2 万。清道光《神木县志》记载，县城区东北杨家城，古麟州城外东南不远处，有松树三株，枝条连在一起，大可两三人合抱，唐代的老树，人们叫它神木。

神木物华天宝，人杰地灵，黄河侧着身子向南奔流，长城斜着腰身向西飞过，远古的文明，苍凉的大漠，辽阔的草原，险峻的峡谷，绵延的山峦和富饶的资源在这里神奇融合，绘就了众多传奇。

这里有厚重的文化传奇。在秃尾河畔，雄踞着一座古城，石峁遗址，距今约 4300 年，它是目前东亚地区规模极大的史前石筑城址，核心区面积超过 4 平方千米，由皇城台、内城、外城三部分组成，遗址出土了大量的玉器、陶器、壁画等珍贵文物，其中石峁玉器是世界众多国家博物馆的重要馆藏品。

红碱淖 遗鸥（Relict Gull in Hongjiannao）

红碱淖（Hongjiannao Lake）

石峁遗址先后入选“世界十大田野考古发现”和“21 世纪世界重大考古发现”，并被国务院确定为“五千年中华文明实证”。

蜿蜒起伏的明长城斜穿过神木，高家堡古镇是保存极完好的堡寨，距今已 570 多年，历史以来，高家堡是神木的军事、文化和商贸重镇。古镇东西，两山面对耸立，镇内街道幽深而规整，民居古朴而完好，2014 年被评为中国历史文化名镇，2015 年被评为“中国十佳醉美乡村旅游目的地”。

这里有美丽的自然传奇，红碱淖位于毛乌素沙漠边缘，是中国北方稀有的沙漠淡水湖、国家自然保护区和国家 4A 级旅游景区，红碱淖四面环沙，周边有一望无际的大草原和广袤的湿地，是快要灭绝的候鸟遗鸥，在全球主要的繁殖栖息地。蓝天、碧水、青草、黄沙、鱼鸟，共同构筑成红碱淖的如诗画卷，昭君出塞回眸洒泪的故事，又为它增添了一丝凄美、神秘的色彩。

神木将建成宜居、宜游、宜业的西北知名旅游目的地，神奇神木，神秘神往！忠勇、创新、包容、共享的神木欢迎你！

绥德 SUIDE

绥德地处榆林市东南部，历史悠久，人文荟萃，素有“秦汉名邦”“天下名州”“西北旱码头”等美誉，被文化部命名为全国文化先进县，中国民间文化艺术民歌之乡、秧歌之乡、唢呐之乡、石雕之乡、剪纸之乡。近年来，绥德县坚持“文化引领、旅游带动”战略，以文化项目建设为承载，以资源、作品、人才为抓手，以举办文化活动为突破口，精心打造红色文化、秦汉文化、黄土文化和生态文化“四张名片”，提升文化软实力，扩大文化影响力，不断加快文化旅游融合发展，推动县域经济转型升级。按照“打基础、抓核心、强服务”的工作思路，以公共文化服务体系建设为重点，以文化服务为着力点，累计投资 2 亿多元，强力推进公共文化服务场所建设，建立了覆盖县、镇、村公共文化服务体系。先后实施了名州文化旅游街区、石魂广场、陕北文化艺术创作基地、扶苏文化苑等项目，启动实施了“一馆六址”红色旅游景点为核心的红色革命教育基地建设，编排大型音舞诗画《我的三十里铺》，复排陕北秧歌剧《米脂婆姨绥德汉》，建成疏属山文化旅游景区、文化广场景区、创新现代农业园区、绿源生态休闲园区和郭家沟影视基地五个国家 3A 级旅游景区。“我在绥德过大年”“三 · 二八商贸旅游文化节”“金秋绥德旅游周”“中国 · 绥德国际石雕文化艺术节”等节庆旅游品牌逐渐形成，并在西北地区乃至全国产生了一定的知名度与影响力。被授予“陕西省旅游扶贫示范县”“西北地区十大旅游潜力县”“中国极具投资潜力旅游名县”等荣誉称号，陕西省首个县域全产业公用品牌“绥德范”于 2018 年 4 月正式启用，绥德农产品、手工艺品、特色美食和文化旅游等，从此有了“绥德范”这张共同名片，文化旅游产业得到长足发展。

绥德疏属山景区
(Suide Shushu Mountain Scenic Area)

《米脂婆姨绥德汉》剧照
(Stills of *Mizhi's woman and Suide's man*)

甘肃

GANSU

据了解，甘肃将在兰州、临夏、张掖、白银等地启动旅游度假区创建工作，拟建兰州兴隆山旅游度假区、临夏州黄河三峡旅游度假区、张掖市芦水湾旅游度假区、张掖市肃南县裕固族民俗度假区、白银黄河石林景区旅游度假区五个省级旅游度假区。

这些度假区或是山川壮美，或是民族风情浓郁，都有足够的魅力吸引你的到来。来甘肃度假，除了赏山河美景，品特色小吃也是必不可少的。兰州拉面、洋芋搅团、靖远羊肉、牛眼睛包子、酿皮子、搓鱼面……特色美食真是多得数不过来。

去甘肃度假，一定比你想象的要美好得多。

武威 WUWEI

武威，地处甘肃省中部、河西走廊东端，东接兰州，南靠西宁，北邻银川和内蒙古，西通新疆，地处亚欧大陆桥的咽喉位置，是西部重要的交通隘口城市和区域中心城市。武威，是中国旅游标志——“马踏飞燕”的出土地、国家历史文化名城、中国优秀旅游城市、中国葡萄酒城。

武威，拥有4000余年的文明史及2000多年不间断的城市文明。作为“五凉古都”“西夏辅郡”，武威以其厚重的历史和多元灿烂的人文底蕴著称于世，被赋予“河西都会”的美誉，曾一度是中国西北地区政治、军事、经济、文化的中心。

千百年来，丝路绵延的武威大地留下了太多的华彩篇章，也封存了太多史不绝书的古老印记。中国旅游标志马踏飞燕出土地——武威雷台、中国第三大孔庙——武威文庙、中国石窟鼻祖——天梯山石窟、西藏正式回归中国行政版图历史见证地——凉州会盟纪念馆等不朽图腾风采依旧，而上承建安、下启隋唐的“五凉文化”，“凉州七里十万家”的盛唐气象，历代文人墨客所留的千古绝句《凉州词》，印证“陇右文风盛行”的明清世风，跃动着古典韵美的西凉乐舞，歌颂着古往今来忠孝贤良的凉州贤孝，传承着豪迈雄风的攻鼓子等人文瑰宝也在世人的瞩目中永久流传。

中国旅游标志马踏飞燕出土地——雷台景区（Leitai scenic spot —— China tourism sign: horse steps on flying swallow excavation site）

冰沟河景区之天池（Tianchi Lake in Binggou River Scenic Area）

走进武威，既是人文与历史的雄浑交织，也是心灵与感官的震撼之旅。从雪山到冰川、从森林到草原、从湖泊到河流、从戈壁到沙漠……这片广袤而丰饶的土地，上演过太多金戈铁马的岁月传说，也保存着无数浑然天成的自然奇观。

穿越历史沧桑，饱览山河壮丽，触摸现代文明，感受妙趣横生。武威，这座崇文尚德、包容创新的现代化宜居宜业宜游城市、文化旅游名市、西北研学旅游目的地、西部自驾游胜地热忱邀请国内外游客前来旅游观光！

天马行空 · 自在武威——武威欢迎你！

夜游黄河 NIGHT TOUR OF THE YELLOW RIVER

夜游黄河是兰州水运集团有限公司倾力打造的黄河旅游品牌，将丝路文化与黄河文化相融合，用一场华丽的夜游之旅向游客诉说着古老黄河几千年的悠长文化。随着兰州旅游的快速发展，黄河两岸灯亮亮化不断升级，夜晚两岸休闲娱乐日渐丰富，使兰州旅游、黄河旅游焕发出耀眼的光辉。夜游黄河作为展现兰州黄河两岸夜景极优质的旅游方式，经过兰州水运集团几年的深度打磨，现已完成由“来兰选游”到“来兰必游”的转变，已成为兰州旅游的一道亮丽名片，用“夜游黄河 +”的方式，促进兰州美食、住宿等夜经济休闲整体发展，为兰州经济发展注入源源不断的活力。

“夜游黄河”作为兰州的网红 IP，推出了“水上电音节”“水上民谣夜”“水上汉唐会”等一大批特色活动，承办了西北师范大学等高校的水上毕业晚会，吸引了国内企业开展各种水上会议，如“华为手机发布会”“宝马新车发布会”“vivo 手机发布会”等，丰富的“夜游黄河”旅游品牌内涵，为黄河旅游、兰州旅游注入了源源不断的时尚活力。

夜游黄河现有游船 6 艘，分别为金城三号游船（载客人数 100 人），金城一号游船（载客人数 80 人）、如意甘肃号画舫船（载客人数 80 人）、佛慈号游船（载客人数 80 人）、豪华巴士船 2 艘（载客人数各 60 人）。

乘坐地点：在盐场堡码头、兰州港码头、白塔山码头。

运营时间：周一到周五，每晚八点起，周末及法定节假日，下午一点到五点，晚上八点起。

游船运营航线：盐场堡码头—中山桥（往返）兰州港码头—黄河母亲（往返）白塔山码头—黄河母亲—音乐喷泉（往返）白塔山码头—音乐厅（往返）

夜游黄河（Night tour of the Yellow River）

定西 DINGXI

定西蕴含独特的冰雪和温泉旅游资源，境内有很多自然的“冰天雪地”奇观，有一汪氤氲的陇上神泉，有连绵起伏的梯田雪原，东岩伏冰的酷暑奇观，自然界罕见的冰柱奇观，冬季天然冰雪宝库，华家岭的雾凇、千姿岗的“碧水红岗”、渭河源的冰雪奇观、天井峡的冰雪幽境更是形态各异、美不胜收。定西市内冰雪景点涵盖观光体验、健身康养等领域，走进定西，便可以领略独特的亚高原冰雪文化和雪域风情。

为了打造冰天雪地也是金山银山，2018年以来，定西市委、市政府积极响应“推动3亿人上冰雪”的号召，深入挖掘定西独特的冰雪旅游资源禀赋，把冰雪旅游列为定西文化旅游的三张名片之一。连续两届举办定西冬春旅游冰雪体验季活动，推出了临洮岳麓山东岩伏冰、渭源渭河源冰瀑和“冰雪嘉年华”、徒步贵清山、遮阳山冰雪景观等一系列独具特色、创意新颖的冰雪体验项目，定西冰雪旅游实现了从资源到产品的转变，且呈“井喷式”发展的态势。

在未来发展中，定西将依托冰雪和温泉旅游地域特色优势，探索以冰雪观光体验、温泉康养休闲为主体，滑雪度假、旅游演艺为补充的定西特色冰雪和温泉旅游发展模式，重点打造渭源渭河源、天井峡和通渭温泉度假村等一批冰雪温泉旅游项目，持续举办定西冬春冰雪温泉旅游季活动，推出“冰雪+温泉康养、冰雪+乡村旅游、冰雪+非遗演艺、冰雪+美食享受”等系列冬春旅游产品，切实打响“渭水冰河、西部雪谷”“赏通渭书画、浴陇上神泉”冰雪温泉旅游品牌。

定西梯田（Terraces in Dingxi）

青海

QINGHAI

青海地大物博、山川壮美、历史悠久、民族众多、文化多姿多彩。

在青海湖边的度假村里，你可以在早上免费到湖边看日出，在晚上免费参加篝火民族歌舞，还可以在海景房内直接欣赏美丽的青海湖。

互助土族故土园，这里原始淳朴的自然环境、雄奇独特的生态环境、古老神秘的文化遗迹，风格迥异的民族风情都具有强大的魅力，吸引你的到来。

黄河清水湾风景区，四周绿树成荫，草木丛生，鸟语花香，颇有“世外桃源”之情趣，周边旅游景点星罗棋布。你可以在这里扎帐住宿、游泳、垂钓、宰牲野炊、寻找奇石。

……

青海的山水都是最干净、最天然的，来这里度假才是明智之举。来到这儿你会忘记一切的喧嚣与热闹，同时也会排解一切忧愁。

青海湖 QINGHAI LAKE

青海湖，地处青海高原的东北部，西宁市的西北部，是我国第一大内陆湖泊，也是我国最大的咸水湖。青海湖面积达 4456 平方千米，环湖周长 360 多千米，比著名的太湖大一倍还要多。湖面东西长，南北窄，略呈椭圆形。青海湖水平均深约 21 米多，最大水深为 32.8 米，蓄水量达 1050 亿立方米，湖面海拔为 3260 米，比两个东岳泰山还要高。

青海湖湖区的自然景观主要有青海湖、鸟岛、海心山、沙岛、三块石、二郎剑，湖滨山水草原区主要有日月山、倒淌河、小北湖、布哈河、月牙湖、热水温泉、错搭湖、夏格尔山、包忽图听泉和金银滩草原等。

青海湖小泊湖湿地位于青海湖东岸，北临沙漠，面积约 2.4 平方千米，是国家一级保护动物黑颈鹤的栖息地。小泊湖湿地是青海湖水位下降、面积缩小后遗留下的一片沼泽草甸，草甸周围数以百计的淙淙泉水注入湖中，形成一幅水清、天蓝、草绿的美丽画卷。

旅游锦囊 Travel Tips

交通

青海湖直通车线路

1. 从青海省西宁市八一客运站乘车到青海湖二郎剑景区。

2. 从青海省西宁市八一客运站乘车到青海湖沙岛景区。

青海湖火车线路

1. 从青海省西宁市火车西站乘车到青海湖沙岛景区。

2. 从青海省西宁市火车西站乘车到青海湖鸟岛景区。

自驾游线路

西宁到青海湖的公路距离约 80 千米，环湖一周约 400 千米。青海湖环湖游倒淌河—日月山—151 基地—二郎剑半岛—江西沟—黑马河—茶卡盐湖—观海亭—石乃亥—鸟岛—刚察—沙岛—原子城。

青海湖（Qinghai Lake）

推荐景点 Scenic Areas

仙女湾景区（Fairy Bay Scenic Area）

传说六世达赖喇嘛途经青海湖边，被这里透明的湖光大自然吸引，仿佛听到神在呼唤，便踏浪入海，而女性的青海湖顿显神灵，仙女奏琴吹唢，仙鹤结群飞舞，大师就这样消失了，也有人说他随从仙子们赴天上仙境了。这足见青海湖的魅力是无穷的，仙女湾也由此而出名了。

每年的 6~10 月，仙女湾湿地在不同的季节绽放出不同颜色的花卉，红的、黄的，就像自然亲手编织的地毯，展现在你的眼帘，称为“花的海洋”一点也不逊色，同时这里还以浓郁的宗教文化和历史传说引导当地的信教群众年年择吉日到此煨桑、祭海。

二郎剑景区（Erlang Sword Scenic Area）

二郎剑又名为“海带”，藏族人称之为“海虎”。位于青海湖东南岸，为一狭长的陆地堤带，宽约百步，长约 25 千米，自南向北没入海中，开头酷似一把长剑。古籍上曾有这样的记载：“南岸一堤，阔仅百步，北亘数十里，直奔海腹而没，名为海带。”

二郎剑以其蜿蜒深入青海湖中的特殊地理位置，以草原、沙滩、动物为主的生态自然资源，以民间文化活动为内容，成为青海湖旅游区一颗耀眼的明珠。目前，二郎剑已经建成了以观鸟台、观鹿园、观海桥、观海亭为组合的观赏区，以码头广场、“吉祥四瑞”雕塑为组合的休闲区，以水上摩托、自驾游艇为活动内容的水上娱乐区。同时，二郎剑将开展湖边沙滩排球、足球等体育活动。

青海湖诗歌广场（Qinghai Lake Poetry Square）

青海湖国际诗歌节是国际七大诗歌节之一，也是亚洲唯一的国际诗歌节，“青海湖国际诗歌墙”是为青海湖国际诗歌节而建立，长 45 米、高 4 米，并与自然环境相结合的世界上第一座诗歌纪念墙，将历史上 29 位伟大的中外诗人的头像、《青海湖诗歌宣言》、诗人的签名及荣获金藏羚羊国际诗歌奖的诗人的名字、肖像和简历都镌刻在此。它将持续记录青海湖诗歌节和当代世界诗坛的重大事件，它是一座动态的、不断成长的诗歌纪念牌。

倒淌河（Backflow River）

倒淌河东起日月山，西止青海湖，一脉清凌凌的水，静静地，悄悄地，温柔地流淌着，蜿蜒 40 多千米。像雨中的一束彩虹，像夜空中一条流动的星河，清冽淡泊，透明晶莹，涓涓绵长，是一条从东往西流的河。

湟中 HUANGZHONG

作为人文风光众多、自然风光优美的旅游资源大县，湟中县将创建国家级旅游度假区，加快文化旅游深度融合发展，不断丰富“秘境湟中·清心之旅”旅游品牌内涵，使旅游业成为县域经济发展战略性支柱产业。

围绕这一目标，湟中县将树立全域旅游理念，着力构建“两川四区三线”乡村旅游发展格局；每年集中打造2~3个乡村旅游特色村，培育50家乡村旅游接待点，开发一批上档次、有特色的精品乡村旅游景点，将群加凤凰部落、乡趣卡阳等景区打造成为A级旅游景区，吸引更多游客到湟中驻足消费。

鲁沙尔大景区将进一步改造和提升湟中县全域旅游环境，进一步丰富旅游要素，更好地为游客提供服务。

推荐美食

馓子： 一种油炸面食。在青海，汉族在腊月底制作，过年时招待客人，在正餐前食用。回族、撒拉族等一些少数民族的群众，在每年欢度传统的古尔邦节、尔德节、圣纪节，以及婚丧大事中，都把馓子作为待客的主要面食品。

青稞饼： 用青稞面调制烘烤而成的一种食物。色泽金黄，香甜可口。青稞饼有助于消化，经常食用可增强体质，提高免疫力。青稞饼可以长期露在空气之中而不易变坏，因此，出远门的人们都可以将它带在身上，饿了可以吃一些。

推荐购物

湟中堆绣： 湟中堆绣艺术品的制作主要在塔尔寺周边地区，是湟中汉藏文化融合的艺术精品。其发展历史可追溯到唐代文成公主进藏将中原丝绸、刺绣品等物带至西域吐蕃流传于民间。成型于明朝宗喀巴大师诞生后，塔尔寺众僧为纪念大师，母亲香萨阿曲与众僧研制而成。明朝嘉靖年间为湟中堆绣鼎盛时期，到清朝中晚期，处于低潮状态。至清末民国初期堆绣艺术广泛传承发展，后传给许多艺僧和民间艺人，一直传承至今。堆绣将刺绣与浮雕艺术完美结合，具有较高的观赏、审美和收藏价值。同时，逐步成为湟中旅游的品牌纪念品。因堆绣早期一直盛行于塔尔寺佛教文化界而成为塔尔寺“艺术三绝”之一。从内容题材可分为藏式（宗教）堆绣和汉式堆绣。藏式堆绣内容都以佛经故事为题材，以人物为主，着重于人物造型的神态，讲究各色、丝绫的配置。其代表作有《藏财神》《宗喀巴》等；汉式堆绣题材广泛，有历史古典人物、花鸟、动物及吉祥图案等。代表作有《红楼十二金钗》《唐蕃古道》等。从制作技法上可分为平面堆绣和立体堆绣。

湟中银器： 湟中银器已有数百年的历史。多少年来，这些经湟中银匠打造的银器，流传到藏区，流传到海外。湟中银器，形形色色，千姿百态，大到银塔，小到银耳坠、银戒指，以形薄、发亮、轻柔、质纯而著称。湟中银铜器制作工艺精细，图案丰富、造型逼真，表现手法独特，素以形薄、光亮、轻柔、质纯等特点而著称，以加工精美而见长，深受各族群众喜爱。

湟中镶丝： 巧妙借鉴了景泰蓝的镶嵌工艺，是以金属丝和天然采石为原料制作的手工艺术。

其制作工艺程序为定稿、绘图、镶丝、点蓝、定型、装裱。特点为画面清晰、新颖、色泽丰富、艳丽，久不变色、不变形、不变质，具有较高的艺术欣赏价值，便于长期保存与收藏。它既保持了传统的景泰蓝工艺的风格，又充满了浓郁的现代气息，更符合现代人的审美观念。湟中镶丝工艺作品主要是以藏传佛教内容为主的镶丝唐卡，也有其他题材的镶丝工艺制品。

推荐景点 Scenic Areas

塔尔寺旅游景区（Tar Temple Scenic Spot）

塔尔寺旅游景区为国家重点文物保护单位，2001年评为国家4A级旅游景区。是藏传佛教格鲁派六大寺院之一（西藏拉萨市的哲蚌寺、色拉寺、甘丹寺、日喀则市的扎什伦布寺、青海塔尔寺、甘肃拉卜楞寺），是格鲁派创始人宗喀巴大师的诞生地，位于青藏高原东北部的宗喀（湟水流域）——青海省西宁市西南25千米处的湟中县鲁沙尔镇形似八瓣莲花的山坳中，距西宁市27千米。始建于1560年，现有僧侣800多名，占地面积40万平方米，百余座佛殿、经堂、宝塔、僧舍在八瓣莲花山坳里依山而建，错落有致，是一座融合了藏汉建筑的宫殿式结构建筑群。高处俯瞰，起伏有序，金碧辉煌，气势磅礴，蔚为壮观。塔尔寺不仅以宗教艺术闻名于世，而且是藏族宗教、文化艺术的宝库，被誉为艺术“三绝”的酥油花、壁画、堆绣，更是藏族艺苑中的奇葩。

青海藏文化馆（Qinghai Tibetan Culture Museum）

为国家4A级旅游景区，位于青海省湟中县鲁沙尔镇，该馆2006年年初开建，2009年年底完工，占地2万平方米，建筑面积1万平方米。是国内首个以现代化展陈和表现理念为基点，集知识性、趣味性、观赏性、参与性于一身，综合运用声、光、电等现代化科技手段，全方位介绍藏民族历史、艺术、宗教及民俗风情的文化旅游景点。

莲花湖景区（Lotus Lake Scenic Area）

莲花湖景区位于湟中县鲁沙尔镇距离黄教创始人宗喀巴诞生地——塔尔寺以东1千米处，景区三面环山，依山傍水，形成了山青、水秀、林茂的三位一体旅游风景区。莲花湖原为1973年修建用于农田灌溉的水库，库容量1300万立方米，水质清澈明净，湖面平稳开阔，水域面积66.7万平方米、最深水深达43米。2001年被县政府列为重点开发的融旅游、休闲度假、娱乐、观光和了解青海淳朴民风、多彩民俗为一体的景点。

盘道自然风光度假旅游区（Pandao Natural Scenic Resort）

盘道自然风光度假旅游区位于湟中县西陲，总面积约493平方千米，有丰富的物种资源和自然景观，如盘道涧瀑、高山峡谷、百里杜鹃、十里梅香、千年古寺、高原牧场，加之盘道水库似峡谷明镜，构筑了这一具有自然、人文、探险、猎奇属性的旅游景观，大有“要知道高原何为奇，盘道景致各个异”的壮丽美景。

海东互助土族自治县

HAIDONG HUZHU TU AUTONOMOUS COUNTY

互助县创建国家级高原旅游度假区总面积 18 平方千米，范围包括土族故土园核心旅游景区、北山浪士当度假功能区。国家 5A 级旅游景区以故土园国家 4A 级旅游景区为基础创建。互助县“两区”创建，将通过加大生态文明建设、文化建设、项目建设、规范管理等方面的工作力度，不断完善旅游功能，提升旅游品质，着力打造土族民俗、自然风光、运动健身、温泉度假、青稞酒城五大核心旅游板块，形成“食、住、行、游、购、娱”全覆盖的发展体系。建成融民俗宗教体验、自然生态观光、温泉养生度假、商务休闲拓展、旅游商品研发生产等为一体的高原旅游名城。

旅游锦囊

Travel Tips

小知识

土族的民居

土族人的居住以“库都”（家庭）为基本单位，最初以“依玛格”（宗族）形式聚居，后来又形成了若干姓氏组成的“阿依勒”（村落）成为基本聚居形式。若干个“阿依勒”组成一个“库兴”（大庄堡），若干个“库兴”又组成一个隆阔（部落），整个互助土族聚居地由七个“隆阔”组成。土族“库都”和“阿依勒”的外观和内涵上，到处呈现出宗教的文化意象。比如，在土族的“库都”（庄廓）中，有玛尼旗杆、煨桑炉、佛堂、中宫的宝瓶、庄廊四角的白石头、厨房里的灶神以及大门上悬挂的经幡、转动的玛尼风轮等；在“阿依勒”里的宗教设施也不少，核心部分是拉康（村庙）、本康（万佛亭）、“却日典”（塔），周边有“加布日”（神山）、“拉卜斯”（敖包）、“索格多”（镇邪土墩）、“顿”（较高的三角形土墩子）、“东本”（万石堆）、“日东干”（神树）等。

土族人的庄廓一般为四方形，占地三四百平方米，墙高 3~4 米。一个庄廓就是一个浓缩的城，高墙坚门，具有抵御外侵的防御特性。因此，土族人称庄廓为“库都”。“库都”一词在蒙古语中为“浩特”，其意思就是城市。土族人把墙头用白泥抹光，墙四角置白石，给人以整洁、美观的感觉。房屋多为土木结构，正对大门为主房，两边为厢，传统房屋以三间为一个单元。主房门面多雕刻花纹图案，安花格门窗，用板壁隔间。炕上放置炕柜或门箱，或雕刻或绘画，显得华丽别致。院中央砌花坛，坛上设有煨桑炉，并竖有高高的玛尼旗杆。清晨人们洒扫一清，在佛龛前点上佛灯，献上净水，在煨桑炉上煨上桑烟。此时佛灯明亮，香烟缭绕，给人以幽致清香的感觉。庄廓大门雕花以饰，非常讲究，门顶也竖小玛尼旗杆。玛尼旗杆可以说是土族人家的标志。

庄廓里面房屋的格局一般是主房中间为堂屋，堂屋靠墙放置一对大红面柜，面柜上面设佛龛，龛内主供佛祖，也供宗喀巴大师等其他佛像。如无佛龛，则挂帖佛像或藏传佛教图案。佛龛前点佛灯，献净水，置香炉。堂屋一边为客房，另一边为老人卧室。有条件的家庭或每个“门户”中设有专门的“普日罕库都”（佛堂），佛堂一般设在角楼上或堂屋右隔间。厢房为儿孙卧室，角房用作库房、灶房和牲畜圈。猪圈、厕所一般都建在院外。

土族的灶房很有特点，灶房内灶与炕连在一起，中间用矮土墙或木板隔开，留一窗口，端饭递碗很方便。饭做好了，炕也热了，既环保又节能。一家人坐在暖烘烘的烧炕上吃饭，显得方便、温暖和温馨。

推荐景点 Scenic Areas

互助土族故土园（Tu Nationality Hometown Park of Huzhu）

互助土族故土园，位于青海省东北部，是融游览观光、休闲度假、体验民俗、宗教朝觐为一体的综合旅游景区。

景区内原始纯朴的自然环境、雄奇独特的生态环境、古老神秘的文化遗迹，风格迥异的民族风情具有很强的吸引力和竞争力。极具特色土族民族文化、发育完好的高原生态系统、历史悠久的宗教文化和青稞酒文化构成了互助旅游的四大品牌。景区内含5个核心旅游景点，分别是彩虹部落土族园、纳顿庄园、小庄民俗文化村、西部土族民俗文化村、天佑德中国青稞酒之源。

五峰寺（Wufeng Temple）

五峰寺位于互助县西北部，距县城18千米，是古西宁八景之一。因四面五峰林立状如手掌而被称为五峰山，山上有寺院故叫五峰寺。五峰寺始建于明崇祯十五年，即1642年。属于道教寺观，是中国古典式庙宇建筑。清朝时就被称为“湟中八景”之一。

每年农历六月六在这里举行盛大的“花儿会”。届时，各方群众穿着节日盛装，汇集在这里，进行“花儿”对唱，这一天，五峰山人山人海，场面十分壮观。主要景观为三林、三泉、三洞。

三林是：杨树林、松树林、桦树林。

三洞是：无量洞、黑虎洞、三清洞。

三泉是：澄花泉、隐泉、裂口泉。

扎龙沟景区（Zhalong Valley Scenic Area）

扎龙沟景区以风景奇异而闻名，这里山更碧、林更幽，苍松翠叠、杜鹃烂漫、溪水潺潺，是一个寻幽探奇的好去处。顺流而上，在总长2000米的山间踏步穿行林间，直通药水泉瀑布，沿途而上，寒潭碧水，曲径通幽，熊抱山惟妙惟肖，母子拜佛庄严肃穆，采药老人妙景天成，卧牛石栩栩如生，大自然的鬼斧神工与人类的生花妙笔完美结合，会使你心旷神怡，联想万千。扎龙恰似一个巨大的鹿角，其间沟壑纵横、林木茂密，风景秀丽。黑色的扎曲公路沿扎龙河向南而东折，直通山谷。登高远望，宛如黑、白两条缠绕的蛇，蜿蜒爬行于高峡之间。一路阡陌纵横，绿树成荫，小桥流水，悬挂经幡的藏家小院镶嵌其间，宛如仙境一般，给人一种不是江南胜似江南的美感。春、夏、秋、冬四季景色各异，却各有妙趣横生之处。

宁夏

NINGXIA

古老的黄河文明，神秘的西夏历史，雄浑的大漠风光，交织成色彩斑斓、雄奇秀丽的“塞上江南 · 神奇宁夏”。

青铜峡黄河大峡谷景区内自然风光与人文奇景交相辉映，青铜峡水利枢纽、水利博览馆、108 塔、中华黄河坛、大禹文化园等，全方位展现了黄河文明的博大精深，铸就了黄河金岸独具特色的旅游文化圣地。

中卫市腾格里湿地旅游度假区有着中国醉美沙漠花园之美称，这里有紫色的香草园（薰衣草园）、绿色的沙漠草园、红色的玫瑰园、黄色的菊花园、五彩的荷花园等五大板块花卉观赏园区，绝对让你完全沉醉在花的海洋之中。

青铜峡黄河大峡谷旅游区

QINGTONGXIA YELLOW RIVER GRAND CANYON TOURIST AREA

“天下黄河富宁夏，塞上明珠青铜峡”。青铜峡黄河大峡谷旅游区位于宁夏回族自治区青铜峡市，景区面积 126 平方千米，是国家 4A 级旅游景区、世界灌溉工程遗产核心区，全国重点文物保护单位、全国科普教育基地，地处贺兰山下，黄河岸边，是宁夏黄河金岸旅游带的核心区，旅游区资源富集，历史文化源远流长，自然景观更是秀美奇绝。

“十里长峡　黄河之魂”，青铜峡黄河大峡谷是黄河上游最后一道峡谷，贺兰峻岭与牛首奇峰，构成了山的画卷，高峡平湖与深谷湍流，汇成了水的交响。雄伟壮观的拦河大坝、古老神秘的一百零八塔、庄严肃穆的大禹神像、壮丽秀美的峡谷风光等众多景点分布两岸，使这里成为黄河文化精品景观极亮丽的风景线。

为了打造黄河流域生态保护和高质量发展先行区，旅游区特推出了十里长峡观光游、皮筏漂流体验游、健身徒步康养游、引黄灌溉研学游、千年古塔探秘游、大禹精神寻访游、拦河大坝水工游等特色体验项目，全方位展现了黄河文明的博大精深，在国内乃至国际上具有较高的知名度和美誉度，吸引了来自五湖四海的朋友徜徉其中，流连忘返。

青铜峡黄河大峡谷，一个天造地设的人间胜景，一个交织着自然雄浑和人文底蕴的地方。让我们纵览黄河文化润养的山水、人文，在黄河流淌的峡谷里静静感受青铜峡的水韵传奇。

青铜峡水利枢纽（Qingtongxia Water Control Project）

隆德 LONGDE

隆德县位于宁南边陲，六盘西麓，是享誉西北的丝路古城和书画之乡。全县总面积985平方千米，总人口18.3万，辖3镇10乡1个街道办事处，118个行政村。

隆德历史悠久，人文资源丰厚。汉唐时驿站相望，行客相接，是古丝绸之路东段北道的重要通道。

雄踞隆德境内的六盘山，苍莽巍峨，雄奇险峻，主峰海拔高达2942米。良好的生态，丰富的资源，秀美的景观，使其成为我国黄土高原上久负盛名的“高原绿岛”和“天然动植物园”。六盘山又是一座承载了2000多年历史文化的名山，留下了秦始皇、汉武帝、汉光武帝、周高祖、唐太宗以及元太祖成吉思汗、元世祖忽必烈、明大将徐达、清名臣林则徐、左宗棠等众多历史人物的足迹。1935年秋中国工农红军长征，红二十五军和中央红军先后翻越六盘山这座长征途中的最后一座大山，毛泽东主席写下了气势如虹的壮美辞章《清平乐 · 六盘山》，留下了“不到长城非好汉”的长征精神，更使六盘山名扬天下，成为一座红色之山、胜利之山。

六盘山（Liupan Mountain）

老巷子（Old alley）（凌旭东　摄）

隆德人杰地灵，文脉昌盛。受中原文化影响，隆德人民自古以来诗书继世，耕读传家，崇文尚教，英才辈出。千百年来，随着时代的发展和社会的演变，多种文化相互交融，形成了以文人书画艺术和民间民俗艺术为特色的隆德地方文化。隆德书画、剪纸、刺绣、篆刻、泥塑、砖雕、花灯等产品蜚声县内外，在全区乃至全国产生了影响。隆德县也先后荣膺“中国现代民间绘画画乡”“全国文化先进县”“中国书法之乡”等殊荣，成为宁南地区一颗耀眼夺目的文化明珠。

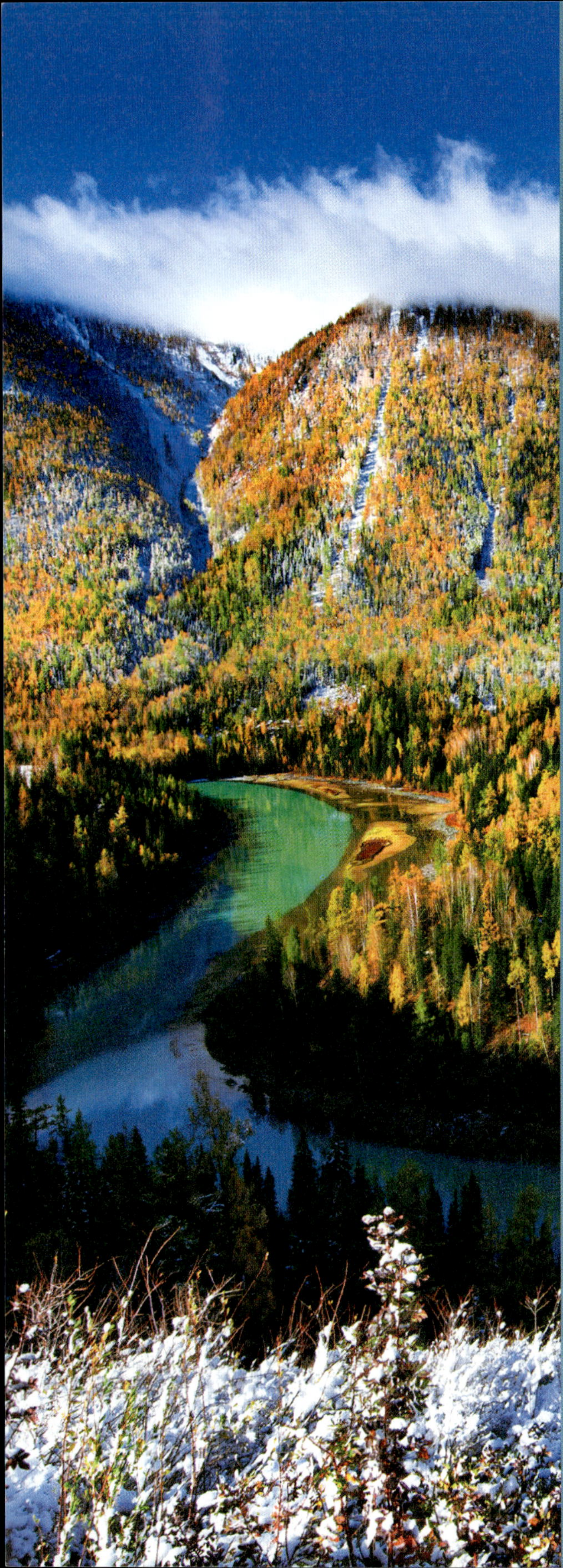

新疆

XINJIANG

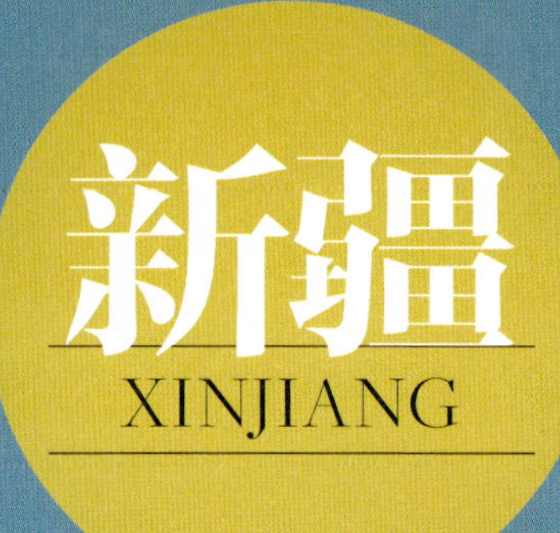

新疆位于祖国的西北角，有最长的边境线，面积约占全国的 1/6。由于地理和气候等原因，衍生出许多不同的壮丽景观。

说起新疆度假的好地方，这里有人间仙境——喀纳斯。高山、河流、森林、草原、湖泊等奇异的自然景观组合在一起，绝对震撼到你的心灵。

这里有空中草原——那拉提，优美的草原风光与当地的哈萨克民俗风情在这里碰撞出激情的火花。

这里有全国唯一以地热资源“温泉”命名的县——温泉县。这里文物古迹众多，民俗风情浓郁，是察哈尔人的故乡。

新疆似乎有种莫名的吸引力，它的神秘令每个人向往，每年慕名而来的人数不胜数。

那拉提旅游度假区 NALATI TOURIST RESORT

那拉提旅游度假区范围包括景区东门服务中心、那拉提宾馆、汗血马文化风情园等。游赏特色有哈萨克民俗体验、马文化休闲、哈萨克歌舞。商业表演活动场所有草原部落、天山牧歌、篝火晚会。汗血马文化风情园包括马文化展览、体育赛事体验观光、马文化休闲。盘龙谷有四个节点区域，包括：生态印象区，主要项目有盘龙松引景、休息大厅等；生态长廊区，主要项目有哈萨克家庭旅馆等；生态核心区，主要项目有盘龙谷徒步穿越等；生态体验区，主要项目有木屋、乌孙古寨、帐篷酒店、迷你雪屋、草原酒吧、光影森林乐园等。毡房接待项目包括沿途毡房采风与餐饮接待。河滩游赏项目包括步行或骑马游憩、摄像观景、采风写生。生态漂流项目包括巩乃斯河漂流、沿途河谷彩叶林风光、流动的景观。

旅游锦囊 Travel Tips

推荐活动

那拉提景区观光车线路

1. 空中草原游牧人家—雪莲谷，全长 8 千米，往返 2 小时，沿途经过黑牛坡、天成台、原始森林、雪莲谷。

2. 森林公园—沃尔塔交塔，全长 18 千米，往返 1.5 小时，沿途经过草原接待站、雪岭云杉培育基地、盘龙松、小观景台、大观景台、沃尔塔交塔。

那拉提草原（Nalati grassland）

空中草原度假酒店（Air Grassland Resort）

那拉提空中草原度假酒店是一家集休闲度假、旅游观光于一身的多功能度假酒店。酒店相邻美丽的巩乃斯河和那拉提风景区，酒店整体建筑造型呈欧式风格，新颖别致，精巧流畅，与青山、绿水、草原、蓝天浑然一体。空中草原度假酒店，是中外宾客度假天堂中的天堂，让你的空中草原之旅更添一份精彩。空中草原度假酒店于 2007 年 7 月正式开业，由新疆西部旅游开发有限公司投资兴建，酒店一期楼高 4 层，近万平方米，是融客房、餐厅、娱乐休闲为一体的高档旅游商务酒店。酒店毗邻 218 国道，距那拉提机场 60 千米，距伊宁火车站 280 千米。

推荐景点 Scenic Areas

塔吾萨尼（Tawusani）

塔吾萨尼是河谷景区主线的第一处景点。在这里可以看到一山四景的美丽画面，让你一览伊犁河谷美景的四大最主要组成元素：草原、山丘、森林、雪山。一山四景，景景不同，草甸丛林相映成趣，油菜花开百亩画卷。

克塞巴扎（Xebazar）

这里有哈萨克最淳朴生活的全方位展示，陈列着哈萨克历代英雄的画像和生平，也是哈萨克游牧民族转场迁徙古道的入口，热情地向游人展示着哈萨克牧民多彩的生活，无声地向世人诉说着哈萨克历史的精华。体验民俗风情，追逐游牧古道，感受牧人转场的艰辛，领略千年传承的亢强。

夏牧场（Summer Ranch）

那拉提草原是发育在第三纪古洪积层上的中山地草场，东南接那拉提高岭，势如屏障，西北沿巩乃斯河上游谷地断落，地势大面积倾斜，山泉密布，溪流纵横。缘山脚冲沟深切，河道交错，森林茂密，莽原展缓起伏，松塔沿沟擎柱，还有毡房点点，畜群云移，是巩乃斯草原的重要夏牧场。

汗血马文化风情园（Sweat and Blood Horse Culture and Style Garden）

这里是古时候成吉思汗二太子察合台操练兵马的地方，占地约 6.7 万平方米，赛马场举办了多次世界级的赛马比赛。这里有园中园，游人可以与世界仅存不足 3000 匹的汗血宝马合影留念，这里有小型赛马与游人互动，这里是中国新疆那拉提唯一的汗血宝马风情园。

喀纳斯旅游度假区

KANAS TOURIST RESORT

“喀纳斯”是蒙古语，译成汉语的字面意思有两种：一是“美丽而神秘的地方”，一是“圣洁的水”或“王者之水”。

喀纳斯湖形成于距今约20万年前后，形如弯月，它是中国最深的高山淡水湖泊，因“湖怪”“云海佛光”“变色湖”“枯木长堤”四大奇观而蜚声中外。

喀纳斯旅游度假区位于世界知名景区大喀纳斯地区核心地理要冲，2012年由阿勒泰地委携布尔津县政府，盛邀北京天然集团联合开发运营，强势资本推送，打造107平方千米，领先中国西北地区50年的国际级旅游产业综合体，全面升级新疆会客厅。项目总规划约107平方千米，涵盖度假区核心功能区圣诞小镇、马事基地、冰葡萄酒基地等9大功能区，融旅游观光、休闲度假、深度体验等功能为一体，以国际级水平全面打造旅游产业专业运营服务团队，结合喀纳斯景区国际级资源强力驱动，全面升级并带动新疆旅游产业发展。

旅游锦囊

Travel Tips

交通

疆外游客大多是先抵达首府乌鲁木齐（乌市），再从这里前往喀纳斯景区。各种交通中，包车比较便捷，还能顺道游览沿途景点，有些游客还会从乌市一路包车，到达景区游览后，再前往伊犁地区；飞机最为快捷，但机票不便宜；而坐火车需要转乘客运班车才能到达布尔津县城，所以多数游客会选择在乌鲁木齐乘坐客运班车前往景区。

推荐活动

《喀纳斯盛典》演艺中心（*Kanas Grand Festival* Performance Center）

布尔津县《喀纳斯盛典》演艺中心坐落于美丽的额尔齐斯河畔，中心占地面积21000平方米，剧场建筑面积5200平方米，是一个集歌舞表演、文化体验、娱乐休闲于一身的民族文化展示中心，可容纳近千人同时观看演出。依托阿勒泰得天独厚的旅游资源优势和厚重的民族文化底蕴，投资上千万元打造了一台演员阵容60余人的时尚、唯美、神秘、震撼的大型音画舞台剧目——《喀纳斯盛典》，通过歌舞的形式向国内外游客介绍新疆阿勒泰地区的历史文化和民族风情。

推荐住宿

ACCOMMODATION

喀纳斯阅湖酒店（Kanas Yuehu Hotel）

喀纳斯阅湖酒店坐落在风景秀丽的喀纳斯湖畔，观鱼台山脚下，是景区内距离喀纳斯湖最近的酒店，没有之一。客房设施高档，装修时尚，格调温馨怡人。人性化的空间规划与设计，温馨舒适，带给你家的感觉。清新简约的装饰风格融品质、艺术、舒适为一体，为你打造安全、整洁、优越的旅游休闲度假环境。中心坚持“客户至上、服务一流”的宗旨，热忱地欢迎中、外嘉宾惠顾，酒店将为你提供最优质的服务，真正使你乘兴而来，满意而归。

月亮湾（Moon Bay）

推荐景点 Scenic Areas

月亮湾（Moon Bay）

月亮湾海拔 1326 米，喀纳斯河在这里形成极富曲线和韵律美的河湾，很像一钩弯月，故名月亮湾。月亮湾的形成与河流的侧蚀作用有关。由于河水在河流拐弯处自身的运动规律，河流在演变过程中向其西岸侧蚀，使河道最终形成如今美丽的弯月状。卧龙湾上方的喀纳斯河右岸，有一个很大的崩塌体曾经堵塞了喀纳斯河，虽然这道天然堤坝后来被冲决，但河床中仍残留了崩塌石块的堆积体，它使月亮湾水位升高，淹没了原来的河岸阶地，但在水面以上还保留了几块脚掌形的草滩，被人们喻为“神的脚印”。

神仙湾（Fairy Bay）

神仙湾，海拔 1327 米，由于受下游泥石流和山体崩塌堆积的堰塞，使这里成为喀纳斯河最宽的河段。河水流速缓慢，在这里无论是夏季还是冬季、在早晨或雨后，总有像轻纱一样的云雾缭绕着，让人置身于仙境，因此称之为“神仙湾”。而有太阳的时候，水面上波光粼粼，像一粒粒的珍珠撒在上面，因此，在有太阳的时候，这里的人们称它为“珍珠滩”。

中国旅游协会旅游商品与装备分会

中国旅游协会旅游商品与装备分会是中国旅游协会的二级机构，于2012年9月20日正式成立。简称：中国旅游商品分会，英文缩写为：CTCEA。分会宗旨为：遵守国家的宪法、法律、法规和有关政策，遵守社会道德风尚，代表和维护全行业的共同利益和会员的合法权益。努力为会员服务，为行业服务，为政府服务，充分发挥桥梁和纽带作用。与政府相关部门、其他社会团体以及会员单位协作，为促进我国旅游商品和旅游装备市场的繁荣、稳定，旅游业持续、快速、健康发展做出积极贡献。

中国旅游协会旅游商品与装备分会目前共有会员2100多家，其中：会长单位1家、副会长单位18家、常务理事单位35家，理事单位91家，会员单位近2000家。

现任会长白玉奇，现任秘书长陈斌。

自2009年起，中国旅游协会旅游商品与装备分会连续十二年承办“中国旅游商品大赛”“中国旅游商品研讨会和论坛”，自2015年起，连续五年举办“中国特色旅游商品大赛”并举办了“中国旅游商品创意设计大赛”，以及“中国特色旅游商品博览会（展）”，从2016年连续举办了四期“全国旅游商品管理人员培训班”。

“中国旅游商品大赛”和“中国特色旅游商品大赛”吸引了全国31个省、市、自治区和新疆生产建设兵团参赛。得到了全国旅游商品与装备业界的一致认可，起到了旅游商品发展风向标的作用。“中国旅游商品创意设计大赛”带动了高校学生了解、参与旅游商品开发的热情。“中国特色旅游商品博览会（展）”为旅游商品企业搭建了展示和交易的平台。“中国旅游商品研讨会和论坛”针对旅游商品与装备企业共同关心的问题进行交流，对旅游商品的内涵进行研讨，对旅游商品开发提出建议，对旅游商品发展起到引导作用。“全国旅游商品管理人员培训班”为各地培养了大量旅游商品专业管理人员。

中国旅游协会旅游商品与装备分会在中国旅游协会的领导下，团结、依靠、组织全体会员不断开拓创新，为中国的旅游商品、旅游装备发展做出更大的贡献。

责任编辑：张　旭
责任印制：冯冬青
装帧设计：中文天地

图书在版编目（CIP）数据

美丽中国文化旅游胜地 / 美丽中国编辑部编. — 北京：中国旅游出版社，2020.12

ISBN 978-7-5032-6408-5

Ⅰ. ①美…　Ⅱ. ①美…　Ⅲ. ①旅游指南 – 中国　Ⅳ. ① K928.9

中国版本图书馆 CIP 数据核字（2019）第 276891 号

书　　名：美丽中国文化旅游胜地

作　　者：美丽中国编辑部　编
出版发行：中国旅游出版社
（北京静安东里 6 号　邮编：100028）
http://www.cttp.net.cn　E-mail: cttp@mct.gov.cn
营销中心电话：010-57377108，010-57377109
读者服务部电话：010-57377151
排　　版：北京中文天地文化艺术有限公司
印　　刷：北京墨阁印刷有限公司
版　　次：2020 年 12 月第 1 版　2020 年 12 月第 1 次印刷
开　　本：720 毫米 ×970 毫米　1/16
印　　张：22
字　　数：350 千
定　　价：58.00 元
I S B N　978-7-5032-6408-5